LES COMPACTS

LES COMPACTS

1. **Les œuvres ~ clés de la musique**
   Jean-Jacques Soleil et Guy Lelong
   Préface de Maurice Fleuret
2. **Les grandes découvertes de la science**
   Gerald Messadié
3. **Les stars du sport**
   Jean Boully
4. **Les films ~ clés du cinéma**
   Claude Beylie
5. **Les grandes affaires criminelles**
   Alain Monestier
6. **Les stars du football**
   Jean Boully
   Préface de Thierry Roland
7. **Les grandes figures des mythologies**
   Fernand Comte
8. **Les acteurs français**
   André Sallée
9. **Les grandes inventions de l'humanité**
   Gerald Messadié

A paraître

Les grandes inventions du monde moderne
Gerald Messadié

Gerald Messadié

Les grandes inventions de l'humanité

Bordas

Responsable d'édition : Olivier Juilliard
Édition : Gilbert Labrune
Préparation : Michel Margotin
Correction : Michel Margotin - Laurence Giaume
Mise en pages : Claude Carné & associés
Iconographie : Odile Gauvreau

Achevé d'imprimer en octobre 1988
sur les presses de BERGER-LEVRAULT
Imprimé en France
Dépôt légal 4e trimestre 1988

ISBN 2-04-16379-4
ISSN 0985-505X

Sommaire

Industrie, matériaux, génie civil et outils 121

Instruments de mesure et mathématiques 147

Médecine et santé 181

Transports

Vie quotidienne, arts ménagers et loisirs

Note de l'éditeur

Dans chacun des articles de ce livre, le lecteur trouvera, repérées en ***caractères gras,*** *les principales étapes (notions de références, objets, circonstances, caractéristiques et objectifs ...) ayant permis à l'invention d'apparaître.*

Le présent volume de Gerald Messadié sera suivi d'un autre livre intitulé : Les grandes inventions du monde moderne. *Le lecteur trouvera le renvoi à ce deuxième ouvrage — par le signe (→) — chaque fois qu'une invention a donné lieu — par la suite — à des développements ou à des « nouveautés » suffisamment importants pour que « l'invention » continue...*

Une reconstitution, datant de 1814,
de l'**éolipile de Héron d'Alexandrie,** prototype de la machine à vapeur que le mécanicien grec conçut au 1er siècle avant J.C. C'est sans doute l'un des exemples les plus frappants du retard des techniques par rapport à l'invention, puisqu'il fallut près de 18 siècles pour que l'éolipile fut enfin étudié.

Introduction

L'invention est le propre du vivant, car elle témoigne de l'effort d'adaptation à l'environnement. C'est ainsi qu'on la retrouve même dans le monde animal. On a observé, en Afrique, des singes qui se servaient d'un bâton pour atteindre des aliments hors de portée, c'est-à-dire qui inventaient un outil. Aux échelons inférieurs du règne animal, on voit des oiseaux de mer laisser tomber des coquillages épais sur des rochers pour les briser et en manger les mollusques. Et l'on peut même se demander si le moustique californien qui multiplie par 200 le gène qui lui permet de synthétiser l'enzyme antagoniste d'un insecticide n'a pas fait là preuve d'invention...

Les inventions animales sont cependant limitées, et c'est de l'apparition des premiers outils que, par commodité, on fait traditionnellement partir les origines de l'*Homo sapiens sapiens,* ultérieurement créateur du concours Lépine. « A peine » apparu, *H. sapiens sapiens,* non seulement s'adapte à l'environnement, mais encore l'adapte à lui. Les épieux dont la pointe est durcie au feu lui servent d'abord d'armes de chasse, puis d'éléments de palissades. Quelque huit mille ans avant notre ère, des populations humaines ne se contentent plus de chasse, de pêche et de cueillette, mais capturent des animaux sauvages qu'elles domestiquent, chevaux pour le trait et la monture, chiens pour la garde, ovins pour la viande, volaille pour les œufs et la viande aussi ; elles sélectionnent également des graines pour les cultiver et, de ce fait, se sédentarisent. L'agriculture a été inventée. Le paysage est forcément modifié, par les brûlis, puis par les labours. L'Homme invente la poterie, fixe les silex taillés sur des manches de bois, diversifie les formes des outils selon les usages ; il y a le racloir, la hache, la serpette, l'herminette... A peu près à la même époque, des populations sédentarisées en Anatolie et sur les bords du Danube inventent une organisation rationnelle des abris, qui deviendront demeures. Les greniers sont installés au centre des collectivités, par prudence. L'urbanisme vient de naître.

L'âge du cuivre, puis celui du bronze et enfin celui du fer, respectivement situés aux Ve, IIIe et Ier millénaires avant J.-C., commencent à diversifier les techniques et donc les inventions. Un ou plusieurs inconnus inventent successivement le laminage du fer, puis le fer au carbone ou acier, puis la fabrication des épingles, puis les roues en métal, les cuirasses, les ustensiles de cuisine qui supportent de fortes températures... L'ère historique, située par commodité — très relative — au Ve siècle avant J.-C., prend la succession des ères préhistoriques sans difficulté.

Les Grandes Invasions et les échanges commerciaux jouent alors dans la dissémination des inventions un rôle comparable à celui des essaims d'insectes dans la pollinisation végétale. Le conquérant et le commerçant proposent des instruments et des produits d'une extrémité à l'autre des anciens continents, Afrique et Eurasie, jusqu'à la conquête des Amériques. Quelque surprenante que l'affirmation puisse paraître au lecteur du XXe siècle, raisonnablement confiant dans les capacités d'enquête des historiens et des documentalistes, il est impossible d'offrir une histoire complète des inventions depuis la haute Antiquité jusqu'à la fin du XIXe siècle, et cela pour trois raisons.

La première est qu'il n'existe évidemment pas de normalisation de la production jusqu'à une époque tardive du XIXe siècle ; chaque inventeur réalise donc des pièces sur mesure, qui ne se ressemblent pas entre elles. Si l'on prend le cas des appareils de levage, dont il ne nous est parvenu que quelques descriptions, on peut considérer que des appareils de types déterminés furent construits pour des tâches différentes : hausser des blocs de pierre, lever des colonnes, décharger des bateaux, lever ces mêmes bateaux, etc. Héron d'Alexandrie, par exemple, invente une machine à démultiplicateur, prodige du génie technique de l'époque, puis une autre à vis sans fin et barre mobile, puis encore une autre à vis sans fin et roue dentée, chacune constituant une invention à proprement parler. Or, il exista des centaines, voire des milliers de types d'appareils de levage au cours des siècles, et l'on ne peut que se perdre en conjectures sur celle qui, au IIIe siècle avant notre ère, permit d'élever les éléments du fabuleux Colosse de Rhodes, lequel mesurait quelque 35 m de haut.

La deuxième raison est qu'il conviendrait — et convient souvent — de distinguer les inventions décrites sur le papier et non réalisées de celles qui ont bien été mises en œuvre. Au XVe siècle, l'Italien Francesco di Giorgio Martini invente ainsi un véhicule sur roues qui avancerait sans bête de trait, originalité inouïe pour l'époque. Un ensemble de quatre cabestans actionnés à mains d'hommes met en jeu des rouages démultiplicateurs qui font tourner les roues. Cette extravagante machine, lointain ancêtre de l'automobile, ne semble pas avoir été construite ; son originalité est d'offrir l'exemple du premier véhicule qui ne soit pas mû par la traction animale directe. Elle mérite donc d'être citée, ce que nous avons fait, mais le même principe de choix ne peut être appliqué à toutes les inventions non réalisées, sans quoi il faudrait envisager une babylonienne encyclopédie de l'invention, et tomber bien souvent dans l'inventaire du délire. Ainsi, nous n'avons pas cité la vertigineuse invention d'un certain Carron, ingénieur de Grenoble, qui imagina en 1891 de lâcher des passagers enfermés dans une capsule de métal du haut de la tour Eiffel ! Objet de l'invention : procurer des émotions fortes aux passagers... Fort logiquement, le sieur Carron proposait de créer au pied de la tour un étang profond de 60 m pour recevoir son obus. On ne sait exactement comment l'astucieux Carron envisageait de récupérer sa capsule. Le sol est équipé de ressorts puissants, pour amortir le choc, et l'ogive de la capsule est dotée d'un luminaire — à gaz ? — pour éviter aux passagers l'angoisse des ténèbres. Le prix de l'émotion est de vingt francs !

La troisième raison qui rend impossible un inventaire exhaustif est qu'il faut admettre que bien des inventions se sont sans doute perdues à jamais et que d'autres ont été perdues et retrouvées ou réinventées. Par exemple, nous n'avons pas la totalité des ouvrages des inventeurs de la célèbre École d'Alexandrie, pour ne citer que ce foyer extraordinairement fécond de l'activité technologique dans l'Antiquité. Avant l'imprimerie, les seuls documents décrivant des inventions sont évidemment manuscrits et n'existent souvent qu'à très peu d'exemplaires. Or, rien n'est plus vulnérable qu'une bibliothèque. Le feu et les armées d'occupation en sont les pires ennemis. En quelques heures, ces trésors de savoir peuvent disparaître en fumée.

Les inventions peuvent aussi disparaître par fait de civilisation, c'est-à-dire par régression. C'est ainsi que, durant tout le Moyen Âge, on « oublie » les principes d'assolement triennal et d'engraissement du sol que les Romains avaient pourtant portés à un point de perfectionnement remarquable pour leur époque.

Deux exemples entre autres témoignent de telles éclipses. Le premier est celui de la machine à vapeur, qui a été inventée, on en est absolument certain, vers le Ier ou IIe siècle avant J.-C. par Héron d'Alexandrie, l'un des héros de l'École d'Alexandrie. Or, cette invention se perd pratiquement jusqu'au XVIIe siècle. A l'époque de Héron, tous les éléments pour la fabrication d'un véhicule à vapeur, certes rudimentaire, mais combien révolutionnaire, sont présents : la chaudière, possible grâce à la fabrication d'aciers durs et à l'invention de la soudure ; le piston, dont on réalise des spécimens qui semblent avoir présenté un alésage satisfaisant ; la transformation d'un mouvement rectiligne en mouvement circulaire et la démultiplication, dont témoignent les *baroulkos*. Bertrand Gille, spécialiste du génie technique grec, s'est, comme d'autres, demandé pourquoi la machine à vapeur au moins n'avait alors pas vu le jour. Parce que l'esclavage rendait inutile le recours à l'énergie mécanique ? L'argument a été invoqué, mais il ne tient pas. La rareté du combustible ? Elle était alors réelle, mais elle ne peut rendre compte non plus de l'absence d'une invention qui s'imposait avec force. On est donc contraint de se résigner à l'ignorance.

Le second exemple est celui de l'établissement des cartes géographiques. Dès le IIIe siècle avant J.-C., les mathématiciens grecs ont mis à profit les leçons de Pythagore, et la trigonométrie plane pourrait être appliquée à la géographie. A la même époque, Ératosthène a calculé à 3 000 km près le rayon de la Terre. On pourrait donc avoir des cartes géographiques exactes, au moins pour les parties du monde que l'on connaît (les Grecs ont, en outre, mis au point des horloges astronomiques qui permettent aux navigateurs de calculer avec une précision très satisfaisante les distances qu'ils ont parcourues en mer). Selon certaines spéculations, d'ailleurs, il y aurait eu des cartes du monde antique réalisées grâce à la trigonométrie. Mais lorsque Christophe Colomb s'enquiert, par exemple auprès de Toscanelli et de Behaïm, de cartes du monde, il n'obtient que des documents comportant des erreurs considérables : la circonférence terrestre y est réduite d'un quart et la largeur de l'Eurasie portée à 180° environ, au lieu de 126. Il en résulte que Colomb, non seulement ignore — on le suppose sans en être certain — la présence de l'Amérique entre l'Europe et l'Asie, mais encore sous-estime gravement la longueur de la traversée, ce qui provoquera une mutinerie des marins de son expédition. Comment donc les acquis cartographiques grecs ont-ils pu se perdre ? Là aussi, il faut se résigner à l'ignorance.

Particulièrement frappant est le cas des inventions chinoises. Le lecteur ne pourra manquer d'être frappé par leur nombre et leur avancement : pont suspendu, moteur hydraulique à piston, transmission par chaîne, lanterne magique, tours de forage, horloge mécanique, écluse, imprimerie, lance-flammes, et jusqu'au joint universel ou cardan (qui, pendant des siècles, ne servit qu'à empêcher les brûle-parfums de basculer !). Tout cela a été inventé dans les premiers siècles de notre ère, parfois avant, et l'on reste stupéfait que tant de richesses aient pu sombrer dans l'oubli. On ne peut aussi s'empêcher de songer, accessoirement, que la technologie seule n'assure pas la suprématie politique si elle n'est pas associée au commerce.

Or, à l'époque où la technologie chinoise a brillé de feux qui ne sont comparables qu'à ceux de l'École d'Alexandrie, la technologie tout court ne se vendait pas. Les Chinois ne songeaient guère à exporter des tours de forage, par exemple, qui eussent fait la fortune de bien d'autres pays, et il faudra attendre le XVIIe siècle pour que l'Anglais Robert Hooke réinvente cette merveille mécanique qu'est le joint universel. Il y a donc eu un formidable gaspillage d'inventions dans le passé. Outre l'absence d'échanges commerciaux, sans doute faut-il incriminer, en ce qui concerne l'Europe, l'obsession du Diable. On l'oublie volontiers de nos jours, mais toute invention un peu trop astucieuse, un peu trop surprenante, risquait de passer pour le fruit d'un pacte avec le Malin, et l'inventeur lui-même, pendant longtemps, de finir sur le bûcher ! Sans verser ici dans le scientisme, il n'est guère possible de considérer le Moyen Âge européen comme autre chose qu'une déplorable époque de nuit et de brouillard. Même cette invention majeure dans la technologie du bâtiment qu'est l'ogif — et la substitution révolutionnaire de la structure portante aux murs portants, qui permit aux maîtres verriers d'exprimer leur génie —, fut longtemps considérée comme suspecte de « barbarie » !

Jusqu'à la fin du XIXe siècle, d'ailleurs, bien des inventions se perdront ainsi, souvent plusieurs fois de suite, comme le fusil à air comprimé, qui existait déjà au temps d'Henri IV (et même dans l'Antiquité) et qui est redécouvert périodiquement, ou encore la machine à écrire, dont une forme, sans doute rudimentaire, fut fabriquée sous Louis XIV déjà, ou bien l'ascenseur (dont il existait un spécimen à manivelle à Versailles, parfaitement fiable, sous Louis XV).

Telle une phalène qui tourne autour de la vitre derrière laquelle luit une clarté, l'esprit humain caresse ainsi de nombreuses inventions « modernes » au cours des siècles, les laisse à moitié entrevues, parfois à moitié inventées, puis y revient au gré des circonstances et des nécessités. Le rafraîchissement de l'air, que les Hindous pratiquaient depuis l'Antiquité en plaçant des nattes mouillées devant les ouvertures des maisons, est apparemment oublié pendant tout le Moyen Âge. Puis Léonard de Vinci invente un système hydraulique pour rafraîchir les appartements d'Isabelle d'Este, qui demeure sans suite. Le premier bâtiment européen rafraîchi mécaniquement sera le Parlement britannique que l'on a achevé de reconstruire en 1837, trois ans après que le Français Peltier a découvert le principe de l'inversion thermique ou effet Peltier, qui est à la base de nos appareils à réfrigérer l'air et qui ne sera pleinement utilisé que près d'un siècle plus tard, aux États-Unis pour commencer. Ce n'est qu'un exemple.

La cause de ces redites inconscientes est le manque d'information. Un inventeur ignore pendant longtemps l'invention similaire d'un prédécesseur ou précurseur. En France, par exemple, les droits exclusifs sur une invention ne sont protégés, jusqu'en 1791, que par la lettre patente que délivre l'autorité royale. Cette lettre n'est archivée qu'à Paris et l'inventeur de province n'en a donc pas connaissance, sauf à prendre la diligence ou le bateau et à venir à Paris. Le répertoire des lettres patentes, on s'en doute, n'est pas classé rationnellement non plus, ce qui ne facilite pas les recherches. Le brevet d'invention proprement dit n'apparaît qu'à la faveur d'une loi révolutionnaire de 1791, mais les archives vont se transférer d'un ministère à l'autre, Intérieur ou Agriculture notamment, pendant longtemps. Les inventions ne se diffusent que grâce à la notoriété de l'inventeur, ou bien grâce aux capitaux ou aux protections dont il dispose. Leur destin est donc souvent aléatoire.

Ce destin ne commence à devenir plus précis qu'au début du XIXe siècle, quand le commerce et l'industrie font prendre enfin les inventions au sérieux, en tout cas un peu plus au sérieux qu'auparavant, et risquent de valoir des poursuites aux plagiaires. Personne alors n'ignore plus que l'on peut faire fortune grâce à un brevet (bien que Sainte-Claire Deville, qui inventa en 1854 un procédé de séparation de l'aluminium, se soit défait à bas prix de ce brevet-là).

Dès lors, une invention court beaucoup moins de risque d'être « perdue » ; mais cela ne signifie guère qu'elle soit toujours reconnue à sa juste valeur. C'est ainsi que Napoléon hausse les épaules devant le chaland à vapeur dont l'Américain Fulton fait pour lui la première démonstration — imparfaite, il est vrai — sur la Seine et déclare que cela n'a aucun avenir. C'est ainsi encore qu'Edison affirme que la radio n'a aucun avenir non plus, et que les frères Wright intentent un procès à Clément Ader, dont ils ignorent, ou feignent d'ignorer, qu'il a inventé l'avion avant eux.

Une invention parmi toutes a exercé une influence déterminante sur le destin des inventions, c'est celle de l'imprimerie. En permettant de fixer à la fois le savoir théorique et le savoir technique sur du papier, en plusieurs exemplaires, Gutenberg évite enfin aux inventions la destruction définitive, ou en tout cas la disparition prolongée. Nul ne sait combien d'inventions périrent dans les trois destructions successives de la bibliothèque d'Alexandrie, le plus vaste dépôt de savoir du monde antique. Même si la presse scientifique ne naît qu'assez tard (les deux premiers journaux scientifiques furent, en Allemagne, les *Erbauliche Monaths-Unterredungen* ou « Discussions édifiantes mensuelles », créées en 1663, et, en France, le *Journal des Sçavans,* créé en 1665 par Denis de Sallo), le simple fait de pouvoir imprimer des considérations scientifiques dès les XVe et XVIe siècles garantit une certaine conservation du savoir technologique. Les magazines de grande diffusion et les bulletins des sociétés savantes vont, au XVIIIe et surtout au XIXe siècle, renouveler, entretenir et enrichir le savoir technologique selon une progression géométrique, sinon exponentielle, favorisée, évidemment, par l'alphabétisation croissante des masses.

Outre l'imprimerie, deux grands facteurs ont donné une impulsion vigoureuse au courant des inventions, du moins en Europe, puisque c'est de ce continent que part la majeure partie des inventions jusqu'au XIXe siècle. Le premier est la libération intellectuelle consécutive à la Réforme, et qui explique que, pendant près de deux siècles, les Protestants tiennent dans ce domaine le haut du pavé. Une fois balayé le quiétisme scientifique jalousement entretenu par le Vatican, dont les cas de Copernic et de Galilée témoignent si éloquemment, les découvertes suscitées par la curiosité scientifique foisonnent et leurs retombées, les inventions, font fortune. Non que Rome ait spécifiquement bridé le génie de l'invention, mais celui de l'interrogation sur les phénomènes et les lois de la nature a été considérablement stimulé par la liberté intellectuelle née de la Réforme. L'invention, mère de l'entreprise, resplendit donc surtout dans les pays réformés du Nord, et ce n'est qu'à la fin du XVIIIe siècle que l'esprit libertin français brise les dernières chaînes qui pesaient sur les pays latins.

Le second facteur qui fouette l'esprit inventif est la soif d'énergie.

Dès Archimède, l'on s'efforce de canaliser les forces naturelles pour les asservir. Mais les deux « Grandes Nuits » qui recouvrent le monde civilisé d'alors, celle des Barbares, puis celle du Moyen Âge, ralentissent considérablement la recherche d'énergie, qui ne reprend qu'aux alentours du XVIIe siècle, pour atteindre son plein essor au XIXe siècle. L'industrie, arme pacifique des nations, ne peut plus se satisfaire de la seule énergie humaine et, après avoir quasiment épuisé les techniques de démultiplication de l'« homme-vapeur », elle aborde et défriche enfin les terres vierges de la vapeur et de l'électricité. Ce qui comporte une leçon, observons-le en passant : les États constitués sont infiniment plus propices à l'invention que les nations sans structure juridique.

Ainsi s'explique le fait que les pays latins restent longtemps absents du panorama des inventions (effet religieux) et que l'immense majorité des inventions est concentrée par la suite dans les pays qui ont atteint le niveau de structuration civile et sociale le plus avancé (effet juridique), les pays européens. Comment s'étonner alors que la conquête politique du monde suive de près sa conquête technique ? Jusqu'à la Première Guerre mondiale, les grandes puissances coloniales sont également les grandes puissances techniques, Grande-Bretagne, Pays-Bas, Allemagne, France. Et ce paysage ne se modifiera plus qu'au XXe siècle, quand le génie technique finira par baigner des terres technologiquement aussi pauvres que certains pays d'Asie, par exemple.

Les inventions ont donc une histoire, qui est étroitement liée à l'Histoire, et c'est pourquoi nous avons choisi d'y distinguer deux grandes périodes : celle, la plus longue, où le génie inventif reste un privilège, et qui va de l'Antiquité au milieu du XIXe siècle, et celle où le génie européen essaime sur la planète, et que nous situons — arbitrairement — à la fin du XIXe siècle.

Il s'en faudrait beaucoup, toutefois, que nous considérions que les inventions ne dérivent que du commerce et de la volonté de puissance. Aussi grande que soit l'importance de ces deux facteurs dans le développement des inventions, ceux-ci n'en constituent pas le moteur essentiel. La mouette qui transporte une palourde dans son bec, la pose sur un mur, puis va ramasser la pierre la plus grosse qu'elle puisse transporter et la laisse tomber de haut — c'est un spectacle que nous avons observé — pour fracasser le coquillage, a bien inventé une technique, qui n'est inspirée ni par l'esprit de commerce, ni par la volonté de puissance. Cette technique lui permet d'obtenir sa nourriture assez rapidement et moyennant un peu d'ingéniosité ; elle lui évite d'avoir à mettre la force de son bec à l'épreuve du mollusque et d'aller chercher ailleurs une autre nourriture, ce qui peut prendre du temps. Elle économise donc du temps et, partant, de l'énergie : c'est le but d'absolument toutes les inventions qui se sont faites depuis le début de l'humanité. Le premier pont suspendu que des Chinois jettent au-dessus d'une gorge dans l'Himalaya, il y a quelque deux mille ans, sert à éviter de faire des détours considérables, coûteux en temps et en énergie, et la première carte géographique sert de même à éviter des égarements qui peuvent être mortels. L'imprimerie sert à éviter de copier plusieurs fois le même texte, et la balance, à savoir tout de suite, avec précision, le taux d'échange d'une marchandise ; elle évite donc, au moins, des discussions fastidieuses et fatigantes. L'automobile est, comme l'avion et le bateau à roues à aubes, un moyen d'aller plus vite, donc plus loin, avec le moins d'efforts possible. Aucune invention n'échappe à cette règle absolue. S'il en est qui ont éclos avec une lenteur excessive, c'est que l'on n'avait pas vu d'emblée qu'elles pouvaient servir à l'économie d'énergie. S'il en fut qui semblèrent d'abord sans grand intérêt, c'est qu'elles constituaient un premier pas, aveugle, vers un but confusément perçu. Ainsi en fut-il des premières ampoules électriques, qui passèrent pour une curiosité sans grand avenir.

En effet — et l'on tend volontiers à l'oublier, car l'idée en est contrariante —, le cerveau humain obéit à la même loi fondamentale que tout système porteur d'énergie : il tend, comme l'électron, la bactérie, la mouette et l'éléphant, à descendre à son plus bas niveau d'énergie. L'invention est fille d'une divine paresse, et toute la technologie, même la plus étincelante, illustre cette loi qui est connue sous le nom de loi d'entropie. Il est beaucoup plus commode, mais guère plus rémunérateur intellectuellement, de tourner le bouton d'un commutateur pour avoir de la lumière que d'aller allumer un brandon au foyer, d'émoucher la mèche d'une lampe et d'allumer celle-ci ; cela évite en plus d'avoir à changer l'huile de la lampe. Tout comme il est plus commode d'ouvrir une boîte de pâté que d'aller tirer, plumer, évider et cuire un gibier ou une volaille quelconques.

Il y eut des inventions de caractère philanthropique, et nous en mentionnons quelques-unes, comme la neutralité du médecin en temps de guerre. Sa noblesse et son caractère humanitaire ne font pas de doute ; mais il n'en est pas moins certain que l'esprit de réciprocité n'y était pas étranger. Conserver l'espèce humaine est un instinct heureusement aussi fort, sinon plus, que celui de la destruction : il représente la forme la plus élevée de la conservation de l'énergie.

L'invention apparaît comme une dépense paradoxale d'énergie intellectuelle destinée à en dépenser moins par la suite. Elle est comparable à celle du vacancier contemporain qui s'inflige mille corvées et fatigues pour s'abandonner ensuite à la paresse. Mais encore faut-il que la « récompense » soit proportionnelle à l'effort, comme ce fut le cas dans l'invention, cruciale, des allumettes.

Nous souhaitons aussi avoir communiqué au lecteur le sentiment d'un phénomène particulièrement marquant dans l'histoire des inventions jusqu'au milieu du XIXe siècle, et qui disparaît quasiment, ou qui est en tout cas beaucoup moins marqué dans les inventions postérieures, qui font l'objet du tome II : c'est l'écart, souvent immense, qui sépare l'imaginaire de l'invention viable. L'un des exemples à la fois les plus célèbres et les plus méconnus de cet écart est offert par l'œuvre d'ingénieur de Léonard de Vinci. Léonard déborde d'imagination, comme l'attestent ses croquis. A l'examen, toutefois, il est bien peu de ses inventions qui « tiennent le coup ». La casemate montée sur roues et garnie d'une impressionnante batterie de canons, dans laquelle tant d'exégètes un peu trop enthousiastes — et superficiels — ont vu l'ancêtre du tank, est une fantaisie irréalisable. Son poids interdit quasiment qu'on puisse l'utiliser efficacement en campagne, et l'on se demande combien de chevaux il eût fallu pour la mouvoir de l'intérieur. Imaginer, dans ce bastion étouffant, douze chevaux et une cinquantaine de servants de canons, c'est s'interdire d'y croire. Également irréalisable est son projet d'ailes articulées qui devaient permettre à l'homme de voler. Les essais effectués par Lilienthal, à la fin du XIXe siècle, l'ont démontré. Léonard a cru s'inspirer du vol des oiseaux, qu'il a attentivement observés, mais il a méconnu le problème de la surface portante et de la maniabilité. On ne peut certes reprocher à Vinci d'avoir rêvé, comme tant d'autres ingénieurs de son temps, on ne peut que se reprocher d'avoir vu en lui un formidable précurseur, alors qu'il était d'abord un artiste inventif doublé, comme la plupart des artistes de son temps, d'un technicien. Mais d'un technicien sans véritable technologie. Ainsi, les proportions d'étain (6 %) qu'il conseille pour le coulage d'un canon de bronze sont fausses (il eût fallu 12 %, et c'est d'ailleurs cette proportion-là que les fondeurs appliquaient empiriquement).

Ce n'est qu'au XIXe siècle, enfin, que théorie et pratique commencent à se marier. Jusqu'alors, les théoriciens manifestent une foi démesurée, presque arrogante, dans leur propre discours. Ce qui n'est pas excessivement surprenant quand on songe d'abord que la science tend en quelque sorte à se substituer à la religion, car elle est une émanation de la philosophie, c'est-à-dire encore d'une conception de l'ordre des choses ; ce n'est pas surprenant non plus parce que l'attitude des savants, techniciens et inventeurs compris, tend davantage à expliquer la nature qu'à l'observer. C'est ainsi que le grand Euler commet une bourde impressionnante, qui entraînera un retard ou, plus exactement, un coup d'arrêt considérable au progrès en balistique. Les artilleurs du XVIIIe siècle s'efforcent d'améliorer la précision de tir de leurs canons et n'y parviennent guère. Un Anglais, Robins, qui ne jouit certes pas du prestige d'Euler, note après observations qu'un des facteurs de l'imprécision est la déflexion de la trajectoire du boulet causée par son frottement contre l'âme du canon ; il propose d'y remédier en rayant longitudinalement cette âme. Euler, sûr de ses calculs, rejette et les observations et la solution de Robins. Il faudra plus d'un siècle pour que l'on s'avise de leur bien-fondé. Or, les exemples de ce genre sont innombrables.

Voilà pourquoi les inventions des vingt siècles de notre ère et des siècles qui ont précédé sont relativement rares. Jusqu'au milieu du XIXe siècle, époque à laquelle les techniciens se décident enfin à ranger la philosophie au placard, où ils tempèrent leur foi superstitieuse dans les nombres et dans les mathématiques, et où, enfin, ils acceptent de remettre inlassablement leurs inventions à l'essai, l'invention recouvre un caractère quasi fortuit. Cela est particulièrement sensible en chimie et en physique, les deux domaines où les idées sont le plus encombrantes et où l'observation est le plus nécessaire. C'est également sensible en médecine, où ce n'est que très tard que l'on commence à observer réellement le corps humain, alors que l'on entretient avec amour des idées complètement erronées, comme l'origine alimentaire du diabète et de la goutte. Les secteurs où l'invention se développe le plus sont l'art militaire et l'armement, l'industrie et la mécanique, l'exploitation de l'énergie et les transports.

Nous l'avons dit plus haut, nul répertoire des inventions ne saurait être exhaustif ; il est forcément sélectif. Comment faire une sélection ? Par élimination, certes. Nous avons donc écarté les inventions mineures, comme la machine à tailler les plumes d'oie ; excentriques, comme le boulet de Carron ; et plusieurs de celles qui sont mortes, comme les innombrables machines de sièges, catapultes et béliers des arts militaires antique. Nous nous sommes limité aux inventions qui ont fait souche et qui ont commandé l'évolution des sociétés et notre vie quotidienne actuelle. Nous nous sommes particulièrement attaché aux filiations d'inventions et, ce faisant, à cet émouvant tâtonnement de l'esprit humain, qui cherche sans relâche, trouve, ne sait pas toujours ce qu'il cherche et parfois invente quelque chose qui n'a l'air que d'un jouet.

Tâche ardue que ce choix, parce que, même morte, l'invention d'hier peut avoir profondément marqué son époque et engendré des inventions modernes. Tel fut le cas du cadran solaire et de la clepsydre, ancêtres de nos horloges et de nos montres. Nous en avons donc retenu d'aussi marquantes, nous fondant sur le fait que de nombreuses inventions sont souvent profondément modifiées ou refaites dix ans plus tard, pour prendre une référence de temps arbitraire. Citer la machine à calculer parmi les inventions relève de la pure sémiologie, car il n'y a plus rien de commun entre la pascaline et nos calculettes. Par ailleurs, à quelle jonction faut-il faire la distinction entre la machine à calculer proprement dite et la machine mathématique ? L'une naquit pourtant de l'autre, et c'est pour faire des calculs que lord Kelvin inventa la première machine mathématique. Là, nous avons pris le parti de désigner l'invention fondamentale d'une machine qui fit de l'arithmétique et des mathématiques à la place du cerveau humain sous son nom le plus courant (encore que désuet) de « machine à calculer ».

Écrire une histoire des inventions, aussi succincte soit-elle, sans tenir compte des dérivations serait périlleux. Ainsi, à la base de l'horloge et de la pascaline se trouve une invention élémentaire, la roue dentée, tout comme, à la base du métier à tisser de Vaucanson et de la machine de Babbage, il y a la carte perforée. Là, les dérivations sont évidentes. Mais quand on aborde le baroulkos grec, la dérivation est purement thématique, car il ne semble pas que les Chinois, qui passent pour avoir réalisé les premières horloges astronomiques à engrenages, non plus que les premiers fabricants européens d'horloges, en aient eu connaissance. Nous avons donc choisi de décrire les « dérivés » en tant qu'entités distinctes, en indiquant les origines dans le texte.

Ainsi présenté, le problème des dérivés risque toutefois de revêtir une fausse simplicité. En fait, la recension des grandes inventions, surtout depuis l'Antiquité jusqu'à la fin du XIXe siècle, où les sciences et les techniques étaient beaucoup moins différenciées qu'aujourd'hui, présente le même type de difficultés que celles où se débattent les taxonomistes qui s'efforcent d'établir la filiation des espèces vivantes depuis les origines des espèces animales. C'est ainsi que la turbine à vapeur, entité technologique distincte, et le moteur à explosion, qui en est une autre, dérivent tous deux de la première machine à vapeur, cet éolipile de Héron d'Alexandrie, qui domine décidément le panorama du génie humain. Que la turbine dérive de l'éolipile est assez évident, mais le moteur à explosion ? Eh bien, il en dérive aussi, par le rameau du moteur à vapeur, mais il ne fût pas né sans l'invention de la pompe aspirante et foulante de Ctésibios, qui introduisit le principe du cylindre et du piston. Ce genre de problèmes a abondé dans la réalisation de cet ouvrage, et surtout dans les domaines de l'énergie, de la mécanique et de l'industrie. Il est évident, par exemple, que l'hélice procède du moulin à vent, mais on peut aussi en trouver les prémices dans la vis d'Archimède. Or elle ne devint l'hélice, entité technologique tout à fait spécifique, qu'à partir du moment où elle fut employée en tant qu'élément de propulsion aquatique ou aérienne. Peut-on négliger ses ascendants ? Ou bien faut-il considérer que son invention date du jour où elle fut appliquée à la propulsion ? Définissant donc les dérivés selon le principe énoncé plus haut, nous avons présenté l'hélice comme entité distincte et l'avons placée dans le chapitre consacré aux transports, alors que le moulin à vent, lui, se retrouve dans celui sur les énergies et la mécanique. Classement arbitraire, certes, mais inévitable si l'on se propose d'offrir au lecteur un abord commode des grandes inventions.

Toute théorie aussi est une invention, mais nous eussions dû inclure tant de théories que ce livre eût triplé de volume. Même ainsi, un problème philosophique de première grandeur se serait posé : comment différencier une loi, qui est à la fois une théorie vérifiée et une découverte, d'une théorie qui n'a pas encore été démontrée, mais qui le sera ? C'est ainsi qu'au IIIe siècle avant J.-C. Ératosthène déduit, sur la base de calculs mathématiques, que la Terre est ronde. Comme il n'en peut fournir la preuve, l'on s'empresse d'oublier sa théorie, car ce n'est encore qu'une théorie, et l'on revient à la notion d'une Terre plate et circulaire comme une assiette, qui ne comprendrait que l'Europe, l'Asie et le nord de l'Afrique. La sphéricité de la Terre ne sera enfin établie que plusieurs siècles plus tard. Il eût donc fallu inclure la théorie d'Ératosthène (ou plutôt la reconstituer), puisqu'elle était juste. Là, nous avons préféré éliminer de très nombreuses théories, en nous fondant sur le postulat de Karl Popper, selon lequel toute théorie est juste jusqu'à ce qu'on ait démontré qu'elle est fausse. Et nous ajouterons : qu'elle est fausse, jusqu'à ce qu'on l'ait complétée. L'attraction universelle de Newton elle-même pourrait — par excès logique — être qualifiée de fausse, puisqu'elle ne tient pas compte de la cinquième force, que les physiciens traquent depuis quelque vingt ans. Comme on peut soutenir, métaphysiquement, qu'aucune théorie n'est jamais complète, il nous a paru plus prudent de nous en tenir à celles qui ont fondé des disciplines courantes, comme la linguistique.

En revanche, et peut-être à la surprise du lecteur, nous avons inclus des inventions culturelles qui nous semblent avoir considérablement modifié notre vécu. Par exemple celle du roman-feuilleton, sans lequel le cinéma, entre autres arts, ne serait sans doute pas ce qu'il est aujourd'hui. Car l'inventeur indirect du « suspense » fut ce remarquable patron de presse du XIXe siècle qu'était Émile de Girardin, propriétaire, justement, de *La Presse.* Sans Girardin et la mention, ô combien banale, de « la suite au prochain numéro », nous n'aurions eu ni Hitchcock, ni le film d'aventures, peut-être même n'aurions-nous eu ni Dostoïevski, ni Maupassant, tels qu'ils furent, pour ne citer qu'eux. C'est véritablement avec le feuilleton que le roman se différencie du récit et, surtout, que naît le roman « populaire ».

Dans la même foulée, nous avons inclus certaines disciplines qui ne semblent pas immédiatement ressortir au domaine des inventions, telle la linguistique, déjà citée. Au départ, ce fut un dérivé, à peine différencié, de la grammaire, qui n'est sans doute pas une invention au même titre que l'ampoule électrique. Et pourtant, elle joue un rôle crucial, en cette fin de XXe siècle, dans les essais de réalisation d'ordinateurs capables de traduire une langue dans une autre et de reconstituer la parole humaine. Car les ordinateurs de la fin du siècle parleront et, bien plus, obéiront à la commande vocale (ce qui menace de rendre désuets les langages informatiques actuels). L'analyse des structures grammaticales et de leurs équivalences dans d'autres langues, qui est l'un des objets de la linguistique, joue là un rôle majeur.

Ainsi encore de la psychologie, discipline apparemment philosophique, mais qui allait, dans les premières années du XXe siècle, aboutir à l'établissement des tests d'intelligence, si largement utilisés par la suite. Il s'agit là d'un outil qui s'est banalisé au point qu'il est difficile de se le représenter comme une invention. Pourtant, il y eut bien un moment à partir duquel la psychologie perdit le plus clair de son caractère intuitif et empirique pour offrir à l'expérimentateur une technique pour quantifier l'inquantifiable apparent, c'est-à-dire la capacité d'appréhender les éléments d'une situation. Ce fut celui de l'invention.

En incluant ces disciplines et quelques autres dans notre recension, nous avons évidemment espéré enrichir la notion générale d'invention, mais également amener le lecteur à se représenter qu'un de Saussure ne mérite pas moins le titre d'inventeur qu'un Edison, et qu'il peut exister des outils immatériels aussi précieux que la fraiseuse ou les allumettes. Toutefois, l'on ne trouvera pas mention de la phrénologie, qui se proposa, naïvement, de mesurer les capacités intellectuelles sur celles de la boîte crânienne, et de jauger les aptitudes selon les « bosses » de celle-ci !

Ultime problème, que nous révélons au lecteur, à la fois pour décharger notre conscience et prévenir ses critiques : fallait-il ne traiter que des inventions qui avaient été réalisées, ce qui eût peut-être donné un tour excessivement technologique à cet ouvrage, ou bien mentionner celles qui n'avaient été que conçues ou à moitié réalisées, par fidélité à l'Histoire ? Et, dans ce dernier cas, pourquoi, après tout, éliminer l'aérostat qui devait atteindre la Lune par effet d'évaporation de la rosée, décrit par l'authentique Cyrano de Bergerac ? Une évidence s'est, à cet égard, imposée : impossible d'écrire, par exemple, une histoire de la machine à calculer sans tenir compte des efforts infructueux de Babbage pour réaliser une machine à calculer digitale universelle. Qu'importe qu'elle n'ait vu le jour qu'au XXe siècle : le génie de Babbage tout autant que l'avarice obtuse du Premier ministre sir Robert Peel éclatent aujourd'hui aux yeux de ceux qui s'intéressent à la genèse de l'informatique. Nous inclurons donc les inventions dont il est patent ou raisonnablement certain que seule la malchance en empêcha la réalisation.

Autant dire que notre choix est forcément arbitraire. Le terme est aisément péjoratif. Nous espérons toutefois l'avoir quelque peu réhabilité aux yeux du lecteur. Après tout, il n'est, en philosophie, d'autre objectivité que l'effort pour l'atteindre.

On avance souvent que les neuf dixièmes des inventions que nous connaissons datent du XXe siècle. C'est sans doute excessif, mais il n'en reste pas moins qu'un très grand nombre d'inventions ont été faites au XXe siècle par rapport à l'ensemble des siècles précédents. Réunir toutes les inventions importantes dans un seul ouvrage de ce format n'était pas possible, sauf à réaliser un volume peu maniable. C'est pourquoi nous avons choisi de diviser notre présentation en deux parties, dont ce livre constitue la première. On y trouvera donc l'ensemble des inventions qui ont été réalisées jusque vers 1850. Superstition numérique ? Plutôt convention de commodité, car il semble que ce soit à compter de l'ère industrielle que l'humanité s'est voulue résolument « moderne » et qu'elle a commencé à considérer les inventions, non comme une curiosité de la science, mais comme un petit pas de plus vers l'économie de l'énergie humaine. On trouvera quelques inventions qui « débordent » sur la seconde moitié du XIXe siècle. Ce sont celles dont il nous a paru qu'il était spécieux d'en scinder systématiquement l'historique.

Ces pages, enfin, n'aspirent pas à constituer une nouvelle histoire de la technologie ; il existe de tels ouvrages, excellents, qui dressent un tableau complet des écoles et des courants qui ont irrigué les sociétés et le génie inventif humain ; sans cet élément fondamental de la géographie intellectuelle, il est, en effet, difficile de prétendre faire de l'histoire. S'il est certain que nous nous sommes efforcé de ne pas ennuyer le lecteur, il est tout aussi certain que nous n'avons pas visé à offrir un ouvrage de divertissement. Nous considérons plutôt que ces pages représentent une contribution à une nouvelle histoire de la technologie, selon un courant qui s'est ébauché seulement dans la seconde moitié du XXe siècle. Une certaine arrogance des sociétés industrielles contemporaines a laissé accroire que la technologie est finalement née avec l'industrie, et qu'à part la roue, le soc et le clou, les siècles précédents ont pataugé dans le bricolage et l'ignorance. Le mérite d'historiens tels que Joseph Needham, Bertrand Gille, Derek Price, J.G. Landels et bien d'autres a été de réagir en démontrant que le génie humain est indivisible dans le temps et qu'il est faux de prétendre que l'intelligence technologique soit née avec la Révolution industrielle. Il y eut autrefois des cerveaux dont la capacité était égale à celle d'un Edison, d'un Hooke, d'un Babbage.

Ce n'est pas sans sourire que nous évoquons tous aujourd'hui la stupeur profonde qui s'empara des meilleurs mécaniciens contemporains quand fut analysé le vestige de la célèbre « horloge d'Anticythère », appareil antérieur à notre ère ou, en tout cas, aussi ancien qu'elle, et qui permettait aux astronomes de prévoir avec précision les mouvements apparents de la Lune et du Soleil — ce qui était déjà remarquable —, mais qui comportait aussi le premier différentiel jamais réalisé et vérifiable. La suffisance de notre siècle en souffrit quelque peu, et l'on s'intéressa dès lors d'un peu plus près au génie de nos prédécesseurs. Intérêt fertile, comme le démontre ce livre.

Certes, il y eut quelques excès, et l'on prêta parfois un peu trop aux Anciens. Les débordements d'imagination se sont aujourd'hui réduits, et il est beaucoup plus passionnant de déterminer avec exactitude ce qu'ont inventé nos ancêtres. Ce sont donc eux qui nous invitent à la modestie. Il nous suffit de leur faire écho.

agriculture & alimentation

Le besoin de s'assurer une nourriture régulière détourna lentement l'humanité de la chasse, de la pêche et de la cueillette pour inventer l'agriculture et l'élevage. Invention bien lente, qui s'étendit sur des millénaires, et dont nul ne peut revendiquer la paternité. L'habitude des récoltes, acquises entre le VIIIe et le VIe millénaire avant notre ère, fut la base même de la civilisation. En effet, elle imposa la sédentarisation, dont naquirent les villes, puis les États, la politique, les techniques... et les guerres. La culture de la terre mena à celle de l'esprit. Isolés dans leurs régions, et donc aussi génétiquement, les peuples se différencièrent et leurs religions se diversifièrent.

Un seul changement s'est produit depuis les premières récoltes de froment, et c'est l'intervention de l'industrie. La mécanisation de l'agriculture a immensément réduit la classe paysanne, entraînant de la sorte, à partir du XIXe siècle, une modification radicale des sociétés. La conserverie, puis l'alimentation industrielle dans son ensemble ont définitivement éliminé des pays industriels les menaces de disette, qui persistèrent en Europe jusqu'au XVIIIe siècle, voire plus tard dans certains pays. Repues, les sociétés industrielles ont alors adopté des règles diététiques.

Bien que d'importance moindre, les diversifications de cultures, favorisées par les voyages d'exploration, et les pratiques de la sélection agricole ont aussi changé intégralement les espèces végétales et animales. Il n'y a plus grand-chose de commun entre le maïs mexicain d'antan et le maïs contemporain, et nos fermiers seraient bien surpris s'ils voyaient un porc du Moyen Âge, animal « singulier », aux flancs plats et à l'ossature puissante. L'avènement de la pomme de terre a modifié le régime alimentaire de la moitié du monde et le cheval n'est plus guère qu'une bête de concours et de courses.

Assolement

An., Europe, 3000 av. J.-C. ; Rome, IIIe-IIe siècle av. J.-C.

La pratique de la **rotation des cultures,** ou assolement, destinée à éviter l'appauvrissement du sol, est l'une des plus grandes inventions de l'agriculture ; progressivement imposée par la **sédentarisation,** puis l'établissement de **grands centres urbains,** elle semble avoir été pratiquée dès le IIIe millénaire avant notre ère, sur la base d'une **culture d'hiver,** d'une **culture de printemps** et d'une troisième année de **jachère ;** c'est là ce que l'on appelle l'**assolement triennal,** qui, par le jeu des alternances, puis grâce aux engrais, assurait une production moyenne en céréales (voir p. 26). Singulièrement, il mit longtemps à s'imposer, bien qu'il eût été systématiquement appliqué par Rome aux exploitations agricoles de l'Empire dès le IIIe ou IIe siècle (les Romains s'efforcèrent longtemps d'imposer l'**assolement biennal** et semblent l'avoir pratiqué parallèlement au triennal) : ce n'est qu'au XIIe siècle que l'Angleterre l'adopte enfin, et au XVIe que la Russie en reconnaît l'importance. Cette pratique cruciale mit donc près de cinq siècles à s'imposer au nord de l'Europe et neuf à l'est.

■ Ses conséquences furent immenses, la première en importance étant l'extension des **pâturages en jachères,** qui fut bénéfique à l'élevage et assura l'**expansion du cheval.** Une deuxième conséquence fut l'**extension du froment,** qui remplaça presque partout le **millet,** jusqu'alors en faveur parce qu'il fatiguait moins les sols. Il modifia donc l'alimentation, qui reposa, en plus du froment, sur les trois céréales de printemps les plus répandues, l'**avoine,** les **blés de mars** et les **légumineuses.** Une troisième conséquence, incidente, fut un meilleur rendement du bétail. Cette amélioration doit être attribuée, non seulement à l'extension des pâturages et à l'abondance nouvelle de l'avoine, mais également à une erreur : lorsque le bétail ne prospérait pas sur des pâturages, on accusait les mauvaises herbes d'en être cause ; on les chaulait donc pour les brûler ; or, c'était de manque de **calcium** que le bétail souffrait justement, et le chaulage palliait cette carence.

Céréalières (cultures)

An., Mésopotamie, vers 9000 av. J.-C.

On estime que c'est après la **dernière glaciation,** survenue 15000 ans avant notre ère, que, dans l'Ancien Monde tout au moins, c'est-à-dire en Eurasie, l'humanité passa du **nomadisme,** et du **régime de chasse et de cueillette** pour assurer sa subsistance, à la **sédentarisation** et à l'**agriculture.** Ce changement fondamental, qui s'expliquerait par un **adoucissement du climat** et un **renforcement de la végétation,** est à la base de la formation des peuples et d'une **rationalisation du mode alimentaire.** En effet, l'agriculture permettait de passer de la menace de disette quasi-chronique à celle, plus tolérable, de disette accidentelle ; elle permettait également de passer d'une alimentation presque exclusivement carnée à une alimentation plus variée, donc plus saine ; elle conduisait enfin à l'**élevage** (voir ci-après p. 27).

■ La trace la plus ancienne de culture découverte à ce jour est celle qui a été mise à jour à Jarmo, au nord-est de l'Irak actuel, dans l'ancienne Mésopotamie, par l'Américain Robert Braidwood : elle consiste en grains de **blé** et d'**orge** carbonisés. L'analyse des grains permit de déterminer qu'il s'agissait bien de variétés cultivées, car portant encore les **pédoncules** qui les avaient maintenus sur leurs tiges, à la différence des grains de variétés parentes sauvages, qui ne présentent pas ces pédoncules.

■ Il y a donc 11000 ans, des hommes avaient identifié des **graminées sauvages,** en avaient ramassé les grains, les avaient reconnus comestibles et avaient conçu l'idée, alors extraordinaire, car l'on ignorait tout de la botanique et de la croissance des plantes, de semer ces grains pour obtenir de nouvelles récoltes. Il est possible que cette invention ait procédé de l'observation de grains à leur début de **germination.** Celle-ci parut en tout cas revêtir un caractère magique, car, des millénaires durant, les hommes associèrent la germination à des puissances divines, en particulier à une déesse de la fertilité qui servit plus tard de modèle à la déesse grecque Cybèle.

■ Les deux premières espèces de graminées sauvages qui firent l'objet d'une reproduction contrôlée furent l'orge et le blé (ou **amidonnier**). Il est certain que, pendant des siècles, la moisson en fut difficile et décevante, les épis éclatant spontanément pour semer leurs graines au vent, suivant leur mode naturel de reproduction. Il est possible aussi que les premiers agriculteurs aient effectué leurs moissons juste avant la pleine maturation. Mais il est encore plus probable que les épis qu'ils moissonnaient, et qui étaient donc encore garnis, étaient ceux dont les **épillets,** c'est-à-dire le grain entier avec son écorce faite de deux **bractées** et de **glumelles,** étaient restés attachés à l'**axe de l'épi** par leurs **mérithalles.** Ainsi effectuèrent-ils une **sélection naturelle** qui, de moisson en moisson, aboutit à créer une espèce de blé domestiqué dont les grains n'éclataient pas à la maturité et qui permettait de ce fait des récoltes beaucoup plus abondantes.

■ C'est au Nouveau Monde, dans l'actuel Mexique, que les Indiens semblent avoir développé la culture céréalière qui servit de base à leur alimentation pendant environ sept millénaires, celle du **maïs.** L'origine du maïs domestique reste cependant imprécise, car il s'agit d'une céréale qui ne peut libérer ses grains que grâce à l'intervention de l'homme. Et les spécialistes sont partagés sur l'identité de la plante qui donna naissance au maïs domestique, certains supposant même qu'elle fut asiatique. Toujours est-il que les épis du maïs domestique mexicain étaient beaucoup plus petits que ceux du maïs tel que nous le connaissons de nos jours ; ils ne mesuraient que 2,5 cm de long. C'est par la pratique de la **pollinisation croisée** que les Incas du Pérou, de leur côté, auraient réussi à améliorer la taille du maïs et l'on avance, sans en être certain, que c'est à des plants incas que le maïs mexicain dut la vigueur nouvelle qui fut la sienne dès le VIIIe siècle avant J.-C.

■ Les deux dernières grandes étapes de l'agriculture céréalière furent la domestication du **millet,** qui se fit en Chine 4000 ans avant notre ère, celle du **riz** n'ayant eu lieu, toujours en Chine, que vers 3200 avant notre ère. Il est toutefois possible que le riz ait été cultivé antérieurement en Asie du Sud-Est, puis introduit plus tard en Chine.

Le blé absorbe toutes les substances nutritives du sol et, si celui-ci n'est pas laissé en **jachère** entre deux **emblavements,** il s'appauvrit rapidement. Il fallut sans doute quelques siècles avant que les premiers cultivateurs découvrissent cette loi, ainsi que l'importance de la **rotation des cultures** et des **engrais** (voir p. 25).

Conserves

An., IVe ou IIIe millénaire av. J.-C. ; an., Chine, Ier millénaire av. J.-C. ; Appert, vers 1780 ; Pasteur, 1868-1870.

Le souci de conservation des aliments est sans doute aussi ancien que l'humanité. Dès que l'homme chassa, il dut s'apercevoir que la viande de son gibier se putréfiait et devenait toxique dans certaines circonstances et que, dans d'autres, elle se desséchait et pouvait être consommée dans un délai assez long après l'abattage, bien qu'elle y perdît certaines de ses qualités organoleptiques. On sait en tout cas que, dès le IIIe millénaire avant notre ère, peut-être le IVe et peut-être même avant, l'homme utilisait certaines cavernes pour entreposer son gibier, qui se déshydratait et séchait sans se putréfier. Il semble que, dès le Ier millénaire, les Chinois aient maîtrisé trois techniques de conservation. La première, par **salaison**, la deuxième en recourant aux **épices** et la troisième par **fermentation dans le vin**. Les trois techniques étaient également judicieuses, le sel créant un milieu dont le pH freine la fermentation bactérienne, les épices exerçant une action également antiseptique, mais moindre, et la fermentation dans le vin empêchant la fermentation microbienne du fait de l'action bactéricide de l'alcool. Les deux dernières techniques étaient le plus souvent associées. Par ailleurs, les Chinois avaient enrichi le procédé du **séchage** de celui du **fumage**. C'est avec les Chinois que commence donc l'invention proprement dite en matière de conservation alimentaire.

■ Ces techniques ne varièrent guère pendant au moins deux millénaires et demi. Elles présentaient toutes un inconvénient évident, d'ordre d'abord gastronomique, puis diététique : ces aliments étaient toujours fortement salés ou vinaigrés. Si l'on excepte la fabrication des confits, c'est-à-dire de viandes cuites et enrobées de graisse, qui semble être apparue en France vers la fin du Moyen Âge, aucun progrès ne fut réalisé dans le domaine de la conservation alimentaire jusqu'à l'invention de l'**appertisation**.

■ Confiseur à Paris, Nicolas Appert eut le premier, en 1780, l'idée que le chauffage en vase clos pouvait arrêter la fermentation des aliments ; il commença à la mettre à l'épreuve. L'idée était d'autant plus remarquable que ce fut seulement Pasteur qui, près d'un siècle plus tard, démontra qu'en effet la chaleur tuait les bactéries responsables de la fermentation. Dès 1790, Appert vérifia qu'en effet son idée était juste, et il ouvrit un commerce de viandes, de lait, de légumes, de fruits conservés en bouteilles closes. En 1810, le Français Pierre Durand ayant fait breveter des récipients recouverts à l'intérieur de fer-blanc, l'industrie de la conserverie prit son essor. En 1812, les Anglais Donkin et Hall rachetèrent à la fois le brevet Durand et le brevet Appert et produisirent les premières conserves en boîtes métalliques, exemple que suivit Appert lui-même. A partir de 1815, des conserveries étaient créées dans de nombreux pays. Par la suite, Appert étendit son invention à la conservation des vins.

■ La découverte du rôle des bactéries dans la fermentation devait amener Pasteur à mettre au point, entre 1868 et 1870, le procédé de la **pasteurisation**, destiné à une conservation limitée des aliments. Celui-ci consiste à chauffer les aliments à une température inférieure à 100 °C pendant un temps plus ou moins court, puis à les refroidir rapidement. A la différence de l'appertisation, la pasteurisation garde aux aliments un maximum de saveur, puisqu'elle ne suppose pas de cuisson. Toutefois, elle ne permet pas une conservation de longue durée.

Les aliments appertisés suscitèrent, on le conçoit aisément, le plus grand intérêt des autorités maritimes, puisqu'ils permettaient à la fois de varier les menus des équipages au cours des longs voyages et d'entreposer les aliments avec beaucoup plus de commodité. L'un des premiers à en goûter, après trois mois de conservation, fut le préfet de la région maritime de Brest, qui les trouva excellents ; c'étaient des petits pois.

Élevage

An., entre 8500, Mésopotamie, et 1000, Russie, av. J.-C.

L'élevage est, avec l'agriculture et la métallurgie, l'une des trois plus grandes inventions de l'humanité. L'agriculture mettait fin aux aléas de la cueillette et réduisait les risques de disette, la métallurgie fournissait les moyens de dominer l'environnement : avec l'élevage disparaissaient les aléas et les dangers de la chasse. On a commencé à le pratiquer sans doute un peu plus tard que l'agriculture, vers la moitié du IXe millénaire avant notre ère, en Mésopotamie, où se répandit l'usage de garder captifs des troupeaux de **moutons** et de **chèvres** sauvages, alors très abondants. Ces animaux fournissaient à la fois de la **viande** et du **lait**. Les chèvres seraient issues, selon certains experts, de l'ægagre, *Capra ægagrus*, et les moutons, de l'animal appelé mouflon d'Iran, *Ovis orientalis*.

■ Ces captures de troupeaux impliquent la **sédentarisation**. Or, si elle n'est pas prouvée archéologiquement, elle reste probable, étant donné que l'on a retrouvé, au bord du Danube et en Anatolie, à Lepenski-Vir, en Yougoslavie, et à Çatal Höyük, en Turquie, des vestiges de cités du IXe millénaire. Quelque primitive qu'elle puisse paraître à l'homme du XXe siècle, l'idée d'avoir des **troupeaux dans un enclos** n'en constituait pas moins une invention, et son avenir témoigne de son importance. La ségrégation des animaux aboutit à une **sélection naturelle**, les animaux qui se reproduisaient entre eux dans les enclos étant soustraits aux échanges avec le stock génétique beaucoup plus vaste des troupeaux sauvages.

■ Peu après la domestication du mouton se produisit celle du **chien**, mais les aires de répartition de ce phénomène sont irrégulières. La plus ancienne trace de domestication du chien remonte à 8400 avant J.-C., et elle s'est produite, non en Mésopotamie ni ailleurs dans l'Ancien Monde, mais en Amérique, dans l'actuel État de l'Idaho. Toutefois, elle n'a pas tardé dans les autres régions, où la présence d'animaux et surtout de restes alimentaires ne pouvait qu'attirer des chiens sauvages. Des points quelque peu obscurs subsistent en ce qui touche à l'origine de la domestication du chien. Son ascendant fut-il le loup, ou bien le chacal ? Et l'apparition du chien ne seraitelle pas, du moins en certains endroits, nettement antérieure au IXe millénaire ? En effet, des peintures rupestres remontant à 50000 ans, retrouvées en Suisse, représentent des humains consommant des animaux qui ressemblent beaucoup à des chiens. Il n'est donc pas exclu que l'espèce canine se soit différenciée très tôt du loup ou du chacal et que les premiers chiens domestiqués aient été, en fait, des chiens sauvages. Les hypothèses actuelles privilégient en tout cas le loup comme ascendant, parce que sa formule dentaire est identique à celle du chien, alors que celle du chacal en est assez différente.

■ Successivement furent domestiqués : le **porc**, vers 7000 avant J.-C. ; le **bœuf**, vers 6500, en Thessalie et en Anatolie ; le **rat d'Amérique**, vers 6000, au Pérou ; le **ver à soie** et le **lama**, vers 3500, l'un en Chine (voir p. 143), l'autre au Pérou ; l'**âne**, vers 3000, en Égypte ; le **chameau à deux bosses** et le **dromadaire**, vers 3000 aussi, l'un en Russie méridionale, l'autre en Arabie Saoudite ; le **cheval**, vers 3000, en Ukraine ; l'**abeille**, vers 3000, en Égypte ; le **banteng**, bovidé asiatique, vers 3000, en Thaïlande, suivi de près par le **buffle asiatique**, vers 2500, dans la vallée de l'Indus ; le **canard**, vers 2500, au Proche-Orient ; le **yak**, autre bovidé asiatique, vers 2500, au Tibet ; la **volaille**, vers 2000, dans la vallée de l'Indus ; le **chat**, très tardivement, vers 1500, en Égypte ; l'**oie**, sa contemporaine, en Allemagne ; l'alpaga, toujours vers 1500, au Pérou ; le dernier des animaux domestiqués étant le **renne**, au Ier millénaire, dans la vallée de Pazyrik, en Sibérie.

■ La ségrégation de fait des espèces, due aux concentrations géographiques, opéra déjà une sélection génétique ; puis, en raison de certains caractères, dont la répétition apparaissait dans certaines lignées, des éleveurs procédèrent à une **sélection artificielle** qui créa très tôt des espèces nouvelles. Ainsi, le **mâtin**, dit aussi dogue anglais, apparut en Égypte vers le IIIe millénaire avant J.-C. ; le **chowchow** apparut en Chine au IIe siècle avant J.-C. et, descendant possible, le **pékinois** au VIIIe siècle. Pour en rester aux chiens, le **mâtin romain**, actuellement connu sous le nom de **rottweiler**, apparut au IIe siècle avant J.-C., alors que le **lévrier** était connu bien avant, vers le VIe millénaire, en Égypte. Les croisements diversifièrent considérablement les variétés parmi toutes les espèces.

■ Ce n'est qu'au XVIIIe siècle que les Anglais, les premiers, introduisirent la coutume d'établir des **arbres généalogiques**, pour les chevaux et les bovins.

On ne sait pas exactement à quelle époque l'on commença à sélectionner artificiellement des animaux pour leurs traits de **comportement**. Toujours est-il que les Égyptiens utilisaient le lévrier pour la chasse à vue et le mâtin pour la garde des troupeaux et des maisons, et que les Romains faisaient de même avec une variété de mâtin.

Engrais

An., Mésopotamie, Égypte, Ier millénaire av. J.-C. ; Caton l'Ancien, 200 av. J.-C. ; Van Helmont, 1609-1644 ; Glauber, vers 1630 ; Woodward, 1699 ; Saussure, 1804 ; Boussingault, 1834 ; Liebig, 1840.

L'usage des engrais en agriculture est un des chapitres les plus déroutants de l'histoire du génie agricole. A mi-chemin entre la découverte et l'invention, il comble, en effet, l'une des lacunes les plus dommageables à l'humanité pendant une dizaine de siècles.

■ Il est presque certain que le rôle des engrais fut découvert par observation, il y a environ trois mille ans. L'utilisation des **excréments humains** et du **fumier**, mélangés à des **détritus végétaux**, est attestée dans la Mésopotamie du Ier millénaire avant J.-C., ainsi qu'en Égypte, où pourtant le limon du Nil était largement disponible. Elle se répandit ensuite dans le Bassin méditerranéen, et les Romains la codifièrent. Vers 200 avant J.-C., Caton l'Ancien maîtrisait assez les problèmes de la **fertilité des sols** pour recommander l'addition de **chaux** aux sols acides, celle de fumier à tous les sols, ainsi que la culture des **légumineuses**, qui fixent l'**azote atmosphérique**. Le conseil de Caton est d'autant plus étonnant que la fixation de l'azote par les plantes ne sera pressentie qu'en 1834, par le Français Boussingault, et son mécanisme établi, en 1891, par le Russe Winogradsky.

■ Tout aussi étonnant est le déclin progressif de l'utilisation d'engrais après la chute de l'Empire romain. Également incompréhensible est le fait que la Chine et l'Inde, où la famine revêtit très tôt un caractère endémique, et où pourtant les techniques agricoles étaient souvent très développées, n'aient pas fait appel aux engrais avant les temps modernes.

■ L'homme qui redécouvre les engrais après dix siècles de profonde ignorance, où l'on croyait que la plante se nourrissait de l'humus, est en fait un « réinventeur » ; c'est un alchimiste aux théories souvent fantaisistes, le Hollandais Jean-Baptiste Van Helmont, qui réalise une expérience célèbre. En 1609, il plante un arbuste de 2,50 kg dans 100 kg de terre ; cinq ans plus tard, l'arbuste pèse 84,50 kg et le sol n'a perdu que quelques dizaines de grammes. Van Helmont a jeté les bases de la **physiologie végétale** et démontré que les plantes ne se nourrissent pas de terre, mais d'eau et d'« éléments alchimiques ».

■ La pratique des engrais n'a cependant pas encore gagné l'agriculture. Van Helmont poursuit ses travaux — que la mort interrompra en 1644 —, quand, vers 1630, l'Allemand J.R. Glauber, un autre alchimiste installé à Amsterdam, et dont on vante l'admirable laboratoire, postule que le **nitrate de potasse** ou salpêtre est le principe de la vie et un engrais de choix — ce qu'il est d'ailleurs, comme il le démontre. A sa mort, il laisse un testament scientifique dans lequel il explique comment augmenter les ressources agricoles de l'Allemagne. Glauber obtient plus d'audience que Van Helmont, et l'on commence alors à s'intéresser aux engrais, naturels ou chimiques. Glauber occupe ainsi une place de précurseur que le temps ne fera que confirmer : il est le véritable inventeur des **engrais chimiques.**

■ Son successeur direct est l'Anglais John Woodward qui, en 1699, cultive des plantes dans de l'eau de pluie, de l'eau de la Tamise, de l'eau des égouts de Londres et de l'eau des mêmes égouts à laquelle il a ajouté des moisissures de jardin (auxquelles se sont sans doute mêlées des traces de salpêtre). Il établit que, plus l'eau est impure, mieux les plantes poussent. Plus d'un siècle passe avant que le Suisse Théodore de Saussure ne détermine les proportions d'engrais nécessaires à la croissance végétale, mais la pratique des engrais n'a toujours pas gagné l'agriculture. En 1840, l'Allemand Justus von Liebig démontre le rôle fertilisant du **phosphore** traité à l'acide, et c'est deux ans plus tard que l'Anglais John B. Lawes, inventeur du procédé de **production des superphos-**

phates par traitement des roches de phosphate (apatite) **à l'acide sulfurique**, dérivé de l'observation de Liebig, lance l'industrie des engrais chimiques. Ce n'est qu'à la fin du XIXe siècle que l'utilisation des engrais se répand. Douze siècles se sont alors écoulés depuis l'époque où elle était apparue en agriculture.

■ La **Loi de Liebig** a connu une grande destinée depuis 1840. Elle détermine que la croissance d'une plante est limitée par l'élément assimilable dont la concentration dans le milieu est la plus faible ; appliquée d'abord à la seule agriculture, elle est utilisée de nos jours largement dans toutes les estimations écologiques.

Incubateurs

An., Égypte, VIIe siècle avant J.-C.

Dès le VIIe siècle, peut-être avant, les Égyptiens faisaient incuber des œufs dans des « **fours à poulets** ». La production de poussins était tellement abondante que ceux-ci étaient vendus treize à la douzaine.

■ L'invention découlait bien évidemment de l'**observation zoologique**, car plusieurs reptiles, tous les oiseaux (et les monotrèmes comme l'ornithorynque, que ne connaissaient évidemment pas les Égyptiens) pratiquent l'incubation contrôlée. Certaines espèces, devançant les Égyptiens, utilisent même la chaleur dégagée par l'herbe en décomposition, par les sols volcaniques et, bien évidemment, par les radiations solaires reflétées par le sol.

Irrigation

An., Mésopotamie, IXe-VIIIe siècle av. J.-C.

L'une des inventions les plus importantes pour l'agriculture, la distribution d'eau à travers les cultures par un réseau de canaux, a connu des destins étonnamment divers selon les civilisations et les époques. La plus ancienne mention vérifiable qu'on en connaisse remonte au IXe ou VIIIe siècle avant J.-C. et se situe en Mésopotamie. Aidés par le voisinage du Tigre et de l'Euphrate, qui leur assuraient de constantes réserves d'eau, mais également menacés par les débordements violents de ces fleuves, les Mésopotamiens mirent au point des réseaux de canaux munis de **vannes régulatrices**, grâce auxquels leur agriculture devint particulièrement fertile. En Égypte aussi, un réseau d'irrigation très vaste, dont l'alimentation était en grande partie assurée par un gigantesque réservoir artificiel, le lac Moeris, permit d'étendre les superficies cultivées jusque dans le désert. Mais, paradoxalement, en Grèce, ni à l'époque classique, ni à l'époque hellénistique, il n'exista de réseau d'irrigation, et le pays en fut réduit à la culture sèche. Les Romains, en revanche, pratiquèrent systématiquement l'irrigation extensive, grâce à laquelle ils parvinrent à transformer les provinces d'Afrique du Nord en « greniers de l'Empire ».

Lait condensé et lait en poudre

Borden, 1856.

Afin de faciliter le **transport** et le **stockage du lait,** l'Américain Gail Borden imagina en 1851 de le déshydrater ; selon les stades de cette opération, il obtenait du lait condensé ou du lait en poudre. Brevetée en 1856, l'invention ne suscita guère d'intérêt. La guerre de Sécession en montra plus tard l'importance et assura la fortune de Borden.

Lutte biologique contre les insectes

An., Chine, vers le IIIe siècle.

Pratiquée systématiquement en Occident à partir des années 50, après les échecs à cette époque des **pesticides industriels** dans la lutte contre les insectes nuisibles, la lutte biologique en agriculture était connue en Chine au moins dès la fin du IIIe siècle, comme l'atteste un texte sur l'agriculture des régions du Sud, de Hsi Han (Xi Han), daté de 304. Ce texte fait mention de l'utilisation d'une variété de fourmis « carnivores » pour l'élimination des insectes qui attaquaient les vergers de mandariniers. Des conduits de bambou d'un arbre à l'autre permettaient aux insectes de gagner l'ensemble du verger. Ce type de contrôle des nuisibles s'étendit par la suite en Chine à l'ensemble de la culture des agrumes. Les Anglais, qui y eurent recours au XVIIIe siècle, se contentèrent d'introduire des **menates** à l'île Maurice, en 1762, pour triompher des sauterelles rouges qui dévastaient les plantations de canne à sucre. En 1888, les Américains sauvèrent leurs plantations d'agrumes, menacées par le parasite *Icerya purchasi*, en y introduisant un coléoptère australien, *Rodolia cardinalis.* Mais l'usage des pesticides industriels reprit ensuite la primauté sur la lutte biologique avant que celle-ci fût restaurée, vers 1960.

Maraîchères (cultures)

An., Anatolie, vers 7000 av. J.-C. ; Rome, IVe siècle av. J.-C.

Le terme de « culture maraîchère », c'est-à-dire originellement de **culture de légumes sur marais,** sera pris ici au sens large, par opposition à « **culture céréalière** » (voir p. 25). Ce type de culture semble être postérieur d'environ un millier d'années à la culture céréalière, et il aurait procédé de la cueillette de **légumineuses** et de **baies,** de même que la culture céréalière procéda de la cueillette de **graminées sauvages.** Il serait apparu à peu près à la même époque en Anatolie, en Asie du Sud-Est, en Chine et en Amérique centrale, puis un peu plus tard dans les Andes. Il aurait été favorisé par la **fin de la dernière glaciation**, survenue 15000 ans avant notre ère. Il s'ensuivit un réchauffement progressif du climat, sensible à partir du XIIe ou du Xe millénaire, et un regain de vigueur des plantes sensibles au froid, comme les légumineuses.

■ La culture maraîchère constitue une invention parce qu'elle a consisté à tenter l'expérience de prélever une plante comestible, ou dont la baie ou fruit était comestible, et à la transplanter directement, ou par semis de graines, sur un autre terrain. Si elle procède de la même opération intellectuelle que l'invention de la culture céréalière, elle s'en différencie par le fait que les légumes exigeaient des conditions spécifiques pour pousser, beaucoup plus complexes que celles des céréales. On peut donc supposer que sa mise au point requit beaucoup plus d'observation agricole que les céréales, et que c'est pourquoi elle fut tardive.

■ On ignore quelles sont exactement les espèces qui donnèrent lieu aux premières cultures maraîchères. On sait qu'en Anatolie, qui semble avoir été le centre le plus avancé de l'agriculture à cette époque, les **lentilles,** les **micocoules** et les **câpres** figurèrent parmi les espèces qui, 7000 ans avant notre ère, firent l'objet des premières semi-cultures. Dans le Nouveau Monde, ce furent la **courge,** le **potiron,** la **calebasse,** dont les fruits secs servaient de flotteurs à filets de pêche, puis, vers 5000 ans, la **pomme de terre** et la **tomate,** l'**amarante** et le **piment.**

■ On sait aussi qu'en Égypte, entre 3200

et 2780 ans avant J.-C., les cultures maraîchères avaient atteint une grande extension, puisqu'elles comprenaient l'**asperge,** le **cardon,** le **céleri,** le **chou,** la **laitue,** les **oignons,** le **pois chiche,** le **radis** et la **pastèque.** Un peu plus tard apparut le **concombre.** Il semble que la culture maraîchère égyptienne ait servi d'exemple au reste du Bassin méditerranéen, du fait de sa technicité et de sa grande variété. Dès le Ier millénaire avant notre ère, ses produits et ses méthodes avaient même dépassé l'aire méditerranéenne, atteignant l'Asie Mineure, la Transcaucasie, la Perse et la Turkménie.

■ En retour, les échanges commerciaux avec ces régions enrichirent la culture maraîchère méditerranéenne de lointaines variétés indigènes de légumes : **aubergine, rhubarbe, igname, taro** et **potiron** de Chine occidentale ; **fève** de l'Inde ; **ail, carotte, melon, épinard** des régions correspondant aux actuels Tadjikistan et Ouzbékistan ; **chou** et **poireau** du Turkménistan.

■ Les mêmes types d'échanges enrichirent la culture égyptienne et, par son intermédiaire, les cultures méditerranéennes et européennes de variétés africaines. Toujours au Ier millénaire avant notre ère, l'Égypte avait inclus dans ses cultures maraîchères l'**okra,** l'**artichaut,** la **ciboulette,** le **cresson,** l'**endive,** la **betterave,** le **persil,** le **panais,** la **rhubarbe** et le **navet,** ainsi que diverses variétés de **pois,** provenant des régions du Haut-Nil.

■ Au IVe siècle, Rome adopta les cultures maraîchères et la majeure partie des espèces répandues dans le Bassin méditerranéen. Paradoxalement, beaucoup de ces variétés disparurent et la culture maraîchère périclita à la fin de l'Empire. Le chou ne fut ainsi réintroduit en Europe qu'au IXe siècle, de même que le concombre. L'épinard, qui était couramment cultivé en Chine dès le VIIe siècle, n'atteignit l'Europe que cinq siècles plus tard. Et plusieurs des espèces citées plus haut et autrefois banales dans l'Empire romain ne réapparurent en Europe que beaucoup plus tard, comme l'artichaut et l'aubergine. Mais, entretemps, l'Europe avait été conquise par la pomme de terre, introduite au milieu du XVIe siècle.

■ Jusqu'à sa colonisation, le Nouveau Monde ne connut que ses espèces indigènes. Les premiers légumes à y être introduits furent les carottes et les pois, au début du XVIIe siècle en Amérique du Nord, suivis par l'oignon. Paradoxalement, la pomme de terre, largement cultivée en Europe depuis les années 1550, ne commença à se répandre en Amérique du Nord qu'au début du XVIIIe siècle. Mais les échanges entre les Amériques favorisèrent des échanges de variétés maraîchères, souvent de façon indirecte. C'est ainsi que le melon, introduit par les Espagnols en Amérique centrale au début du XVIe siècle, gagna les États du sud de l'Amérique du Nord un siècle plus tard, de même que le concombre, et que les petits pois et les carottes furent importés en Amérique du Sud, au début du XVIIIe siècle, à l'intention des colons espagnols — les populations amérindiennes continuant à se nourrir des variétés traditionnelles, potirons, tomates, haricots de Lima et surtout patates douces.

■ L'Amérique centrale et l'Amérique du Sud ne passèrent de la semi-culture maraîchère à la culture proprement dite qu'à la fin du XVIIe siècle, les plantes qui pouvaient en faire l'objet avant la colonisation poussant à l'état sauvage et de manière abondante. Le mémorialiste péruvien Garcilaso de La Vega, à qui l'on doit des témoignages aussi nombreux que précis, rapporte que les endives et les épinards poussaient près de Lima « aussi haut qu'un homme » et que les chevaux avaient peine à s'y frayer un passage. Ce sont les habitudes alimentaires des colons espagnols qui, progressivement, firent domestiquer de telles espèces sauvages, à tel point proliférantes que le même La Vega cite les navets sauvages comme une plaie.

■ A l'exception de la patate douce et du taro, l'Océanie n'a découvert la culture maraîchère qu'à la fin du XVIIIe siècle, quand les premiers Européens ont commencé à coloniser ce continent. La majorité des plantes cultivées par exemple en Australie et en Nouvelle-Zélande sont d'importation européenne. A l'arrivée des Européens en Nouvelle-Zélande, au XVIIIe siècle, il n'existait même pas de cultures céréalières (voir p. 25).

■ Il est peu de domaines de la technologie agricole qui soient aussi irréguliers que celui de la culture maraîchère. Le meilleur exemple en est fourni par la tomate (du mot aztèque **tomatl**), qui existait à l'état sauvage avant la colonisation de l'Amérique du Sud, et qui fut importée à titre de curiosité botanique en Europe au XVIe siècle (elle apparaît dans une description d'un auteur italien dès 1554 sous le nom de **pomi d'oro,** pommes d'or, parce que le fruit, à l'état sauvage, était jaune). Consommée par les Indiens d'Amérique du Sud, mais alors collectée seulement par cueillette, elle est tenue en suspicion par les Européens jusqu'au XVIIIe siècle. C'est l'homme d'Etat américain Jefferson qui en introduit la culture dans les États américains du Sud en 1781, et elle y est consommée couramment à partir de 1812. Mais, jusqu'en 1900, les États américains du Nord en refusent et l'importation et la consommation, car ils estiment que c'est un fruit vénéneux. Les variétés américaines, domestiquées, gagnent cependant l'Amérique du Sud à la fin du XIXe siècle. Entretemps, les variétés européennes gagnent la Méditerranée et l'Asie. Dès lors, les hybridations commencent.

Moissonneuse

An., Gaule, Ier siècle.

L'une des singularités de la technologie agricole est que la moissonneuse, apparue très tôt dans l'histoire, est tombée en désuétude pour n'être redécouverte qu'au cours du XIXe siècle. Pline l'Ancien, qui vécut au Ier siècle de notre ère, décrit ainsi un chariot celte armé d'une **lame à dents**, poussé par un animal de trait, qui fauchait les épis et la paille, et qui aurait été utilisé en Gaule. L'appareil survécut durant quatre siècles, mais dans la seule région de la Gaule celtique, apparemment ; on suppose qu'il ne correspondait pas au goût des agriculteurs. La moissonneuse ne fut réinventée que dans les premières années du XIXe siècle, aux États-Unis, sous des formes combinées, telles que la **moissonneuse-batteuse** de Lane (1818), et la **moissonneuse-lieuse** de John F. Appleby (1858) et de Walter Wood (1871). La première moissonneuse-lieuse qui connut un succès certain fut celle de l'Américain Cyrus Hall McCormick, lancée en 1890, et qui à la fois fauchait et liait les gerbes ; elle procédait de nombreux perfectionnements successifs, dont le **râteau-javeleur** de l'Américain Dorsey, inventé en 1856. L'agriculture mécanisée renouait avec l'invention antique après une « pause » de dixneuf siècles.

Moulin

An., Proche-Orient, vers le IIe siècle av. J.-C.

La première **utilisation d'une énergie naturelle à des fins alimentaires** semble avoir été le **moulin hydraulique à roue horizontale**, apparu vers le IIe ou le Ier siècle avant notre ère, vraisemblablement au Proche-Orient ; de là, il gagna la Grèce, puis l'Italie et le reste de l'Europe. La roue était plongée dans un cours d'eau qui la faisait tourner et elle transmettait son mouvement par axe fixe à une **meule gisante** située en surplomb dans le moulin. Ce type de moulin servait à moudre des **céréales** ou des **oléagineux**. Il semble que, parallèlement, les ingénieurs du IIIe siècle avant notre ère aient envisagé de construire un **moulin hydraulique à roue verticale**, mais celui-ci ne fut réalisé, apparemment, qu'au Ier siècle, selon la description que nous en a laissée Vitruve. L'entraînement de la meule horizontale ne fut rendu possible que par l'invention des **roues dentées** adjointes à la **roue motrice** et à la **meule**, ce qui réalisait ainsi un **engrenage de renvoi**. Les **moulins à vent** seraient apparus, selon certains auteurs, au VIIe siècle en Syrie, mais on n'a de preuve de leur utilisation qu'à partir du Xe siècle. On les retrouve depuis la Chine jusqu'au Portugal ; en Asie, ils servaient aussi à l'**irrigation** et au **drainage.**

■ Fondateur probable de celui de l'hélice (voir p. 203), le principe du moulin allait rapidement créer les sciences de l'**hydraulique** et de l'**aérodynamique**. Considérés comme caducs après la Révolution industrielle, le moulin à vent et le moulin à eau devaient connaître, sous des formes différentes, une renaissance dans la seconde moitié du XXᵉ siècle, pour l'exploitation des énergies naturelles, **vents** et **marées.**

L'adoption du **moulin hydraulique** contribua énormément à l'expansion industrielle et commerciale de l'Europe. En 1086, le Domesday Book of England en recensait 5 624 en Grande-Bretagne. Moulins à eau et moulins à vent eurent très vite d'autres usages qu'alimentaires, par exemple le sciage du bois, le foulage du feutre, etc. On suppose que le moulin contribua aussi beaucoup au développement de l'**horlogerie**, par le biais d'une meilleure connaissance des systèmes de rouages.

Noria

An., Proche-Orient, IIIᵉ siècle av. J.-C.

Dite ausi **sakia**, la noria est une des inventions qui ont joué le plus grand rôle dans l'**agriculture** de l'Orient et de l'Extrême-Orient antiques, puis de l'Europe à partir du Moyen Âge, car elle permet d'irriguer très efficacement des terres moyennant une très faible dépense d'**énergie animale** et une installation rudimentaire. Inventée vers le IIIᵉ siècle avant notre ère au Proche-Orient, peut-être en Mésopotamie, elle consiste essentiellement en une grande roue horizontale dont les dents verticales actionnent une roue verticale munie de godets, et à moitié immergée dans un cours d'eau. Les godets se déversent dans un canal d'irrigation. Ce type d'appareil peut irriguer 3 000 m^2 en 12 h si l'eau à puiser est à une profondeur de 2 m, et 1 900 m^2 si l'eau est entre 6 et 8 m. La noria est encore aujourd'hui le **mode d'irrigation fondamental** de régions immenses d'Afrique et d'Asie.

Pesticides chimiques

An., Chine, VIIᵉ-IIᵉ siècle av. J.-C. ; an., France, 1763.

Une connaissance précoce des propriétés de très nombreux végétaux a mis les Chinois en mesure de pratiquer la **fumigation** désinfectante des maisons dès le VIIᵉ siècle avant notre ère et la **guerre des gaz** dès le IVᵉ siècle avant notre ère également (voir p. 47). Il est donc tout à fait possible qu'ils aient mis au point le **premier pesticide agricole** connu, la **poudre de pyrèthre**, fleur composée apparentée aux chrysanthèmes, vers le IIᵉ ou le Iᵉʳ siècle avant notre ère ; une origine plus lointaine est même vraisemblable. Les utilisations d'**insecticides** antérieures à 1763, date à laquelle en France on commença à avoir recours aux feuilles de **tabac** broyées pour lutter contre les **aphidiens**, sont incertaines. On sait toutefois avec certitude que, dès 1800, le **sulfate de cuivre** fut de plus en plus utilisé dans la « **bouillie bordelaise** » pour lutter contre le **mildiou** et le **phylloxéra** de la vigne, ainsi que le **cyanure d'hydrogène**, l'**arséniate de plomb**, la **nicotine**, la **roténone**, le **pétrole**, la **créosote** et la **térébenthine**. Les **pesticides synthétiques** n'ont commencé à se développer qu'au XXᵉ siècle, dans les années 30.

Ce ne fut qu'une vingtaine d'années plus tard que l'on s'avisa que la persistance des molécules de ces substances, leur très faible sélectivité et leur accumulation dans les chaînes alimentaires, le sol, les nappes phréatiques entraînaient des effets aussi néfastes que les maux qu'elles étaient censées combattre : disparition d'espèces utiles et résistance des insectes.

Soc

An., Égypte, 3000 av. J.-C. ; an., Inde, vers 600 av. J.-C. ; an., Chine, 481 av. J.-C. ; an., Rome, 200 av. J.-C. ; an., Pays-Bas, vers 1600 ; Ransome, 1785 ; Deere, 1837.

Il est impossible d'assigner une date certaine aux origines de l'une des inventions qui ont le plus conditionné le destin de l'humanité : le soc, pièce de matériau dur destinée à découper le sol horizontalement afin d'y déposer les **semis**. Il est presque certain que, dès la sédentarisation des peuplades nomades de l'**âge de pierre**, et le passage d'une économie de chasse et de cueillette à une économie de culture et d'élevage, c'est-à-dire entre 9000 et 7000 ans avant notre ère (période natoufienne, Palestine), l'homme comprit la nécessité d'enfouir les semis afin de les protéger des animaux et du vent. Quatre-vingt-dix siècles avant notre ère, les Natoufiens possédaient des **faucilles**, ce qui donne à penser qu'ils durent aussi utiliser des instruments, sans doute des pierres taillées attachées à des manches, pour fouir la terre et y tracer des sillons.

■ L'on n'a pas retrouvé de tels instruments, et la plus ancienne description de soc dont on dispose avec certitude remonte à 3000 ans avant J.-C. et provient d'Égypte. Il s'agit d'une pièce de bois durcie au feu, dont la forme rappelle approximativement celle d'un sabre, et qui était fixée à un bâti de bois traîné par une paire de buffles (« gamousses » du Nil). Le caractère relativement meuble de la vallée du Nil permettait ce type de labour sans trop d'effort.

■ C'est toujours le soc de bois que l'on retrouve dans le subcontinent indien, entre 600 et 300 avant J.-C., bien qu'il ait pu exister antérieurement. Il s'agit d'un angle de bois, probablement aussi durci au feu, et dont on suppose qu'il a pu être garni d'un tranchant de fer. Relié par une fourche aux encolures des bœufs qui le tirent et prolongé par un levier qui permet de l'orienter, il ne fait que tracer un sillon et ne retourne pas la terre. Certains de ces socs sont assez légers pour être portés sur l'épaule du laboureur, d'autres sont beaucoup plus lourds. Il semble qu'on ait également pratiqué le labour avec un instrument typique de l'Inde, le **kodali**, dont la forme rappelle l'**herminette**, et qui est constitué d'une lame de fer fixée à angle droit à un manche de bois.

■ Très en avance dans de nombreux secteurs de la technologie, la Chine semble en retard dans l'invention d'instruments aratoires, car le soc le plus ancien qu'on y ait retrouvé ne remonte qu'à 481 avant J.-C. ; il s'agit d'une pointe de fer en V, dont on suppose qu'elle fut fixée à un cadre en bois et poussée à force de bras. Il n'existe pas de preuves de l'utilisation du

Charrue égyptienne
Thèbes, Deir el Medineh, tombeau de Sennedjem, XIXᵉ dynastie.

bétail pour la traction de cet appareil avant le Ier siècle avant J.-C.

■ Dans les trois exemples que voilà, la **roue** est absente. Dans les Amériques, et jusqu'à l'arrivée de Colomb, l'agriculture est encore plus primitive, puisque le labour ne se fait qu'avec un bâton effilé, qui sert de soc, et qui est fixé à un manche recourbé ; il se fait aussi à force de bras et dans une position qui semble particulièrement pénible, à genoux.

■ Ce n'est qu'au XVIe siècle environ que le soc lui-même subit sa première modification fondamentale, annoncée par les **oreillettes** dont les Romains l'avaient pourvu vers 200 avant J.-C. pour retourner le sol : de forme dissymétrique, le **soc flamand** est muni d'un **versoir** avec lequel il ne forme qu'une seule surface. Son grand intérêt est de réduire l'effort de traction, de s'adapter à des sols durs et de retourner la terre, dispensant le laboureur de l'assistance d'un garçon chargé à la fois de briser les mottes et de déblayer le sillon pour que les semis y tombent correctement. Apparu en Gaule Cisalpine au Ier siècle, le soc sur roues s'est évidemment conservé au temps du soc flamand. Mais il fallut environ trois siècles pour qu'enfin les agronomes adoptassent la charrue flamande, sans doute parce que le soc présentait l'inconvénient majeur, du point de vue économique, de ne pouvoir être réalisé que dans de grandes forges. Ce n'est qu'en 1783 que la première fabrique industrielle de charrues fut fondée en Angleterre.

■ Et ce n'est qu'en 1785 que l'Anglais Robert Ransome breveta le **soc en fonte**. En 1837, l'Américain John Deere eut l'idée de découper une lame de scie et de la modeler sur une forme en bois, par martelage, pour obtenir commodément des socs.

■ Apparu en Europe au XIVe siècle, et d'inventeur inconnu, le **coutre**, pièce tranchante qui découpe le sol verticalement et qui est fixé au longeron central de la charrue ou age, fut conservé jusqu'à une époque tardive, selon les régions.

C'est vers 1860, d'abord en Allemagne, que l'on se servit de moteurs fixes pour alimenter à distance des charrues dans un rayon d'action évidemment limité.

Charrue à trois socs, XIVe siècle
Jacques Besson : « théâtre des instruments mathématiques et méchaniques ». Lyon, 1578.

art militaire

Les techniciens militaires eussent-ils mis leur génie inventif à profit dans d'autres domaines que le destin de l'humanité en eût sans doute été meilleur. Mis à part la locomotion mécanique, en effet, et la bombe atomique, il n'est quasiment rien qui n'ait été inventé aux premiers siècles de notre ère, voire avant. Bombes incendiaires, guerre des gaz, lance-flammes, guerre bactériologique et même biologique font florès en Chine très tôt dans l'histoire. Les Scandinaves ont au Xe siècle des bateaux cuirassés avec lesquels ils éperonnent les pauvres navires désarmés de leurs ennemis. Au XVe siècle, déjà, le fusil est prêt. Là, le progrès technique est incessant, et le désir d'en trucider plus et plus vite fait prodige.

Cette fièvre guerrière comporte des chapitres pittoresques. L'un de ceux-ci est l'invention du sous-marin, qui, dans sa jeunesse, se révèle aussi périlleuse pour le sous-marinier que pour ses ennemis, et qui est en tout cas fatigante : il faut faire tourner l'hélice avec un vilebrequin à bras !

Un autre chapitre curieux est constitué par l'invention du blindage pour navires de guerre. Ces navires sont alors en bois bien épais où les boulets ne font que des trous ponctuels, ce qui suffit largement pour les amirautés et les matelots, enfin unanimes. Patatras ! les Russes font la preuve des ravages que peuvent infliger leurs nouveaux obus explosifs, et Dupuy de Lôme, pionnier des cuirassés, est enfin convoqué d'urgence, en 1858, pour faire construire ces forteresses flottantes qu'il annonce depuis dix ans.

Mais personne ne se retrouvera jamais plus dans la situation, ô combien avantageuse, des conquistadores espagnols face aux Indiens d'Amérique, que les armes à feu et les chevaux des envahisseurs jetèrent dans la confusion totale. Le progrès technique est désormais partagé par tous au bout de peu d'années. La mort aussi.

Balistique

Tartaglia, 1537 ; Galilée, vers 1604 ; Blondel, vers 1675 ; Varignon, 1704 et 1707 ; Bélidor, 1739 ; Robins, 1742 ; Bernoulli, vers 1745 ; Euler, vers 1753.

La balistique, ou **calcul des trajectoires de projectiles,** ressortit à la **mécanique** et, comme telle, souffrit longtemps de théories erronées sur le mouvement. C'est ainsi qu'au XVIe siècle on croyait pouvoir distinguer les **mouvements lents** des **mouvements rapides**, distinction qui n'a pas lieu d'être faite en balistique. Quand l'Italien Niccolo Tartaglia publie les premières conceptions de balistique théorique dans sa *Science nouvelle,* en 1537, il ajoute à des idées déjà fausses une notion qui l'est autant, et qui est celle d'un angle de portée maximale de 45°, qui ne repose sur aucune donnée mathématique et qui constituerait pour lui une valeur moyenne entre le **tir vertical** et le **tir horizontal.** Paradoxalement, on peut dire que Tartaglia inventa le concept de la balistique et n'y comprit rien.

■ Le premier qui débroussaille la question le fait en éliminant l'idée de mouvements lents et de mouvements rapides, et en démontrant d'abord que la **période d'oscillation d'un pendule** est indépendante de sa portée. On ne connaît pas encore la loi de l'attraction universelle de Newton, qui permettra de comprendre que la portée d'un projectile est fonction de sa vitesse initiale et du quotient de sa masse par sa surface frontale, mais au moins les Torricelli, Mersenne et Blondel, qui étudient la balistique, auront établi que la trajectoire d'un projectile est **parabolique.**

■ Le Français François Blondel, qui étudie le sujet vers 1675, néglige bizarrement la **résistance de l'air,** mais pressent l'importance de la **vitesse initiale**, puisqu'il s'intéresse à la qualité de la poudre, ainsi qu'au **poids** du projectile.

■ Les deux mémoires de son compatriote Pierre Varignon, mathématicien, publiés en 1704 et 1707, précisent les notions en matière de parabole, mais n'ont pas grande portée pratique. De toute façon, on tire toujours des **boulets** à la poudre. Mais Varignon rend enfin son rôle à la résistance de l'air, ce que n'avait pas manqué de faire l'Anglais Isaac Newton, qui s'était intéressé brièvement à la balistique en 1679-1680. Newton avait postulé que la résistance de l'air est proportionnelle au carré de la vitesse et Varignon reprend ce postulat, de même que la fonction à deux termes pour le calcul de la vitesse, qui en découle et qui implique, en gros, qu'un projectile est animé d'une vitesse donnée jusqu'à un point de sa parabole, puis d'une autre au-delà.

■ L'ennui est que jusqu'alors personne n'est vraiment capable de déterminer, ni la trajectoire, ni la vitesse d'un projectile tiré avec une arme quelconque. Bernard Forest de Bélidor s'est bien penché, en 1739, sur le problème de la **combustion de la poudre** et sur l'**énergie** qu'impartit une charge de poudre donnée à un projectile d'une certaine dimension, et, cette année-là, il publie donc des tables. Hélas ! celles-ci ne serviront pas à grand-chose, parce qu'il les a déduites d'expériences effectuées avec des **mortiers** qui ne sont pas ceux qu'utilise l'armée. De toute façon, les modèles de chambres de combustion étaient extrêmement variés ; donc ces tables ne pouvaient offrir, au mieux, que des indications. Il n'était pas question de normaliser la construction des armes (voir *Taylorisation*).

■ Vers 1745, le Suisse Jean Bernoulli affine le calcul de la parabole, et, vers 1753, son compatriote Leonhard Euler, grand spécialiste des courbes, les reprend en y introduisant, dans le calcul de la résistance de l'air, un terme proportionnel à la quatrième puissance de la vitesse. Entre-temps, en 1742, la balistique a bénéficié d'une invention du physicien anglais Benjamin Robins : le **pendule balistique.** Ce n'est en fait qu'un gros écran de métal pendu à un axe et auquel tout choc imprime un nombre d'oscillations proportionnel à sa puissance. Mais c'est le premier instrument connu qui ait permis de mesurer la valeur de l'énergie impartie par différentes poudres. Grâce à ce pendule, Robins démontre que la loi de Newton n'est valable que pour les projectiles animés d'une vitesse supérieure à 300 m/s.

■ Robins, qui possédait un esprit pratique autant qu'un sens aigu de l'observation, fit faire un très grand progrès à la balistique, d'abord en n'utilisant les mathématiques que comme un outil de représentation de données obtenues, libérant ainsi cette science des spéculations abstraites ; puis, il observa le premier que les projectiles dévient du plan de tir et, le premier encore, comprit la cause de ce phénomène : le frottement des projectiles dans l'**âme** du canon, qui leur imprime un mouvement hélicoïdal. Ces observations, appuyées sur l'usage du pendule, devaient modifier considérablement la balistique, car elles eurent trois conséquences, plus ou moins rapides. La première était l'adoption d'**âmes rayées** ; la deuxième, celle de **projectiles allongés** ; la troisième, le **chargement des projectiles par l'arrière,** les rayures de l'âme stabilisant la trajectoire du projectile. Une quatrième conséquence allait découler plus tard encore de la troisième : la nécessité du calcul de la longueur du canon proportionnellement aux trajectoires optimales et au type des projectiles.

■ Euler avait un prestige bien plus grand que le pauvre Robins, et, malheureusement, il refusa aussi les idées de Robins, parce qu'elles dérangeaient ses habitudes intellectuelles. Il n'est pas question de contester ici le génie d'Euler, qui s'est imposé dans d'innombrables autres secteurs des mathématiques, mais il faut souligner que son opposition obstinée valut à la balistique un retard d'un siècle ! Peut-être Euler n'avait-il pas admis que Robins reléguât les mathématiques à un simple rôle de représentation et, plus certainement, Euler ignorait que, dès le XVIIe siècle, le problème de la **dérivation** avait été reconnu et qu'on l'avait résolu, du moins pour les carabines, en créant des canons à âme rayée.

■ Force est, dans le domaine des inventions de balistique, de rendre hommage au chevalier Jean-Charles de Borda qui, par son mémoire de 1769, tempéra le rôle excessif des mathématiques dans la prévision des paraboles, indépendamment des données observées. Il introduisit ainsi le principe de l'approximation, certes empirique, mais moins gratuit que les purs calculs mathématiques. Force est également de rendre hommage à Jean-Baptiste Vaquette de Gribeauval, par ailleurs précurseur de la normalisation en manufacture d'armes, qui introduisit — non sans d'âpres contestations — l'usage de la **hausse,** pièce que l'on fixait au-dessous des canons pour en établir le **pointage,** et qui impliquait également, selon Gribeauval, que l'on pointât au-dessus de la **ligne de site**. Et pourtant, même avec la hausse, la précision du tir laissait tellement à désirer qu'en 1816 l'on recommandait de s'entraîner à estimer les distances à vue !

■ Non seulement, donc, le tir était imprécis, mais les tireurs baignaient dans l'empirisme. De vastes problèmes restaient à résoudre avant que la balistique devînt une science digne de ce nom. Les plus ardus de ces problèmes étaient les **lois de la force des gaz** dégagés par la combustion de la poudre et l'**élasticité des affûts,** qui ressortissaient à la **balistique intérieure.** Nombreux et souvent célèbres furent ceux qui s'intéressèrent à ce domaine nouveau, celui de la trajectoire du projectile étant dit désormais **balistique extérieure,** tels Poisson, Legendre, Gay-Lussac, Daniel Bernoulli, Bigot de Morogues. Ce n'est qu'en 1797 que Benjamin Thompson, comte von Rumford, donna enfin la formule qui liait la **force de la poudre** à la **densité du chargement.**

■ Et ce n'est qu'en 1844 que la Marine française, la première, s'engagea dans la construction d'un **canon à âme rayée** ; il lui fallut environ dix ans, puisque cette arme, un canon obusier de 16 cm, ne fut prête qu'en 1855, juste à temps pour participer au siège de Sébastopol.

Entre-temps, l'Angleterre et l'Italie avaient reconnu l'excellence des idées de Robins et avaient aussi commencé à les appliquer.

Comte anglais du Saint Empire romain germanique, inventeur de la cafetière à égouttement, Thompson est parfois considéré comme précurseur d'Einstein, puisqu'il établit l'équivalence entre chaleur et énergie.

Lors des campagnes de Napoléon, le **tir de mortier**, par exemple, se faisait encore à 45°, au défi des lois pourtant établies par Bernoulli, qui indiquaient que les portées maximales étaient obtenues à des angles inférieurs. On ne savait pas où tombaient les projectiles ; on faisait l'ajustage en observant à la lunette leur point d'explosion, puis on modifiait la trajectoire en modifiant la charge de poudre. Bien que les artilleurs balisticiens eussent alors admis le principe de la résistance de l'air proportionnelle au carré de la vitesse, la tradition avait encore force de loi et nul n'avait encore imaginé de construire des **affûts** qui permissent d'obtenir des angles de tir supérieurs à 6° pour les pièces de campagne ; avec le 4, on obtenait une portée de 1 500 m, avec le 8, de 1 250 m et, avec le 12, de 1 800 m. On se battait donc d'assez près. Eût-on approfondi les notions offertes par Robins, et notamment la nécessité de canons à âmes rayées, que la France, par exemple, eût sans doute conquis l'Europe.
(Précisons que ces données ne présentent qu'un résumé des inventions qui ont contribué à l'état de la balistique moderne, et qui furent très nombreuses.)

Blindage (des navires de guerre)

An., Scandinavie, XIe siècle ; Congreve, 1805 ; Stevens, 1812 ; Dupuy de Lôme, 1848.

On peut faire remonter l'idée du blindage des navires à Archimède qui, en 250 avant notre ère, fit construire pour le roi Hiéron de Syracuse un navire dont les parois étaient protégées par un réseau de cordes soutenues par des chaînes de fer ; ce navire fut le *Syracusain*, sans doute le premier qui bénéficiât jamais d'un renforcement de sa coque contre des projectiles ennemis. Les Romains inventèrent les **cataphractes**, telles que les **quinquérèmes** ou galères à cinq rangées de rameurs, dont le pont supérieur était couvert pour protéger les rameurs contre les flèches et les projectiles ennemis, idée que les Byzantins reprirent, mais modifièrent, remplaçant le pont de bois, lourd et ne permettant sans doute pas une aération satisfaisante, par des bâches de cuir épais. Il semble cependant que le premier blindage, au sens moderne du mot, ait été inventé par les Scandinaves qui, au XIe siècle, armèrent leurs vaisseaux de proues et de plaques de fer — usage qui fut repris au moins une fois en Catalogne, au XIVe siècle, pour la protection d'un navire qui semble avoir été formidable, en tout cas pour l'époque.

■ Jusqu'au début du XIXe siècle, la grande épaisseur des coques — quelque 50 cm de bois de chêne — rendait les navires de guerre peu vulnérables aux **boulets** tirés à distance, et à plus forte raison aux **balles**. Les boulets tirés à courte portée, eux, ne parvenaient qu'à percer une bordée de planche ou deux, causant à l'occasion des pertes humaines, certes, mais ne réussissant qu'exceptionnellement à couler un navire, sauf à atteindre la chambre des munitions ou à percer des voies d'eau à la ligne de flottaison.

■ Deux inventions techniques modifient le génie naval militaire : l'**avènement de la vapeur** pour la propulsion et celui de l'**obus explosif**, qui se profile à l'horizon des théoriciens et qui fera ses preuves pour la première fois en 1837 (voir p. 51). Un an avant la mise au point de sa fusée (voir p. 44), qui transformera considérablement la tactique, l'Anglais William Congreve, l'un des plus brillants techniciens militaires de tous les temps, propose de construire des **batteries flottantes de mortiers sous blindage**, qui, précise-t-il dans sa lettre du 20 janvier 1805 au journal *The Times*, serait à l'épreuve de toute artillerie. La proposition, prématurée, ne donne pas lieu à réalisation. En 1812, c'est l'Américain John Stevens qui propose au Congrès la construction de navires blindés.

■ Mais les marines sont sceptiques. États-majors et matelots à l'unisson demeurent confiants dans les vertus protectrices des épaisseurs de bois qui les séparent de l'ennemi. Leur scepticisme est cependant mis à rude épreuve lorsque la flotte anglaise, ayant adopté la formule du général français Henri-Joseph Paixhans, détruisit grâce aux obus explosifs la forteresse mexicaine de San Juan de Ulloa en 1837. Plusieurs ingénieurs, anglais, français, américains, proposent dans les années suivantes des projets de **frégates cuirassées** à vapeur, qui n'aboutissent pas, car la cause du blindage n'est pas encore gagnée. La famille de Stevens entreprend même, en 1854, la construction d'un bâtiment de 4 600 t doté d'une ceinture d'acier de 38 mm, qui ne sera jamais achevée. L'obstination des militaires du temps est comparable à celle de leurs successeurs qui, dans les années 1920, ne croiront pas au rôle de l'aviation dans un conflit (→ *Bombardement*). Les Français Gaston Gervaise et Dupuy de Lôme, le même Dupuy de Lôme qui, plus tard, sera l'un des réalisateurs du sous-marin le *Gymnote*, rongent donc leur frein.

■ Puis éclate, comme un coup de tonnerre, l'« affaire de Sinope » : en moins de deux heures, le 30 novembre 1853, la flotte russe sous le commandement de l'amiral Nakhimov, forte de deux frégates et six vaisseaux, a détruit au mouillage l'escadre turque de l'amiral Osman Pacha, forte de sept frégates, trois corvettes et trois vapeurs, grâce aux obus explosifs. La cause du blindage est gagnée et le clan des sceptiques est anéanti quelques mois plus tard lorsque, le 17 octobre 1854, l'escadre franco-britannique, non blindée, est sévèrement mise à mal par les obus explosifs des Russes, au siège de Sébastopol. Ce désastre sonne le glas de la marine de bois. Les Anglais et les Français entreprennent d'urgence la construction de cuirassés, à commencer, pour la France, par cinq « **batteries flottantes** » de 1 600 t, dotées d'un blindage de fer de 10 cm d'épaisseur. Dupuy de Lôme, devenu directeur des constructions navales, met ensuite en chantier le navire conçu dix ans auparavant, la frégate cuirassée la *Gloire*, de 5 600 t et de 78 m de long, dotée d'un moteur de 900 ch. Le blindage à lui seul pèse 840 t, et, pour compenser cet excédent de poids, Dupuy de Lôme en a réduit l'artillerie à trente-six canons de 160 mm, tirant des obus explosifs. C'est la naissance du cuirassé. Cinq autres suivent : le *Couronne*, le premier dont la coque entière sera en fer, le *Normandie*, l'*Invincible*, le *Magenta* et le *Solferino*.

Le blindage administra aussi des preuves flagrantes de sa supériorité lors de la guerre américaine de Sécession. Le 8 mars 1862, le cuirassé *Virginia*, battant pavillon sudiste, fait irruption parmi la flotte nordiste qui, à Hampton Roads, organise le blocus des rivières York et James ; il éperonne le *Cumberland* et jette le *Congress* à la côte, en dépit d'une pluie de boulets classiques. Le lendemain même, les Nordistes expédient contre le *Virginia* un navire d'un type entièrement nouveau, le *Monitor*, cuirassé sans mâture construit par le Suédois Ericsson et doté, pour la première fois, de deux canons placés dans une **tourelle blindée** de 140 t. Aucun des deux cuirassés n'est coulé et, en dépit de l'avantage que lui confère sa tourelle, le *Monitor* ne gagne pas la partie ; sa tenue de mer est médiocre, mais elle indique l'importance de l'armement dans les nouvelles flottes cuirassées.

Canon

Archimède, IIe siècle av. J.-C.

L'idée d'utiliser un tube pour y propulser un boulet semble revenir à Archimède ; elle aurait été décrite par lui dans un ouvrage perdu, le *Traité des feux*. C'est en tout cas à Archimède que Léonard de Vinci attribue l'invention de l'**architonnerre**, sur des bases que l'on ignore. Il s'agissait, selon la description, d'un canon à vapeur. L'arme était constituée d'un tube, peut-être de cuivre, dont on chauffait le tiers arrière avant d'y laisser s'écouler de l'eau, qui se transformait alors en vapeur. On ne connaît pas le mécanisme par lequel cette vapeur aurait poussé le boulet, dont Vinci fixe le poids à un talent et demi, soit 36 kg. Il est douteux que cette invention ait été utilisée, surtout à une large échelle.

■ L'invention du canon à poudre est, elle, anonyme, et semble remonter à la deuxième décennie du XIVe siècle. On a cité le siège de Metz (1324) et Cividale, en Italie (1327), comme les lieux où apparut le canon à poudre, mais la seule date certaine est celle de 1346, lorsque le roi d'Angleterre Édouard III utilisa des canons à Crécy. L'arme ne semble guère avoir eu de conséquence sur l'issue de cette bataille, non plus que sur celle des suivantes, jusqu'au début du XVIIIe siècle. C'est le perfectionnement de la métallurgie du bronze qui imposa enfin le canon, poussant la portée de 300 m/s à 1 000 m/s. L'invention de la rayure par La Hitte, en 1858, augmenta la précision et doubla la portée.

Le canon à vapeur d'Archimède ou « architonnerre », esquisse de Léonard de Vinci.

Cartouches métalliques

Howard, 1799, ou Forsyth, 1807 ; Shaw, 1816.

Depuis les débuts de l'artillerie, on se servait de **poudre noire** pour expulser les projectiles de l'âme de canons ; la poudre était enflammée par les étincelles obtenues par frottement d'une pièce d'acier sur un **silex**. Ce système demeura en vigueur jusqu'à la fin du XVIIIe siècle ou au début du XIXe. On ne sait, en effet, lequel, des Anglais Edward Howard ou Alexander John Forsyth, découvrit les propriétés détonnantes du **fulminate de mercure**. Il semble qu'en 1799 Howard ait découvert que la poudre noire à laquelle on ajoutait du fulminate de mercure était plus détonnante et que Forsyth ait imaginé, en 1807, de fabriquer des **capsules détonnantes** de cette substance.

■ Le premier, en tout cas, qui ait appliqué ces capsules aux armes à feu fut l'Américain Joshua E. Shaw qui, en 1816, fabriqua une chambre, d'abord d'étain puis de cuivre, pour protéger la poudre noire de l'humidité ambiante ; et dans le renflement qu'elle présentait en son centre, à la partie correspondant au point d'impact du **percuteur**, il plaça le fulminate de mercure. Sous le choc, celui-ci explosait et déclenchait à son tour l'explosion de l'agent propulseur, la poudre noire. Pour la première fois, il devenait possible de se passer d'une flamme extérieure. Ce type de munition aboutit dans les années 1860 à la production de cartouches en papier serties dans des cylindres d'acier — les douilles —, à la base desquels, dans une dépression, se trouvait la capsule explosive de fulminate de mercure. Peu après, les fabricants américains mirent sur le marché, à l'intention des chasseurs, des balles entièrement en laiton comportant à la fois le projectile, l'agent propulseur et la capsule explosive. Ces cartouches métalliques modifièrent considérablement l'évolution des mitrailleuses (voir p. 49).

Fusées

An., Chine, 1232 ; Congreve, 1806 ; Hale, vers 1850.

Il est vraisemblable que l'idée de la fusée germa dans l'esprit du premier technicien qui vit voler des flèches enflammées, technique militaire de la plus haute antiquité. La première indication historique de l'existence et de l'utilisation de fusées ne remonte cependant qu'au siège de K'aifeng, capitale du Honan, royaume chinois, par les Mongols, en 1232. La mention de **bombes volantes** qui faisaient un fracas d'enfer a incité les historiens à supposer à la fois que les Chinois avaient découvert la **poudre noire** et le principe des fusées. La double hypothèse est rendue plausible par le fait qu'en 1241, à la bataille de Legnica, en Silésie, les Mongols se servirent effectivement de fusées, sans doute instruits par le stratagème chinois. En 1288, les Arabes attaquèrent Valence, en Espagne, à la fusée et, dès lors, de nombreuses armées adoptèrent le principe de ces bombes volantes et les perfectionnèrent. On sait que la construction de ces fusées était rudimentaire, et leur utilisation sans doute risquée, car elles étaient fabriquées avec du papier laqué ou encollé à l'amidon, formant un tube resserré à une extrémité, la bouche, et scellé à l'avant. Chargé de charbon de bois, de salpêtre et de soufre, ce tube était, toutes proportions gardées, l'ancêtre des **fusées à carburant solide,** la combustion forçant l'éjection d'une masse d'air chaud qui propulsait le tout.

■ Vers 1650, comme l'attestent les dessins de l'ingénieur d'artillerie polonais Casimirus Siemienowicz, les conceptions en matière de fusées avaient atteint un degré de perfectionnement remarquable, puisque l'on avait découvert le principe de la **fusée à étages** — non séparables, cependant — et de la **fusée à ailettes,** dont le modèle ne diffère que fort peu des fusées modernes qui inaugurèrent l'astronautique. Fait remarquable, on avait même alors inventé, sans que l'on puisse en nommer l'inventeur, la **fusée à accélérateur,** constituée d'une fusée principale à laquelle étaient liées des fusées d'appoint. Il n'y a donc pas lieu de s'étonner qu'en 1715 Pierre le Grand fît construire près de Saint-Pétersbourg la première fabrique au monde de fusées militaires.

■ Après un siècle de désaffection, la fusée connut un renouveau en Inde, où Haïdar Ali, prince de Mysore, en fit fabriquer en métal, pour la première fois, ce qui assurait un **taux de compression des gaz** bien supérieur à celui des fusées antérieures et, donc, une portée beaucoup plus grande : près de 1 km. Le perfectionnement de leur fabrication et de leur mode de lancer permit à son fils, Tippu Sultan, de causer des ravages dans les rangs anglais lors des batailles de Seringapatam, en 1792 et 1798. L'armée de Tippu Sultan compta un corps de cinq mille lanceurs de fusées !

■ Jusqu'alors, la fabrication de fusées avait été artisanale ; le premier qui la normalisa fut, vers le début du XIXe siècle, l'Anglais William Congreve. Artificier de génie, Congreve différencia par la composition de la charge, la longueur et le diamètre du tube, la **fusée explosive** de la **fusée incendiaire.** Le premier, il imagina d'allumer séparément la **charge explosive** et la **charge propulsive,** logées dans des compartiments différents. Il établit huit modèles de fusées, dont les plus lourds atteignaient 27 kg et étaient lancés sur des rampes en A, pour les **bombardements aériens** (tir plongeant), et sur des rampes horizontales pour les **bombardements de champ** (tir tendu). Les fusées de Congreve jouèrent un rôle majeur dans le bombardement de Boulogne, en 1806, le siège de Leipzig lors de la bataille des Nations, en 1813, et de Dantzig la même année. Copenhague fut rasée en 1807, également par les fusées anglaises. Les Anglais remportèrent toutefois moins de succès avec leurs fusées lors de la guerre d'Indépendance anglo-américaine, bien qu'ils eussent construit un navire spécial pour les lancer, l'*Erebus*, qui fut le **premier navire lance-fusées** de l'histoire.

■ En 1815, Congreve, véritable pionnier des fusées modernes, perfectionna leur stabilité balistique en remplaçant la bouche unique d'éjection, ancêtre de la **tuyère,** par cinq bouches, et il réalisa les premiers **tubes de lancement,** en cuivre. La portée de ses fusées atteignit 3 km et, de coût égal aux mortiers, beaucoup plus mobiles par surcroît, les fusées concurrencèrent ces derniers. Le succès des fusées de Congreve incita l'Europe entière à s'en équiper. Ses modèles, adaptés au gré des états-majors, aboutirent à un prototype révolutionnaire, la **fusée danoise à ailettes delta,** dont le dessin demeure, remanié, dans de nombreux types de projectiles au XXe siècle.

■ Le perfectionnement suivant fut encore plus remarquable, puisqu'il préfigurait certains concepts du XXe siècle en matière de projectiles, missiles et fusées. Il fut le fait de l'ingénieur britannique William Hale, qui, toujours pour améliorer la stabilité, imagina vers 1850 d'incliner les angles des bouches d'éjection des gaz, à l'aide d'ailettes, afin d'obtenir une **éjection en spirale** qui ferait tourner le projectile sur lui-même. Modification d'autant plus efficace que les progrès de la métallurgie permettaient dès lors de réaliser des corps de fusées susceptibles de supporter des pressions de plusieurs milliers de kg/cm².

■ Les perfectionnements constants de l'artillerie concurrencèrent de plus en plus ceux des fusées, dont l'usage militaire alla déclinant jusque dans les années 1860. Deux dérivés leur survécurent : le **revolver à fusées** lance-câble pour naufragés et le **harpon à fusées** de la pêche baleinière, le premier inventé en 1807 par l'Anglais Henry Trengrouse, le second inventé en 1821 par l'Américain Thomas W. Roys. Les fusées ne furent plus employées que de manière sporadique.

■ Il convient de réserver, dans leur histoire, une place exceptionnelle au Russe Nikolaï Ivanovich Kibalchich qui, en 1881, pour assassiner le tsar Alexandre II, conçut le **premier avion-fusée** de l'histoire. Il s'agissait, en fait, d'une fusée à ailes, non pilotée, propulsée par la combustion de charges successives de chandelles explosives. C'était là, véritablement, l'ancêtre direct des **V 1** et **V 2** allemands de la guerre 1939-1945.

Le principe en fut repris en 1900 par le Suédois Wilhelm Unge, qui l'adapta et la baptisa « **torpille volante** ».

L'histoire de l'invention des fusées, déjà riche en conceptions technologiques d'avant-garde, comporte un épisode particulièrement savoureux. Vers 1830, l'artificier Claude Ruggieri, d'une famille célèbre dans ce métier, réalisa des lancers de rats et de souris dans des cages attachées à des fusées ; on ne manquera pas d'établir la ressemblance avec les exploits de l'astronautique contemporaine, puisque les cages qui contenaient ces animaux étaient pourvues de **parachutes** qui s'ouvraient à l'apogée de leur trajectoire, c'est-à-dire à plusieurs centaines de mètres de hauteur, et redescendaient ensuite sur terre, à la grande surprise des badauds. Enhardi par ses succès, Claude Ruggieri se prépara alors à faire de même avec un petit garçon, à l'aide de fusées multiples, et eût sans doute mis son projet à exécution si la police n'était intervenue pour interdire ce tout premier lancer « astronautique ».

Fusil

Ctésibios, 245 av. J.-C. ; an., Arabie, 1304 ; Marin Bourgeois, vers 1498...

La première arme mécanique qui évoque le fusil semble bien avoir été la **sarbacane à air comprimé** réalisée en 245 avant J.-C. par le mécanicien grec d'Alexandrie, Ctésibios. Il s'agissait d'un tube d'airain dont la **culasse** était munie d'un piston que l'on tirait contre une paroi soudée, jusqu'à ce que l'air fût comprimé au maximum dans ce que l'on peut appeler une **chambre de culasse.** Le piston était alors arrêté par un **cran d'arrêt.** Quand ce dernier était tiré, l'air comprimé se détendait brutalement, chassant des projectiles divers et notamment des flèches. La portée d'une telle arme aurait pu avoisiner les 50 m. Il ne semble pas que l'invention ait eu de suite. L'étape suivante dans la découverte du fusil est la **sarbacane à poudre,** utilisée en Arabie à partir de 1304. Il se serait agi d'un segment de bambou doublé de cuivre, dont la fiabilité était relative. Cette invention, non plus, n'eut pas de suite immédiate.

■ Vers 1498, la sarbacane à air comprimé refait toutefois son apparition en France. Dessinée et reproduite dans les *Éléments d'artillerie,* de David Rivault, en 1608, elle aurait été mise au point par Marin Bourgeois, de Lisieux. L'arme comporte une culasse en cuivre et un canon en fer ; longue de 1,35 m, elle fonctionne exactement sur le principe imaginé par Ctésibios. Elle projette des **balles de métal ou de bois** munies de pointes en fer et aurait eu une portée de 350 m. On en aurait vu une autre version, réalisée à Nuremberg en 1570, signée de Guther. Mais elle n'eut pas plus de succès.

■ Vingt-deux ans avant qu'apparaisse la sarbacane à air comprimé de Bourgeois, une forme améliorée de la sarbacane à poudre des Arabes a fait ses preuves à la bataille de Moret (1476) : c'est l'**arquebuse,** engin très lourd, maniable seulement par deux hommes et ne pouvant tirer qu'un coup toutes les cinq minutes, à la condition qu'il ne pleuve pas ; on la dit inventée en Espagne vers 1450 ; en fait, son inventeur est un adaptateur, qui a transformé le bambou en tube de métal et qui l'a placé sur une crosse. En 1503, l'arquebuse a de nouveau manifesté son efficacité, en fauchant les Français et les mercenaires suisses à Cerignola. L'arme à feu a donc triomphé de l'arme pneumatique, bien que sa portée soit d'environ un tiers moins grande. Vers 1570, l'arquebuse sera remplacée par le **mousquet,** pourtant plus pesant ; c'est que la portée de cette arme, à vrai dire peu différente fondamentalement de l'arquebuse, est d'un tiers supérieure : jusqu'à 300 m. Au début du XVIIe siècle, les Allemands perfectionnent le **système d'allumage,** en remplaçant l'allumage manuel à mèche par un **allumage par batterie de fusil à silex** ; la mèche est enroulée dans un serpentin pour le cas où elle ferait long feu. Le mot « fusil » dérive de cette arme-là. L'amélioration allemande, avec laquelle rivalise le mousquet à rouet, n'est en fait qu'une dérivation de l'arquebuse à rouet, où un **rouet** d'acier met feu à la mèche en produisant un choc contre un silex. Au XVIIe siècle, le fusil mousquet choisi par Vauban, par exemple, ne présente qu'une différence sensible avec ses prédécesseurs : son calibre a été réduit à 18 mm.

■ Le fusil actuel est le produit d'une succession de perfectionnements secondaires, tels que la **mise à feu par percussion** (qui date de 1807) grâce à une **amorce au fulminate** évitant les ratés qui survenaient alors par temps de pluie; elle est due au pasteur écossais Alexander Forsyth. A la même époque avaient lieu les premiers essais de chargement par la culasse, auxquels il est difficile d'attribuer un inventeur unique ; on sait seulement que la **culasse à verrou** fut inventée entre 1835 et 1841 par l'Allemand Johann Nicklaus von Dreyse.

■ Mis à l'étude aux États-Unis en 1854, le fusil à répétition ne vit le jour qu'en 1860, sous le nom de **fusil Henry** ; en 1866, une forme perfectionnée fut appelée winchester, du nom de l'industriel Henry Winchester, qui avait racheté la firme Volcanic de Smith & Wesson, où le fusil Henry avait été élaboré.

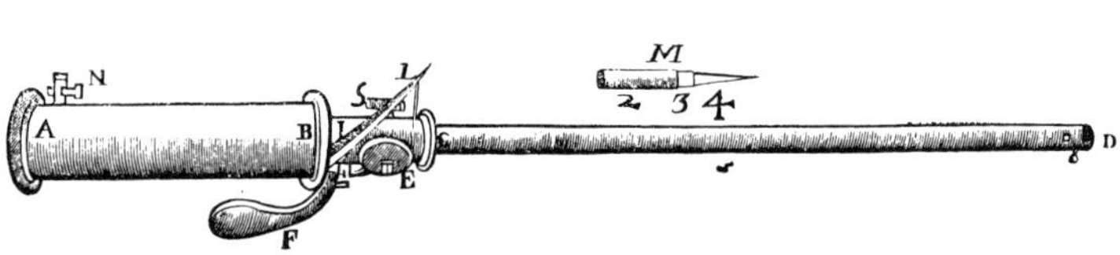

Le fusil à vent de Marin Bourgeois, XVIe siècle, reproduit dans les *Éléments d'artillerie* de Rivault, 1608.

Guerre bactériologique et biologique

Léonard de Vinci, vers 1500.

Bien que les **microbes** n'aient été reconnus comme vecteurs d'infections qu'à la fin du XIXe siècle, leur usage militaire a été pressenti dès le début du XVIe siècle. C'est en effet vers 1500 que Léonard de Vinci propose de bombarder l'ennemi avec des projectiles contenant de l'**Acqua toffana, extrait de bave de porc ou de chien enragé.** C'est encore Léonard qui propose d'incorporer à ces bombes des **poisons biologiques** tels que les **venins** de crapauds et de tarentules. Mais le projet ne fut jamais réalisé.

La guerre bactériologique a été envisagée au moins une fois, pendant la Seconde Guerre mondiale. Des projets de bombes contenant le très redoutable **bacille du charbon** ont été préparés, vers 1942. L'île britannique où les essais eurent lieu est encore interdite aux visiteurs, car le sol y reste toxique.

Guerre des gaz

An., Chine, IVe siècle av. J.-C.

On ne sait s'il faut louer ou déplorer le génie technologique des Chinois au sujet de la guerre des gaz, dont ils furent indéniablement les inventeurs. Dès le IVe siècle avant notre ère, en effet, ils utilisèrent des **bombes** et **grenades** à base de **laque** sec, puissant irritant des poumons, d'**arsenic** et d'**oxydes de plomb**, incorporés à des comburants tels que la **résine** et la **cire**. Les bombes et grenades étaient enflammées avant d'être projetées sur les ennemis, répandant parmi eux des débris brûlants qui dégageaient des vapeurs toxiques. Ils recoururent également à cette époque à une technique originale, qui consistait à creuser des tunnels jusqu'au-dessous des camps ennemis, puis à y diffuser des fumées empoisonnées.

■ La technique alla se perfectionnant au cours des siècles et l'invention de la **poudre** inspira des bombes explosives particulièrement toxiques, à base d'**excréments humains** séchés et finement pulvérisés, d'extrait d'aconit, ou **aconitine** — alcaloïde très puissant, même à faibles doses, qui entraîne la **paralysie des muscles respiratoires** —, d'**huile de croton**, également toxique, d'**oxyde arsénieux** et de **sulfure d'arsenic**, de **mouches cantharides** broyées, ainsi que de graines végétales dégageant une forte fumée, destinée à empêcher les ennemis d'ouvrir les

Obusier chinois du Moyen Age, dit « Érupteur sauvage de feu au bruit du tonnerre céleste». Il expédiait sur l'ennemi des projectiles émettant des fumées toxiques.

yeux. Les projectiles toxiques, expédiés par des bouches à feu, dites « **érupteurs de fumée magique** », étaient particulièrement efficaces lorsqu'ils tombaient dans des forteresses. Les recettes en étaient très variées, et faisaient appel à tous les poisons d'origine végétale et animale connus des Chinois, y compris les fumées de **graines de moutarde** séchée qui contiennent des éthers d'**acide isothiocyanique** très toxique. Au XVIIe siècle, les Chinois, qui pratiquaient toujours la guerre des gaz, donnèrent aux **dérivés du mercure**, puissants toxiques du système nerveux, la préférence sur l'arsenic, jusqu'alors en faveur.

■ Les Chinois sont les précurseurs de l'emploi du **napalm**, car, au XVe siècle, ils emplissaient aussi leurs bombes d'une substance qui s'enflammait à l'explosion et collait à la peau.

■ Enfin, ils utilisèrent les **fumées lacrymogènes**, qui étaient répandues dans les rangs ennemis par des torchons enflammés, attachés à des queues de chevaux.

Utilisée pour la première fois dans les temps modernes au cours des opérations de 1914-1918, la guerre des gaz n'a fait depuis que de brèves réapparitions, au Moyen-Orient, dans la décennie 1980.

Mines terrestres et maritimes

An., Chine, 1277 ; an., Chine, XIVe siècle ; Colt, 1843.

La première mention d'une mine, terrestre ou maritime, que l'on connaisse, c'est-à-dire d'un engin explosif non propulsé par une bouche à feu ou par un autre système, a été retrouvée dans l'histoire chinoise. Le fait n'est pas surprenant, car les Chinois pratiquaient depuis le IIe siècle avant notre ère, avant même l'invention de la **poudre**, une technique primitive des explosifs (ils faisaient ainsi exploser des bambous en les jetant dans des brasiers) et la maîtrise de la poudre, aiguillonnée par le génie militaire, leur inspira évidemment nombre d'inventions dans ce domaine.

■ En 1277, les Chinois, ayant perfectionné la technique de fabrication des **bombes**, imaginèrent, pour la première fois semble-t-il, d'enfouir dans le sol des bombes de très grandes dimensions, qu'ils faisaient exploser à distance par un procédé qui ne fut compris qu'au XVIIe siècle : il consistait à placer dans la bombe un **détonateur** — sans doute à roulette —, composé de fragments de silex et de fer, qui, lorsqu'il était violemment remué, à l'aide d'une cordelette, produisait des étincelles ; celles-ci mettaient le feu à une mèche, peut-être de l'étoupe imprégnée de pétrole.

■ Certaines bombes souterraines étaient, tout comme les mines ultérieures, encloses dans des corps sphériques en fer ; d'autres étaient logées dans des corps de porcelaine ou de terre cuite. Mais les Chinois avaient également inventé des **mines terrestres de profondeur**, logées dans de gros bambous évidés, de 2,70 m de long, qu'ils enfonçaient dans le sol. La partie explosive était située à l'extrémité inférieure de ces tubes.

■ De telles mines étaient disposées en champs, par centaines, pour défendre des défilés, des abords de villes, des retranchements, comme dans l'art militaire contemporain. Ce système défensif, décrit par un manuel britannique en 1412, ne fut adopté par les Européens qu'au XVIe siècle ; c'est l'Allemand Samuel Zimmermann qui s'en servit pour la première fois en 1573, conservant le même dispositif de détonation à distance que celui qu'utilisaient les Chinois.

■ Les **mines maritimes** furent quelque peu plus tardives, puisqu'elles ne semblent apparues qu'au XIVe siècle, toujours en Chine. De plus petites dimensions, elles étaient insérées dans des vessies de bœuf et équilibrées de telle sorte qu'une mèche dépassât de la surface de l'eau ; le temps de combustion de la mèche déterminait le délai qui séparait le lancer de la mine de son explosion. Ces mines étaient astucieusement fixées à des planches de bois, convenablement lestées de sorte qu'elles flottâssent un peu au-dessous du niveau de l'eau. Elles étaient lancées dans le sens du courant vers les flottes ennemies. Bien entendu, il fallait que le délai de combustion de la mèche correspondît au temps nécessaire à la dérive vers les navires ennemis. Ce système, proposé par l'Anglais Ralph Rabbards à la reine Élisabeth Ire, dut être efficace, car les Chinois y recoururent lors de leurs combats contre les canonnières anglaises sur les fleuves, en 1856.

■ En 1843, l'Américain Samuel Colt mit au point un type de mine maritime dont il commandait l'explosion à distance par **câble électrique immergé**. Il parvint ainsi à faire exploser une mine à quelque 8 km de distance et à couler un navire. Le principe fut repris par les Prussiens en 1848, lors d'une guerre contre le Danemark, mais abandonné en 1900.

Chaland mouilleur de mines chinois. Déjà tardif, puisqu'il date du XVIe siècle, il est très perfectionné : sa section avant est désarrimée dès que les rameurs ont approché l'objectif ennemi et allumé les mèches des mines. La section arrière s'en retourne alors prestement au port.

Mitrailleuse

An., XIVe siècle ; Vinci, vers 1480 ; Puckle, 1718.

L'idée de la mitrailleuse, c'est-à-dire d'une **arme légère capable de tirer plusieurs coups à la suite,** remonte au XIVe siècle, date à laquelle apparaissent des armes constituées de canons disposés les uns à côté des autres, sur un châssis, et auxquels on mettait feu successivement, peut-être en même temps si l'on plaçait devant eux autant de servants de batteries. L'origine en est presque certainement chinoise, car c'est à la même époque que les Chinois se sont servis pour la première fois d'**orgues lance-flammes,** constitués de dix bouches actionnées par dix servants. Vers 1480, Léonard de Vinci a dessiné plusieurs orgues de ce genre, dont l'un comporte trente-trois canons disposés en trois rangées de onze, qui attestent un progrès théorique certain ; ils sont placés en éventail, ce qui permet l'allumage simultané. Mais leur encombrement semble en avoir limité le succès.

■ En 1718, l'Anglais James Puckle fait faire un bond technique remarquable à ce genre d'armes que l'on appelait **ribauds** ou encore **ribaudequins**, et que l'on avait par ailleurs adaptées aux armes de poing (voir p. 52) ; les plus perfectionnées avaient été dotées de systèmes tels qu'un percuteur pivotant, qui permettait d'éjecter successivement les balles de tous les canons — mais cela supposait que l'on appuyât chaque fois sur la gâchette. De plus, comme ce fut le cas pour les premiers revolvers, l'allumage par silex, le seul disponible, pouvait comporter des ratés et, parfois, toutes les charges partaient en même temps, faisant exploser l'orgue ou ribaud. Puckle imagina un **chargeur pivotant** à neuf balles, équipant un canon léger monté sur **trépied.** Le chargeur pivotant était emprunté au revolver, et le châssis annonçait à s'y méprendre celui des mitrailleuses ultérieures. Cette arme fut testée, jugée opérationnelle... et fut mystérieusement oubliée. (⟶)

L'ancêtre de l'orgue-lance-flammes chinois. Il crachait des fusées enflammées, suffisamment remplies de salpêtre pour exploser après le lancement. **L'orgue à feu**, lui, comportait dix bouches actionnées par dix servants.

Poudre

An., Chine et Inde, IXe siècle.

Les plus anciennes mentions connues de la poudre à canon sont celles que l'on trouve dans les manuscrits chinois et indiens de la période allant du IXe au XIe siècle : on y décrit un mélange de **salpêtre**, de **soufre** et de **charbon de bois**. Ce mélange était destiné à des feux d'artifice. Le premier usage militaire connu remonte au XIIIe siècle (voir *Fusil*).

■ La poudre, utilisée pourtant en Europe par le génie militaire, demeura, jusqu'au XIXe siècle, le seul **explosif** connu et utilisé par le génie civil. Ce n'est cependant qu'au XVIIe siècle qu'on commença à l'employer, en France, pour le percement de tunnels. Elle fut détrônée par la **nitroglycérine** et la **nitrocellulose** (voir p. 62).

Obus explosif de marine

An., Venise, 1376, ou Pays-Bas, vers 1370 ; Deschiens, 1690 ; Bentham, 1788 ; Paixhans, 1822 ; Vieille, 1884-1886.

L'invention de l'obus de marine explosif est de celles dont les histoires sont le plus cahoteuses. Le **projectile militaire explosif** existe, sous la forme de la **grenade**, depuis au moins 777 (voir p. 47). **Le boulet explosif,** qui remplace l'antique **boulet plein,** a été inventé dès 1376, à Venise, selon certains auteurs, antérieurement aux Pays-Bas, sans doute vers 1370, selon d'autres. L'engin est, il est vrai, rudimentaire et dangereux pour son utilisateur : c'est une sphère creuse, en fer, remplie de **poudre noire,** et percée d'un trou par lequel on a effectué le remplissage ; elle possède une mèche, qui est mise à feu indépendamment, avant la mise à feu du canon. La fréquence de son emploi est irrégulière : le boulet explosif (car ce n'est pas encore un **obus cylindro-conique**) apparaît et disparaît sur les champs de bataille, au gré des stratèges et tacticiens, qui lui font ou ne lui font pas confiance.

■ Il n'est toutefois pas question de s'en servir en mer. Pour le comprendre, il suffit de rappeler que, jusqu'en 1881, les marins pratiquent le **chargement par la bouche.** Que l'obus explosif vienne à être coincé dans l'âme et c'est le vaisseau tout entier qui est en péril. De plus, le boulet explosif, roulant dans l'âme du canon, y perdrait sa poudre ou sa mèche enflammée, ce qui est une autre forme de risque. En 1690, un Français, le capitaine J. M. Deschiens, contrevient à toutes les coutumes : il charge des obus explosifs par la bouche de longs canons de bronze et pratique le **tir de but en blanc** (horizontal). Les obus sont de son invention, comme la technique. En 1690, il met en fuite à lui seul quatre vaisseaux britanniques, puis coule un vaisseau hollandais, et en endommage un autre. On peut donc avancer que l'inventeur de l'obus de marine explosif et de sa pratique est bien Deschiens. Mais il est trop en avance sur son temps et ne peut seul surmonter la prévention des marins contre l'obus explosif. Près d'un siècle plus tard, l'Anglais sir Samuel Bentham, qui occupe un poste élevé dans la marine russe, réinvente ou retrouve, on ne sait, la technique de Deschiens. Il fait monter des canons de laiton sur des chaloupes et tire avec des boulets incendiaires sur la flotte turque, qu'il expédie entièrement par le fond. Cette éclatante démonstration est soigneusement ignorée par toutes les marines.

■ En 1803, l'Anglais Henry Shrapnel imagine de remplir un boulet sphérique de balles de mousquet noyées dans de la poudre noire, l'allumage se faisant par mèche-fusée. Quand celle-ci enflamme la poudre, le boulet éclate et libère les balles. Par la suite, l'inventeur donnera à son projectile, depuis lors connu sous le nom de **shrapnel,** la forme cylindro-ogivale d'un obus. En 1807, un autre Anglais, Alexander John Forsyth, invente la **capsule de percussion,** réalisant les premiers véritables obus explosifs : une fusée à retardement, à la base du projectile, y déclenche l'explosion à un point déterminé de la trajectoire. Mais les marines demeurent de bois, si l'on peut dire.

■ Bien avant la mise au point de l'**obus à percussion** proprement dit — où la capsule explosive est placée au sommet de l'ogive —, dans les années 1850, le général français Henri-Joseph Paixhans comprend l'intérêt de l'utilisation des obus explosifs pour la guerre navale et, en 1822, équipe des **navires à vapeur** d'armements prévus pour ce type de projectiles.

■ Toutes les marines du monde avaient alors ample matière à méditation dans le déroulement de la **bataille de Trafalgar :** aucun navire n'y avait été coulé par l'artillerie. Ce fut un autre « coup de Trafalgar », la **bataille de Sinope,** qui alerta enfin les amirautés à la fois sur l'importance des obus de marine explosifs et sur la nécessité du **blindage des vaisseaux de guerre** : en 1853, en effet, la flotte de l'amiral Nakhimov avait envoyé par le fond la plus grande partie de la flotte turque à l'aide d'obus explosifs. En 1886, le Français Pierre Vieille inventa les **explosifs à fort pouvoir détonant,** qui ouvraient l'ère des obus explosifs modernes.

Revolver

An., Angleterre, vers 1630 ; Lenormand, 1815 ; Collier, 1818 ; Colt, 1835-1836 ; Lefaucheux et Galand, 1860-1868.

Le mot « revolver » est d'origine anglaise et dérive du verbe *to revolve*, « tourner » ; il est alors employé depuis le XVIIe siècle pour désigner des **pistolets à plusieurs canons tournant autour d'un axe.** C'étaient des pistolets à silex dont l'efficacité devait être médiocre, vu le peu d'avancement de la métallurgie à l'époque et l'absence de **balles à chemises métalliques** qui allaient permettre deux siècles plus tard l'extension de ce système d'armes. En 1815, le Français Hippolyte Lenormand reprend le principe de ces armes antiques, appelées alors « **poivrières** » — qui remonteraient même au XVIe siècle —, et remplace la **percussion à silex** par la **percussion à capsule**, qui éjecte la balle. Ce modèle connaît un certain succès de curiosité et il est perfectionné à l'étranger, notamment en Allemagne et en Angleterre, mais il ne s'impose pas. Trois ans plus tard, l'Anglais H. Collier inverse le principe du revolver Lenormand et construit le premier **revolver à barillet tournant.** Le barillet comporte cinq chambres et doit être tourné à la main. En 1835-1836, l'Américain Samuel Colt fabrique un autre revolver, également à barillet à cinq chambres, dont la rotation se fait automatiquement après décharge de chaque balle. Lourd, dépourvu de cran d'arrêt, sujet à des ratés, il ne commence à être fabriqué industriellement qu'en 1847, et c'est seulement entre 1860 et 1868 que la firme Lefaucheux & Galand le perfectionne suffisamment pour qu'il mérite son titre de revolver militaire (en réalité, ne tirant pas au-delà de 100 m, les revolvers n'offraient de précision satisfaisante qu'à 50 m ; leur efficacité fut souvent qualifiée de psychologique).

Le musée des Armes d'Ingolstadt, en Allemagne, possède un exemplaire d'une arme qui est sans doute le plus ancien revolver connu, puisqu'il date des années 1580 ; de fabrication anonyme, il comporte un barillet à trois tubes soudés autour d'un axe et manié à la main. Il est dit « **revolver à rouet** », parce qu'il est doté d'une **platine à rouet** qui s'arme automatiquement quand on arme le chien, le rouet étant destiné à faire jaillir une gerbe d'étincelles. Il indiquerait donc que, contrairement à beaucoup d'assertions courantes, les Anglais ont inventé le mot « revolver », mais non son concept. On suppose toutefois que ce type d'armes n'eut pas grand succès, car elles sont extrêmement rares.

Sous-marin

Brebbel ou Van Drebel, 1620-1624 ; Bushnell, 1775 ; Fulton, 1798-1801 ; Bourgois, 1863 ; Dupuy de Lôme, Romazzotti et Zédé, 1888.

La légende prête à Alexandre le Grand un voyage sous les eaux à bord d'un tonneau de verre, mais elle semble controuvée ; Alexandre, toutefois, aurait pu descendre sous l'eau dans une **cloche à plongeur.** En 1578, le mathématicien anglais William Bourne décrit, après Léonard de Vinci, mais avec beaucoup plus de précisions, un engin sous-marin en bois recouvert de cuir graissé et actionné par des rames. Le premier qui le construisit, et auquel revient traditionnellement le mérite de l'invention, est le Hollandais Cornelis Brebbel ou Van Drebel, qui, de 1620 à 1624, mit plusieurs fois à l'essai, avec succès, un engin tel que celui qu'avait imaginé Bourne. Cette embarcation, le premier sous-marin digne de ce nom, évolua entre 4 et 5 m sous la surface de la Tamise et l'on prétend, sans preuves absolues, que le roi Jacques Ier d'Angleterre aurait fait une brève excursion à son bord. Brebbel, dit-on, aurait assuré la survie de ses passagers grâce à un gaz de sa composition. Vu les faibles connaissances de l'époque en matière de gaz, l'histoire semble suspecte. Peut-être Brebbel embarqua-t-il des outres d'air frais. Son sous-marin ne devait pas être sans mérites, puisqu'il en construisit deux autres et qu'il n'est pas fait mention d'accident.

■ Curieusement, ce mode de propulsion excita tellement les imaginations qu'en 1727 on ne comptait pas moins de quatorze brevets de sous-marins, rien qu'en Angleterre. Toutefois, il convient d'ores et déjà de faire une distinction entre **sous-marin,** engin dont les ballasts sont intérieurs à la coque, et **submersible,** engin dont les ballasts sont extérieurs et qui peut donc naviguer en surface avec les mêmes performances qu'un patrouilleur, par exemple. On ne sait si l'engin de Brebbel était l'un ou l'autre, mais on sait en revanche que plusieurs des modèles du XVIIIe siècle étaient des submersibles proprement dits, les ballasts consistant en outres de peau de chèvre que l'on remplissait pour la plongée et que l'on vidait ensuite par un système de barres de torsion...

■ La première utilisation militaire d'un sous-marin remonte à 1775 et à la guerre d'Indépendance américaine. David Bushnell avait construit pour la circonstance un engin à peu près sphérique, le *Turtle* ou « tortue », qui n'admettait qu'un occupant, à la fois navigateur, marin et moteur, puisque cet engin pittoresque ne se propulsait qu'à la condition d'actionner à la manivelle une **hélice** fixée à l'avant sur un axe horizontal. Seul perfectionnement, une pompe qui permettait de vider les ballasts. L'objet du *Turtle* était de faire sauter un navire britannique en provoquant à proximité l'explosion d'une charge de poudre. Bushnell n'y parvint pas, mais la leçon ne fut pas perdue pour son successeur, l'Américain Robert Fulton, qui, en 1797, proposa au Directoire (car Fulton était ardent partisan de la Révolution française !) de débarrasser la France de la flotte britannique qui faisait le blocus de ses côtes, appuyant ses démonstrations sur une maquette. Un exemplaire de son engin, le *Nautile,* fut construit à Paris ; c'était un sous-marin de fer, recouvert de cuivre, long de 6,50 m, toujours propulsé à la main, mais cette fois à l'aide d'un système d'**engrenages démultiplicateurs,** capable d'accueillir quatre hommes pendant quatre heures sous l'eau. Un bulbe de fer et de verre servait de tourelle d'observation. Fulton était tellement enthousiaste que le *Nautile* fut réalisé avant même que le ministre de la Marine, Forfait, en eût débloqué les crédits. L'engin ne participa, semble-t-il, à aucune action militaire. Quand le second engin, le *Nautile II,* fut lancé en rade de Brest en direction de la flotte britannique, il ne put approcher d'aucun navire, car les Anglais, apparemment instruits par l'expérience ou par des espions, faisaient sans cesse patrouiller des barques à rameurs autour de leurs vaisseaux. Le *Nautile II* rentra au port sans avoir pu accrocher sa charge explosive sous aucun bâtiment, et la France perdit son intérêt pour ce que l'on appelait le **« bateau-poisson ».**

■ Passant à l'ennemi, Fulton essaya en 1805 de persuader l'Angleterre d'adopter son sous-marin. En dépit de l'appui du Premier ministre Pitt, il se heurta à l'opposition du premier lord de l'Amirauté, sir John Jervis, qui y vit une grave menace pour la suprématie britannique sur les mers. Quand Fulton réussit, expérimentalement, à faire sauter le schooner *Dorothy,* en y accrochant une charge explosive déclenchée à distance par un câble électrique, le succès de sa démonstration ne fit que renforcer Jervis dans son hostilité.

■ La première victoire militaire jamais remportée par un sous-marin fut le fait du capitaine américain sudiste Horace Hunley et des ingénieurs McClintock et Watson. Ayant fait construire un sous-marin du type Fulton, mais amélioré — la propulsion était assurée par un **arbre à vilebrequins** actionné par huit hommes —, qu'ils baptisèrent *Hunley,* les trois hommes réussirent à couler le navire nordiste *Housatonic,* le 17 février 1864. Le *Hunley,* dont l'éperon était restée coincé dans la coque du *Housatonic,* coula avec lui.

■ Bien que tragique, l'exploit enflamma les imaginations des inventeurs, et de romanciers tels que Jules Verne, créateur du fameux et imaginaire *Nautilus.* C'est par dizaines que l'on compte les projets et les prototypes qui se succédèrent dans le monde. Le chapitre moderne de la navigation sous-marine ne commença en fait qu'avec la réalisation d'un sous-marin autopropulsé, dont le premier spécimen semble avoir été celui que construisit en 1863 l'ingénieur français Bourgois. Long de 45 m et d'un profil qui annonce déjà celui des sous-marins modernes, le *Plongeur* était propulsé par un **moteur** de 80 ch **à air comprimé** (son autonomie était réduite par la faible capacité de ses réserves d'air comprimé. Hélas ! le *Plongeur* ne plongeait qu'à moitié...). Deux modèles de **sous-marin à vapeur,** réalisés séparément en 1880 par le clergyman anglais George W. Garrett et par le fabricant de canons suédois Torsten Nordenfelt, ne connurent pas grand succès, le premier parce qu'il fallait éteindre les chaudières avant la plongée, le vaisseau n'avançant plus que sur la puissance de la vapeur emmagasinée ; le second, perfectionné, parce que l'emmagasinage de la fumée posait des problèmes. Le premier sous-marin réellement autonome fut le célèbre *Gymnote* des ingénieurs français Dupuy de Lôme, Gaston Romazzotti et Gustave Zédé. Bien que mis à l'eau en 1888, alors qu'un *Nautilus* britannique, troisième du nom, et d'inspiration voisine, avait été lancé deux ans auparavant, le *Gymnote* semble devoir conserver le mérite de l'antériorité, car sa construction avait commencé en 1869. Long de 17,20 m, d'un diamètre de 1,80 m, le *Gymnote* pesait 2 t et était propulsé par un moteur électrique de 51 ch, actionnant une hélice de 1,50 m de diamètre et permettant d'atteindre la vitesse, appréciable pour l'époque, de 7 nœuds en surface et de 4,27 nœuds en plongée. Parmi les précurseurs du *Gymnote,* il faut aussi citer le *Goubet I,* construit par le Français Claude Goubet en 1887, d'après les plans de l'ingénieur russe Stéphane Drzewiecki d'Odessa, mais qui fut refusé par la commission de la Marine pour manque de stabilité. En dépit du succès de la propulsion électrique attesté par le *Gymnote,* le principe de la chaudière ne fut pas abandonné tout de suite ; il permettait en effet d'assurer la navigation de surface avec une moindre dépense d'énergie, et il fut donc conservé par le Français Maxime Laubeuf pour le *Narval,* sous-marin de 34 m de long lancé en 1899, et qui fut le successeur du *Gymnote.* L'invention du **moteur Diesel** allait, peu d'années plus tard, entraîner l'abandon définitif du principe de la propulsion à vapeur.

L'un des épisodes les plus singuliers de l'histoire des sous-marins est constitué par le *Diable marin,* construit à Kiel pour le compte des Russes par le Bavarois Wilhelm Bauer, en 1856. Le 6 septembre de cette année-là, jour du couronnement du tsar Alexandre II à Moscou, Bauer s'embarqua à Cronstadt sur le *Diable marin* en compagnie de quatre musiciens qui jouèrent l'hymne impérial sous l'eau, tandis que l'équipage chantait. Et on les entendit. En dépit de 136 plongées qu'effectua ce sous-marin à propulsion humaine, la marine impériale russe le refusa parce qu'elle trouvait l'arme « sournoise »...

chimie & physique

On se défend mal de la surprise quand on considère le petit nombre des inventions proprement dites de la chimie et de la physique jusqu'à la fin du XIXe siècle. Cette pauvreté, toutefois, est largement compensée par le nombre des découvertes, dont l'immense majorité n'a qu'une brève histoire, puisqu'elle commence à peu près au XVIIIe siècle. Ce n'est qu'en 1772 que le Suédois Scheele découvre l'oxygène, par exemple, et ce n'est qu'au XIXe siècle que l'on commence à se faire une idée de ce qu'est le carbone ! Et encore, l'inventaire et la compréhension des découvertes sont-ils souvent handicapés par les errements des théories. A peine sorties des brumes mystiques de l'alchimie, chimie et physique s'empêtrent dans la philosophie, et des phalanges des meilleurs spécialistes s'efforcent vainement d'harmoniser leurs découvertes aux postulats filandreux de la « phlogistique ». La théorie atomique de Dalton a les plus grandes peines à se faire accepter à l'unanimité et, au début du XXe siècle encore, un chimiste de la réputation de Berthelot soutient que la formule de l'eau est H_2O_2 !

Or, pour inventer, il faut disposer d'une théorie correcte. Hélas, mise à part les intuitions de quelques génies comme Lavoisier ou Faraday, les théories font défaut, aussi bien en chimie qu'en physique. Elles feront d'ailleurs défaut longtemps encore dans le XXe siècle, et l'on verra un physicien de l'importance de l'Autrichien Ernst Mach affirmer, non sans énervement, qu'il ne peut pas adhérer à la théorie des atomes ! Et cela en 1922 !

Chimie et physique se réduisent donc, dans le domaine des réalisations applicables, à des recettes, ou encore à des hasards. La première discipline qui en pâtit est la médecine, qui se trouve en peine d'industrie pharmaceutique, du moins au sens moderne du mot, et qui reste assujettie, jusque vers 1930, à des préparations d'officine, elles-mêmes dérivées d'une apothicairerie améliorée. L'industrie tout court en est également réduite à des transformations de force, telles que la métallurgie, car elle ignore évidemment tout ou presque tout des structures cristallines et n'en sait encore que dérisoirement peu sur les matériaux synthétiques. Dans le domaine de l'énergie, on ne connaît à vrai dire que l'électricité, car ce n'est qu'après le milieu du XXe siècle que la physique se sera suffisamment développée pour engendrer l'électronique.

On peut donc considérer que chimie et physique sont les sciences qui se sont le plus tardivement développées, grâce à la théorie et aux nouveaux moyens d'investigation du microscopique.

Acide nitrique (préparation de l')

Geber (?), VIIIe siècle ; Glauber (?), 1648 ; Kuhlmann, 1838.

Les origines de la préparation de l'acide nitrique sont obscures. On ignore, en effet, qui la trouva le premier. Certains auteurs attribuent la paternité de l'invention à l'Arabe Geber, au VIIIe siècle, mais il n'en existe pas de preuves absolues. Geber pourrait, en fait, avoir bénéficié d'un savoir antérieur. Toujours est-il qu'il est bien la source de la connaissance en la matière, celle dont disposèrent les **alchimistes** tout au long du Moyen Âge. Ce **monoacide fort**, HNO_3, fut employé dans les recherches sur la **transmutation des métaux**. Il attaque, en effet, tous les métaux, sauf l'or et le platine, et donne des **nitrates** en fin de réaction. Connu sous les noms d'**eau-forte**, **Aqua dissolutiva**, **Aqua prima**, puis **Spiritus acidus nitri** ou **Spiritus fumans Glauberi**, il trouva l'une de ses premières utilisations pratiques dans la **gravure** à l'eau-forte. En 1648, suppose-t-on, l'Allemand Johann Rudolf Glauber en établit un mode de fabrication qui resta longtemps classique ; il consistait à chauffer du **nitrate de potassium** avec de l'**acide sulfurique** concentré. En 1838, le Français Charles Frédéric Kuhlmann inventa une nouvelle méthode, qui consistait à le préparer par **oxydation de l'ammoniac en présence de platine**. Ce procédé est toujours en cours, quoiqu'il tende à être progressivement remplacé par celui qu'inventa en 1901 l'Allemand Carl Bosch, qui consiste à utiliser comme catalyseur de l'oxyde de fer activé au manganèse et au bismuth.

Alcool (synthèse de l')

Hennel et Sérullas, 1828 ; Berthelot, 1854.

La synthèse de l'alcool, qui fonda la **chimie organique**, est un des moments les plus singuliers de l'histoire des sciences et des inventions, en ce qu'elle fut officiellement revendiquée en 1854 par Marcelin Berthelot et qu'elle lui fut et reste attribuée, alors qu'elle avait été réalisée en 1828 par un obscur chimiste anglais, Henry Hennel, et, indépendamment, par le Français G.S. Sérullas. Pis encore, cette synthèse reposait sur un ensemble d'idées aberrantes, parmi lesquelles dominait le refus de l'**atomisme** par Berthelot, refus paradoxal quand on sait que la chimie est inséparable de l'atomisme !

■ La manière dont Berthelot effectua sa synthèse consista à mettre dans un flacon du gaz **éthylène** à température et pression ordinaires, avec un quart de son volume d'**acide sulfurique** pur et quelques kilos de **mercure**, en tant que catalyseur. Le flacon fut vivement et longuement agité. Au cours de cette opération, l'éthylène réagit avec l'acide sulfurique pour donner ce que l'on appelle aujourd'hui le **sulfate acide d'éthyle** et qu'à l'époque on nommait **acide sulfovinique**. A l'étape suivante, l'acide sulfovinique est extrait et on lui ajoute six fois son volume d'eau. Ce mélange est distillé et l'on obtient, après purification, de l'**alcool.**

■ Effectuée en 1854, cette synthèse est publiée dans les « Comptes rendus de l'Académie des sciences » de janvier 1855. Elle semble vérifier une théorie de Berthelot : à savoir qu'il est possible de reconstituer n'importe quelle substance d'origine organique, comme l'alcool, qui n'était jusqu'alors obtenu que par distillation du vin, à partir d'éléments non organiques, ce qui est exact. Cette expérience infirme donc les théories qui couraient encore sur une mystérieuse « **force vitale** » seule capable d'organiser, c'est le mot, les substances organiques. Berthelot, qui n'est alors que préparateur de chimie au Collège de France (et qui tentera de profiter de l'émoi causé par sa communication pour se faire élire à l'Académie des sciences, mais en vain), a toutefois réussi là un coup de maître par intuition ; il ne connaît même pas la formule chimique de l'éthylène, qui est pour lui C_4H_4, alors qu'elle est C_2H_4, pas plus qu'il ne connaît d'ailleurs la formule de l'eau, qui selon lui s'énonce H_2O_2. ■ L'affaire en serait restée là si le grand chimiste Eugène Chevreul, qui a alors soixante-dix ans et à qui l'on doit les premières **analyses de corps gras**, ne s'était étonné que Berthelot n'ait pas cité ses prédécesseurs, comme c'est la coutume. Berthelot rétorque : « Quelles que fussent les opinions spéculatives sur ce sujet, aucun alcool n'avait été produit expérimentalement au moyen d'un **carbure d'hydrogène**. » Et Chevreul s'insurge et rappelle tout à fait officiellement — et sans doute avec quelque colère — que Hennel et Sérullas, de manière indépendante, avaient réalisé la même synthèse. Chevreul rappelle même que la communication de Sérullas avait été présentée à l'Académie des sciences le 22 octobre 1828, soit donc vingt-six ans avant l'expérience de Berthelot. De toute façon, Hennel et Sérullas n'ont que le mérite d'avoir, les premiers, mis en œuvre des connaissances et des idées qui étaient déjà « dans l'air du temps ». On pensait depuis 1820 que l'alcool peut être décomposé en éthylène et en eau, donc qu'il est possible de le reconstituer à l'aide d'eau et d'éthylène (le mercure utilisé par Berthelot ne servait pas à grand-chose). En 1828, la même année où Hennel et Sérullas synthétisaient pour la première fois de l'alcool, un autre grand chimiste, Jean-Baptiste Dumas, et son élève Pierre F.G. Boullay avaient publié une théorie selon laquelle les dérivés de l'alcool comportaient de l'éthylène et d'autres molécules. Le succès de l'expérience de Berthelot ne tenait en fait qu'au caractère prétendument mythique de la reconstitution de composés organiques à l'aide d'éléments inorganiques, telle que la concevait la communauté des savants et telle que l'exaltait un Berzelius. Hélas ! la **synthèse de l'acétylène**, également revendiquée par Berthelot quelques années plus tard, allait présenter les mêmes vices fondamentaux que celle de l'alcool (⟶).

Dans son excellente et mordante biographie, *Berthelot, autopsie d'un mythe*, Jean Jacques rappelle que Berthelot, assez naïvement, recommandait de secouer « 53 000 fois » le flacon dans lequel il avait mis les éléments de la reconstitution de l'alcool. La réaction, en fait, s'opère sans ces milliers de secousses... théâtrales.

Aspirine

An., Ier siècle ; Stone, 1763 ; Gerhardt, 1853.

L'aspirine, nom commercial de l'**acide acétylsalicylique**, est une des nombreuses inventions qui ont fait l'objet de revendications contradictoires de paternité. On peut avancer que le principe actif en est connu depuis au moins le Ier siècle. La décoction d'**écorce de saule**, **Salix alba**, de **bouleau**, **Betula lenta**, et de feuilles de nombreuses espèces végétales, dont les **Spirées**, plantes de la famille des Rosacées à laquelle appartiennent la **reine-des-prés** et la **gaulthérie** ou **wintergreen**, **Gaultheria procumbens**, apparaissent dans de nombreuses recettes de pharmacopées archaïques pour le traitement des **fièvres** et des **maux de tête**. Ces espèces végétales contiennent toutes, en effet, de l'**acide salicylique**, dont la formule et les propriétés sont presque identiques à celles de l'acide acétylsalicylique. Ce principe n'est en fait « réinventé » qu'en 1763, date à laquelle le médecin anglais Edward Stone fait une communication à la Royal Society de Londres sur les effets de l'écorce de saule dans le traitement de la fièvre. La pratique des décoctions de ce produit reprend donc et s'étend. En 1829, le pharmacien français H. Leroux identifie le principe actif de l'écorce de saule, la **salicine**.

■ L'ère moderne de l'aspirine commence en 1838, quand l'Italien R. Piria isole pour la première fois de l'acide salicylique pur, extrait du salicylate de méthyl, tiré de l'écorce de bouleau. On peut également avancer que l'inventeur moderne de l'aspirine est bien le Français Charles Frédéric Gerhardt qui, en 1853, synthétise le premier de l'acide acétylsalicylique en traitant du salicylate de sodium avec du chlorure d'acétyle, lui-même extrait de l'écorce de bouleau. (⟶)

Calorimétrie

Wilcke, Black, 1760 ; Lavoisier et Laplace, 1780 ; Thompson, 1798 ; Hermann, 1834 ; Herschel, 1847 ; Favre et Silbermann, 1850 ; Bunsen 1870.

La notion de chaleur, essentielle à la chimie et à la physique, demeura mystérieuse depuis les origines de la science jusque dans le dernier quart du XVIIIe siècle. Ce sont les premiers efforts pour la mesurer qui menèrent à sa compréhension. A partir de 1697, un grand nombre de savants adhéra à la **théorie phlogistique,** énoncée cette année-là par le chimiste et physicien allemand Georg Ernst Stahl. Cette théorie postulait l'existence d'un élément sans poids ni masse, le phlogiston, qui se trouvait dans les éléments qui brûlaient bien. Dérivant de là, l'Allemand Carl Johan Wilcke et l'Anglais Joseph Black conçurent indépendamment la **théorie calorique,** la même année 1760. Il existait selon eux un fluide indestructible, le calorique, qui s'accumulait quand on chauffait un corps, et qui diminuait quand on le refroidissait. Cette théorie, évidemment fausse, et qu'approuvèrent pourtant de nombreux savants jusqu'en 1824, présenta néanmoins un intérêt scientifique certain, parce qu'elle induisit Black à jeter les bases de la calorimétrie. Il imagina, en effet, de définir des unités de calorique qui seraient nécessaires pour élever la température d'un corps. Black faisait là une distinction fondamentale, et juste, entre chaleur et température ; de fait, une même quantité de chaleur n'élève pas également la température du bois et du métal. Les thermomètres, qui existaient depuis le XVIIe siècle au moins (voir p. 179), ne pouvaient rendre compte de la quantité de chaleur présente dans un corps, et l'on peut donc dire que ce furent Wilcke et Black qui mirent la science sur la voie d'une discipline moderne fondamentale.

■ En 1780, Antoine Laurent de Lavoisier et Pierre Simon de Laplace, réfutant la doctrine phlogistique, inventent un appareil original destiné à mesurer les quantités de chaleur fournies ou cédées par des corps dans certaines conditions. Son principe est celui d'une éprouvette scellée dans de la glace et reposant sur un bain de mercure, dans un ballon dont l'extrémité inférieure débouche sur un tube gradué. Les quantités de chaleur dégagées dans le tube sont proportionnelles à la masse de glace qui fond et qui repousse donc le mercure. C'est le premier calorimètre connu, le **calorimètre à glace**. Le principe en est inspiré de la théorie de Wilcke et de Black, mais ce n'est pas au fondement de la calorimétrie que visent Lavoisier et Laplace ; leur objet est l'étude des phénomènes de la respiration et de la combustion. L'Allemand Jakob Hermann en 1834, l'Anglais John Herschel en 1847 et l'Allemand Robert Bunsen en 1870 perfectionneront successivement cet appareil en réduisant les pertes calorifiques. En 1850, les Français Pierre Favre et Jean-Théophile Silbermann modifieront le principe de Lavoisier et Laplace en supprimant la glace et inventant un **calorimètre à dilatation de mercure.**

■ Toutefois, c'est d'une observation antérieure que dérive un très important principe de la calorimétrie. En 1798, en effet, l'Anglo-Américain Benjamin Thompson, comte Rumford, est frappé par la très forte chaleur dégagée par un canon lors de l'abrasion. Il conçoit alors une expérience remarquable : il fait abraser un cylindre de métal par un mécanisme actionné par deux chevaux ; le cylindre est plongé dans un caisson rempli de 8 l d'eau. Au bout de deux heures et demie, l'eau a atteint son point d'ébullition. Thompson est ainsi le premier à avoir démontré une équivalence entre le travail mécanique et la chaleur produite.

En 1843, l'Anglais James Prescott Joule avait déjà établi le rapport numérique entre une quantité donnée d'électricité et la quantité de chaleur qu'elle produisait. En 1849, après six ans de recherches, il détermina avec précision le rapport numérique établi d'abord par Benjamin Thompson.

La calorimétrie fit faire des progrès considérables à la physique et permit à Sadi Carnot de fonder la **thermodynamique** dans ses *Réflexions sur la puissance motrice du feu* (1824). Elle permit de rendre compte de la conductibilité calorifique des corps, menant ainsi à la **physique des gaz** et à la **physique moléculaire.** Elle permit également de faire réaliser des progrès considérables à la **physiologie**, qui put enfin jeter les bases d'une science de l'économie énergétique de l'organisme. A partir du moment où l'on entrevit les normes des besoins humains en calories selon l'âge, le poids et le type d'activité, on put également jeter les bases de la **nutrition**. La **diététique** n'allait pas tarder à suivre.

Distillation

An., 4000 ou 5000 av. J.-C.

Le **fractionnement d'un liquide par ébullition** est un procédé extrêmement ancien, dont on ne connaît ni la date, ni le lieu d'invention. Il fut pratiqué en des temps très reculés pour l'extraction d'**alcool** à partir du moût de boissons fermentées, en plaçant un tissu au-dessus du récipient d'ébullition, qui s'imprégnait de vapeurs d'alcool ; celui-ci était récupéré par torsion. Ce procédé semble en usage au Proche-Orient et en Asie quatre à cinq millénaires avant notre ère. L'**alambic** ne semble être apparu qu'après l'an mille, et l'on suppose généralement que ce fut en Italie, vers le XIIe siècle. Les premiers alambics étaient en métal.

Explosifs

An., Chine, IIe siècle av. J.-C. et IXe siècle ; Sobrero, 1846.

Jusqu'au dernier tiers du XIXe siècle environ, aucun explosif ne fut inventé à des fins militaires, ce qui constitue une singularité notable. Le premier de tous les explosifs connus est apparu en Chine vers le IIe siècle avant notre ère ; il consistait simplement en tronçons de **bambou** que l'on jetait au feu et que l'air, fortement chauffé à l'intérieur, faisait éclater ; il ne fut apparemment utilisé que pour des festivités en raison du bruit qu'il faisait et qui rameutait les populations des villages. Ce fut également pour des festivités, en l'occurrence des **feux d'artifice** (voir p. 44), que les Chinois également inventèrent la **poudre** au IXe siècle (voir p. 50). Celle-ci ne parvint en Europe qu'assez tard.

■ Jusque vers 1788, la poudre fut le seul explosif connu et donc utilisé ; cette année-là, on commença toutefois à s'intéresser aux **chlorates et perchlorates,** sels des acides chlorique et perchlorique, notamment le **chlorate de potassium.** On essaya d'en fabriquer industriellement, en Europe et aux États-Unis, mais les accidents qui s'ensuivirent mirent fin pour de nombreuses années à l'intérêt qu'on leur portait.

■ Le premier explosif moderne, la **nitroglycérine,** dérive de recherches — infructueuses — sur les **textiles** (voir p. 62) ; elle fut l'invention de l'Italien Ascanio Sobrero. La dynamite, adsorbée par des bâtons de silice poreuse ou kieselgur, d'où son nom de **dynamite gur,** ou des bâtons de charbon de bois, fut d'abord réalisée à l'intention du génie civil par le Suédois Alfred Nobel ; elle ne constitue en fait qu'une adaptation de la nitroglycérine. C'est toujours à l'intention du génie civil qu'en 1867 Nobel mit au point les **dynamites primaires**, moins dangereuses à manipuler et moins sujettes au gel, qui en réduisait le pouvoir détonant ; au lieu d'être fabriquées à base de la seule nitroglycérine pure, elles inclurent des **alcools polyhydriques** et des *sucres* mélangés à de la **pulpe de bois.** (⟶)

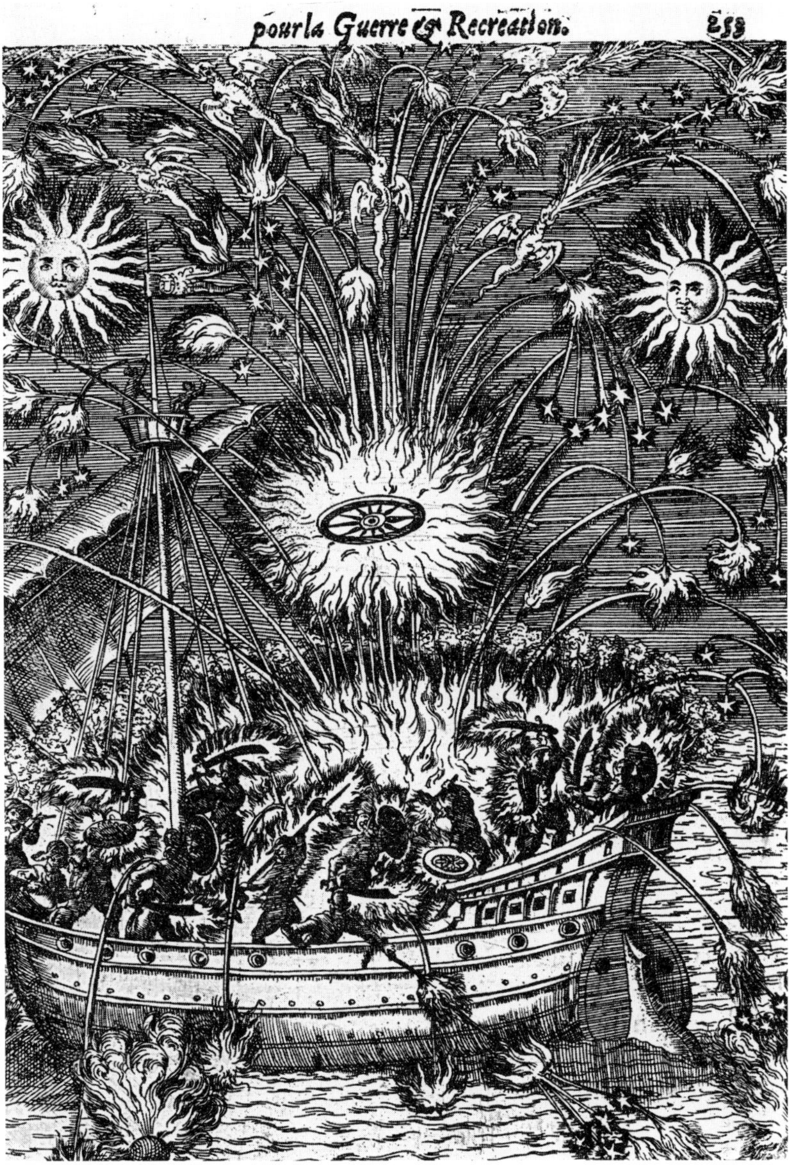

Manière de dresser en un bateau un artifice de plaisir.
« La pyrotechnie de Hanzelzt Lonain ».
Pont-à-Mousson, 1630.

Galvanoplastie

Jacobi, 1837.

La galvanoplastie est l'**ensemble des techniques qui permettent de déposer par électrolyse une couche d'un métal sur un support, métallique ou non.** Son origine est relativement obscure.

■ Il est certain que c'est l'Allemand Moritz Hermann von Jacobi qui, en 1837, a inventé le procédé de galvanoplastie de façon officielle. La méthode était d'une déroutante simplicité, puisqu'elle consistait à plonger dans un bain, dont l'électrolyte était le sel du métal à déposer, l'objet à recouvrir, rendu conducteur de l'électricité, c'est-à-dire faisant office de cathode. Sa première opération fut une **argenture** et, pour cet exploit, réalisé en Russie, Jacobi reçut l'estimable prix Demidof. Le procédé devint rapidement international, car il permettait d'obtenir des médailles et des pièces de monnaie en cuivre que l'on recouvrait par exemple d'argent, de faire des copies, de créer l'industrie du métal argenté et, à plus longue échéance, de permettre le **nickelage,** puis le **chromage** des pièces mécaniques.

■ En réalité, la galvanoplastie avait été découverte trente-sept ans plus tôt, pratiquement lors de la fabrication de la première **pile électrique** par l'Italien Alessandro Volta, quand on s'était avisé que les lames de zinc intercalées avec des lames de cuivre se détérioraient rapidement. Dès 1801, on constata que, si l'on déposait un nodule de zinc, de cuivre ou d'argent sur la cathode, il se soudait à celle-ci, et l'invention spécifique de Jacobi consista en fait à faire du bain un électrolyte du métal à déposer. On peut donc avancer que les prémices de la galvanoplastie furent posées par les nombreux physiciens qui, après la découverte de la pile voltaïque, firent des expériences diverses à l'aide de cette dernière.

■ Mais on peut aussi admettre que l'origine de la galvanoplastie est plus ancienne, et qu'elle remonte au XVIe siècle, quand les alchimistes constatèrent qu'une baguette de fer trempée dans du « **vitriol bleu** », c'est-à-dire une solution de sulfate de cuivre, se décomposait ; le fer s'y retrouvait sous forme de boue ferrugineuse (ce qui fut là le commencement de la fin des illusions sur la transmutation). Cette expérience démontrait en effet qu'il était possible de dissoudre un métal dans un liquide. Il est même possible de faire remonter le procédé de la galvanoplastie beaucoup plus loin, par exemple à la pile électrique d'origine parthe, découverte en 1957 parmi les artefacts conservés au musée de Bagdad, et que l'on a datée de 224-250 avant J.-C. ; elle aurait pu servir à alimenter en électricité des opérations d'argenture par exemple, si du moins l'on est porté à la spéculation.

Il n'existe pas, si l'on veut approfondir l'hypothèse d'une pratique très ancienne de la galvanoplastie, d'explication satisfaisante à certains **plaquages** d'or et d'argent sur des objets d'orfèvrerie anciens. Ces plaquages sont parfois si minces que le martelage ne semble pas pouvoir être invoqué systématiquement.

Nitroglycérine

Sobrero, 1846.

Depuis l'avènement de la poudre, la **technologie des explosifs** n'avait guère avancé. Elle ne progressa qu'au XIXe siècle, par le biais des recherches dans le domaine des **textiles**. C'est, en effet, en s'efforçant de tirer de la **pâte de cellulose** une **fibre artificielle**, susceptible de tissage, que l'Allemand Christian Friedrich Schönbein aboutit à la **nitrocellulose** ; ce produit nouveau, obtenu en traitant de la cellulose à l'acide nitrique, ne donna pas satisfaction par ses propriétés textiles, car il était hautement inflammable. Cette même année 1846, l'Italien Ascanio Sobrero, intéressé par ces propriétés inflammables de la nitrocellulose, traita du **glycérol**, sous-produit de la fabrication des savons et bougies, avec des **acides sulfurique et nitrique** à température ambiante et obtint du trinitrate de glycéryl, plus connu sous le nom de **nitroglycérine**. La préparation du produit impliquait une réaction dangereuse, fortement exothermique, et le produit lui-même était très dangereux, puisque susceptible d'exploser lors d'un choc. En 1862, le Suédois Alfred Nobel inventa un moyen de production industrielle, par adsorption de la nitroglycérine sur des bâtons de silice poreuse ; il réalisa ainsi la **dynamite** (→).

Produit de la chimie organique, la nitroglycérine trouva plus tard une place dans la pharmacopée comme **préventif des douleurs cardiaques.**

Soude (extraction de la)

An., Égypte, vers le XVIe siècle av. J.-C. ; Leblanc, 1789 ; Davy, 1807.

La Révolution industrielle accrut la demande de nombreuses substances chimiques, dont la soude. Métal gris, la soude était déjà, en effet, nécessaire à la fabrication de produits tels que les **savons durs** et **certains papiers**, à des procédés tels que la **mercerisation**, ainsi qu'à toutes les opérations de **déshydratation**. La forme la plus courante de la soude est son composé banal, le **chlorure de sodium** ou sel. L'extraction de la soude, elle, est plus complexe.

■ Dès le XVIe siècle avant notre ère, les Égyptiens, qui avaient beaucoup perfectionné la technique du verre, se servaient de **carbonate de soude** natif, c'est-à-dire de ce que l'on appelle un **alkali** (d'un nom arabe, la soude et la potasse ayant d'abord été fabriquées dans les pays arabes). Les Égyptiens, puis d'autres peuples du Proche et du Moyen-Orient apprirent aussi à extraire la soude des cendres de végétaux, qu'ils lavaient au tamis ; une fois que l'eau s'était évaporée, par exposition au soleil ou chauffage, il restait de la soude. En 1807, le célèbre chimiste anglais sir Humphry Davy réalisa pour la première fois l'extraction de la soude (impure) par **électrolyse**, et ce fut lui le premier qui reconnut que c'était un métal. Son procédé fut amélioré et commercialisé par l'Américain Hamilton Young Castner. En 1789, le Français Nicolas Leblanc avait inventé un autre procédé ; il consistait à malaxer le chlorure de sodium avec de la **litharge** ou de la **chaux**, pour obtenir une pâte humide qu'on laissait mûrir ; après quelques jours, la soude apparaissait en surface, par efflorescence ; restait à la recueillir.

■ Un autre procédé consistait à chauffer le chlorure de sodium sur une sole, dans un four, en présence d'**acide sulfurique** ; on obtenait alors du **sulfate de soude**, cependant que les vapeurs d'acide chlorhydrique étaient évacuées. Dans un deuxième temps, on chauffait le sulfate de soude avec de la craie, du charbon ou de la litharge, et l'on obtenait une cendre noire composée essentiellement de **carbonate de soude** et de **sulfure de calcium** ; il suffisait de dissoudre le carbonate de soude dans l'eau, puis de procéder à sa cristallisation pour l'obtenir enfin sous forme commerciale. C'était là une méthode simple, qui connut une grande extension, mais qui était coûteuse, parce qu'il fallait se servir d'acide sulfurique, qui était alors cher. Le procédé Leblanc comportait en outre deux grands inconvénients. Le premier était la dissémination des **vapeurs d'acide chlorhydrique** dans l'air, qui posa de sérieux problèmes dès que l'on en vint à l'exploitation industrielle ; il fallut alors recourir à des tours de condensation. Le second inconvénient était tout aussi lourd : c'était la **séparation de la soude du sulfate de calcium** ; on commença d'abord par réduire le sulfate en le chauffant en présence de charbon et de limaille de fer, ce qui était cher et pénible pour les ouvriers ; puis, au début du XIXe siècle, on le traita à l'**acide carbonique**, ce qui aboutissait à la production d'**hydrogène sulfuré** et, en dernier lieu, à celle d'**acide sulfurique**, opération rentable, vu le prix de cet acide. (→)

Théorie atomique

Dalton, 1803.

On a coutume de rappeler que la notion d'**atome** (du grec *a-tomein*, c'est-à-dire « insécable ») remonte au philosophe grec du Vᵉ siècle avant notre ère, Leucippe, qui la transmit à son disciple, Démocrite d'Abdère, et qu'elle connut le succès, puisque Épicure et ses disciples la perpétuèrent aux IVᵉ et IIIᵉ siècles. Lucrèce, poète et philosophe romain, la reprend encore au Iᵉʳ siècle avant J.-C. On pourrait donc soutenir qu'elle n'a pas de père unique, qu'elle est diffuse dans les cultures et que ce n'est pas une invention à proprement parler. Mais ce serait là négliger le fait qu'en dépit de son succès la notion d'atome était métaphysique, puisqu'elle ne reposait sur aucune observation scientifique. Même quand, au XVIIᵉ siècle, l'Anglais Robert Hooke la reprend et l'organise et quand il conjecture, avec une prescience étonnante, que les propriétés de la matière doivent être envisagées en termes de mouvements et de collisions d'atomes, ce n'est encore qu'une théorie. Pareillement, même quand l'étrange jésuite, diplomate et savant Ruggero Boscovich postule, au milieu du XVIIIᵉ siècle, que les atomes doivent être considérés, non comme de petites boules rondes, mais comme des centres de force, préfigurant de manière troublante les découvertes du XXᵉ siècle, ce n'est encore qu'une intuition, à coup sûr géniale.

■ Personne n'a aucune idée, par exemple, du nombre d'atomes qu'il y a dans un milligramme de matière donnée, ce qui est pourtant l'un des éléments essentiels à la vérification de la théorie. Mais, soudain, tout va très vite. En 1792, l'Anglais John Dalton, physicien et chimiste hors série (il avait été professeur à l'âge de douze ans !), publie un traité de météorologie, celle-ci étant son champ d'investigations scientifiques favori. Curieusement, c'est après la publication qu'il est amené à réfléchir à une théorie, énoncée par Newton, pour expliquer certains phénomènes relevés dans l'étude des gaz : c'est qu'un fluide étant constitué de particules, sa densité est proportionnelle à sa pression, car la force de répulsion qui s'exerce entre les particules est proportionnelle à la distance entre eux des centres des particules. Appliquée à l'air, cette théorie était difficile à développer, l'air étant un mélange de gaz, ce que Newton n'avait pas su. Mais Dalton contourne la difficulté, en supposant que la répulsion ne s'exerce qu'entre les atomes d'un même gaz.

■ En 1803, un confrère de Dalton, William Henry, découvre qu'il existe, cette fois, un rapport entre la pression à laquelle un gaz est soumis et sa solubilité dans l'eau. La découverte frappe Dalton, qui s'attaque à la tâche suivante : l'établissement du rapport qui existe entre les distances séparant les particules d'un gaz à l'état naturel et d'un gaz en solution. Dalton eut l'intuition que ce rapport devait varier selon le gaz, mais il ne pouvait savoir qu'il existe également un rapport entre la densité et la composition atomique ; néanmoins, le 6 septembre 1803, il commença à formuler une première table de nombres proportionnels. Deux ans plus tard, ayant inventé un système de notation et déterminé les rapports poids-volume de différents gaz, Dalton avait établi les nombres proportionnels de particules par gaz. Il fondait ainsi les bases scientifiques de la **théorie atomique**. Son œuvre fut prolongée dans l'immédiat par Gay-Lussac, puis par Alexander von Humboldt, par l'Italien Amedeo Avogadro et par André Marie Ampère. Les deux découvertes les plus importantes réalisées par ces grands savants furent, en 1808, celle de la loi selon laquelle les gaz se combinent entre eux selon des rapports volumétriques simples, trouvée par Gay-Lussac, et celle du rapport fixe entre la densité d'un gaz et le nombre de molécules qu'il contient dans un volume déterminé, trouvée par Avogadro.

■ Dès lors, l'analyse chimique des corps allait reposer sur des bases numériques précises.

Dalton fut le premier à décrire l'incapacité congénitale de distinguer certaines couleurs, connue depuis sous le nom de daltonisme, pour la bonne raison que lui-même et son frère en étaient affectés.

---

communication, culture & médias

De la plus haute antiquité jusqu'à la fin du XIXe siècle, la communication entre les humains, ciment des sociétés, ne connaît en fait que deux grands événements, l'avènement de l'imprimerie à caractères mobiles, d'ailleurs empruntée à la Chine et mise en forme par le génie laborieux de Gutenberg, et celui de l'électricité. La première permit de diffuser le savoir, et la seconde de le répandre à grande vitesse.

Dès l'apparition de l'imprimerie moderne, le savoir, autrefois ésotérique, se démocratise. Mais ce n'est qu'au XIXe siècle, pourtant, que la presse offrira enfin un miroir constant des sociétés. Il avait, en effet, fallu trois siècles pour que l'alphabétisation créât un public pour la presse. Se démocratisant, le savoir fructifie aussi. N'importe qui peut acheter pour quelques pièces un manuel de chimie ou d'électricité.

Celle-ci semble d'abord ne bénéficier justement qu'à la presse ; en fait, l'échange quasi instantané d'information d'un bout à l'autre d'un pays, puis d'un pays et bientôt d'un continent à l'autre, modifie la perception du monde. Le phénomène est d'abord imperceptible, puis il s'impose comme l'un des traits dominants des temps modernes. Le Russe ou l'Anglais, bientôt l'Africain ou l'Américain y perdent leur statut d'étrangers. Une conscience embryonnaire et combien fragile de l'unité de la race humaine point dans les ténèbres.

Les pays s'urbanisent, le crime s'y répand et perd alors son caractère exceptionnel. La police entre dans la vie quotidienne. C'est ainsi que naît le roman policier et que Poe invente le premier détective de fiction, le chevalier Dupin, ancêtre direct de Sherlock Holmes et d'Hercule Poirot. Les propriétaires de journaux, eux, veulent augmenter leurs tirages. Rien de tel pour faire acheter le numéro du lendemain que d'y offrir la suite d'un roman, de préférence un roman d'action et d'aventures. Le roman-feuilleton est né.

De même que la photo capte l'événement, le phonographe capte la voix humaine. L'humanité s'habitue à voir et à entendre des défunts et, paradoxalement, la notion de l'éternité s'affadit. Le flux de la communication lentement finit par imposer le sentiment des savoirs transitoires.

Agence de presse

Havas, 1835 ; Reuter, 1851 ; collectif, 1861.

C'est en 1835 que le Français Charles Havas crée la première agence de presse, **organisme chargé de diffuser les informations aux journaux sur la base d'un contrat d'abonnement.** Par ses rapports étroits avec les milieux gouvernementaux, l'agence Havas dispose alors d'informations privilégiées. L'avènement du **télégraphe** quelques années plus tard (voir p. 82) lui permet de poster des correspondants à l'étranger, qui économiseront aux journaux abonnés les frais d'entretien de bureaux ou d'envoi de correspondants particuliers. En 1851, l'Allemand Paul Julius, baron von Reuter, qui, deux ans auparavant, avait mis en place avec succès une ligne de communications par **pigeons voyageurs** entre le terminal télégraphique d'Aix-la-Chapelle, en Allemagne, et celui de Verviers, à la frontière franco-belge, eut l'idée d'ouvrir une agence de transmission télégraphique à Londres (il avait envisagé de s'installer à Paris, mais la présence d'Havas l'en avait dissuadé). Alors naturalisé anglais, il limita ses activités à la transmission de dépêches de caractère commercial, notamment de dépêches transatlantiques, qu'il réexpédiait ensuite en Grande-Bretagne ou sur le continent par pigeons voyageurs. L'agence Reuter ne commença à devenir une agence de presse qu'en 1858, quand elle retransmit le compte rendu d'un important discours de Napoléon III.

Dès 1848, plusieurs journaux américains partageaient les frais de transmission télégraphique des dépêches. Six d'entre eux s'organisèrent en 1861 pour fonder l'Associated Press, dont les correspondants les tinrent informés du déroulement de la guerre civile ou guerre de Sécession (1861-1865). Ce n'est toutefois qu'en 1893 que l'A.P. acquit son statut d'agence non commerciale.

Alphabet pour aveugles

Haüy, 1793 ; Braille, 1825 ; Lucas, 1837.

Le premier qui conçut l'idée d'une **écriture en relief pour aveugles** fut le calligraphe parisien Valentin Haüy, qui réalisa en 1793 un caractère italique simplifié, imprimé en relief, à l'intention des aveugles de l'institution qu'il avait fondée en 1785. Le succès en fut mitigé. L'Anglais T.M. Lucas en reprit l'idée en s'inspirant de la sténographie (voir p. 81) ; il créa un **alphabet de symboles phonétiques** en relief avec lesquels il publia en 1837 une transcription du Nouveau Testament. Son compatriote James H. Frere améliora considérablement le procédé en inventant le système de la ligne en retour, qui fait que les signes d'un texte se suivent de droite à gauche puis de gauche à droite, afin que le doigt ne perde pas son repère. Élève de l'institut Haüy pour les jeunes aveugles, Louis Braille avait seize ans lorsqu'il imagina, en 1825, un système entièrement nouveau permettant aux aveugles, non seulement de lire, mais également d'écrire. Il dérivait de l'« écriture de nuit » en signes de douze points, élaborée par l'artilleur Charles Barbier pendant les guerres de l'Empire, puis simplifiée et remplacée par des signes de six points. Le système Braille ne fut adopté qu'après 1850, et se généralisa au lendemain du Congrès international de 1878 à Paris.

L'intérêt du système Braille, dont chaque combinaison de points (de 1 à 6) constitue un signe, est la commodité de rédaction ; il s'écrit, en effet, avec un simple poinçon, à défaut d'une machine. Il permet donc à des aveugles de correspondre entre eux. Au XXe siècle, l'encombrement des volumes imprimés en Braille a suscité la mise au point de machines électroniques capables de stocker des textes longs dans un petit volume et de les transcrire pour le lecteur sur une plage tactile qui se déroule au fur et à mesure.

Cahier

An., Rome, vers le Ier siècle.

La disposition d'un texte sur les deux faces d'une surface souple, découpée en feuilles égales pliées en deux et cousues au milieu, c'est-à-dire le cahier, ou **codex,** est une innovation qui a permis l'expansion du **livre.** Jusqu'alors, les textes avaient été gravés sur l'argile, le métal, ou bien écrits sur des **rouleaux** de matériaux divers, essentiellement les peaux d'animaux, mais aussi le cuivre et le papyrus, utilisables sur une seule face. Cette innovation, presque une invention, qu'est le cahier semble être apparue à Rome au Ier siècle de notre ère ; son auteur est inconnu. Le premier cahier connu remonte en tout cas à cette époque ; c'est un fragment de livre en latin sur les guerres de Macédoine. Il semble probable que l'invention du cahier ait été facilitée par la diffusion du **parchemin,** consistant en peaux de moutons, de veaux, de chèvres, utilisables sur les deux faces et non plus sur une seule ; cela permettait donc d'introduire le **recto-verso** et éliminait l'usage du rouleau. Le parchemin fut inventé vers le IIe siècle avant notre ère à Pergame, en Turquie et, au Ier siècle, sa technique de fabrication, surtout aux stades du tannage, du polissage et du blanchissage, ainsi que de la stabilisation par extension sur cadres, fut assez perfectionnée pour lui valoir un succès croissant en Méditerranée, donc à Rome aussi bien. L'invention ultérieure du **vélin,** fabriqué avec des peaux d'animaux jeunes, plus fines, devait par la suite accroître le succès du parchemin. Il imposa progressivement l'adoption du cahier, qui, pour la première fois, permit d'emporter plusieurs livres en voyage et de les lire commodément.

Les peaux préparées sous forme de parchemin, puis de vélin, avaient toutes à peu près la même dimension. Selon le format que l'on désirait donner au livre, on les pliait en deux, **in quarto**, ou en huit, **in octavo**, parfois en seize, **in sedicesimo**, désignations qui ont été conservées jusqu'à nos jours.

Cinéma

Plateau, Stämpfer, 1832 ; Janssen, 1874 ; Marey, 1882 ; Edison, 1891 ; Lumière, 1895.

Comme de nombreuses autres inventions, celle du cinéma s'effectua par étapes, sur la base lointaine du **taumatrope,** disque de carton sur lequel sont reproduites deux images différentes, et que conçut en 1827 le physiologiste anglais Paris. Sur une face, par exemple, était représenté un foyer, sur l'autre une flamme, et la persistance rétinienne faisait que la rotation rapide du disque sur un axe diamétral donnait l'impression de voir danser la flamme dans le foyer. L'idée en est reprise ou redécouverte en 1832 par le Belge Joseph Plateau, qui réalise un disque percé de fentes sur sa circonférence et qui porte sur une face des images représentant un mouvement quelconque décomposé, par exemple une fillette sautant à la corde ; le disque est placé devant un miroir et, en le faisant tourner sur son axe, on peut observer par les fentes qui défilent la reconstitution du mouvement, quasiment en continu. Plateau appelle son disque **phénakistiscope,** tandis que l'Autrichien Stämpfer, qui l'invente la même année, l'appelle **stroboscope**. En réalité, ce principe, qui connaîtra plusieurs réalisations et variantes et qui s'appellera, selon l'inventeur, **pharmatrope** (Henry Renno Heyl), **zoescope** (Horner), **praxinoscope** (Émile Reynaud), n'avancera vers le cinéma tel qu'on le connaît que grâce à deux inventions, le **revolver photographique**, dû au Français Jules Janssen en 1874, et le **kinétoscope** de l'Américain Thomas Edison, qui date de 1891. Le premier permit pour la première fois d'obtenir un grand nombre d'images successives d'un même objet en mouvement ; ce fut la planète Vénus passant devant le Soleil, dont Janssen obtint quarante-huit images en 72 s, ce qui était remarquable. Le second présentait pour la première fois un défilement d'images successives sur une bande de celluloïd, grâce, il faut le dire, à la mise au point de Reynaud. Les kinétoscopes de foire réalisés par Edison connurent un succès durable, puisqu'ils seront encore en service bien après que le cinéma proprement dit aura apparu, jusqu'en 1909.

■ Mais le cinéma tel que nous le connaissons à peu près ne naquit que lorsque les frères Georges et Louis Lumière intégrèrent les inventions de leurs prédécesseurs et surtout réussirent à assurer, grâce à des **perforations** dans la pellicule, dans laquelle s'engageaient des roues dentées, un déroulement régulier de la bande de celluloïd porteuse des images. Sa naissance « officielle » eut lieu lors d'une projection, le 22 mars 1895, au Grand Café du boulevard des Capucines, à Paris.

Les kinétoscopes d'Edison comprirent assez vite un accompagnement sonore, qui a fait dire avec un peu d'emphase que le cinéma parlant existait en fait depuis 1895. En 1899, le Français Auguste Baron reprit l'idée et la présenta à l'Académie des sciences ; dans les deux cas, le son ne consistait qu'en un disque joué par un phonographe synchronisé et diffusait surtout... de la musique.

Le principe de la piste sonore du cinéma parlant fut inventé en 1900 par le Russe Joseph Poliakoff ; il s'agissait d'une piste à lecture optique par cellule au sélénium, fort en avance sur son temps.

Crayon

An., vers 1300 ; an., avant 1565 ; Faber, vers 1760 ; Conté, 1795.

L'usage de mines sèches susceptibles de laisser une trace sur le papier fut d'abord réservé au dessin ; il semble remonter au début du XIVe siècle, en Europe, ou l'on utilisait des **mines d'argent** ou de **plomb** tenues dans une gaine. Au XVe siècle, on a recours à des **terres argileuses** finement broyées, mélangées à des **pigments,** puis pressées en bâtonnets pour le dessin **(sanguines),** qui étendent l'emploi des mines sèches. Le premier témoignage sur l'usage de mines de plomb enrobées dans un **étui de bois** et correspondant à la conception moderne du crayon est donné en 1565 par le Suisse Conrad Gesner, qui n'en est pas l'inventeur (cela aurait pu être, en 1504, l'Anglais William Lee). En effet, Gesner ne semble pas sûr de la composition de la mine — sans doute était-elle à base d'**antimoine.** L'utilisation de mines sèches à dessin se généralise toutefois dans ces années-là, après la découverte de la mine de **graphite** par Borrowdale, en Angleterre. Au fur et à mesure que la mine s'épuisait, l'on cherchait toutefois des équivalents au graphite. C'est alors qu'apparut l'usage du **fusain,** réalisé à partir de tiges de fusain carbonisées — étant ligneuses, elles présentaient une tenue satisfaisante à la pression. À partir de 1760, les Faber, de Nuremberg, commercialisèrent de véritables crayons dont la mine était fabriquée à l'aide de graphite pulvérisé et incorporé à une pâte constituée d'éléments divers. L'inventeur du crayon moderne tel que nous le connaissons fut cependant le Français Nicolas Jacques Conté, qui réalisa des **mines sèches artificielles** selon le procédé encore en usage, à l'aide de graphite et d'argiles fines dosées en fonction du résultat recherché.

La **fabrication mécanique** des crayons fut inventée vers 1822 par les Américains S. Mordan et J.I. Hawkins (dix ans après que leur compatriote William Monroe eut affranchi les États-Unis de l'importation de crayons européens), mais elle ne fut brevetée qu'en 1877 par Alonzo T. Cross.

L'invention du crayon (mot dérivé de « craie ») modifia considérablement les beaux-arts qui, jusqu'alors, ne connaissaient que le dessin à la plume ou à la pointe d'argent. Le trait devint plus libre et plus souple.

Édition

An., Rome, vers le Ier siècle av. J.-C.

La **reproduction de livres** est de loin antérieure à l'invention de l'**imprimerie à caractères mobiles** (voir p. 73). Elle a probablement été pratiquée dès le IIIe ou le IIe millénaire avant notre ère, au Proche et au Moyen-Orient, mais elle se différenciait de l'édition au sens moderne du terme par le fait que les ouvrages copiés n'étaient pas vendus ; les copies, de textes religieux ou politiques, n'étaient faites que pour en éviter la destruction par le temps et elles constituaient un privilège des castes dirigeantes.

■ C'est à Rome, au Ier siècle avant J.-C., selon toute vraisemblance, qu'apparaît l'**édition commerciale.** Les auteurs déposaient chez un **copiste** l'original d'un texte, qui était copié en plusieurs exemplaires et vendu à n'importe quel client qui en faisait la demande (les ouvrages coûtaient relativement cher, étant donné que les copies se faisaient sur **parchemin,** matériau coûteux — voir p. 74). Le copiste versait ensuite des **droits** à l'auteur, et c'est bien là le principe de l'édition commerciale telle qu'elle existe aujourd'hui. Après la chute de l'Empire romain, la pratique de la copie passe aux monastères, mais elle redevient du coup non commerciale, ou d'un commerce restreint.

C'est la création des **universités,** à partir du XIIe siècle en Europe, qui restaure la profession d'éditeur — on dit alors **stationnaire.** L'imprimerie à caractères mobiles lui donna évidemment une impulsion considérable.

On peut considérer que l'édition moderne a été créée par le **Copyright Act** britannique de 1709, qui protégeait les droits des auteurs pendant vingt et un ans, permettait aux éditeurs de republier un texte après ce délai sans payer de droits, mais surtout assurait aux auteurs un **droit de suite,** et donc des revenus stables, proportionnels aux ventes.

Encyclopédie

Varron, vers 47 av. J.-C. ; Pline l'Ancien, vers 17 ; Panckoucke, 1780.

La notion d'encyclopédie remonte aux premiers projets de **classification rationnelle du savoir ;** par son étymologie même, **en kyklos paideia,** c'est-à-dire instruction — **paideia** — par système complet ou circulaire — **en kyklos** —, elle est le fait des Grecs dans les quatre siècles environ antérieurs à notre ère. Démocrite, Platon, Speusippe, les Sophistes, Aristote et d'autres auraient écrit des encyclopédies, qui ne nous sont pas parvenues. Ces ouvrages comportaient apparemment une part importante de considérations philosophiques, ces auteurs ne concevant le savoir qu'à l'intérieur d'un système philosophique d'interprétation du monde.

Les premiers qui aient conçu l'encyclopédie comme une compilation de connaissances à la fois multidisciplinaire et non philosophique, au sens moderne, ont été les Romains, ce qui correspond d'ailleurs au sens pratique qui était le leur. Et le premier parmi les Romains qui se soit engagé dans la rédaction d'une encyclopédie ne fut nul autre que le plus illustre de tous les lettrés d'alors, Marc Térence Varron (Marcus Terentius Varro), selon Quintilien « le plus instruit de tous les Romains », auteur de non moins de six cent quarante ouvrages. Les fragments qui nous en sont parvenus indiquent que les **Antiquités des choses humaines,** les **Antiquités des choses divines,** les **Disciplines, De la chose rustique** et **Sur le langage latin** étaient de véritables encyclopédies thématiques au sens moderne du terme ; les deux premières étaient des encyclopédies historiques ; les neuf livres des *Disciplines* traitaient de **grammaire,** de **logique,** de **rhétorique,** d'**arithmétique,** de **géométrie,** d'**astronomie,** de **musique,** de **médecine** et d'**architecture** (selon les domaines des neuf muses), les deux dernières étant des encyclopédies d'**agriculture** et d'**étymologie.** On sait que les *Antiquités* furent dédiées à Jules César en 47 avant J.-C., et que celui-ci pardonna à Varron un pamphlet pourtant virulent que le lettré avait publié contre lui. On suppose que le reste de l'œuvre fut achevé six ou sept ans plus tard.

■ Le successeur direct de Varron fut, vers l'an 17, Pline l'Ancien, dont l'**Histoire naturelle,** qui comportait trente-sept livres et deux mille quatre cent quatre-vingt-treize chapitres, abordait des sujets négligés par Varron, comme l'organisation même du savoir ou **épistémologie,** la **cosmographie,** la **météorologie,** la **géographie,** l'**anthropologie,** la **physiologie,** la **zoologie,** la **pharmacie** et la **minéralogie.** Si Varron est bien l'inventeur de la formule encyclopédique, Pline l'Ancien est celui qui lui a conféré son ampleur moderne.

■ Il faut ensuite attendre Isidore de Séville pour renouer avec le principe encyclopédique, perdu par saint Augustin et saint Jérôme dans une réinterprétation du savoir selon la philosophie chrétienne. C'est au début du VIIe siècle qu'Isidore de Séville ranime la tradition de Varron et de Pline l'Ancien. Dès lors, et sauf rechutes éventuelles dans des systèmes d'interprétation philosophiques ou confessionnels, les encyclopédies se multiplient, du **Didascalion** d'Hugues de Saint-Victor, vers 1100, qui enrichit la thématique en usage de chapitres sur le **tissage,** l'**armement,** la **navigation,** la **chasse** et même le **théâtre,** et aborde les méthodes d'exégèse et la magie, aux cinq mille vingt volumes préparés pour l'empereur chinois K'ang-hsi (Kangxi) en 1722 par une armée de lettrés. La simple énumération et description de ces ouvrages occuperait plusieurs dizaines de pages.

■ L'ancêtre rapproché des encyclopédies contemporaines est indéniablement l'*Encyclopédie* de Jean Le Rond d'Alembert, Jean-Paul de Gua de Malves et Denis Diderot, ainsi que de Jean-Jacques Rousseau, François Marie Voltaire, Charles de Montesquieu, Claude Adrien Helvétius, l'abbé de Prades et d'autres. Commencée en 1743 comme traduction de la *Cyclopædia* de l'Anglais Ephraïm Chambers, elle devint rapidement l'événement majeur du siècle des Lumières qui jeta les bases de la Révolution américaine et puis de la Révolution française. Achevés de publier seulement en 1772, ses vingt-huit volumes représentaient la première collection de connaissances à la fois factuelles et interprétatives des temps modernes ; se refusant à la fiction métaphysique de l'objectivité absolue, assumant par là même le caractère interprétatif intrinsèque de tout exposé de savoir, ses auteurs inauguraient la méthode critique qui, depuis lors, imprègne toute culture scientifique.

On sait les difficultés que les jésuites et la police firent à l'entreprise, « coupable » de laïciser intégralement le savoir et de le soustraire à l'emprise préétablie de la philosophie. De fait, les encyclopédistes ne consacrèrent aucun article à la philosophie, mais en traitèrent sous des rubriques correspondant aux écoles de philosophie, ce qui annulait d'emblée le rôle transcendant de la philosophie dans l'interprétation des connaissances et préfigurait l'avènement de l'**épistémologie moderne.**

■ Quoiqu'ils n'aient évidemment pas inventé, mais réformé magistralement la formule de l'encyclopédie inventée par Varron, les encyclopédistes sont inséparables de toute histoire des encyclopédies. Il n'en reste pas moins que, personnage clé, mais esprit mineur, Charles Joseph Panckoucke, qui obtint en 1780 le privilège de publier en fascicules l'édition revue et augmenté de l'*Encyclopédie*, inventa, de manière formelle, l'**encyclopédie thématique.** En effet, il divisa les quarante-quatre parties de l'ouvrage en cinquante et un **dictionnaires** distincts totalisant cent quarante-quatre volumes. Il inaugurait ainsi la formule du dictionnaire moderne et de la publication par fascicules. Autre innovation : le **« vocabulaire universel »** ajouté par Panckoucke, qui constituait en fait le premier **index référencé** de tous les termes utilisés dans l'encyclopédie. L'ouvrage ne fut achevé qu'en 1832.

Impression en couleurs

An., Chine, vers le IXe siècle ; Gutenberg, 1437 ; Schoiffer, 1457 ; Le Blon, 1719 ; Senefelder, vers 1818 ; Baxter, 1834 ; an., vers 1850.

L'origine de l'impression en couleurs est obscure et, à en juger par des **cartes à jouer** imprimées en plusieurs couleurs et datant du IXe siècle, cette technique aurait pris naissance en Chine. On ignore exactement quel en était le procédé et l'on suppose qu'il consista à appliquer des encres de couleurs différentes sur un même bloc de **bois gravé,** qu'il suffisait de passer ensuite à la presse. Ce fut sans doute celui qu'adopta Gutenberg pour obtenir des lettrines imprimées en rouge dans la Bible « de 42 lignes », le premier livre imprimé avec des caractères mobiles (certaines autres lettrines étant par ailleurs colorées à la main). Par la suite, les imprimeurs de Mayence produisirent des livres avec des lettrines en deux couleurs, et les grandes lettrines du psautier imprimé en 1457 par Peter Schoiffer comportent des arrangements complexes de rouge et de bleu dont le secret fut percé en 1830 par l'Anglais sir William Congreve : la lettrine était constituée de deux éléments de bois ou de métal, s'emboîtant à la manière d'un puzzle, que l'on encrait séparément, puis que l'on rajustait soigneusement. Ce fut le procédé que reprit en 1486 le célèbre maître imprimeur anglais de Saint Albans, qui produisait des blasons imprimés en quatre couleurs, bleu, rouge et brun, le jaune étant singulièrement appliqué au pinceau.

■ Au début du XVIe siècle, une technique de **gravure sur bois** dérivée de la précédente et connue sous le nom de **chiaroscuro** fit son apparition, on ne sait si ce fut en Allemagne ou en Italie d'abord, et le nom de son inventeur en est inconnu ; elle consistait à réaliser une gravure à traits forts, dont les différents espaces étaient différemment coloriés, le trait noir opérant un cloisonnement entre les couleurs et rattrapant donc les éventuelles bavures. Parallèlement apparut la technique du **pochoir,** utilisée essentiellement pour la production de cartes à jouer. En 1630, la technique fut étendue à la **taille-douce** (elle ne devait l'être à l'**eau-forte** qu'un siècle environ plus tard). Les résultats dépendaient du talent du graveur. On peut dire qu'aucune invention fondamentale ne s'était cependant produite depuis celle de Schoiffer dans l'impression en couleurs.

■ Mais, en 1719, l'Allemand d'origine française Johann Christoff Le Blon fit breveter un procédé (sans doute inventé auparavant) qui était remarquable par sa préfiguration des théories de l'**optique,** puisqu'il se fondait sur l'utilisation des **couleurs primaires** pour la reconstruction du spectre. Le Blon s'en servit pour la reproduction des chefs-d'œuvre de la peinture.

C'est ainsi qu'il réalisait plusieurs planches d'une même œuvre, en veillant au parfait repérage des quatre couleurs, c'est-à-dire à leur exacte superposition ; chaque planche était travaillée en **mezzo-tinto** en fonction d'une couleur primaire, et la superposition des tirages en bleu, jaune et rouge permettait de reconstituer les couleurs originelles de l'œuvre (en plus d'un tirage au noir). La superposition du bleu et du rouge donnait ainsi du violet ; celle du bleu et du jaune, du vert ; celle du rouge, du jaune et du noir, du brun, etc.

■ L'intensité de chaque couleur au tirage final dépendait de la densité de la trame du mezzo-tinto, les trames serrées produisant des couleurs sombres et les trames légères, l'inverse. Ce procédé, publié en France en 1756, connut un immense succès. Il était fondé sur l'emploi d'**encres transparentes,** seules susceptibles de produire l'effet nécessaire. On notera au passage que cet effet rappelle de très près celui de la **quadrichromie par clichage sur zinc** qui vit le jour au XIXe siècle, la trame quadrillée du mezzo-tinto ressemblant à s'y méprendre à la trame maillée des clichés photographiques.

■ Vers 1818, Aloïs Senefelder étendit le procédé de la tri- ou quadrichromie à la **lithographie,** dont il était l'inventeur (voir p. 76). C'était la naissance de la **chromolithographie.** Certains imprimeurs, tel l'Anglais William Savage, réalisèrent des prouesses de variété, incorporant jusqu'à trente couleurs différentes dans des gravures en taille-douce, en chiaroscuro ou en chromolitho. D'autres, tel l'Anglais George Baxter, combinaient savamment la gravure sur acier pour le trait au noir et la gravure sur bois pour les couleurs.

■ Le développement de la **photo** permit en 1858 d'obtenir mécaniquement la reproduction en couleurs, par la réalisation de clichés sur zinc des quatre planches à tirer en couleurs primaires, chaque cliché étant fait à partir d'un filtre en couleurs de la même image. Le brevet en fut déposé par l'inventeur Louis Ducos du Hauron, en 1858. On notera que le zinc avait déjà été utilisé pour la gravure, la première fois par l'Autrichien Joseph Trentsenky en 1822, et que la **zincographie** avait été commercialisée par l'associé de Senefelder, Knecht, en tant que substitut de la lithographie.

Imprimerie à caractères mobiles

Pi Cheng (Bi Zheng), 1041 ; Coster, 1423 ; Gutenberg, 1439 (?).

Le principe de l'utilisation de caractères mobiles pour l'impression de textes a été inventé en Chine, entre 1041 et 1048, par un dénommé Pi Cheng (Bi Zheng). Ces caractères étaient faits en terre cuite, de manière analogue à celle qu'utilisent les typographes contemporains, puisque l'ensemble d'un texte ainsi composé était enserré dans un cadre de fer. En 1297-1298, Wang Chen (Wang Zhen) perfectionna ce système et réalisa des lettres en bois dur, avec lesquelles il imprima en 1313 son *Traité de l'agriculture.* Il disposait d'un catalogue de 60 000 caractères, qui lui permirent d'imprimer en un mois une centaine d'exemplaires d'une gazette locale.

■ L'invention, qui se répandit dans de vastes territoires asiatiques, parvint sans doute en Europe, soit qu'elle fût décrite par des voyageurs, soit qu'on disposât de caractères chinois en bois, à la faveur d'échanges commerciaux, alors très fréquents. Toujours est-il qu'entre 1423 et 1437 le Hollandais Laurens Janzsoon, plus connu sous le nom de Coster, essaya de l'adapter aux caractères latins. Ceux-ci étant nettement plus petits que les chinois, Coster se heurta à des difficultés qui ne lui permirent pas d'aboutir. Entre-temps, des artisans hollandais et rhénans abandonnèrent les caractères en bois au profit des caractères en métal, utilisés de la façon suivante : des caractères étaient réalisés en relief dans du laiton ou du cuivre, puis appliqués sur une surface de matériau ductile, comme de l'argile ou du plomb chaud, lettre par lettre, pour reconstituer le texte ; enfin, du plomb était fondu sur la matrice ainsi obtenue et prête à l'impression. Le procédé évoque beaucoup le **matriçage** des presses modernes et il eût dû constituer le point de départ de l'imprimerie, à ceci près que ni la profondeur des moules, ni l'alignement des caractères obtenus n'étaient satisfaisants et que chaque matriçage tendait à émousser le caractère original. L'**impression métallographique** fut cependant pratiquée, tant bien que mal, pendant plusieurs années, notamment à Strasbourg.

■ Ce perfectionnement technique servit de point de départ à l'Allemand Johannes Gutenberg, qui eut l'idée d'en revenir aux caractères mobiles par le moyen suivant : les matrices des lettres étaient confectionnées séparément, à partir de modèles de cuivre ou de laiton, pour la fonte de caractères en plomb, également individuels. Ces derniers étaient composés et assemblés sur une planche de bois, puis liés ensemble pour servir à l'impression. Vers 1439, Gutenberg inventa aussi la **presse,** dont il est le créateur original et qui lui permit d'obtenir enfin une impression profonde et régulière de ses planches et textes.

Vers 1475, l'Allemand Peter Schöffer améliora la technique de Gutenberg en mettant au point des matrices d'acier, qui lui permettaient de couler des caractères en cuivre, plus précis, plus réguliers et plus résistants à l'usure.

On suppose que les caractères mobiles chinois auraient pu arriver en Europe avec les troupes mongoles, qui envahirent la Russie en 1240, la Pologne en 1259 et la Hongrie en 1283, mais on n'en a pas de preuve formelle.

Journal

Jules César, 59 av. J.-C. ; an., Angleterre, 1590-1610 ; Verhoeven, 1605 ou 1621.

Les premières gazettes régulières d'informations destinées au public furent créées en 59 avant J.-C., par Jules César, croit-on. Elles consistaient en feuilles manuscrites sur parchemin, copiées en plusieurs exemplaires et affichées sur les principaux édifices de Rome et les principales villes des provinces ; elles s'appelaient *acta diurna,* et rendaient compte des édits, événements, issues de batailles, nominations, jugements, exécutions, nouvelles navales et militaires, naissances, mariages et décès. On en retrouve une forme plus restreinte en Chine, entre 618 et 907 ; il s'agissait d'une gazette de la cour ou **pao** (bao), dûment imprimée à plusieurs dizaines d'exemplaires et publiant les nouvelles officielles ; cette forme de gazette dura jusqu'en 1911. Entre 1590 et 1610 parut à Londres une gazette plus ou moins régulière, de même teneur, le *Mercurius Gallobelgicus,* qui donnait essentiellement des nouvelles du continent. Le *Nieuwe Tijdingen,* lancé, suppose-t-on vers 1605 (mais la plus ancienne copie disponible ne date que de 1621) par le Hollandais Abraham Verhoeven, à Anvers, fut sans doute le premier ancêtre véritable de la presse moderne, à la fois en raison de sa plus grande fréquence et régularité de parution et de la variété de ses informations. Il semble qu'il s'agissait d'une forme améliorée d'une gazette commerciale, *De Courante Bladen,* qui existait antérieurement et qui était publiée à l'intention des marchands d'Anvers et de Venise. Il faut préciser que le prix élevé des premières gazettes fit que pendant longtemps on allait les lire au café ou au cercle, dont elles accroissaient la fréquentation.

Le premier périodique français fut, non pas *La Gazette* de Théophraste Renaudot, parue en 1631, mais *Les Nouvelles ordinaires de divers endroits,* de Louys Vendosme et Jean Martin, qui parut quelques mois plus tôt.

Lanterne magique

Shao Ong, 121 av. J.-C. ; Bate, 1634 ; Faraday, 1836.

La lanterne magique passa longtemps pour une invention des temps modernes, attribuée diversement et retenue sous le nom de **zoétrope**. Son origine est cependant beaucoup plus ancienne, puisque l'on dispose de la description de projections organisées pour son empereur par le Chinois Shao Ong en 121 avant J.-C. Il est même possible que l'invention soit antérieure, comme l'indique la description d'une sorte de **kaléidoscope** en possession d'un autre empereur en 207 avant J.-C. Toujours est-il que la description de l'objet inventé par Shao Ong est celle qui correspond le mieux à notre conception de la lanterne magique. En 1634, l'Anglais John Bate détaille l'instrument dans ses *Mystères de la nature et de l'art,* sans qu'il s'en attribue véritablement l'invention. C'est son compatriote Michael Faraday qui réinvente la lanterne magique deux siècles plus tard, en 1836. Il semble que l'instrument originel ait consisté en figurines de papier découpé montées sur un **carrousel** et défilant devant une chandelle à l'intérieur d'une **chambre noire.**

Linguistique

An., Grèce, Vᵉ siècle av. J.-C. ; Aristote, IVᵉ siècle av. J.-C. ; Dionysus Thrax, Iᵉʳ siècle av. J.-C. ; Apollonius Dyscolus, IIᵉ siècle ; Priscien, Vᵉ siècle ; Jones, 1786 ; Humboldt, 1821 ; Grimm, 1822 ; Saussure, 1879.

La linguistique doit être considérée comme une invention dans la mesure où c'est un outil intellectuel qui a permis d'aborder l'étude des **structures du langage.** Elle a donc présidé aussi bien à l'étude de la **logique** qu'aux efforts de production de **programmes** susceptibles d'apprendre aux ordinateurs à traduire des textes d'un langage dans l'autre et à former des phrases logiques et correctes sur le plan grammatical ; ce dernier aspect de la linguistique, lié à la logique et à l'informatique, est exposé dans le second tome du présent ouvrage.

■ On peut avancer que la linguistique est née au Vᵉ siècle avant notre ère, en Grèce, à la faveur de débats de nature philosophique tendant à établir si le langage est une activité naturelle ou conventionnelle. Dans son fond, ce débat posait une base essentielle de la linguistique, qui en a dominé le développement jusqu'à nos jours. Les **naturalistes** grecs tenaient que les mots sont formés par **onomatopoïèse,** c'est-à-dire qu'ils sont bâtis à l'aide de sons évocateurs. Ainsi, pour nous, en français, de « Maman », « brouhaha » ou « coucou ». Les **conventionnalistes** objectaient que les termes onomatopoïétiques n'étaient pas les mêmes d'une langue à l'autre et qu'on pouvait les supprimer du langage sans affecter la capacité de communication de celui-ci. Un tel débat devait orienter la linguistique vers les **formes des mots** et les **structures grammaticales.**

■ Un siècle plus tard naquit donc un nouveau débat, tendant cette fois à établir si les formes grammaticales sont régulières, ce qui était l'avis des analogistes, ou irrégulières, ce qui était l'avis des anomalistes. Aristote et l'école d'Alexandrie se rangèrent parmi les premiers, les Stoïciens parmi les seconds. Ce deuxième débat orienta la linguistique vers l'étude des principales catégories ou **structures grammaticales,** qui fut le fait des Stoïciens, et celle des principales **structures d'inflexion,** qui fut le fait des Alexandrins, les uns et les autres fondant ainsi la linguistique comparative.

A partir du Iᵉʳ siècle avant J.-C., le débat fut dominé par un ouvrage qui demeura le phare de la linguistique pendant un millier d'années, la *Technê Grammatitê,* grammaire grecque de Dionysus Thrax, un Alexandrin, qui définissait les inflexions des mots grecs. Au IIᵉ siècle, Apollonius Dyscolus compléta en quelque sorte ce classique en ajoutant un traité de syntaxe grecque.

Les structures du grec et du latin étant très voisines, les deux ouvrages connurent un retentissement immense, et servirent, non seulement à enseigner ces langues, mais également à codifier l'usage des langues « vulgaires » ultérieures. A cet égard, on peut avancer que le grammairien Priscien, au Vᵉ siècle, fit œuvre de précurseur, puisqu'il fut à la base de cette utilisation des schémas linguistiques pour l'étude des autres langues.

■ La linguistique moderne, ou **linguistique générale,** ne fut abordée qu'au XVIIIᵉ siècle, quand l'Anglais William Jones, orientaliste, releva les ressemblances frappantes qui existent entre de nombreux mots de sanscrit, langue de l'Inde, et leurs équivalents latins et grecs. Jones formulait ainsi l'hypothèse d'une **source indienne des langages européens,** qui a été depuis lors vérifiée et qui a servi à créer la notion de langues indo-européennes. Ce travail, que Jones avait enrichi de considérations sur de vieilles langues germaniques, le gothique, le haut-allemand ou hochdeutsche et le vieux norse, fut prolongé par celui du Danois Jacob Grimm, qui allait dans le même sens. Ainsi s'imposa l'idée de structures interlinguistiques, puisqu'au latin *pedis* et au grec *podos* correspondait le sanscrit *pados,* trois mots voulant dire « pied ».

■ Des travaux de Jones et de Grimm découla la **loi des dérivés,** selon laquelle les mots se transforment d'une langue à l'autre selon des formes régulières ; du coup, il devenait possible de retrouver le terme originel, au-delà même du sanscrit, c'est-à-dire dans le proto-indo-européen. Le Prussien Wilhelm von Humboldt, en 1821, fit faire des progrès considérables à la linguistique avec l'idée qu'il existe deux formes de langage, l'une « extérieure », constituée de sons, et l'autre « intérieure », constituée de structures grammaticales, qui confèrent un sens spécifique aux sons et différencient donc une langue des autres. Ainsi prenait forme une notion clé de la linguistique moderne, celle de **structuralisme.** Humboldt eut un disciple dont le renom actuel a parfois tendu à l'éclipser, le Suisse Ferdinand de Saussure, qui distingua entre, d'une part, le **système de langage** et la **parole,** et, de l'autre, entre la **forme ou signifiant** et la **substance ou signifié.** La parole apparaissait en quelque sorte comme une forme comportementale du langage, indépendante de la structure de celui-ci.

L'étude de la linguistique a beaucoup influencé la philosophie et la psychologie dès la fin du XIXe siècle. Ses théoriciens se situent à mi-chemin entre les inventeurs et les découvreurs ; ils ont été découvreurs dans la mesure où ils ont mis une loi à jour, mais inventeurs dans celle où ils ont appliqué le structuralisme linguistique à d'autres domaines. Discipline d'abord académique, la linguistique devait par la suite s'affirmer comme un précieux outil technique. L'**exégèse,** la **pédagogie** et en particulier l'enseignement des langues étrangères, la **philologie,** l'**ethnologie,** la **logique,** l'**informatique** ont considérablement bénéficié de cet outil.

Lithographie

Senefelder, 1796.

L'invention de la lithographie participe de la découverte proprement dite et du conte. Son auteur est un dramaturge et acteur né à Prague en 1771 et installé à Munich, Aloïs Senefelder. Étant impécunieux et donc incapable de payer l'impression de ses pièces, il résolut de les imprimer lui-même en les gravant sur cuivre. Toutefois, ce procédé était laborieux, car il impliquait une écriture à l'envers, puis le polissage des plaques déjà utilisées, et il était coûteux, car les plaques de cuivre valaient relativement cher.

Le hasard servit Senefelder en déposant sur sa table une plaque de **pierre de Kelheim,** utilisée pour la préparation de l'encre d'impression, et en faisant que sa mère eût un besoin pressant de faire un compte de blanchisserie. La blanchisseuse attendait, en effet, et Senefelder, n'ayant sous la main ni papier ni crayon, fit le compte sur la pierre de Kelheim. L'encre utilisée était à base de cire, de savon et de noir de fumée. Le compte fait, Senefelder allait effacer les chiffres quand lui vint l'idée d'essayer sur la pierre l'eau-forte qu'il utilisait pour la gravure sur cuivre. Il entoura donc la pierre d'une bordure de cire et la couvrit d'eau-forte diluée, à raison d'une partie d'eau-forte pour dix d'eau pure. Au bout de cinq minutes, il constata que l'eau-forte avait en effet rongé la pierre et fait apparaître les lettres et chiffres dessinés, et protégés par l'encre grasse, avec un léger relief. Il commença donc à encrer le relief avec un tampon d'imprimeur, puis inventa un nouvel outil, fait simplement d'un morceau de planche entouré de linge fin. C'était en 1796 ; Senefelder venait d'inventer un nouveau procédé d'imprimerie.

Par la suite, il apparut que l'humidification des parties creuses constituait une condition fondamentale de la lithographie, puisqu'elle empêchait tout débord de l'encre au passage du tampon ou du rouleau encreur. Ultérieurement encore, Senefelder résolut le problème du tracé : au lieu de le réaliser à l'envers, ce qui était lent et malcommode, il était possible de le faire à l'endroit sur une feuille qui se reportait ensuite intégralement sur la pierre et, moyennant

quelques retouches, pouvait directement servir au **mordançage.**
Le procédé connut un succès international. Il fut introduit à Paris en 1802 par Pierre-Frédéric André. En 1836, l'imprimeur Auguste Dupont découvrit près de Châteauroux une carrière de pierre très voisine de celle sur laquelle Senefelder réalisait ses lithographies et il affranchit ainsi l'art de la lithographie française des coûteuses importations de pierre de Kelheim.

Senefelder devint rapidement un expert en lithographie et contribua à porter cette technique à son point actuel de perfection. Ayant valu à Munich un renom et des bénéfices commerciaux supplémentaires, il fut gratifié en 1801 d'une généreuse pension du roi de Bavière.

Machine à écrire

Progin, 1833.

Il est assez difficile d'établir la paternité absolue de la machine à écrire. En effet, il semble qu'il en ait existé des prototypes, réalisés ou restés à l'état de projet, dès 1710. Cette année-là, un certain Hermant aurait fabriqué une machine « permettant d'écrire vite, en lettres imprimées », et portative. L'abbé d'Olivet, de l'Académie française, la découvrit en 1728 et en informa Bouhier, président à mortier du Parlement de Dijon ; la machine a donc bien existé et il semble qu'elle ait donné satisfaction, mais, comme on n'en possède pas d'exemplaire, la paternité doit rester en suspens. En 1714, l'Anglais Henry Mill se fit accorder par la reine Anne un brevet pour une machine similaire, dont on sait cependant qu'elle ne fut jamais construite.

■ Bien d'autres inventeurs figurent parmi les précurseurs dans ce domaine, von Kraus (1760), L'Hermina, Pingeron, Bramah (1780), Turri (1808), Burt (1829), mais la première machine à écrire fiable dont on ait le témoignage précis, et qui présente à peu près le principe des machines à écrire modernes, est le **ktyptographe** de Xavier Progin, construit en 1833. L'instrument n'eut guère plus de succès que ses prédécesseurs. Il s'agissait d'un appareil à **marteaux indépendants** à l'extrémité desquels étaient fixés les caractères, qui s'encraient sur un tampon. Plusieurs successeurs, M.A. Dujardin (1838), le Russe Jaan Jackson (1840), les Anglais Bain et Wright (1841), Temple (1842), Thurber (1843 et 1845), John Jones (1852), s'efforcèrent en vain de commercialiser une machine à écrire. Ce fut au moins le cinquante-troisième inventeur, l'Américain Latham Sholes, qui réussit à ébaucher un destin commercial à sa version de la machine, le « piano à écrire », qui fut vendu à la firme Remington et exploité sous le nom de Remington Model I. Cette version date de 1867.

La firme Remington construisit 25 000 exemplaires de son Model I, mais n'en vendit que 1 200. L'appareil était aussi très cher (125 dollars, soit 700 francs or de l'époque), très lourd et peu maniable. Les médecins l'accusèrent de donner la phtisie et de provoquer la démence précoce, et la reine Victoria se fâcha quand on lui présenta un document « **chirographié** », car c'était l'équivalent de l'époque pour « dactylographié ». Pendant longtemps, le scripteur ne pouvait voir le texte qu'il tapait. La première machine à texte visible, réalisée en 1890 par l'Américain John N. Williams, fut aussi celle qui rendit l'instrument populaire.
Le premier de tous les écrivains qui remit à son éditeur un manuscrit dactylographié fut l'Américain Mark Twain, qui s'était acheté une Remington et s'en servait fort bien.

La première **machine à écrire électrique** fut réalisée en 1872 par l'Américain Thomas Edison, et les **téléscripteurs** des agences de presse en furent la première application.

Papier

An., Égypte, 3000 av. J.-C. ; Ts'ai Lun (Cai Lun), 105.

L'ancêtre du papier moderne fut le papyrus égyptien, dont les spécimens les plus anciens remontent environ à trente siècles avant notre ère. Le **papyrus,** dont le nom se retrouve, modifié, dans le mot « papier », était réalisé à partir de fibres d'une plante très commune dans la vallée du Nil, que des artisans grattaient, entrecroisaient, pressaient et laissaient sécher. C'est en 105 qu'un membre de la cour impériale de Pékin, Ts'ai Lun (Cai Lun), fabriqua pour la première fois du papier à partir de déchets cellulosiques, notamment des fibres de mûrier, de chanvre... et de vieux chiffons et filets de pêche, mis à macérer dans l'eau, broyés et pressés. L'usage du papier gagna d'abord l'ensemble de la Chine, puis de l'Asie et, de là, le reste du monde civilisé. Au XIVe siècle, il existait des **moulins à papier** dans toute l'Europe.

Jusqu'en 1798, le papier était préparé feuille par feuille et à la forme ; cette année-là, le Français Nicolas Louis Robert inventa le premier procédé de préparation en continu, en se fondant sur le principe du tapis roulant. Mais ce sont les Anglais Henry et Sealy Fourdrinier qui, en 1807, appliquèrent son idée à l'échelle industrielle.

Photogravure

Niepce, 1816.

C'est au cours des recherches qui devaient l'amener à la découverte de la photographie que Nicéphore Niepce inventa la photogravure en 1816. Cette invention était fondée sur les propriétés du **bitume de Judée,** substance qui présente la particularité de durcir à la lumière et de devenir insoluble à l'essence de térébenthine. Traçant donc un dessin sur une plaque de verre et posant celle-ci sur une autre plaque enduite de bitume de Judée, Niepce obtint de la sorte un « **négatif** » de son dessin, les parties exposées à la lumière ayant durci et se dégageant en relief tandis que les autres étaient dissoutes dans l'acide. Cette invention devait donner naissance à l'**héliogravure**, mise au point en 1875 par l'Autrichien Karl Klietsch, qui aboutit au principe de gravure sur métal à partir d'un négatif photographique. La plaque de métal gravée était enduite d'encre et puis essuyée, l'encre demeurée dans les rainures gravures reconstituant le document en positif sur le papier. L'héliogravure inaugure l'ère de la presse illustrée.

Postes

An., IIIe millénaire av. J.-C.

Les premiers systèmes postaux remonteraient à 2000 ans avant notre ère et ils auraient été créés en Égypte ; il semble qu'il se soit agi de circuits de distribution de messages royaux et administratifs exclusivement, par relais. Le même principe se retrouve en Chine un millier d'années plus tard. En tout état de cause, tout pouvoir centralisé devait disposer d'un système d'envoi des ordonnances aux chefs des provinces dans les plus courts délais possibles. Les premiers **relais de poste** dont on ait retrouvé des traces certaines existaient dans la Perse du VIe siècle avant J.-C. ; ils furent décrits de façon admirative par les historiens grecs Hérodote et Xénophon, qui déploraient sans doute que la Grèce antique ne disposât pas d'un système centralisé, bien que les cités-États de l'époque eussent chacune des services de messagers. La naissance de l'Empire romain allait inévitablement entraîner la création

d'un vaste réseau de distribution des documents administratifs, toujours par relais ; cela s'appelait le **cursus publicus**. La rapidité de la distribution ne peut qu'émerveiller l'historien du XXe siècle, les courriers franchissant près de 250 km par étape, ce qui eût permis de nos jours d'expédier une lettre de Paris à Marseille en trois jours... Les courriers circulaient évidemment à cheval.
Le démembrement de l'Empire romain n'entraîna pas celui de son système postal, le plus vaste et le plus régulier du monde antique ; en effet, les successeurs des Romains en saisissaient trop bien les avantages pour en permettre l'effondrement et les réseaux postaux romains survécurent jusqu'au IXe siècle, époque à laquelle le délabrement croissant des réseaux routiers — eux aussi fondés par les Romains — ainsi que la fragmentation politique de l'Europe en amenèrent l'inéluctable déclin. Toutefois, à la même époque, l'absorption des anciennes provinces orientales de l'Empire romain par l'empire islamique préservèrent le *cursus publicus* jusqu'au XVe siècle. Les nécessités du commerce poussèrent toutefois les guildes européennes du Moyen Âge à reconstituer pour leur compte des réseaux privés de courriers et, dès le XIIIe siècle, des réseaux réguliers fonctionnaient entre les grands centres marchands de l'Europe occidentale, par exemple entre les grandes villes d'affaires de l'Italie, Sienne, Florence, Gênes, et les six grands centres de foires de la France de l'Est. Au XIVe siècle, l'importance des postes était si bien reconnue que le roi de Perse accordait le droit de libre passage aux courriers de la République de Venise, par exemple.

■ Réservées en principe aux courriers d'État et commerciaux, les postes ne s'ouvrirent au courrier privé que vers 1550, lorsque le prince Thurn und Taxis, détenteur du monopole des postes impériales, demanda à Charles Quint s'il était autorisé à convoyer aussi des plis de particuliers ; ce fut pratiquement ainsi que se fit l'invention de la poste moderne. L'étape suivante fut l'utilisation des **timbres-poste,** qui mettait les frais de transport à la charge de l'expéditeur, alors qu'ils l'avaient été auparavant à celle du destinataire.
Imprimé en 1834, en Grande-Bretagne, le premier timbre-poste ne fut réalisé que quatre ans plus tard. La France ne l'adopta qu'en 1848, à l'initiative d'Étienne Arago, directeur général des Postes.

La première **carte postale préaffranchie,** qui offrait le plus faible tarif d'affranchissement — ce qui n'a guère changé —, fut inventée en Autriche en 1869, par Emmanuel Herrman. Le premier timbre dentelé parut en 1854 en Grande-Bretagne, aux fins de faciliter le détachement des unités, que l'on coupait jusqu'alors aux ciseaux. Le **premier courrier aérien** fut créé en 1913, entre Paris et Bordeaux, mais il n'était qu'expérimental et ne devint régulier qu'en 1933.

Publicité

An., Grèce, 3000 av. J.-C.

La **diffusion d'informations de caractère commercial** a quelque cinquante siècles au moins. Le premier témoignage que l'on en ait est celui d'une annonce offrant une récompense à quiconque permettrait de retrouver un esclave enfui ; elle remonte à 3000 avant notre ère et a été découverte à Thèbes. Les rues des cités romaines et orientales abondaient en enseignes vantant les produits de boutiques. Par ailleurs, les crieurs publics constituaient les hérauts d'une publicité parlée pour barbiers, cordonniers, et autres professions. La presse imprimée devint rapidement un support de publicité écrite ; dès 1652, les *Mercures* britanniques comportent de la publicité pour des cafés. En 1758, l'écrivain et mémorialiste britannique Samuel Johnson écrivait : « Les réclames sont si nombreuses maintenant qu'elles sont très négligemment considérées et qu'il devient donc nécessaire, pour capter l'attention, de faire des promesses magnifiques... » Ce n'est qu'après la Seconde Guerre mondiale que le terme de **réclame** fit place à celui de **publicité**.

Roman-feuilleton

Girardin, 1845.

L'apparition du roman-feuilleton est un phénomène socioculturel majeur, dont dérive la production littéraire dite actuellement « grand public » ou populaire, comprenant aussi bien le roman d'aventures sans ambitions moralisatrices que les grandes fresques littéraires socio-historiques. Son origine est souvent méconnue ; elle tient à la volonté du gouvernement de la Restauration de restreindre le **pouvoir de la presse**. A cette fin, il fut interdit de vendre les journaux au numéro. On ne pouvait avoir accès à une publication que si l'on y était abonné ou bien que si on allait la lire au club ou au café, ce qui pouvait exiger que l'on y attendît de longs moments que le prédécesseur eût fini sa lecture. Un abonnement coûtait en moyenne 80 F par an, somme relativement élevée. Pour contourner les dispositions de police en question et augmenter tout de même son tirage, Émile de Girardin, propriétaire de *La Presse*, réduisit de moitié le prix de l'abonnement et introduisit la pratique du roman divisé en **livraisons**. Cette innovation technique modifia le genre littéraire, l'écrivain visant alors à tenir son lecteur en haleine jusqu'au lendemain ; elle marque le début de l'anxiété littéraire, définie plus tard en anglais et dans le cinéma sous le nom de **suspense.** Cette pratique fit aussi la fortune de nombreux écrivains : les droits de Lamartine, notamment pour la publication de l'*Histoire des Girondins,* se montèrent à la somme, inouïe pour l'époque, de 5 millions de francs, soit près de 7 milliards de centimes 1988. Alexandre Dumas se vit garantir par ses contrats avec *Le Constitutionnel* et *La Presse* un revenu annuel minimal de 63 000 F et, rien qu'en acompte pour *Les Mystères de Paris,* Eugène Sue obtint 100 000 F, ce qui représentait le prix d'un immeuble de rapport de cinq étages.

Ce n'est qu'au terme des délibérations parlementaires qui durèrent de 1878 à 1881 que la presse conquit enfin le droit au **colportage,** c'est-à-dire à la vente dans la rue et les kiosques de gare, et, de ce fait, à la vente au numéro, qui avait auparavant été soumise à l'arbitraire des préfets. Cette liberté stimula d'autant la pratique du roman-feuilleton.

Roman policier

Poe, 1841.

Le roman policier est le seul genre littéraire comportant des règles spécifiques qui ait été créé dans les temps modernes. Son succès est rapidement devenu international. Tous les historiens s'accordent à désigner l'écrivain américain Edgar Allan Poe comme son inventeur. En effet, le premier de tous les romans policiers, *Les Meurtres dans la rue Morgue,* paru en 1841 dans le *Graham's Magazine* de Philadelphie, fixe la première règle du genre, qui est de poser une énigme policière et de la résoudre au cours du récit par l'**enquête** et la **déduction**. Tout un genre littéraire allait s'en inspirer, d'Agatha Christie à Georges Simenon.

On trouve les prémices du roman policier dans quelques contes des *Mille et Une Nuits,* ainsi que dans le chapitre célèbre du *Zadig* de Voltaire où un philosophe décrit un cheval et un chien perdus qu'il n'a jamais vus. Mais Poe reste le fondateur du roman policier, car trois autres récits, *Le Scarabée d'or, Le Mystère de Marie Rogêt* et *La Lettre volée,* reflètent l'intention de constituer un genre spécifique. Bien qu'il n'ait jamais utilisé le terme de « **détective** », Poe n'en campa pas moins le premier de tous les détectives, le chevalier C. Auguste Dupin. Le terme de détective fut utilisé d'abord par l'un des plus célèbres disciples de Poe, Charles Dickens.

Sténographie

Xénophon, Ve siècle av. J.-C. ; Tiron, 63 av. J.-C. ; Bright, 1588.

La sténographie, ou « écriture abrégée » (du grec *stenos,* « étroit », et *graphein,* « écriture »), remonte au moins, selon la plupart des indices disponibles, à l'historien grec Xénophon, qui s'en serait servi pour transcrire sur le vif ses entretiens avec Socrate. En 63 avant J.-C., Marcus Tullius Tiron, affranchi de la maison de Cicéron, mit au point le premier système de sténographie codifiée, qui connut une grande diffusion dans l'Empire romain et qui dut être commode, puisqu'il fut utilisé pendant environ dix siècles sans modifications notables. La sténographie s'appelait alors aussi « écriture tironienne ». Thomas Becket, archevêque de Canterbury au XIIe siècle, s'intéressa à nouveau à la sténographie, mais c'est l'Anglais Timothy Bright qui, en 1588, refondit et adapta le premier la sténographie tironienne à une langue moderne, évidemment l'anglais. C'était une écriture longue, cursive. De très nombreux inventeurs ont proposé depuis lors leurs systèmes de sténographie ; les plus célèbres sont l'Anglais Isaac Pitman, l'Irlandais John Robert Gregg, les Allemands Wilhelm Stolze et Ferdinand Schrey, au XIXe siècle, et l'Américaine Emma Dearborn, vers 1925.

Parmi les premiers et les plus illustres sténographes de l'histoire, il faut citer Cicéron lui-même, l'empereur Titus et Jules César.

Stéréotypie

Ged, 1725 ; Hoffmann, 1784 ; Herhan, Didot, Gatteaux, 1793-1797.

La stéréotypie est un procédé d'impression qui permet d'obtenir une page imprimée par l'intermédiaire d'un **moule fondu sur page typographique**, constituée de caractères mobiles. Le moule, réalisé en creux, est positif, mais la page stéréotypique, en relief, est en négatif et permet d'imprimer la page en positif. Ce procédé constitue une étape essentielle de l'évolution qui mène de l'**imprimerie à caractères mobiles** aux **presses rotatives** modernes.

■ Inventée par des artisans imprimeurs rhénans au début du XVe siècle (voir p. 73), la stéréotypie demeura longtemps sans suite du fait de l'imperfection du moulage. Les lenteurs de l'impression typographique devaient lui rendre son actualité au début du XVIIIe siècle. Ces lenteurs sont alors aggravées par des accidents fréquents, dus à la difficulté de maniement des pages montées, qui tombent et se défont, se changeant alors en **pâtés** de caractères qu'il faut recomposer ; de plus, la composition d'ouvrages de plusieurs dizaines ou centaines de pages exige des magasins de caractères très abondants. En 1725, l'Écossais William Ged aborde le problème et réussit à mettre au point la technique esquissée trois siècles plus tôt ; c'est-à-dire qu'il réalise sur les pages composées des **matrices** dans lesquelles il coule un métal en forme de plaque, qui peut servir à l'impression. Les caractères typographiques peuvent alors être rangés sans dégâts, avant même l'impression du livre ; ce procédé présente un avantage supplémentaire, celui de permettre de conserver les plaques stéréotypiques afin de les réutiliser pour une nouvelle impression. Ged tente d'introduire sa technique à Londres, mais l'hostilité des imprimeurs anglais le voue à l'échec. Quand, près d'un demi-siècle plus tard, des compatriotes de Glasgow, Alexander Tilloch et Andrew Foulis, en reprennent l'idée, ils sont contraints de se dissimuler, pour éviter de susciter la colère de leurs confrères. En 1784, l'Allemand Franz Hoffmann s'efforce d'implanter cette technique à Paris et obtient le privilège exclusif de son « art nouveau » d'impression ; ils publient, lui et son fils, à la fin de cette année-là, un *Journal polytype des sciences et des arts,* qui suscite les éloges de Lavoisier, mais soulève la colère des imprimeurs, parisiens cette fois. Ce système permet un gain de temps qui leur porte ombrage et, au lieu d'adopter la stéréotypie, ils s'en débarrassent en faisant abolir le privilège de Hoffmann et en faisant interdire la technique. L'année suivante, toutefois, Joseph Carez, de Toul, obtient du garde des Sceaux l'autorisation de reprendre la stéréotypie, qu'il baptise **homotypie,** et celle-ci commence à s'imposer d'autant plus facilement cette fois-ci que l'on songe à l'utiliser pour la fabrication d'**assignats** et de **billets de loterie** infalsifiables. La technique elle-même n'est pas tout à fait au point, la coulée de métal chaud sur les caractères typographiques ne donnant pas des moules très nets, par suite de la déformation au refroidissement. Entre 1793 et 1797, Louis Étienne Herhan, Firmin Didot et Nicolas Marie Gatteaux, qui finissent par s'associer, mettent au point une méthode de **pressage à froid** de la plaque matrice. Herhan devait, avec un véritable génie, simplifier la stéréotypie en éliminant le stade du recours aux types. Ceux-ci étaient eux-même composés à partir de matrices, et Herhan inventa le procédé qui consistait à utiliser directement ces matrices pour composer les textes et réaliser la fonte de la matrice d'impression ; ainsi, il obtenait des caractères beaucoup plus fins et une impression beaucoup plus nette. Ce procédé, appelé **monotypie,** allait mener à l'invention, en 1896, de la **composeuse-fondeuse** de l'Américain Lanston, capable de fondre des lignes entières qu'il suffisait ensuite de serrer dans un châssis.

Télégraphe

An., Grèce, 1084 av. J.-C. ; an., Grèce, 300 av. J.-C. ; Lesage, 1774 ; Volta, 1777 ; Chappe, 1791 ; Murray, 1795 ; Schilling, 1832 ; Gauss et Weber, 1833 ; Cooke et Wheatstone, 1836 ; Morse, 1837.

Le principe de la **communication signalétique à distance** est beaucoup plus ancien que l'on suppose parfois, et l'on en trouve déjà trace dans le fait que c'est par les signes convenus communiqués par une batterie de feux à très longue distance que la reine Clytemnestre apprit en 1084 avant notre ère la chute de Troie, alors qu'elle se trouvait dans son palais d'Argos, en Grèce, et qu'elle fut informée du retour imminent du roi Agamemnon, son époux. La communication visuelle à distance par signes non alphabétiques était probablement pratiquée auparavant en Asie, en Assyrie, en Égypte, et elle le resta longtemps, puisque les Indiens d'Amérique l'utilisaient encore aux premiers temps de la conquête coloniale du Nouveau Monde.

Le premier système de communication par signes alphabétiques est signalé par l'historien grec Polybe. Inventé au IIIe siècle avant J.-C., il définissait chacune des vingt-quatre lettres de l'alphabet grec par des symboles visibles à grande distance. Les prisonniers du Moyen Âge inventèrent, pour leur part, un système qui préfigurait l'alphabet morse, puisque le codage se fondait sur une grille mentale de vingt-cinq cases divisée en cinq rangées de cinq, comme dans le système décrit par Polybe, mais faisait également intervenir la notion de temps. C'est ainsi que la lettre A, première case de la première rangée, se transmettait par deux coups donnés sur la cloison à intervalle long ; la lettre B, par deux coups rapides suivis d'un troisième après un intervalle également long ; la lettre F, par un coup suivi de deux coups rapides à intervalle long, etc. La première partie de chaque message définissait la place de la lettre et la seconde, la place de la rangée. Plusieurs versions optiques de ce système de transmission semblent avoir été proposées, et quelques-unes installées localement.

■ En 1791, Claude Chappe et son frère aîné font avancer les communications d'un

Poste télégraphique romain
d'après un bas-relief
de la colonne Trajane.

grand pas en inventant la **télégraphie optique** (et le mot même, forgé à partir des racines grecques *têle,* « loin », et *graphein,* « écrire »). La télégraphie optique repose sur un réseau de tours bâties sur des collines, surmontées d'un poteau vertical sur lequel est fixé un bras pivotant en barre de T ; aux extrémités de ce bras, dit régulateur, dont les mouvements sont commandés par des cordes, se trouvent des éléments mobiles aussi, les indicateurs. Il s'ensuit que l'ensemble peut adopter de nombreuses positions, quarante-neuf au total selon le système Chappe, qui constituent autant de signes d'un code. Un réseau de tours fut ainsi installé et démontra l'efficacité du télégraphe optique Chappe, dit aussi **sémaphore**. Cent vingt tours dressées entre Paris et Toulon, par exemple, permettaient d'expédier un message de cinquante signaux en un peu moins d'une heure, soit près de cent fois plus vite que les courriers les plus rapides. Le système connut un très grand succès et fut adopté jusqu'en Inde et en Égypte. En 1794, le télégraphe Chappe eut son heure de gloire quand il annonça les victoires françaises sur les Autrichiens, au Quesnoy et à Condé-sur-Escaut. Il fut modifié et amélioré par l'Anglais George Murray en 1795, pour le compte de l'Amirauté britannique ; consistant en un panneau d'affichage à six volets pivotants, il comportait la possibilité de recourir à soixante-quatre signes. Il connut aussi un certain succès aux États-Unis.

■ Parallèlement, le principe de la **télécommunication électrique** suivait aussi son chemin. Dès 1727, on trouve les traces d'essais, évidemment infructueux, pour utiliser le courant électrique afin de transmettre des **impulsions codées.** On ne savait cependant pas à l'époque isoler les fils électriques, et les courants les plus forts dont on pût disposer étaient, au terme de parcours de quelques centaines de mètres, tellement affaiblis qu'il fallait des **amplificateurs** à l'arrivée pour qu'on pût capter l'impulsion ; or, on ne savait pas non plus à l'époque réaliser de tels accessoires. En 1753 paraît cependant en Écosse un article signé des seules initiales C.M., qui eut un remarquable retentissement ; il proposait de construire un système de transmission constitué de vingt-cinq lignes électriques indépendantes, chacune correspondant à une lettre de l'alphabet ; le signal électrique envoyé donnerait une impulsion à un corps très léger, tel qu'une balle de sureau. On ne sait à ce jour qui fut ce mystérieux inventeur, dont l'idée fut cependant appliquée pour la première fois dès 1774 par le Suisse Georges Louis Lesage. On peut donc dire, d'un strict point de vue historique, que le premier télégraphe électrique fut réalisé par Lesage.

■ En 1777, l'Italien Alessandro Volta propose d'utiliser sa découverte, la pile voltaïque, qui assurait enfin une source fiable de courant, pour installer une ligne télégraphique soutenue par des poteaux, entre Milan et Côme. Chappe, qui n'avait pas encore mis au point son télégraphe optique, conçut l'idée remarquable, reprise par la suite, de synchroniser deux mouvements d'horlogerie aux deux extrémités d'un circuit : il suggéra que l'aiguille indiquât les chiffres qui désigneraient des lettres selon un code. Assez bizarrement, Chappe n'envisagea pas un système beaucoup plus simple, qui eût été que le cadran fût simplement gravé de vingt-cinq lettres... Mais, de toute façon, il se découragea et en revint au télégraphe optique. Son idée, qui devait être reprise après modifications par plus d'un inventeur, fut réalisée pour la première fois à Hammersmith, en Angleterre, où l'on mit en fonctionnement un télégraphe électrique Chappe ; là, un disque tournant, ne comportant qu'une seule fenêtre, révélait à chaque impulsion une lettre ou un chiffre sur un cadran inscrit donc de trente-cinq signes. En 1810, l'Anglais Coxe et, l'année suivante, l'Allemand Samuel Thomas de Soemmering imaginèrent de se passer des boules de sureau de Lesage en se servant d'un **voltmètre** qui indiquerait simplement les différences de potentiel sur chacune des vingt-cinq lignes du télégraphe Lesage.

■ En 1820, André Marie Ampère préconise d'utiliser l'**effet Œrsted,** découvert l'année précédente, c'est-à-dire la déviation d'une aiguille aimantée sous l'action du courant électrique, de la manière suivante : chaque fil placé au-dessus d'une aiguille aimantée ferait tourner celle-ci sur un cadran en fonction de la différence de potentiel. De grands progrès sont réalisés d'abord en 1825, avec la possibilité d'augmenter l'intensité des champs magnétiques par l'inclusion de barres de fer doux dans les bobinages, puis, en 1829, avec la découverte des lois gouvernant le dessin des bobinages et des voltages appliqués pour obtenir des effets maximaux, par l'Américain Joseph Henry. En 1831, ce dernier réussit à faire pivoter un aimant à distance — 1,6 km — et à faire sonner une cloche. En 1832, le baron russe Schilling applique le premier l'idée d'Ampère et relie par un **télégraphe à aiguilles aimantées** le palais d'Été du tsar, à Saint-Pétersbourg, au palais d'Hiver. En 1833, les Allemands Carl Friedrich Gauss et Wilhelm Eduard Weber construisent un télégraphe à deux fils de cuivre entre deux points situés cette fois-ci à 2,3 km et sur lequel est installé un système nouveau : un **galvanoscope à miroir.** L'aiguille du galvanoscope, qui réagit aux différences d'intensité, est équipée d'un petit miroir qui, observé à distance, permet de détecter la moindre variation angulaire de l'aiguille ; cette dernière peut varier de cinq degrés à droite et d'autant à gauche, et les combinaisons de variations servent de base à un code alphabétique.

■ En 1836, retour aux fils multiples avec les Anglais William Fothergill Cooke et Charles Wheatstone, qui imaginent un cadran à cinq aiguilles aimantées, une par fil (le sixième fil servant de fil de retour commun aux cinq autres). En 1845, ils simplifient le cadran, qui ne comporte plus qu'une aiguille. Ce système de **télégraphie à aiguilles** sera utilisé en Grande-Bretagne pour les instructions aux conducteurs de tramway, d'abord sur la ligne Paddington-West Drayton. En 1837, l'Allemand Carl August Steinheil, dont le nom est aussi passé à la postérité en raison d'inventions de **photométrie** et d'**optique**, imagine de faire transcrire des signes correspondant à des lettres sur une bande de papier et invente donc le premier **téléscripteur.** En l'expérimentant, il découvre que la terre est un conducteur et que cela permet de se passer du **fil de retour**. La découverte de la transmission électrique par un seul fil va considérablement simplifier la construction des télégraphes. La même année, l'Américain Samuel F.B. Morse, approfondissant la découverte de son compatriote Henry, invente un **électro-aimant** fiable, qu'il fait breveter et invente également le **code morse,** après avoir caressé un moment l'idée d'un système d'assemblement de caractères typographiques. Sans réduire le mérite de Morse, on peut dire qu'il n'a, en fait, inventé que le code qui porte son nom, l'électro-aimant procédant de la découverte de Henry, et la transmission par un seul fil étant le fait de Steinheil. Mais c'est Morse qui, de tous ceux qui avaient jus-

Chappe faisant l'expérience du premier **télégraphe** aérien devant les notables de Paris le 2 mars 1791.

qu'alors travaillé sur le télégraphe, à l'exception de Chappe, sut le mieux exploiter ses brevets. En 1843, il fit construire la **première ligne télégraphique** entre Baltimore et Washington, c'est-à-dire sur 60 km, et, dès lors, ses réseaux télégraphiques proliférèrent, donnant naissance en 1856 à la Western Union Telegraph Company, qui existe toujours. Il faut observer toutefois que le système morse était le plus simple de tous, puisque le code ne consistait qu'en deux types de signaux, un court et un long, que l'on pouvait combiner à l'infini, et que son équipement d'émission et de réception était aussi le plus simple de tous.

■ En 1845, on posa le **premier câble sous-marin** du monde entre New York et Fort Lee et, en 1851, eut lieu la première liaison internationale entre Londres et Paris, grâce à un câble immergé et isolé à la gutta-percha. Il n'y avait alors qu'un an que la France avait enfin adopté le télégraphe électrique, et encore avait-elle préféré un système à aiguille, le Foy-Bréguet, bien moins pratique que le morse. Le télégraphe venait de réaliser un grand chapitre des communications. Le suivant devait être celui de la télégraphie sans fil, dont les débuts se confondent avec ceux de la radio.

■ Dès la découverte de l'**induction électromagnétique** par Michael Faraday, en 1831, plusieurs savants entrevoient la possibilité de communication par ondes électriques sans fil conducteur entre deux points distants. Les notions sur ces ondes étaient imprécises ; l'Anglais James Clerk Maxwell les clarifie et les ordonne en 1865 grâce à sa théorie sur les ondes électromagnétiques, postulant qu'il existe des ondes électromagnétiques de fréquences différentes. Ce n'était qu'une théorie, qui mit longtemps à s'imposer à une époque où l'on était pourtant déjà très friand d'explications rationnelles. Elle ne fut vérifiée qu'en 1885, quand l'Allemand Heinrich Hertz construisit un petit appareil très simple, constitué de deux boules de cuivre fixées au bout de tiges, qu'il chargea les boules, distantes de quelques millimètres, d'électricité et fit jaillir une étincelle entre elles ; c'était bien la preuve que « quelque chose » passait et que ce quelque chose avait toutes les chances d'être des ondes électriques. Deux ans plus tard, Hertz recommença l'expérience avec ce qu'il avait appelé un **éclateur,** mais en installant cette fois-ci un cerceau de laiton à quelques mètres de là. Dans le cerveau existait une coupure de quelques dixièmes de millimètre, où Hertz constata qu'il recevait les étincelles produites par l'éclateur. On peut dire que ce furent là à la fois la vérification de la théorie de Maxwell et la première liaison par **ondes hertziennes.** Une onde émise en un point avait été reçue en un autre. C'est l'Italien Guglielmo Marconi qui prit la succession de ces recherches avec le plus de continuité. Ses efforts furent considérablement facilités par trois précurseurs : Édouard Branly, qui inventa en 1890 le **tube à limaille,** ou **cohéreur,** qui permettait de capter les ondes électromagnétiques de manière plus régulière que le résonateur à cerceau ; l'Anglais Oliver Lodge, qui avait imaginé le premier dispositif de télécommunication sans fil ; le Russe Alexandre Stepanovich Popov, qui avait réussi en rade de Cronstadt les premières expériences de télégraphie sans fil entre les vaisseaux de la flotte impériale et la terre. En 1899, Marconi réalisait la première liaison télégraphique internationale, entre Wimereux et Douvres.

L'invention de la télégraphie apparaît donc, non comme le coup de génie soudain d'un Morse ou d'un Marconi, mais comme une succession d'étapes modestes s'étendant sur au moins un siècle, chacune étant assurée par un inventeur soutenu par les travaux de ses prédécesseurs. C'est l'une des plus caractéristiques de l'histoire des inventions.

Une place doit être réservée dans l'histoire de la télégraphie au Français Guillaume Amontons, qui imagina d'observer à l'aide d'une longue-vue des lettres fixées aux ailes d'un moulin ; c'était à la fin du XVIIe siècle, et Amontons — qui était sourd — réalisa effectivement une communication fondée sur ce principe, entre Meudon et Belleville. On estime généralement que c'est de l'idée d'Amontons que Chappe s'inspira. C'est la Convention qui eut le mérite d'établir, en 1794, un an après que Chappe lui eut soumis son idée, la ligne télégraphique Paris-Lille, sur laquelle les messages voyageaient à 200 km/h.

énergie & mécanique

La mécanique était là, c'est la technique qui n'a pas suivi, est-on tenté de conclure après l'étude des grandes inventions qui ont fleuri dans les domaines jumeaux de l'énergie et de la mécanique. Les Grecs et les Chinois ont été de prodigieux mécaniciens, et ce n'est pas sans quelque étonnement que l'on découvre qu'il existait dans le monde antique des pompes à incendie, à attelage animal, bien sûr, comportant cylindre et piston. Et l'alésage ? Eh bien, il se faisait, tant bien que mal, et plutôt bien. Les automatismes, les régulateurs, la transmission par chaîne, le cardan, la translation du mouvement circulaire en mouvement rectiligne, la démultiplication, tout cela, observe-t-on aussi, est très ancien et le plus souvent anonyme ou d'origine douteuse. Les inventions, comme les œuvres d'art, ne commencent à être régulièrement signées qu'à partir de la Renaissance.

On pourrait, pour expliquer ce mystère, c'est-à-dire l'immense retard qui sépare la mécanique de son émanation, la technologie, arguer du retard avec lequel l'énergie de la vapeur fut enfin maîtrisée. Mais ce serait là déplacer l'énigme, car Héron d'Alexandrie avait montré, dès le Ier siècle, que l'énergie pouvait être tirée de la vapeur.

La réponse semble fournie par la philosophie : c'est seulement après la Renaissance que l'être humain cessa, en quelque sorte, d'être le rentier de la Terre. De même qu'il lui avait fallu des centaines de milliers d'années pour passer du nomadisme, de la chasse et de la cueillette à la sédentarisation, à l'agriculture et à l'élevage, il lui fallut un peu moins de deux millénaires pour passer des utilisations faciles de l'énergie, notamment le moulin à vent et à eau et la propulsion par voile, à la maîtrise de l'énergie. Tout alors survint d'un coup ; quelques dizaines d'années à peine séparent la maîtrise de la vapeur de celle de l'électricité. Lors de la Révolution industrielle, l'humanité atteignait enfin l'âge de raison et réinventait, sans le savoir le plus souvent, les antiques merveilles du génie mécanique humain.

Automatismes

Archytas de Tarente, vers 350 av. J.-C. ; Philon d'Athènes, vers 250 av. J.-C. ; Héron d'Alexandrie, Ier siècle av. J.-C. ; Vaucanson, 1738.

La première forme d'automatisme, entendu au sens moderne du terme, apparaît très tôt dans l'Histoire, avec l'oiseau artificiel et volant du Grec Archytas de Tarente, vers le milieu du IVe siècle avant notre ère ; il s'agissait vraisemblablement d'un oiseau de bois léger fixé à un fil à l'extrémité d'un bras de bois également léger ; doté d'ailes articulées, le dispositif devait donner l'illusion du vol lorsqu'un jet de vapeur était dirigé vers lui. C'est le premier essai connu de **reconstitution mécanique d'un mouvement biologique.** Un siècle plus tard, Philon d'Athènes aurait réalisé les premiers automates proprement dits, tels qu'une statue d'esclave versant du vin. Ses appareils fonctionnaient sans doute grâce à un système de **circuits hydrauliques** et de **contrepoids** actionnant des **leviers** et ils étaient conçus selon un même principe : la **pression de l'eau** ou de la **vapeur** soulevait un **flotteur** auquel était attaché un levier. Une gamme de variations dépendant de l'ingéniosité du constructeur permettait de décomposer les gestes à volonté. On en trouve un exemple dans une description de la **clepsydre** par Philon d'Athènes ; celle-ci consistait en gros en trois vases de cuivre emboîtés et communiquant par des tuyaux, qui échangent de l'eau en continu par le système suivant : quand l'eau atteint un certain niveau dans l'un, un clapet en arrête l'écoulement et l'eau s'écoule alors dans un autre vase ; destiné à une clepsydre artistique, ce mécanisme représente le premier exemple connu de **régulation automatique par rétroaction,** ou **feedback.**

■ Un autre exemple de rétroaction, au moins aussi étonnant pour l'époque, aurait été fourni par une réalisation chinoise que l'on désignera ici sous le nom complexe de **Chariot du sage qui indique le sud.** Il s'agit d'un chariot véritable, de 3,30 m de long et 2,85 m de large, comportant en son centre des **engrenages différentiels** et surmonté d'une statue dont le bras tendu désigne toujours le sud. La statue représente un sage. Quels que soient l'orientation du chariot et les détours successifs qu'il emprunte, le bras reste invariablement pointé dans la même direction. Cet engin prodigieux aurait été construit sur l'ordre du maître ou duc de Chou (Zhou), au début du Ier millénaire avant notre ère, afin de ramener sains et saufs dans un temps minimal des envoyés lointains, qui eussent autrement risqué de s'égarer.

■ Cet engin pose deux questions fondamentales : la première porte sur le mécanisme qui assurait le prodige, et qui n'était pas un aimant ; la seconde, sur la date de sa fabrication. Le mécanisme a été reconstitué, hypothétiquement, car on n'en possède pas de description technique d'époque, mais seulement une description écrite, assez vague. Son réalisateur moderne est G. Lanchester, et l'engin est actuellement exposé au musée de la Science de Londres. Le mécanisme consiste en roues dentées de diamètres différents constituant un **train d'engrenages** capable, tout comme dans une auto contemporaine, de transmettre à un **arbre rotatif** la somme ou la différence de deux autres mouvements ; dans une auto, le **différentiel** permet à une roue extérieure de prendre dans un virage une vitesse supérieure à celle de la roue intérieure. Dans le chariot chinois, le train d'engrenages aurait été suffisamment précis pour transmettre exactement à l'arbre portant la statue la différence des mouvements relatifs des roues à chaque virage et lui permettre de corriger en conséquence son angle relatif. L'invention est plausible ; les Grecs ont également inventé le train d'engrenages différentiels (voir p. 98) au Ier siècle avant J.-C.

■ Toutefois, et bien que son authenticité soit couverte par l'autorité du spécialiste de la technologie chinoise, Joseph Needham, l'invention fait problème, non parce qu'il y aurait lieu de mettre en doute l'ingéniosité des inventeurs chinois — l'un d'eux, au moins, mit au point le **cardan** (voir p. 93), prouesse non moins étonnante et celle-là absolument certaine —, mais pour la raison suivante : elle suppose un niveau de connaissances mathématiques et technologiques totalement prodigieux, sinon improbable, pour le début du Ier millénaire avant J.-C. Needham lui-même, d'ailleurs, met cette date en doute et ne retient comme certaine que celle du IIIe siècle, époque à laquelle une autre référence attribue l'invention du chariot à un ingénieur remarquable, Ma Chün. Pour fonctionner correctement, le différentiel du chariot ne devait pas tolérer des erreurs de plus de 1 %, ce qui semble peu compatible avec l'état de la métallurgie chinoise il y a 3000 ans. En revanche, on voit mal pourquoi, au IIIe siècle, alors que la **boussole** existait déjà depuis deux siècles (voir p. 152), un ingénieur, aussi doué fût-il, se serait lancé dans une entreprise aussi redoutable que celle d'un différentiel qui, s'il s'usait, risquait d'égarer les envoyés du duc de Chou (Zhou).

■ Ce chariot a suscité de nombreux commentaires, qui ne témoignent pas tous de la prudence désirable dans une histoire de la technologie. Ses tenants évoquent la description qui nous est parvenue d'un autre engin mobile, un bateau, construit sous la dynastie Chin (Jin ; 265-420), sans plus de précision ; il naviguait pour le plaisir de la cour sur un lac voisin des palais impériaux et portait également un personnage au bras tendu dans une direction. Needham admet que ce personnage aurait pu être orienté par un aimant, mais suppose un peu hardiment que, si le bateau avait été mû par des **roues à aubes** (voir p. 196), il aurait également pu comporter un différentiel. Il est cependant difficile d'imaginer un différentiel de ce niveau de précision entre deux roues à aubes.

Reste enfin l'hypothèse que les Chinois aient découvert le différentiel par l'entremise des Grecs et qu'ils l'aient adapté à un mécanisme en apparence mystérieux et d'inspiration philosophique, comme c'est le cas de plusieurs de leurs inventions. Leur génie technologique a laissé suffisamment de preuves pour que la question du *Chariot du sage qui indique le sud* reste ouverte jusqu'à plus ample informé. Ce sage fut indéniablement un automate énigmatique, qu'il ait dû son orientation à un aimant ou bien à un différentiel.

■ Toujours est-il que la production d'**automates** connaît, du Ier au XIXe siècle, un succès croissant, surtout auprès des monarques, tel l'empereur Théophile de Byzance (qui régna de 829 à 842), dont le trône était orné de lions mécaniques qui agitaient la tête en rugissant, tandis que des oiseaux également mécaniques pépiaient... L'un des plus célèbres de ces automates est la *Nef de Charles V*, conservée au musée de Cluny, à Paris, et qui est une horloge en forme de bateau, mettant en action des **orgues** miniatures quand sonne l'heure, tandis que des musiciens jouent de leurs instruments, que des marins s'affairent et que des courtisans présentent leurs respects au monarque, qui hoche du chef.

■ Héron d'Alexandrie signale une pièce crantée qui est alors en forme de cylindre, et dont chaque crantage engendre un mouvement différent de la pièce, en l'occurrence une **roue dentée,** à laquelle elle est reliée ; c'est en fait l'**arbre à cames** moderne, qui entra certainement dans la structure de nombreux automates et surtout d'automates du haut Moyen Âge et des siècles ultérieurs. C'est presque certainement l'arbre à cames qui inspira au moine Gerbert (v. *Horloges*) le principe de l'**échappement**, qu'il fut le premier à adapter à l'horlogerie. L'arbre à cames fut particulièrement développé au XVIIIe siècle par Jacques de Vaucanson, qui en fit le concurrent de la **carte perforée** : cette pièce devint un cylindre hérissé de picots disposés à des emplacements et hauteurs prédéterminés, de façon à enclencher à certains moments des rouages et des leviers pour obtenir des mouvements précis. C'est ainsi qu'il réalisa en 1738 un chef-d'œuvre célèbre, le *Joueur de flûte traversière*, capable de jouer douze airs différents. Inventée en 1725 par Bouchon (voir *Métier à tisser*), la carte perforée fut d'ailleurs elle-même reprise et perfectionnée en 1745 par le même Vaucanson, pour la commande des **métiers à tisser**. Dès lors, l'embranchement industriel des automates était né. En 1789, l'Anglais James Watt allait breveter, de façon totalement indépendante, une des créations précieuses de Vaucanson et de ses prédécesseurs, le **régulateur centrifuge,** consistant en une masse fixée à un bras articulé qui tournait par couplage avec l'axe d'un moteur (une **machine à vapeur**).

L'accélération de la machine entraînait celle de la rotation de la masse, qui était alors déviée de son plan originel de rotation par la **force centrifuge,** contrôlant ainsi la pression du bras articulé sur la valve d'admission de la vapeur ; cela tendait donc à ralentir le régime du moteur et le maintenait dans des limites déterminées. Ce fut le premier exemple de **rétroaction négative** vérifiée. Les automates avaient alors donné naissance à l'automatisme, ancêtre de l'**informatique.**

Bélier hydraulique

Montgolfier, 1796.

A la fois **machine élévatoire** et **pompe** d'un type extrêmement original, ne nécessitant que l'énergie d'une chute d'eau et n'imposant pratiquement pas d'entretien, le bélier hydraulique fut inventé en 1796 par l'un des deux frères créateurs de l'aérostat qui porte leur nom, Joseph Montgolfier. Le principe en est le suivant : l'eau qui tombe est dirigée dans une canalisation qui comporte une première soupape ou valve d'impulsion A. Puis elle suit son parcours jusqu'à un coude ascendant de la canalisation, qui comporte une deuxième soupape B ; celle-ci débouche sur un réservoir étanche doté à sa base d'une ouverture débouchant sur une autre canalisation, également coudée et dont la partie ascendante mène à un deuxième réservoir beaucoup plus haut que le niveau d'amont de la chute d'eau. Lorsque l'eau tombe dans la première canalisation, la soupape A est ouverte ; l'eau remonte vers la soupape B, selon le principe des vases communicants, et la ferme par sa poussée, parce qu'elle a comprimé l'air qui est au sommet du réservoir. La vitesse du liquide et sa poussée s'accroissent alors rapidement et ferment brusquement la soupape A. Ce même accroissement de poussée force la soupape B à se rouvrir, augmentant du coup la pression de l'air, qui expédie une partie de l'eau du premier réservoir vers le réservoir de stockage, puis referme la soupape B. Entre-temps, la soupape A s'est rouverte et le cycle recommence.

Le bélier hydraulique, ainsi nommé en raison du « coup de bélier » et du choc de la soupape B lorsqu'elle se ferme, peut fonctionner avec une chute d'eau d'un minimum de 1 m et élever l'eau jusqu'à 100 m. Peu souvent cité dans les histoires des techniques, il fut réintroduit avec succès en France durant la Seconde Guerre mondiale en raison des pénuries d'énergies, notamment pour l'irrigation de terres agricoles.

Bélier hydraulique

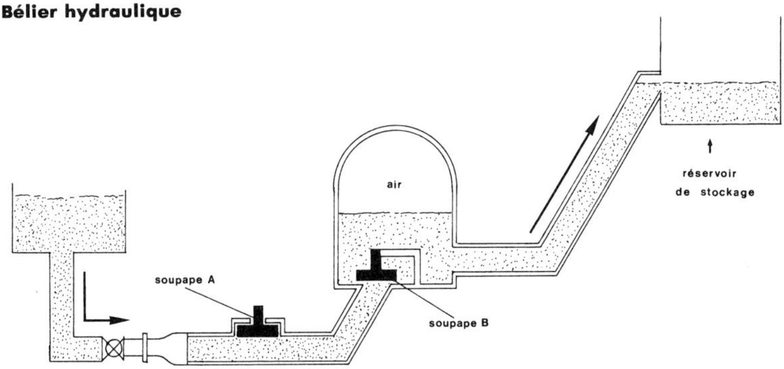

Bielle-manivelle (système)

Héron d'Alexandrie (?), Ier siècle av. J.-C. ; an., Chine, Ier siècle av. J.-C. ; Watt, 1779-1781 ; Washbrough, 1779 ; Pickard, 1780.

Le système bielle-manivelle est une des inventions fondamentales de la mécanique ; il est, en effet, indispensable à la **translation d'un mouvement rectiligne en mouvement circulaire** et il a régi l'exploitation et le développement des **machines à vapeur**, entre autres. On appelle **manivelle** une pièce constituée d'un bras perpendiculaire à un arbre, auquel elle peut imprimer un mouvement de rotation, et on appelle **bielle** une barre rigide munie à ses deux extrémités d'articulations dites **têtes de bielle**, à l'aide desquelles elle met en communication deux organes mécaniques, par exemple l'extrémité d'un piston et la manivelle qui transmet le mouvement à une roue.

■ L'origine de l'invention, car cela en est bien une, est discutée. Héron d'Alexandrie, au Ier siècle avant notre ère, parle d'une poignée, ou **cheirolabe**, qui sert à faire tourner un arbre, mais il n'est pas du tout prouvé que ce soit bien une manivelle. La bielle, en revanche, est présente, au moins dans son principe, dans la **pompe aspirante et foulante** de Ctésibios (voir p. 122), ainsi que dans l'**orgue** de ce dernier (voir p. 229), seulement dans son principe, car elle ne comporte qu'une tête, du moins le suppose-t-on ; elle est donc utilisée comme un **levier** autant que comme une bielle. Le spécialiste des ingénieurs de l'Antiquité, Bertrand Gille, estime que « les Grecs n'ont pas connu le système bielle-manivelle », bien qu'il ait publié une reconstitution du **baroulkos** (voir p. 96) qui comporte distinctement une manivelle.

■ Ce point est d'autant plus troublant qu'il semble bien que la **vis d'Archimède**, qui remonte au IIIe siècle avant J.-C., ait bien été actionnée par une manivelle (voir p. 96). Ayant connu à la fois la bielle et la manivelle, Héron d'Alexandrie, pas plus que les ingénieurs de son époque, n'a donc songé à les accoupler. Sans doute le besoin ne s'en faisait-il pas sentir.

■ Il en alla autrement en Chine. La manivelle y était connue depuis le Ier siècle avant J.-C., comme l'atteste de façon certaine une sculpture en terre cuite du début de la dynastie Han, reproduite par Robert K.G. Temple dans son ouvrage sur la science chinoise antique. L'invention fut probablement antérieure à la réalisation de cette sculpture (ce qui confirme la possibilité que Héron d'Alexandrie ait pu en avoir connaissance par l'intermédiaire de voyageurs, à supposer que ce ne fût pas par les successeurs d'Archimède). En 530, en tout cas, un ingénieur chinois, malheureusement inconnu, a, le premier, réalisé l'assemblage de la bielle et de la manivelle pour l'exploitation d'une énergie, en l'occurrence l'énergie hydraulique ; en témoigne la description d'un **moteur hydraulique à piston** comportant le système bielle-manivelle.

■ L'invention passe mystérieusement au purgatoire, fût-ce dans l'exploitation des énergies naturelles. Le seul dérivé intéressant de la manivelle qui apparaisse par la suite, en Europe, est le **vilebrequin**, inclus, par exemple, dans le projet de **bateau à hélices** mû par manivelles de Guido di Vigevano, au XIIe siècle, et qui préfigure l'**arbre à cames**. En réalité, tout se passe comme si le système bielle-manivelle n'avait jamais été inventé.

■ Tout d'un coup, au XVIIIe siècle et en l'espace de deux ans, ce système est redécouvert par plusieurs hommes. La cause de ce réveil est évidente : l'**avènement de la vapeur**. C'est James Watt qui, le premier, le réinvente ; il imagine dès 1769 d'utiliser deux machines à simple effet qui actionneraient une même roue par le relais de deux manivelles agissant alternativement ; c'est la **machine à double effet** (voir p. 107). Celle-ci lui pose le problème de la transformation du mouvement alternatif de la tête du balancier, qui est en quelque sorte une bielle, en mouvement rotatif, et celui de la liaison de la tige du piston à l'autre extrémité du balancier. On ne sait exactement à quel moment Watt réinventa le système bielle-manivelle, mais on sait qu'il en disposait en 1779, car c'est l'année où son compatriote – peu délicat – Matthew Washbrough le fit breveter pour son compte ; or Washbrough en avait eu connaissance par un ouvrier de Watt. En 1780, un autre inventeur, coïncidence frappante, James Pickard, fait également breveter un système bielle-manivelle. N'étant guère homme à se laisser mettre en échec, Watt fait breveter un **système à engrenage épicycloïdal**, le **planétaire**, en fait un système bielle-manivelle conçu pour résoudre le second problème de sa machine à double effet, et qui va le mener au **parallélogramme** qui porte son nom.

Cardan

Fang Feng, vers 140 av. J.-C. ; Cardan, 1550.

Le mécanisme permettant le **déplacement angulaire relatif de deux arbres dont les axes géométriques concourent en un même point**, de sorte qu'il est possible d'effectuer un mouvement dans tous les sens, est la base du **gyroscope** moderne et d'un certain nombre de systèmes de navigation aérienne qui permettent de définir l'angle d'un avion par rapport à l'horizontale ; son nom dérive de celui du savant italien Girolamo Cardano, qui le décrivit en 1550 dans son traité *De subtilitate* ; on lui en a longtemps attribué l'invention. Le **cardan** est toutefois indirectement mentionné dans une scène de séduction de l'*Ode sur les jolies femmes* du Chinois Ssuma Hsiang-ju (Sima Xiangru), sous la forme d'un brûle-parfums dont le modèle, très ancien, est connu : il s'agit d'un emboîtage de plusieurs cercles effectivement unis les uns aux autres par des pivots aux axes géométriques concourants. L'inventeur en aurait été un certain Fang Feng, au IIe siècle avant J.-C. Le cardan est de nouveau mentionné, plus en détail, en 189, dans un autre texte chinois qui précise que le secret de Fang Feng avait été perdu, puis retrouvé plus tard par un certain Ting Huan (Ding Huan) ; à cette date, le cardan ne servait toujours qu'à la confection de brûle-parfums, qu'il permettait de suspendre aux plafonds sans que les courants d'air le missent en danger. Il existe de bonnes raisons de penser que les braseros que l'on offrit en 692 à l'impératrice Wu Hou (Wu Hu), et qui pouvaient être roulés dans tous les sens sans que les braises en fussent renversées, avaient été conçus sur le même principe. C'est l'astronome et mathématicien anglais Robert Hooke qui, au XVIIe siècle, le modifia de manière à réaliser un **joint brisé**, dit aussi **joint universel**.

Ting Huan (Ding Huan), à qui est attribuée la réinvention du cardan, était aussi l'inventeur de la lanterne magique (voir p. 74).

Centrales marémotrices

An., Europe, XIe siècle ; Morice, 1582.

L'avènement du **moulin à eau** en Europe, vers le VIIe siècle (voir p. 111), a sans doute préparé le génie civil à envisager l'utilisation de l'**énergie marémotrice**, par exemple en observant le **mouvement des marées** dans certains chenaux étroits. Au XIe siècle en tout cas, il y eut ce que l'on peut appeler des **moulins marémoteurs** sur les côtes nord de l'Adriatique et sur celles de l'Angleterre au moins. L'exemple fit qu'ils se multiplièrent ensuite sur de nombreuses côtes européennes, en dépit des problèmes que posaient les **hauteurs variables des marées**. En 1582, l'ingénieur allemand Peter Morice (ou Moritz) installa près du pont de Londres un moulin marémoteur qui actionnait une **pompe foulante** ; celle-ci devait être puissante, puisqu'elle alimentait Londres en eau. Ce n'est qu'à la fin du XIXe siècle que l'idée de centrales marémotrices retint à nouveau l'attention des ingénieurs, en raison notamment des grands travaux engagés pour maîtriser le problème des crues dans certains estuaires. On estimait, à la fin des années 1980, que l'idée des centrales marémotrices restait encore largement sous-exploitée.

Centrifugeuse

An., Chine, avant le Xe siècle.

La **séparation de particules de densités différentes** par rotation rapide a été utilisée en Chine d'abord, apparemment, et à une date indéterminée antérieure au Xe siècle. La première centrifugeuse aurait été un baquet de bois à section conique, muni d'un couvercle par lequel passait un axe, portant deux cuillers à son extrémité inférieure et, à son extrémité supérieure, une manivelle qui le faisait tourner. Elle aurait servi à la fabrication de l'huile d'abrasin.

Cycle de Carnot

Carnot, 1824.

L'invention du cycle qui porte son nom par Sadi Carnot est un des événements majeurs de l'histoire à la fois des sciences et des techniques, parce qu'elle fonde une science nouvelle, la **thermodynamique**, qui va profondément influencer la physique et la mécanique. C'est à vingt-huit ans, en 1824, que Carnot, fils d'un ministre de la Guerre de Bonaparte, publie les *Réflexions sur la puissance motrice du feu et les machines propres à développer cette puissance.* Il se propose d'y énoncer une théorie de la **machine à vapeur**. Le prodige de son invention est qu'elle est fondée sur une notion fausse : Carnot, comme ses contemporains, d'ailleurs, se représente la chaleur comme un fluide, le **calorique**, notion qui est un avatar des théories sur le **phlogistique**, dont Lavoisier a pourtant fait justice en 1777, avec la découverte de l'oxygène. La physique ne fait alors que balbutier et la notion d'**agitation des particules** est encore distante de près de trois quarts de siècle (elle n'apparaîtra en fait qu'au début du XXe siècle, quand auront été assimilées les théories de l'Allemand Ludwig Boltzmann). Carnot se représente donc aussi la machine à vapeur comme une sorte de moulin où l'écoulement du calorique entraîne les pièces mobiles. Ce n'est pas la seule fois qu'une idée fausse aboutit à une notion exacte. Carnot déduit de sa construction intellectuelle qu'il y a conservation du calorique tout comme il y a conservation de l'eau dans un moulin, la chaleur passant d'un stade élevé vers un stade inférieur, mais que, pour qu'il y ait travail, il faut interrompre le cycle du calorique. Et c'est sur ces bases qu'il décrit le cycle théorique parfait.

■ Pour comprendre comment fonctionne la machine idéale du cycle de Carnot, il faut préciser quelques notions. La première est que, lorsqu'un piston comprime un gaz dans un cylindre, la température de ce gaz s'élève ; on dit alors que la compression est **adiabatique**. Si le cylindre contient une masse quelconque qui absorbe son excédent de chaleur, sa température ne varie pas et la compression est alors dite **isotherme**. Si le gaz contenu dans le cylindre est isolé et qu'il n'y a donc pas d'échange, positif ou négatif, avec le milieu extérieur, la compression est adiabatique. En compression adiabatique, la pression augmente plus que dans une compression isotherme, du fait que la pression initiale provoque à cause de la chaleur une pression supplémentaire.

■ L'idée de Carnot est que, dans un cylindre en contact avec une source chaude, comme dans le **moteur de Stirling** (voir p. 110), qui naîtra plus tard du cycle de Carnot, il faut distinguer quatre temps. Le premier est celui où le piston A est à l'extrémité de sa course du fait de la détente du gaz ; c'est une détente isotherme puisque la source chaude extérieure compense la déperdition de calories inhérente à la décompression. Dans le deuxième temps, de B à C, la fin de la détente est adiabatique, parce qu'il y a refroidissement du gaz du fait de la décompression. Dans un troisième temps, de C à D, la compression est isotherme et, dans un quatrième temps, de D à A, elle s'achève sur une phase adiabatique. Ce sont les temps de compression qui consomment du travail, les deux temps de détente en fournissant. Or, postule Carnot, il est nécessaire que le travail fourni lors de la phase motrice ne serve pas dans sa totalité à reconstituer les conditions initiales de pression, afin que la seconde compression consomme moins de travail que la détente n'en a fourni. Carnot propose donc de refroidir le gaz à un point donné de la détente, le point B où le volume du gaz a atteint son expansion maximale et fourni le maximum de son travail, et au-delà duquel il est nécessaire que la détente s'achève sur une phase adiabatique. De la sorte, du point C au point D, la compression, qui s'effectuera sur un gaz refroidi, exigera moins de travail. Ce sera donc une compression isotherme. Là, le contact avec la source froide est coupé et il est nécessaire que la compression s'achève sur une phase productrice de chaleur afin de fournir l'énergie au cycle suivant ; cette dernière phase sera donc adiabatique. En fait, Carnot divise compression et détente en deux parties, l'une isotherme et l'autre adiabatique.

■ La leçon de cette démonstration est que, pour obtenir du travail de l'énergie fournie par une source chaude, il est nécessaire de céder une partie de cette énergie à une source froide. L'utilisation de l'énergie ne se fait qu'à la faveur d'un déséquilibre, sans quoi le cycle de l'énergie est entièrement isotherme et clos (c'est ce que l'on désigne sous le nom de **cycle d'Atkins**).

Cette machine originale constitue une démonstration de ce qui deviendra le deuxième principe de la thermodynamique (le premier étant celui de la conservation de l'énergie, résumé dans la formule célèbre : « Rien ne se perd, rien ne se crée »).

Il convient de noter que c'est le Français Émile Clapeyron qui offrit une analyse plus fine du cycle de Carnot dans son *Mémoire sur la puissance motrice du feu*, publié en 1834 et qui attira l'attention du monde savant sur la géniale invention de Carnot.

L'influence du cycle de Carnot sur l'exploitation de la machine à vapeur et de toutes les machines (celles-ci impliquant forcément un transfert d'énergie) dure encore aujourd'hui. Elle a particulièrement marqué le moteur Stirling (voir p. 110), qui en est l'une des applications les plus pures et dont on n'a commencé à maîtriser la construction que dans la seconde moitié du XXe siècle.

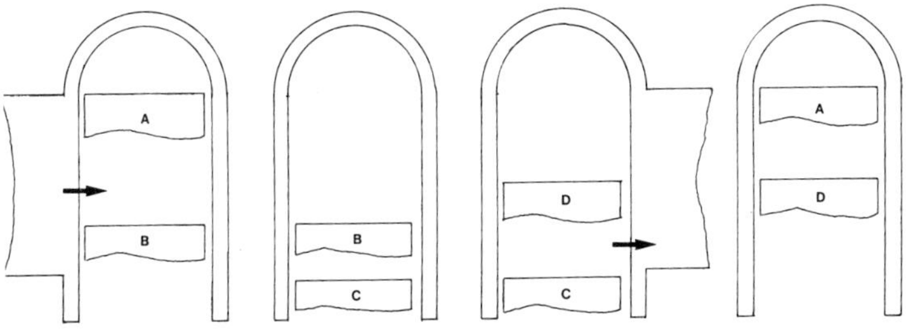

Le **cycle de Carnot** comprend *quatre* temps. De A à B, la *détente* est isotherme, de B à C, elle est adiabatique ; ces deux temps *sont moteurs*. De C à D, la *compression* est isotherme, de D à A, elle est adiabatique ; ces deux derniers temps *consomment du travail*. Chaque temps correspond à une transformation quasi statique.

Démultiplicateur

Philon de Byzance, IIIe siècle av. J.-C. ; Héron d'Alexandrie, Ier siècle av. J.-C.

Le principe de la démultiplication est celui de la **transmission de mouvement entre deux rouages de diamètres différents entraînant une modification de la vitesse et de la force.** Si le mouvement est entraîné par le plus petit rouage, le mouvement du plus grand sera plus lent, mais sa force plus grande, et inversement. Ce principe fondamental en mécanique — et couramment utilisé au XXe siècle dans les **boîtes de vitesse automobiles,** par exemple — semble avoir été décrit pour la première fois au IIIe siècle avant notre ère par le mécanicien grec Philon de Byzance dans un traité sur la **traction des poids lourds,** dont nous n'avons malheureusement qu'une connaissance indirecte. L'appareil de levage qu'il décrit est identifié sous son nom grec de **baroulkos,** et on le connaît par la version qu'en reprend Héron d'Alexandrie au Ier siècle avant J.-C. dans un traité sur les mécaniques, qui, lui, nous est parvenu. Le **baroulkos** se présente comme un caisson de métal dans lequel un pas de vis actionné par une manivelle mettait en mouvement une série d'engrenages de plus en plus grands, le dernier de ceux-ci entraînant un treuil sur lequel s'enroulait la corde de levage. Le **baroulkos** permettait donc d'obtenir un **accroissement de puissance proportionnel au ralentissement du mouvement.** Il est vraisemblable qu'il ait dérivé d'une invention antérieure, l'**élévateur à vis,** où une vis sans fin actionnée par un cabestan entraînait une roue dentée montée sur le treuil de levage, appareil également décrit par Héron, mais dont il n'est pas certain qu'il soit l'inventeur. Il est possible aussi que le principe de la démultiplication ait été conçu au IIIe siècle par Archimède qui avait déjà observé dans les rapports d'engrenages que « les grands cercles l'emportent sur les petits ».

L'importance des travaux de génie civil, qui alla croissant avec l'essor de l'Empire romain, assurait une large diffusion des appareils de levage, dont le baroulkos, pour le maniement des objets pesants. Vitruve en fait largement mention dans un traité sur l'architecture au Ier siècle.

Principe du baroulkos
d'après Héron d'Alexandrie
(Ier siècle av. J.-C.).

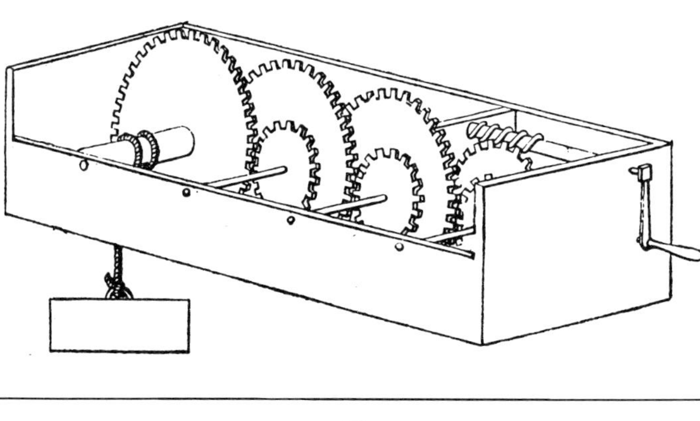

Calculateurs de distance terrestre et marin d'après Héron d'Alexandrie.

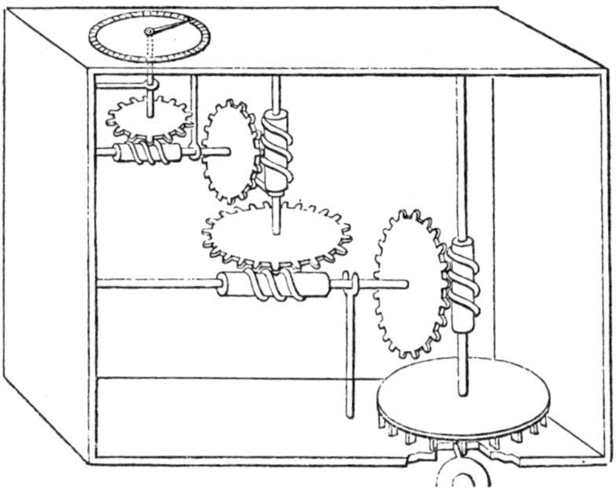

terrestre

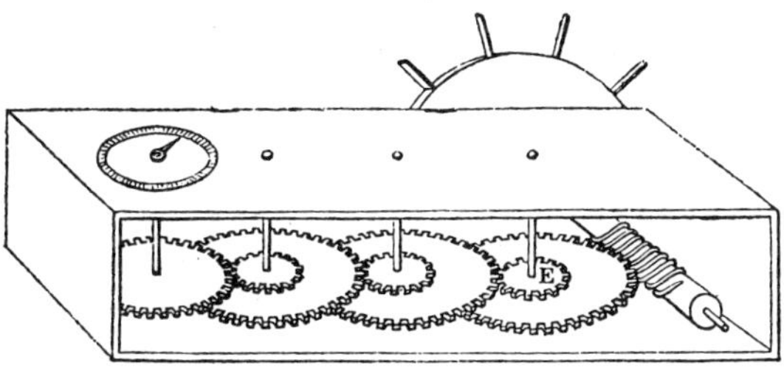

marin

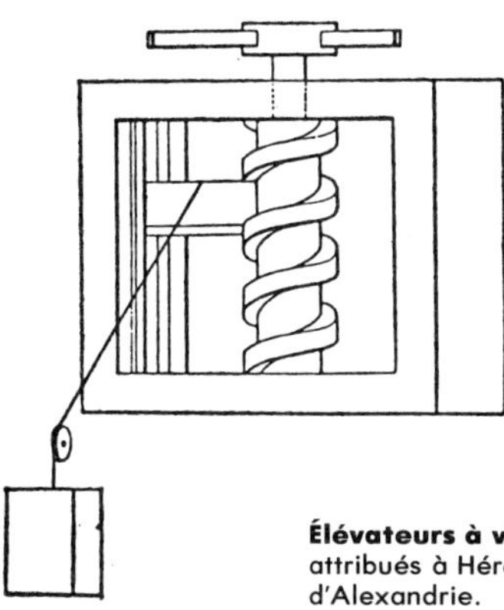

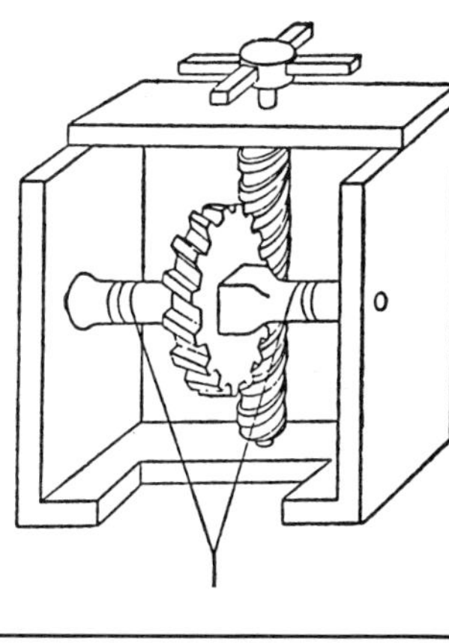

Élévateurs à vis attribués à Héron d'Alexandrie.

Différentiel

Geminus (?), 87 av. J.-C.

L'une des plus importantes inventions mécaniques de l'histoire, le **différentiel,** semble être due, en 87 avant J.-C., à un mécanicien de Rhodes, Geminus. L'invention est bien réelle et sa date, certaine à quelques mois près. Sa découverte est romanesque. En 1900, des pêcheurs d'éponges localisent au large de l'île d'Anticythère, entre la Crète et le Péloponnèse, l'épave d'un navire grec gisant par 42 m de fond. Le contenu de l'épave est récupéré quelques mois plus tard ; il comporte des statues, amphores et autres objets, qui présenteront l'intérêt de pouvoir être datés ; ils remontent au début du Ier siècle avant J.-C. Dans les fragments ramenés à la surface, les archéologues relèvent des éléments de métal contenant des rouages en bronze enrobés de couches épaisses de calcaire et de rouille. Ces rouages suscitent la curiosité, car ils sont très fins. Ils vont faire, après nettoyage, l'objet de tentatives sporadiques d'interprétation, toutes plus ou moins infructueuses. En 1957, le savant anglais Derek de Solla Price en propose une première analyse de synthèse, qu'il conclut en 1975 et qui s'accorde avec les vestiges disponibles de manière satisfaisante. Les roues dentées faisaient partie d'un appareil qui en comportaient treize, dont onze à deux étages, ou, si l'on préfère, vingt-quatre roues dentées, dont onze superposées, sur un ensemble de treize axes. Ces roues possédaient chacune un nombre de dents défini de telle sorte que les **cycles du Soleil et de la Lune** y étaient exactement matérialisés. L'ensemble n'avait évidemment pas de moteur et devait être actionné à la main ; pour un jour donné d'un mois donné, il permettait, par exemple, d'établir le moment du cycle de la Lune, même si elle était cachée par des nuages. L'ensemble de la communauté scientifique internationale a accepté la reconstitution de Derek Price, aussi déconcertante soit-elle.

■ Cette reconstitution est déconcertante pour deux raisons. La première est qu'elle reflète une connaissance de la mécanique telle qu'elle a permis d'inventer le premier différentiel, c'est-à-dire le premier train d'engrenages grâce auquel on transmet à un arbre rotatif un mouvement équivalent à la somme ou à la différence de deux autres mouvements. Attribuée hypothétiquement aux Chinois (voir p. 89), l'invention du différentiel ne fait ici aucun doute, parce qu'elle est fondée sur des éléments archéologiques certains. La seconde raison pour laquelle la reconstitution de Price est déconcertante est le degré d'évolution de la technologie grecque du Ier siècle avant J.-C. : à l'encontre de toute logique historique, celle-ci a, en effet, permis de réaliser, entre autres, une roue d'une dizaine de centimètres de diamètre, qui comporte cent vingt-sept dents. C'est là une prouesse que l'**horlogerie** n'atteindra qu'une dizaine de siècles plus tard. Reste à expliquer le caractère unique de ce chef-d'œuvre et les raisons pour lesquelles il n'a apparemment pas eu de descendance.

Price attribue l'invention de l'objet, connu sous le nom d'« horloge d'Anticythère », à un astronome célèbre dans l'Antiquité pour son esprit mécanicien, Geminus, élève de Posidonios d'Apamée. L'horloge aurait été construite à Rhodes, grand centre d'astronomie.

■ C'est l'attribution à Geminus de l'invention du différentiel qui peut faire problème. En effet, un autre Grec, encore plus célèbre que Geminus, Héron d'Alexandrie, mentionne dans son traité *Les Mécaniques* la manière de réaliser des **odomètres,** l'un terrestre, l'autre marin. Ces appareils comportent bien des différentiels ; Héron serait donc l'inventeur du différentiel, et il semble bien, par ailleurs, que Geminus soit allé à Alexandrie. Point intéressant, car, si l'on examine le **démultiplicateur** (voir p. 96) également décrit par Héron, on s'aperçoit qu'il constitue l'étape préliminaire à la mise au point du différentiel. Héron, à qui l'on doit déjà de nombreuses inventions de génie, pourrait donc bien être l'inventeur originel du différentiel. En tout état de cause, on n'enlève rien à son mérite en en faisant le maître et donc l'inspirateur de Geminus pour l'invention du différentiel, qui semble, lui, avoir été réalisé à Rhodes.

Geminus de Rhodes n'est sans doute pas une figure majeure parmi les savants grecs de l'Antiquité, bien que sa notoriété lui ait valu de recevoir la citoyenneté romaine des mains de Pompée et qu'il se soit entretenu avec Jules César. Mais il était un esprit profondément original, l'un des premiers qui aient marqué l'intention nette de séparer la connaissance du monde de la philosophie, préfigurant ainsi la science au sens moderne.

Échappement d'horlogerie

Gerbert, vers 950 ; Hooke, 1666 ; Graham, 1715 ; Le Roy, 1748 ; Mudge, vers 1755 ; Berthoud, Arnold, Earnshaw, vers 1780.

L'échappement est le mécanisme qui contrôle les tours de la roue dentée majeure d'une pièce d'**horlogerie,** de manière à lui assurer la régularité nécessaire ; il en est donc l'organe essentiel. Le principe en fut inventé par le Chinois I-Hsing (Yi Xing) en 725 et mis en œuvre dans la première **horloge mécanique** connue (voir p. 164). Tout échappement implique une force qui fait tourner la roue dentée ; dans l'horloge d'I-Hsing, c'était la **force hydraulique.** Dans les premières horloges mécaniques apparues en Occident, ce fut la **gravité** : un poids était attaché à l'axe de la roue dentée par une cordelette enroulée autour de lui ; le déroulement de la cordelette entraîné par le poids était freiné par un **balancier à poids,** pivotant, et au centre duquel était fixé un taquet en A, ou **ancre**, dont chaque bras s'insérait alternativement entre les dents, laissant échapper une dent à un moment angulaire déterminé de son pivotement. Le taquet arrêtait donc la roue pendant un temps donné, correspondant à une fraction d'heure ou de minute, durée à laquelle correspondait à son tour, selon le cas, la révolution entière de la roue. Ce mécanisme est connu sous le nom de **foliot.**

On ignore la date exacte à laquelle apparut en Occident la première horloge mécanique ; le fait est important, non par référence à l'Occident, mais parce que c'est là que fut inventée la première horloge mécanique non hydraulique. Il est souvent dit que la plus ancienne dont on ait témoignage est celle qui aurait été érigée à Westminster en 1288 ; il semble toutefois vraisemblable qu'on ait construit auparavant des horloges mécaniques à ancre. Le principe du foliot étant généralement attribué à Gerbert d'Aurillac, qui fut nommé pape en 999, et la date de l'invention étant située aux environs de 950, on peut supposer que les premières horloges à foliot remontent en fait au début du XIe siècle. Entre autres raisons plaidant pour une origine aussi lointaine, il y a l'intérêt de Gerbert d'Aurillac pour l'horlogerie et le pouvoir dont il disposa quand il porta la tiare sous le nom de Sylvestre II, pouvoir qui l'incita presque certainement à faire mettre en œuvre son invention.

■ L'échappement à balancier souffrait d'une grande imprécision, qui entraînait jusqu'à des différences d'une heure sur vingt-quatre, comme on peut en juger d'après les plus anciens spécimens existants. Un progrès considérable fut accompli avec la découverte du **pendule** par Galilée en 1581. Le mérite du pendule est, en effet, que sa **période** est indépendante de sa course ; elle dépend seulement de sa longueur, si l'on excepte les variations pratiques induites par la dilatation de son matériau. Il offre donc une base de régularité dont l'horlogerie s'empara rapidement. A son avènement, on s'avisa que l'échappement à balancier comportait en lui-même un principe d'imprécision, qui résidait dans la détermination du délai d'échappement par l'ancre. On chercha donc un **échappement libre,** qui bénéficierait pleinement de la régularité du pendule. D'innombrables projets virent le jour, dont le plus marquant fut celui que proposa en 1666 l'Anglais Robert Hooke et que réalisa quelques années plus tard son compatriote William Clement. Cette invention consista, en fait, à placer la roue dentée et l'ancre dans un seul plan, alors que, dans l'échappement à balancier, l'ancre était perpendiculaire à la roue. Cette invention a le bénéfice de réduire les inégalités et son efficacité fut indéniablement accrue par les perfectionnements de l'usinage des pièces d'horlogerie au XVIIe siècle, ainsi que par les progrès dans la fabrication d'alliages durs, qui permettaient beaucoup plus de finesse que les foliots entièrement en fer des siècles précédents. Elle atteignit une fiabilité sans précédent sous la forme que lui donna en 1715 l'Anglais George Graham et qui est connue sous les noms d'**échappement Graham** ou **ancre à repos**. En 1725, le même Graham inventait à l'usage des montres l'**échappement à cylindre,** où, grâce à son découpage, le cylindre, qui était monté directement sur l'axe du balancier à ressort, remplissait la fonction de **régulateur** de l'ancre.

■ En 1748, le Français Pierre Le Roy inventa ce qui fut sans doute le premier véritable échappement libre intégral. L'ancre y recevait une impulsion qu'elle transmettait au balancier — lequel la soulevait pour permettre l'échappement d'une dent —, mais dans un sens seulement du mouvement du balancier, et non quand celui-ci retombait en suivant le sens inverse. Dans sa théorie, cette nouveauté visait à éviter la servitude à l'égard du délai d'échappement des deux extrémités de l'ancre, problème qu'avait abordé Hooke sans le résoudre. Elle approchait de la perfection, puisqu'elle ne fonctionnait que sur la base d'un coup unique, régi par le seul mouvement du rouage, et qu'elle laissait perdre le second, d'où le nom d'**échappement à coup perdu** qui est le sien. Ce principe, qui eût exigé de longs perfectionnements, ne fut apparemment utilisé que dans deux « montres marines », où il ne donna guère satisfaction ; il s'agissait en fait de gros **chronomètres,** et la théorie n'en fut reprise que vers 1780 par le Français Ferdinand Berthoud et les Anglais John Arnold et Thomas Earnshaw, qui la modifièrent en mettant au point l'**échappement à coup perdu à détente.** Celui-ci présente deux grands inconvénients qui en ont freiné le développement : il est encombrant et ne fonctionne pas dans toutes les positions ; c'est pourquoi il n'a jamais été utilisé dans les montres, sujettes à des mouvements plus ou moins violents. Restait donc à inventer un échappement libre réellement pratique.

■ C'est sur ces entrefaites que, dès 1755, l'Anglais Thomas Mudge — car c'est en Angleterre d'abord que se développa l'horlogerie moderne — avait mis au point une invention remarquable, qui était fiable et qui réduisait encore plus les **frottements** causant à la longue l'usure des pièces, par exemple dans l'échappement Graham. L'ancre, d'un dessin qui rappelait de très près d'ailleurs celui des ancres marines, se soulève quand la dent de la roue vient lui transmettre son impulsion ; elle transmet l'impulsion au balancier qui la fait alors se soulever pour laisser échapper la dent, puis bloque une autre dent sur sa butée ; entretemps, une autre dent est sur sa course et vient transmettre une nouvelle impulsion, et ainsi de suite. Ce système implique donc un certain espacement entre les dents. Il réduit le frottement en bloquant la roue entre l'échappement d'une dent et le suivant, au lieu d'entretenir des glissements constants des extrémités de l'ancre, dits inclinés ou encore surfaces d'impulsion, sur les dents. C'est l'**échappement à ancre libre.**

■ De très nombreux types d'échappement ont été inventés depuis lors ; ils procèdent plus ou moins fidèlement des principes expliqués ci-dessus. Actuellement, l'échappement à repos, dit de Graham, est le plus couramment utilisé sur les horloges, et l'échappement à détente, qui ne donne qu'une impulsion pas oscillation, et qui ne trouble donc le fonctionnement du balancier que de façon minimale, est le plus employé sur les chronomètres de marine. Sur les réveille-matin, c'est l'échappement à recul qui est utilisé. Tous les échappements se classent dans l'un des trois grands groupes constitués par les échappements à repos frottants, les échappements libres et les échappements à ancre.

Il convient de noter que le premier exposé théorique complet de la **fonction de l'échappement à ancre** n'a été rédigé qu'en 1959, par le Pr R. Chaléat, de Besançon.

Four solaire

Archimède, IIIe siècle av. J.-C. ; Pifre, 1882.

L'une des lacunes les plus déconcertantes de l'histoire des inventions intéresse l'utilisation de l'**énergie solaire**. Son pouvoir calorifique est connu depuis la haute antiquité, et le premier utilisateur en fut jusqu'à plus ample informé Archimède ; au IIIe siècle avant J.-C., le célèbre inventeur aurait construit des **miroirs paraboliques** géants, grâce auxquels il aurait mit le feu aux navires romains qui faisaient le siège de Syracuse, en concentrant sur eux le faisceau de la lumière solaire. Il semble probable qu'Archimède ait construit de tels miroirs, non pas certes en verre, mais en bronze poli ; il est plus douteux qu'il ait réussi à enflammer des vaisseaux romains. Toujours est-il que la preuve avait été faite de la possibilité de capter l'énergie solaire. Cela resta lettre morte jusqu'à la fin du XIXe siècle.

En 1882, le Français Abel Pifre fit la démonstration de la possibilité d'utiliser l'énergie solaire au jardin des Tuileries à Paris. Un miroir concave de 3,5 m de diamètre, au centre duquel était fixée une chaudière munie d'une soupape, actionna de 13 h à 17 h 30 un petit moteur à vapeur de 3/5 de ch, lequel entraîna sans interruption une presse Marinoni, imprimant environ 500 exemplaires par heure d'un journal rédigé par Pifre, *Soleil-Journal.*

Pifre avait précédemment établi qu'il est possible, de la même manière, de porter 50 l d'eau à ébullition en moins de 50 mn, la pression augmentant à l'intérieur de la chaudière à raison d'une atmosphère toutes les huit minutes. La démonstration resta sans lendemain.

Moteur solaire par A. Pifre, ingénieur français, déposé le 6 août 1882. (Gravure de Poyet.)
Miroir concave de 3,50 m de diamètre faisant fonctionner une chaudière à vapeur cylindrique, elle-même entraînant une presse à imprimer.

Gaz naturel (utilisation du)

An., Chine, IVᵉ siècle av. J.-C.

La présence de nombreuses poches de gaz naturel, ou **méthane**, affleurant à la surface du sol et leurs combustions spontanées éventuelles ont donné aux Chinois des provinces du Sud, surtout le Szeutch'ouan (Sichuan), l'idée de son utilisation et même, ce qui est plus remarquable, de son exploitation. Un texte de Ch'ang Ch'ü (Chang Qu), datant de 347, décrit sans confusion possible la construction de canalisations de bambou, sans doute calfatées au **bitume**, qui servaient à convoyer ce méthane jusqu'aux villes, où il était utilisé, entre autres, pour l'**éclairage municipal**. Il s'agit, sans conteste possible, du premier exemple d'**éclairage au gaz**. Plus remarquable encore est le fait que ce méthane était emmagasiné dans des tubes de bambou et utilisé par les voyageurs comme torches ou réserves de carburant. Dès le Iᵉʳ siècle avant J.-C., les Chinois foraient systématiquement le sol pour recueillir le méthane.

On suppose que la consommation de méthane dut provoquer quelques accidents, car, si le gaz de surface brûle généralement sans danger, celui qui est recueilli à de grandes profondeurs, et qui est beaucoup plus riche, doit être mélangé à l'air avant son utilisation, sous peine d'explosion.

Générateur électrique

Guericke, 1663 ; Volta, 1775 ; Faraday, 1831 ; Pixii, 1832 ; Wheatstone, 1845 ; Pacinotti, 1860 ; Gramme, 1870 ; Edison, vers 1878 ; Van de Poele, 1888 ; Lamme, 1896.

Les **forces électrostatiques** furent décrites pour la première fois au VIIᵉ siècle avant notre ère par Thalès de Milet. Il semble qu'un sommeil de quelque vingt-trois siècles ait séparé cette découverte de sa renaissance, et des premiers et timides efforts pour mettre ces forces en jeu. C'est en 1663 seulement que le philosophe, amateur des **forces pneumatiques** et maître de la ville allemande de Magdebourg, Otto von Guericke, eut l'idée d'une machine incroyablement simple pour produire de l'**électricité statique** (encore n'est-il pas sûr que son invention ait été préméditée) ; on eût pu la réaliser dans n'importe quel siècle précédent, car ce n'était qu'une boule de soufre montée sur un axe que l'on faisait tourner à la manivelle ; en effleurant des deux mains la boule tournante, on l'excitait électriquement. Ce fut ainsi la première **machine électrique** des temps modernes ; elle était du **type dit « à friction »**, et il y en eut bien d'autres. L'Anglais Isaac Newton en réalisa une à globe de verre, vers 1709, et son compatriote F. Hawksbee en fit une pareille la même année, mais imagina le premier de recueillir l'électricité par une chaîne de métal qui roulait autour du globe, à la manière d'une courroie de transmission. En 1787, l'Anglais Edward Nairne remplaça la boule par un cylindre de verre monté sur des pieds également de verre et eut, le premier, l'idée de recueillir l'**électricité négative ou positive** à son gré. Ce genre de machine n'avait strictement aucun usage pratique ; il constitue cependant un remarquable exemple de l'irrésistible poussée de l'esprit humain vers l'inconnu.

■ Un autre type de machine électrique apparut entre-temps ; il était plus complexe, puisqu'il consistait en deux **bouteilles de Leyde** ou **accumulateurs** déjà chargés d'électricité statique, surmontés de boules de laiton A et B ; deux autres boules de laiton étaient placées à proximité, A' et B'. Il s'ensuivait que l'hémisphère d'A' proche de A, dont on suppose ici que la charge est +, alors que celle de B est —, se chargera d'électricité — et l'autre, d'électricité +. Phénomène inverse pour B', dont l'hémisphère proche de B sera de signe +, et l'autre, de signe —. On relie provisoirement l'hémisphère + de A' à l'hémisphère — de B' ; on les vide donc de leur électricité : A' reste entièrement chargé d'électricité négative et B', d'électricité positive. Si l'on fait permuter A' et B', il s'ensuit qu'ils vont augmenter les charges des bouteilles de Leyde, l'électricité — de A' s'ajoutant à celle de B et celle de B' à celle de A, car les deux bouteilles, reliées à la terre, ont une capacité supérieure à celle des boules. En recommençant l'opération plusieurs fois, on augmente donc les charges des bouteilles. C'est là le **type de machine dit « à influence »**, où le travail mécanique produit de l'électricité, mais où le type de l'appareil permet de l'accumuler. Cet appareil, l'**électrophore** de l'Italien Alessandro Volta, fut la première **dynamo auto-excitatrice** en même temps que la première de la longue série des machines à influence, que l'on retrouve fort avant dans le XXe siècle. Les principales ont été celles de l'Anglais Abraham Bennet (1787), de ses compatriotes Erasmus Darwin et B. Wilson, de l'Allemand G.C. Bohnenberger, du Français J.C.E. Peclet, qui s'étalent de 1788 à 1888, de l'Anglais C.F. Varley (1860), de l'Allemand A.J.E. Toepler (1865), de son compatriote W.T.B. Holtz, qui en construisit plusieurs entre 1864 et 1880, de l'Anglais James Wimshurst (1878), de l'Allemand Robert Voss (1880), pour ne citer que les plus originales. Dès la fin du siècle, on s'intéressa de plus en plus aux machines de ce genre parce qu'elles permettaient de réaliser une **induction électrique** commode à peu de frais. C'est à la manivelle que l'on actionnait ainsi les moteurs à explosion des voitures (jusqu'à la Seconde Guerre mondiale) et que l'on induisait aussi le courant dans les postes téléphoniques.

■ En 1831, l'Anglais Michael Faraday avait réalisé une expérience comparable à celle de Guericke, mais non similaire. En faisant tourner un disque de cuivre entre les bras d'un aimant, il avait obtenu un voltage continu à la circonférence et au centre de ce disque ; il avait découvert l'**induction électromagnétique**. Mais il avait également démontré qu'il existait une autre voie que celle des machines électrostatiques pour la transformation de l'énergie mécanique en énergie électrique. Le rendement de son appareil était cependant médiocre et, en 1832, le Français Hippolyte Pixii le modifia quelque peu, adaptant à cette occasion le **commutateur** d'Ampère de courant alternatif en courant continu.

En 1845, l'Anglais Charles Wheatstone remplaça les aimants permanents par des électro-aimants alimentés en courant continu par des batteries, modifiant sept ans plus tard sa propre machine de façon qu'elle fût auto-excitatrice : les bobinages des aimants y recevaient directement le courant produit par la rotation du disque. Mais ce n'est qu'avec les améliorations apportées par l'Italien Antonio Pacinotti (1860) et le Belge Zénobe Théophile Gramme (1870) que le rendement de la machine de Faraday commença à devenir intéressant : Pacinotti et Gramme imaginèrent de mettre des lamelles métalliques en contact avec la partie tournante, ou rotor, de la génératrice ; ils venaient d'inventer le **collecteur** (dont le mérite revint toutefois à Gramme pour l'histoire). L'astuce avait été essentiellement technologique : pour recueillir le courant, les prédécesseurs de Pacinotti et Gramme avaient recouru à des dérivations installées sur l'armature du rotor (en l'occurrence, des enroulements d'induits). En installant les enroulements d'induits sur le rotor même, Pacinotti et Gramme réduisirent l'espace d'air dans lequel se développait le champ magnétique ; ils renforcèrent donc celui-ci et, du coup, élevèrent le rendement électrique de leur génératrice. Il ne leur restait plus qu'un perfectionnement à ajouter : étant donné que la rotation de l'armature même engendrait des courants alternatifs, non seulement dans les conducteurs, mais aussi dans leurs supports d'acier, et que, là, des **courants d'Eddy** circulant dans l'épaisseur de l'acier causaient des pertes d'électricité, ils y remédièrent en laminant les supports.

La génératrice avait dès lors largement dépassé le stade du fragile appareil de laboratoire qu'elle avait été jusque-là ; c'était désormais une robuste machine prête aux usages industriels, comme en témoigne la machine de Gramme conservée aux Arts et Métiers à Paris.

Des pertes d'électricité se produisaient tout de même, et les Allemands Ernst Werner von Siemens (1856), puis Friedrich von Hefner-Alteneck (1872) tentèrent de les pallier en modifiant le bobinage des électro-aimants.

Mais c'est l'Américain Thomas Alva Edison qui réduisit encore, et de manière spectaculaire, ces pertes, en décidant de simplifier une idée de Pacinotti et Gramme. Ceux-ci avaient imaginé d'élever le voltage de leurs génératrices en multipliant les pôles des aimants entre lesquels fonctionnait le rotor ; Edison réduisit ces pôles à deux et éleva ainsi le rendement de sa génératrice de 50 à 90 %, ce qui était inouï (et permit d'ailleurs à Edison de construire ses grands réseaux de distribution d'électricité). Sa première génératrice fut prête en 1878. Quel que fût le génie d'Edison, il était autodidacte et ne possédait pas les connaissances qui lui eussent permis d'établir le principe rationnel de construction d'une génératrice ; c'est aux ingénieurs anglais John et Edward Hopkinson qu'en revint le mérite.

■ En 1881, l'Américain Charles Brush imagina de doubler le bobinage de champ magnétique. Il réalisa ainsi la première **génératrice à double champ magnétique**, ou **génératrice compound**, qui présentait un avantage remarquable, et un inconvénient non moins important. L'avantage était que le voltage demeurait constant, quelles que fussent les charges, et l'inconvénient, que les brosses du correcteur — qui remplaçaient les lamelles de Gramme — s'usaient très vite, de même que les barres du commutateur. Les génératrices de l'époque crachaient en effet des étincelles de manière impressionnante. En 1888, l'Américain Charles J. Van de Poele inventa les brosses de carbone, qui résolurent le problème.

■ En 1884, l'invention du **transformateur électrique** par le Français Gaulard modifia considérablement les recherches et puis les installations électriques. Dès lors, les génératrices (redevenues multipolaires), bénéficiant de l'invention des **égaliseurs** internes de courant (1896), due à l'Américain Benjamin Garver Lamme, étaient devenues de plus en plus grandes et puissantes. Il devint possible de produire du courant à partir de la vapeur et de l'énergie hydraulique et de le transmettre à grande distance. Les répercussions de ce perfectionnement furent immenses, économiquement et industriellement ; l'énergie devenait partout disponible.

L'histoire de la génératrice électrique est parsemée des noms de précurseurs auxquels la postérité n'a pas toujours rendu le mérite qui leur revient, soit parce qu'ils n'approfondirent pas leurs travaux, soit parce qu'ils ne déposèrent pas à temps de brevet. C'est le cas de l'Anglais Peter Barlow, qui, en 1823, c'est-à-dire huit ans avant Faraday, réalisa une génératrice embryonnaire, consistant en une roue étoilée à demi immergée dans une cuvette de mercure électrifiée et qui tournait sous l'action d'un courant. C'est encore le cas du Français Louis Clerc, qui inventa le collecteur la même année que Gramme et dont le nom est presque oublié.

Levage (appareils de)

Héron d'Alexandrie, Ier siècle av. J.-C. ; Kyeser, XVe siècle ; di Giorgio Martini, 1470-1480 ; Vinci, vers 1500 ; Golovin, 1770.

Les machines de levage, essentielles à la construction, aux ouvrages d'art, au commerce et à l'industrie sont aussi anciennes que l'architecture. Les inventions qui en constituent l'histoire défient l'inventaire, car, durant les siècles qui séparent la naissance des techniques de la Révolution industrielle, il y avait autant d'inventeurs que de villes et chaque inventeur pouvait successivement proposer plusieurs inventions, et notamment des appareils de levage, adaptées chacune à un but déterminé. L'embryon des premiers appareils de levage fut incontestablement la **poulie** qui, réduisant le frottement de la corde sur l'axe transversal de levage, réduisait du même coup l'effort fourni par les hommes ou les animaux. Certains théoriciens ont supposé que les Égyptiens auraient utilisé un appareil de levage, dit « **chèvre** », pour la construction des pyramides. La chèvre aurait été un portique, libre à sa base, dont la traverse aurait servi d'axe de soutien d'une corde, plus courte que la longueur des montants, et à laquelle on aurait attaché le poids à lever ; la fixation du poids aurait été faite en position inclinée du portique ; puis celui-ci, relevé par traction (et calé à sa base), aurait porté le poids au-dessus de sa ligne de calage, à une distance égale à celle où aurait eu lieu le chargement. L'hypothèse est séduisante, mais douteuse eu égard à la **résistance des cordes végétales** de l'époque.

■ Si l'on renonce aux spéculations, le premier appareil de levage que l'on puisse dater et attribuer avec une certitude raisonnable est le **baroulkos,** inventé et sans doute réalisé par Héron d'Alexandrie au Ier siècle avant J.-C., et qui est décrit dans son ouvrage *Les Mécaniques.* Cet appareil, qui présente par ailleurs le mérite d'être le premier **démultiplicateur** connu (voir p. 96), est actionné par une **manivelle,** qui met en mouvement une **vis sans fin,** laquelle met à son tour en mouvement une série d'**engrenages** dont le plus grand entraîne une poulie sur laquelle s'enroule le câble de levage. Héron a inventé deux autres appareils de levage. L'un est constitué d'une vis sans fin à large pas, actionnée par un **cabestan** situé dans un axe vertical, et entraînant à chaque tour une pièce de bois rectangulaire, ou coin, logée entre le pas de la vis et une feuillure dans le cadre rectangulaire qui contient l'ensemble. L'autre est constitué aussi d'une vis sans fin actionnée par un cabestan, et qui met en mouvement une **roue dentée** dont l'axe entraîne l'enroulement du câble de levage. Le premier de ces appareils laisse un peu sceptique, car il impose un ajustage minutieux du coin de bois aux rainures de la vis sans fin et son fonctionnement comporte de toute façon une marge de frottement non négligeable. Le second semble plus fiable et révèle, observons-le, une technique de fabrication des vis et des roues dentées déjà avancée.

■ L'intérêt des inventions de Héron est qu'elles introduisent des principes mécaniques qui ne semblent pas avoir existé avant lui. La démultiplication, en particulier, est une forme de **transformation d'un mouvement circulaire en mouvement rectiligne** qui permet d'appliquer pour la première fois une **traction constante** à un corps dont le poids excède la possibilité de levage ou force directement appliquée de l'agent, animal ou humain, qui la met en jeu par un tel appareil. Étudiant une invention dérivée du baroulkos, et qui est en fait la première **grue** connue, l'ingénieur anglais J.G. Landels a calculé qu'un ouvrier de bonne constitution pouvait soulever avec cet appareil un bloc de 2 t.

■ On ignore quels sont la date d'apparition et le lieu d'origine de la grue, qui semble constituer une version de la chèvre décrite plus haut, enrichie par l'observation du baroulkos de Héron, à moins que ce ne soit le contraire, et que le baroulkos ne soit une version perfectionnée des grues qui auraient existé auparavant (et qui auraient, peut-être, été utilisées pour l'érection de monuments tels que le Parthénon, au Ve siècle). Toujours est-il que les premières descriptions qu'on en ait sont données par l'architecte romain Vitruve, au Ier siècle avant notre ère. Ces grues sont constituées de deux montants, évidemment en bois épais, en forme d'A, dont l'écartement est fixé à la base par un axe de cabestan ; celui-ci commande l'enroulement d'une corde qui passe, au sommet de l'appareil, par un jeu de poulies (voir illustration). Il y a, par exemple, une poulie double au sommet, et une simple en bas, donc un triple enfilement de la corde, qui est ainsi renforcée ; ce type de grue est dit à **triple hissée** ou **trispaston,** mais il y avait aussi des systèmes à cinq poulies, dits alors **pentaspaston.** Certaines de ces grues comportent, à l'extrémité de levage de la corde, un ensemble de crochets, décrits par Héron sous le nom de « **crabes** », et dont on ne sait comment ils étaient serrés. Une version de ces grues possède un système de démultiplication : la corde qui s'enroule autour de l'axe du cabestan met en jeu un tambour de diamètre variable autour duquel elle s'enroule aussi ; ce tambour est monté sur un second axe qui entraîne, lui, l'enroulement de deux cordes qui servent à la traction. Cette apparente complication, qui provoque une déperdition d'énergie par frottement, présente par ailleurs l'avantage de mieux répartir la traction exercée sur la corde.

■ Certaines **grues à balancier sur pivot,** monté au sommet de l'A, furent, semble-t-il, et selon l'historien grec Polybe, utilisées comme machines de guerre, soit pour jeter des pierres du haut des remparts de villes assiégées, soit, selon une technique militaire curieuse, pour faire chavirer des navires. Dans ce dernier cas, un plongeur allait accrocher un piton à la proue d'un navire ; une corde, attachée à ce piton, allait à la grue. Plusieurs hommes, exerçant alors une forte traction, hissaient la proue du navire hors de l'eau ; celui-ci prenait l'eau par la poupe et chavirait.

■ Peut-être y eut-il des inventions ultérieures portant sur les appareils de levage ; les cathédrales gothiques donnent en tout cas à penser qu'un usage extensif en fut fait lors de leur construction. Une seule invention toutefois nous est parvenue depuis lors, qui date du début du XVe siècle, puisqu'elle apparaît dans les manuscrits de l'Allemand Konrad Kyeser, datés vers 1430 ; il s'agit d'un **appareil élévatoire à double effet,** en fait une **double grue** actionnée par un treuil unique autour duquel s'enroulent deux cordes portées par deux grues opposées, et passant chacune par trois poulies. L'appareil est sans doute l'invention de Kyeser. Entre 1470 et 1480, l'Italien Francesco di Giorgio Martini imagine un appareil pour levage spécifique des colonnes qui est assez compliqué. Il consiste en un cadre à l'intérieur duquel sont fixées deux vis sans fin de sens opposés, actionnées par des cabestans et entraînant par une corde le mouvement de deux autres cadres reliés. Le premier cadre s'abaissant sous l'effet de la traction de la corde fait basculer le second, placé au-dessus, qui pivote entre deux montants verticaux et dont l'extrémité, prolongée par un **harnais à longerons libres,** fixés à un cerceau, fait s'élever le sommet d'une colonne passé dans ce cerceau. La colonne est élevée par paliers, le passage à chaque palier supérieur étant verrouillé par un système de crémaillère qui bloque le cadre supérieur. L'intérêt de ce système de levage, version raffinée des grues romaines, réside dans le blocage par crémaillère, qui prévient un type d'accident décrit par les auteurs précédents, la défaillance de la prise.

■ Nouveau progrès, réalisé vers 1500 par Léonard de Vinci : la première **grue pivotante.** Montée sur un socle coiffé d'une plate-forme circulaire sur laquelle est fixé l'appareil de levage proprement dit, elle ne se limite plus comme les précédentes à des mouvements de bas en haut et d'avant en arrière, mais peut transporter une charge latéralement. C'est aussi le premier modèle connu de **grue à flèche.**

■ En 1770, le Russe F.D. Golovin améliora la grue à flèche rotative en inventant le mouvement de **translation rectiligne sur rails** pour le chargement et le levage des charges. Peu après apparaissaient les grues à **socles en fonte,** puis les grues entièrement métalliques. L'avènement de la vapeur allait considérablement accroître la puissance des appareils de levage et les diversifier.

Machine à vapeur

Héron d'Alexandrie, Iᵉʳ siècle av. J.-C.

L'une des césures les plus étonnantes de l'histoire des sciences et des techniques est constituée par les dix-huit siècles écoulés entre la première machine à vapeur et la découverte, combinée à l'application, du principe de l'**expansion de la vapeur d'eau,** qui devait déclencher la Révolution industrielle et modifier l'Histoire.

■ C'est au Iᵉʳ siècle avant J.-C., suppose-t-on, que Héron d'Alexandrie, géomètre, inventeur, créateur de la célèbre formule de Héron, conçoit et construit le premier une machine à vapeur. Il s'agit d'un appareil extrêmement simple, dit « éolipile » : une sphère munie de deux évents coudés de sens opposés, pivotant sur un axe creux abouché à une **chaudière** et qui la remplit de vapeur d'eau. La vapeur s'échappe par les évents coudés et les fait tourner. Il semble que l'appareil n'ait eu aucune application pratique ; c'est une curiosité de physicien. Certains théoriciens postulent que son principe aurait toutefois pu être utilisé dans les machineries secrètes et « magiques » de certains temples, pour animer des statues articulées (également manipulées par des systèmes de contrepoids et des mécanismes hydrauliques). L'invention, décrite et dessinée dans les *Pneumatica*, ouvrage en deux tomes du célèbre inventeur, ne semble pas avoir été reprise une seule fois avant 1640 (1636 selon certains) ; sans doute faut-il mentionner par scrupule historique les recherches de Léonard de Vinci dans ce domaine, bien qu'elles ne paraissent pas avoir débouché sur des réalisations concrètes. La première est simplement suggérée par un croquis, datant apparemment de 1504, du *Codex Leicester*, représentant un récipient d'eau au-dessous duquel se trouve un foyer. A la surface de l'eau est posée une peau de veau qui sert à étanchéiser le récipient et, au-dessus, un couvercle. Le poids de ce dernier est équilibré par un peson auquel le couvercle est attaché par deux poulies de rappel. Il semblerait que ce soit là une ébauche de machine à vapeur ; il n'en est rien, comme l'indiquent les notes annexes : c'est un dispositif pour mesurer l'expansion de la vapeur. Guère plus convaincante est une autre invention, datant apparemment de 1509, dont Léonard attribue bizarrement la paternité à Archimède (sans doute pour la faire mieux admettre) : il s'agit d'un **canon** que l'on fait chauffer au-dessus d'un foyer et où l'on verse de l'eau dans une **chambre de compression** où elle se vaporise. L'effet de la vapeur soudain relâchée expulserait un boulet d'un talent (26 kg) à six stades (de 887 à 1 152 m). Ce canon à vapeur, que Léonard appelle **architonitro** ou « architonnerre », laisse sceptique (voir p. 42). Un troisième « croqueton », toujours de même source, le *Codex Leicester*, est censé représenter une **machine à soulever les poids** par l'effet de la vapeur : c'est la marmite du récipient chauffé qui, en se soulevant, entraînerait un poids, mais le dessin est trop rudimentaire pour qu'il soit objectivement possible d'attribuer à Léonard avec certitude une réinvention de la machine à vapeur.

Quoi qu'il en soit, c'est vers 1640 que le marquis de Worcester a recours à l'expansion de la vapeur pour mettre en mouvement une roue à ailettes sur axes fixes. Toutefois, alors que Héron utilise la vapeur en continu, Worcester l'utilise en impulsions. Outre Héron, Worcester n'a que trois prédécesseurs connus, qui s'en sont tous les trois tenus au stade purement théorique de l'invention, Giambattista della Porta, Salomon de Caus et Giovanni Branca.

■ C'est également par la théorie que commence Denis Papin, longtemps tenu pour l'inventeur de la machine à vapeur. En 1687, il publie un traité, *Description et usage de la nouvelle machine à élever l'eau*, dans lequel il décrit une machine fonctionnant par *piston* sous l'effet de la vapeur. Le principe en est aussi très simple : un piston glissant dans un **cylindre** vertical, au fond duquel on a mis de l'eau à chauffer, monte sous l'effet de la vapeur ; quand la vapeur se condense, le piston redescend et soulève des poids par l'intermédiaire d'une poulie ; c'est un embryon de **machine atmosphérique** (voir p. 109). On prête à Papin l'application de ce principe au **transport fluvial** : c'est un **bateau à roues à aubes** actionnées par la vapeur, et constuit en 1707, qui en aurait été équipé. Mais il n'en est rien : le bateau, qui exista bien, était actionné à bras d'hommes. Il fut d'ailleurs détruit par des bateliers du Hanovre, alarmés par la concurrence possible de cette machine. En fait, Papin ne construisit aucune machine à vapeur proprement dite : la première application réelle du principe qu'il avait énoncé dans son traité fut celle de l'Anglais Thomas Savery, qui date de 1698 (Savery fut le premier qui déposât un brevet de machine à vapeur). Il s'agissait d'une **pompe monocylindrique à succion**, qui tirait l'eau des puits et asséchait les mines inondées ; comme celle décrite par Papin, elle combinait l'utilisation de la vapeur d'eau et de la pression atmosphérique (voir p. 109). Améliorée en 1705 par Thomas Newcomen, elle demeurait lente, bruyante, coûteuse et peu pratique, et ce n'est qu'en 1769 qu'elle subit une amélioration notable, grâce à l'idée, qu'avait eue l'Anglais James Watt, d'installer de part et d'autre du cylindre une **chambre de condensa-**

tion et un **compartiment** dans lequel s'effectuait le vide inhérent à la remontée du piston. Plus tard, Watt lui-même allait améliorer sa propre machine en utilisant alternativement les poussées antagonistes de la vapeur et du vide.

■ Toutes ces machines furent loin d'inaugurer réellement l'ère de l'énergie mécanique dans le monde occidental. Même quand l'Américain Charles Avery construisit, en 1831, les premières **turbines à vapeur** d'intérêt commercial, l'énergie mécanique laissait bien des gens sceptiques. Il est à noter, curieusement, que la machine d'Avery était en quelque sorte une extrapolation directe de l'éolipile de Héron d'Alexandrie : elle était constituée d'un axe creux, abouché à deux tubes fixés à angle droit ; la vapeur s'échappant de ces tubes faisait tourner l'axe, auquel pouvaient être fixées des scies circulaires. Une cinquantaine de ces turbines furent de fait installées dans des scieries (et une, à titre expérimental, sur une locomotive). Bruyantes, vite déréglées, de vitesse difficile à contrôler, elles furent abandonnées. On en retrouve, un demi-siècle plus tard, une version considérablement améliorée, due au Suédois Carl G.P. De Laval, qui atteignait la vitesse-record de 42 000 révolutions à la minute. En 1897, De Laval avait à son crédit la réalisation de **turbines à échappement divergent** de puissances allant de 5 ch à plusieurs centaines de chevaux-vapeur. Depuis 1829, en principe, la machine à vapeur avait cependant créé et conquis les voies ferrées.

Ce n'est que vers le milieu du XXe siècle, et grâce aux études d'historiens tels que Bertrand Gille, que l'on s'est avisé de l'ampleur du génie de Héron d'Alexandrie, dit encore Héron l'Ancien, l'un des plus prodigieux mathématiciens, géomètres, physiciens, mécaniciens et inventeurs de tous les temps.

Éolipile
Manuscrit grec d'après Héron d'Alexandrie, copié et dessiné par Ange Vergèce (XVIe siècle).

Machine atmosphérique

Papin, 1687 ; Newcomen, 1698 ; Smeaton, vers 1775.

On appelle machine atmosphérique l'appareil où la **pression atmosphérique** s'exerce complémentairement à celle de la **vapeur**. Son histoire est brève, puisqu'elle s'étend à peine sur un siècle, mais intéressante, car elle se confond avec celle de la machine à vapeur à ses débuts. C'est Denis Papin qui, en 1687, inventant la première machine à vapeur des temps modernes, invente du même coup la première machine atmosphérique ; il s'agit d'un cylindre dans lequel la vapeur en expansion pousse un piston vers le haut ; quand la vapeur se condense, le piston redescend du fait de la pression atmosphérique.

■ Le premier qui la réalisa fut, en 1698, l'Anglais Thomas Newcomen, informé, croit-on, de l'invention de Papin par Robert Hooke. Construite avec l'aide de John Calley, qui habitait Dartmouth comme Newcomen, cette machine a fait l'objet de réserves, d'abord parce qu'elle ne serait pas de l'invention de Newcomen, ensuite parce qu'elle n'est pas « originale », en ce sens qu'il n'y apparaît pas de conception mécanique véritablement nouvelle. Toujours est-il qu'elle fait date, parce qu'elle est la première du genre qui ait existé. Il s'agit d'un cylindre placé au-dessus d'une chaudière et dans lequel est injecté un filet d'eau ; celui-ci se vaporise sous l'effet de la chaleur ; comme on l'a vu plus haut, la vapeur soulève alors un piston. Après **condensation**, le piston redescend. Or, ce piston est relié à l'une des deux extrémités d'un **balancier**, et sa descente correspond à la montée de l'autre extrémité. La machine devait servir à pomper l'eau d'une mine. Sa force motrice est donc fonction de la pression atmosphérique.

■ Le premier exemplaire fabriqué par Newcomen connut des difficultés techniques : problèmes de soudure et de réglage, et la première machine atmosphérique qui donna ultérieurement satisfaction fut mise en service en 1710 ; sa puissance était de l'ordre de 5,5 ch. Améliorée par Henry Beaton, qui modifia le système de refroidissement du cylindre par circulation d'eau froide, et bénéficiant à partir de 1730 d'une meilleure maîtrise de la **fonte**, qui permit de construire des cylindres robustes et étanches à bas prix, elle connut un grand succès, non seulement en Angleterre, mais dans le reste de l'Europe. Elle eut l'immense mérite d'attirer l'attention des savants et ingénieurs sur les **machines à feu**, dites aussi **machines thermiques**, et de préparer l'avènement de la **machine à vapeur** proprement dite.

■ Vers 1765, l'Anglais John Smeaton s'y intéressa et, vers 1775, en accrut le rendement notamment en remplaçant le balancier par une **roue oscillante**, en accroissant la **course du piston** et en calculant à la fois la vitesse optimale et le taux utile de refroidissement.

■ Au cours de l'hiver 1763-1764, l'Anglais James Watt fut appelé à s'intéresser, en tant que professeur à l'université de Glasgow, à un modèle de machine atmosphérique qui ne fonctionnait pas. Esprit méthodique, Watt constata que le volume de vapeur à l'intérieur du cylindre était 1 800 fois supérieur, à la pression atmosphérique, à celui de la même vapeur condensée, ce qui impliquait une dépense de chaleur disproportionnée, interdisant le fonctionnement en continu de la machine. Et la perte était d'autant plus grande que cette vapeur était condensée par le refroidissement, donc que son énergie calorifique était perdue. Il imagina de récupérer la vapeur en ajoutant à la machine un **condenseur** séparé, où la vapeur serait aspirée, du fait que l'on y aurait créé le **vide**. Dans cette version modifiée de la machine de Newcomen, il y avait d'abord économie de chaleur, puisque la vapeur n'était plus refroidie, mais évacuée ; ensuite, le piston ne redescendait plus sous l'effet de la pression atmosphérique, mais de la dépression induite ; la réinjection de la vapeur faisait remonter le cylindre. La machine atmosphérique était remplacée par la machine à vapeur (à effet simple), et le génie de Watt avait pressenti le **cycle idéal** que Carnot allait définir presque exactement un demi-siècle plus tard (voir p. 94).

Moteur Stirling

Stirling, 1817.

Sept ans avant que Sadi Carnot publiât ses prophétiques *Réflexions sur la puissance motrice du feu*, qui fondaient la **thermodynamique**, ainsi que les principes d'un cycle idéal de moteur réversible, l'Écossais Robert Stirling, pasteur de son état comme le furent beaucoup d'hommes de science de son pays, déposait un brevet de moteur thermique dont la profonde originalité n'allait apparaître que plus d'un siècle et demi plus tard. Alors que la représentation d'un moteur à cylindre et piston implique un **cycle réversible simple**, dont le fonctionnement comporte des temps distincts de **détente** et de **compression**, le moteur Stirling présente un **fonctionnement en continu**. Ce fonctionnement est fondé sur une conception unique dans l'histoire des moteurs depuis l'éolipile de Héron d'Alexandrie (voir p. 108). Le cylindre y possède, non pas un, mais deux pistons opposés. Détail essentiel : ils sont séparés par une section flottante de cylindre de matériau poreux : celle-ci sert d'**échangeur**, ou **emmagasineur**, de chaleur, qui absorbe un pourcentage donné de la chaleur causée par la compression et sert donc aussi, à la fois, de **réservoir** et de **refroidisseur**. Dans un premier temps, un piston, A, comprime l'air et élève sa température, l'autre piston, B, demeurant au point mort ; puis le piston B s'élève à son tour et pousse l'air comprimé à travers le régénérateur ; l'air repousse alors le piston A par sa détente dans la chambre d'expansion. Sa détente l'aurait refroidi, si l'échangeur ne lui cédait à nouveau de la chaleur. L'expansion repousse le cylindre B au point mort et le cylindre A redescend, le cycle recommence.

■ Un tel moteur présente trois particularités. Il est d'abord à **combustion externe**, le foyer se trouvant en dehors du cylindre et brûlant en continu ; c'est un moteur que l'on peut installer, par exemple, dans une chaudière à charbon, et ses premiers usages furent d'ailleurs industriels, bien que réduits. Ensuite, il fonctionne à l'air et, en lui-même, ne produit pas de gaz d'échappement, à l'exception des résidus de combustion du foyer ; il peut donc être installé dans une chaudière électrique. Enfin, il implique une très faible déperdition d'énergie, du fait de l'échangeur.

■ Il présente toutefois des problèmes de mise au point tellement complexes qu'ils découragèrent, sans doute un peu vite, les techniciens que satisfaisaient les moteurs à quatre et deux temps. Ce n'est qu'en 1970 que des ingénieurs, en l'occurrence ceux de la firme néerlandaise Philips, reprirent l'étude de ce moteur depuis longtemps oublié, séduits par l'**absence de gaz d'émission**, qui est une qualité précieuse dans des sous-marins par exemple. De fait, ce sont deux moteurs Stirling, réalisés par la firme suédoise Kockums en 1985, qui équipent le sous-marin civil français *Saga*. Le foyer qui alimente ces moteurs est l'oxygène pur.

L'histoire du moteur Stirling évoque par plusieurs aspects celle de la machine à vapeur. Économique et non polluant, il souffrit pourtant d'une défaveur qui, rétrospectivement, semble aussi injustifiable qu'elle est incompréhensible. La plupart des histoires de la **mécanique** et de la **thermodynamique** publiées avant 1970 ne mentionnent même pas le moteur Stirling ou ne lui accordent que quelques lignes. Fabriqués depuis 1818, les moteurs Stirling parurent en 1922 « complètement démodés », et l'on cessa de s'y intéresser. L'unique exception fut la firme hollandaise Philips qui, en association avec la firme américaine General Motors, reprit l'étude de cette déroutante machine et construisit même des moteurs efficaces de 5 000 chevaux. Dans les années 80, toutefois, de nombreux spécialistes estimaient que cette archaïque « curiosité » commençait à peine sa carrière. Il convient de souligner que ce moteur **isotherme**, fonctionnant à température constante, a le même ancêtre historique que le **moteur Diesel**, le **moteur à piston poreux**, celui-ci servant donc d'échangeur, que l'Anglais James Joule construisit en 1884 (⟶).

Moulins flottants

Bélisaire (?), 537.

Dérivés des **moulins à eau** proprement dits, à mi-chemin de la **turbine,** les moulins flottants, dits plus tard **moulins-bateaux,** ont été des sources d'énergie très répandues jusqu'au Moyen Âge, puis mystérieusement tombées dans l'oubli. C'étaient des ensembles de plusieurs roues verticales montées sur un même arbre de part et d'autre d'un bateau ou ponton bien ancrés sur des cours d'eau et actionnant des **meules** à l'aide d'un système d'**engrenages de renvoi.** Ils étaient placés sur des rivières, en des points où le courant était particulièrement fort. L'invention en est attribuée au général byzantin Bélisaire, assiégé en 537 dans Rome par les Ostrogoths. Ceux-ci ayant coupé les aqueducs dont les chutes alimentaient les moulins à farine de la ville, Bélisaire ou ses ingénieurs eurent l'idée de transporter sur le Tibre les engrenages et les meules et de les actionner avec des ensembles de **roues à aubes.** Il n'est cependant pas certain que les Byzantins n'aient pas puisé leur inspiration au Proche-Orient.

■ Les moulins flottants connurent un succès durable : au XIVe siècle, on en comptait soixante-huit sur la Seine, qui servaient à actionner des **pressoirs à huile** et des **tailleries de pierres ;** on en comptait également sur le bas Rhône, le Rhin, où ils actionnaient des **fabriques de papier,** sur l'Elbe et le haut Danube, où ils fournissaient l'énergie à des **scieries,** sur l'Adige, où ils actionnaient des **mortiers** pour la fabrication de **poudre à canon,** ainsi que sur toutes les rivières d'Europe. Il en existait encore sur le Tibre au XIXe siècle et on les utilise toujours en Yougoslavie (au cours de la Seconde Guerre mondiale, les Allemands s'en servaient comme moulins à farine sur le Danube).

Pétrole (utilisation énergétique du)

An., Chine, IVe siècle av. J.-C.

Les **hydrocarbures naturels,** essentiellement le **bitume** et le **naphte pétrolier,** plus liquide, sont connus depuis la plus haute antiquité, en particulier au Moyen-Orient, où ils abondent. C'est cependant en Chine, au IVe siècle avant notre ère, que la première utilisation énergétique semble en avoir été faite, d'abord dans la province du Sichuan. Ils servaient alors à la cuisson des aliments, à l'alimentation des lampes, à la fabrication de torches et à l'éclatement de roches dans les travaux publics (la roche était couverte de bitume auquel on mettait feu, ce qui la faisait éclater).

■ Il semble que les premières utilisations du bitume et de ses dérivés en Europe aient concerné le **graissage** des essieux de chariots et la préparation d'**onguents médicinaux.**

Pompe à chaleur

Kelvin, 1851.

Le principe de la pompe à chaleur est de près d'un siècle antérieur à ses premières réalisations ; il fut conçu en 1851 par William Thomson, lord Kelvin. Il consiste essentiellement en une inversion du réfrigérateur : celui-ci produit du froid à l'aide d'un évaporateur et rejette de la chaleur à l'aide d'un condensateur. Dans la pompe à chaleur, ou **thermopompe,** la chaleur fournie à l'évaporateur est accrue à l'aide d'un compresseur. Elle peut donc être utilisée pour le chauffage.

C'est vers le milieu du XXe siècle que l'on commença à fabriquer des appareils réversibles de conditionnement d'air, grâce à des valves qui inversaient la circulation de l'air.

Pompe aspirante et foulante

Ctésibios, IIIe siècle av. J.-C.

La plus ancienne mention dont on dispose du principe de la pompe aspirante et refoulante remonte au IIIe siècle avant notre ère ; il s'agit bien d'une invention, et l'on s'accorde à en désigner Ctésibios comme l'auteur. Dans une histoire générale des techniques, elle se situerait entre le **moteur hydraulique à piston, monocylindrique**, et la **machine à vapeur** (voir p. 106). Dite aussi **« pompe de Ctésibios »** ou **« machine ctésibienne »,** elle est composée de deux **cylindres** A et B, dont le bas est ouvert et plongé dans l'eau. Un conduit horizontal les unit. Des conduits, fixés au tiers environ de leur hauteur, s'élèvent vers un réservoir dont la hauteur varie selon la puissance de la pompe. Le cylindre A comporte le piston A' et le cylindre B comporte le piston B'. Les pistons sont actionnés par des tiges unies par des pivots à un bras de levier unique. Quand on abaisse le levier de façon à abaisser le piston B', celui-ci exerce une poussée sur l'eau qui la fait monter dans le conduit correspondant. Par là même, le piston A' s'élève et aspire l'eau dans le cylindre A. Quand le piston B' remonte et que le piston A' descend, l'eau aspirée dans le cylindre A est refoulée vers le cylindre B. Le résultat de chacun de ces couples d'actions est que l'eau aspirée à un niveau supérieur est expédiée vers le réservoir supérieur. La pompe peut servir à aspirer de l'eau, par exemple pour l'évacuer d'une cave, ou bien à élever de l'eau d'un niveau inférieur à un niveau supérieur. On s'en

Pompe aspirante et refoulante
d'après Philon de Byzance (IIIe siècle av. J.-C.).

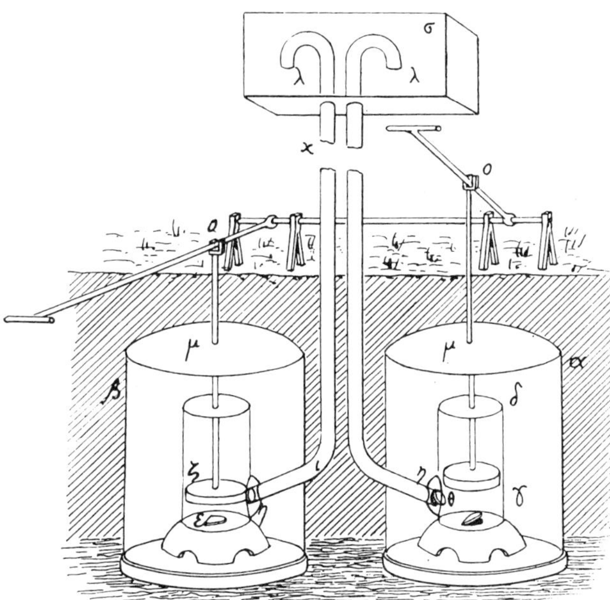

servit aussi pour équiper des **pompes à incendie** à traction animale.

■ La réalisation de la pompe aspirante et foulante dut poser des problèmes techniques, dont le principal fut l'**alésage** des cylindres, condition fondamentale de l'étanchéité, elle-même condition fondamentale de l'efficacité. On sait que cylindres et pistons étaient en bronze et lubrifiés à l'huile d'olive (qui n'est guère un lubrifiant mécanique de choix). Et l'on sait aussi que l'instrument fut fabriqué à de très nombreux exemplaires, car on en a retrouvé, par exemple en Angleterre et en Italie. Il faut supposer que la technologie antique était quelque peu plus raffinée qu'on l'a cru.

■ L'origine de la conception de cette invention remarquable reste obscure. Peut-être dériva-t-elle de la **pompe monocylindrique chinoise** (car il existait des courants commerciaux entre l'Asie et la Méditerranée). Peut-être aussi dériva-t-elle d'une réflexion sur un instrument beaucoup plus ancien et très répandu, qui était le **soufflet,** c'est-à-dire l'expulsion d'un fluide à grande distance par compression de son contenant. Le fait est qu'il s'agit bien d'une invention et non d'une découverte. Elle a servi à Ctésibios de base à la réalisation du premier **orgue** connu (voir p. 229).

Ctésibios était, comme Geminus, illustre auteur de l'horloge d'Anticythère, d'origine modeste : l'un et l'autre étaient fils de barbiers. L'un et l'autre aussi acquirent rapidement une réputation qui dépassa les frontières de leurs villes.

Pompe centrifugeuse

Léonard de Vinci, 1508.

Parmi les nombreux projets technologiques décrits dans les *Carnets* de Léonard de Vinci, on en trouve un, daté de 1508, qui semble constituer le premier prototype connu de **pompe à action centrifuge.** Il consiste en un baquet de section conique au centre duquel est fixé un axe muni à son extrémité inférieure d'une hélice et terminé à son extrémité supérieure d'un vilebrequin relié à une source d'énergie, telle qu'une turbine à eau. La mise en mouvement de l'hélice entraîne la formation d'une dépression tourbillonnaire, en forme de cône inversé, qui fait remonter l'eau vers le bord du baquet. L'eau, ainsi entraînée, peut alors être évacuée par un conduit situé — dans le dessin — à courte distance au-dessous du bord du baquet. L'appareil fut réalisé en maquette, et d'ailleurs requis par des ingénieurs allemands. Il était destiné à l'**assèchement de marais.**

Pompes hydrauliques

Archimède, IIIe siècle av. J.-C. ; Ctésibios, IIIe siècle av. J.-C. ; Héron d'Alexandrie, Ier siècle av. J.-C.

La réalisation de mécanismes capables de transporter de l'eau d'un niveau à un autre, puis de l'aspirer ou de la refouler, a atteint très tôt, au moins trois siècles avant notre ère, un degré de raffinement et d'efficacité remarquable. Le plus célèbre de ces mécanismes est attribué à Archimède : c'est la **vis** qui porte son nom, et dont la construction était déjà complexe. Il s'agissait d'une série de sept cloisons (dans les versions grecques et romaines) fixées en spirale sur un rondin, de façon à créer autant de compartiments, puis recouverte d'un carénage cylindrique étanchéisé au coaltar, seules les ouvertures aux deux extrémités demeurant libres. Un des axes de fer, fichés à chaque extrémité du rondin et posés sur une fourche, était muni d'une manivelle qui permettait de le faire tourner ; l'appareil était plongé dans l'eau, par exemple celle d'un cours d'eau en contrebas, à un angle dont l'architecte romain Vitruve recommandait qu'il n'excédât pas 37°, et sa rotation à l'aide de la manivelle disposée à l'extrémité supérieure permettait d'acheminer l'eau par les compartiments spiralés internes jusqu'au niveau supérieur. La vis d'Archimède était très couramment utilisée en agriculture, pour l'irrigation de terrains en léger surplomb sur un cours d'eau ou un canal. Actionné à bras d'homme, un tel appareil, s'il mesurait par exemple 2,40 m pour un diamètre de 0,30 m, pouvait débiter de 160 à 235 l d'eau par minute, ce qui est très appréciable.

■ Une indication de Vitruve donne à penser que ce type de **rotor** était mû, non par les bras, mais par les jambes ; toutefois, on a perdu toute information sur le mécanisme qui permettait d'actionner la vis d'Archimède avec les jambes.

■ Une autre forme de pompe utilisée dans l'Antiquité est le **tympanon.** Celui-ci était constitué de deux **disques en tambour,** reliés par huit cloisons comportant des redents sur leurs bords externes, et tournant sur un axe. Disposées autour du centre, et sur un disque seulement, huit ouvertures, une par compartiment, étaient percées ; au-dessous du centre, une gouttière indépendante était disposée en parallèle. Le tympanon fonctionnait alors ainsi : immergé dans un cours d'eau, pour un quart ou un tiers de sa hauteur, il recueillait l'eau que les redents gardaient en grande partie captive. Celle-ci s'écoulait alors, au fur et à mesure que l'appareil tournait, par les ouvertures centrales dans la gouttière. Comme la vis d'Archimède, le tympanon permettait de recueillir de l'eau à un niveau inférieur et de la convoyer à un niveau supérieur. Un tympanon de 3 m de diamètre et de 0,20 m d'épaisseur aurait fourni 400 l d'eau par tour et 800 l par minute.

■ Vitruve décrit également un système de seaux attachés à une chaîne mise en mouvement à l'aide d'un treuil à manivelle, dont le principe est dérivé de celui du tympanon. Mais c'est avec l'**organon pneumatique** de Ctésibios, ingénieur de l'école d'Alexandrie, que l'on aborde véritablement le schéma des pompes modernes. Le principe en est le suivant : deux cylindres percés d'une ouverture sur leurs faces inférieures sont munis de **pistons** actionnés par des bras montés sur un **balancier.** Les cylindres communiquant par un conduit central horizontal auquel est abouché un autre conduit, celui-ci évacuateur, l'organon fonctionne ainsi : quand un piston descend et comprime l'eau qui s'y trouve, il crée une pression qui injecte l'eau vers le conduit évacuateur, son ouverture inférieure, constituée d'un disque flottant, étant fermée par la pression. Pendant ce temps, l'autre piston aspire l'eau du fait de la parfaite étanchéité piston-cylindre et, quand il est à son tour abaissé, il la refoule aussi vers le conduit évacuateur. Il s'agit là du premier modèle connu de **pompe aspirante et refoulante** susceptible de fonctionner en continu.

■ L'organon pneumatique équipa des navires et, monté sur roues, au-dessus d'une citerne, il fit office de **pompe à incendie.** De fait, il équipa aussi les services édilitaires de très nombreuses villes de l'Empire romain, et des systèmes d'irrigation.

■ L'organon présente un intérêt particulier pour deux raisons essentielles ; la première, parce qu'il suppose une maîtrise déjà remarquable de l'**alésage** des cylindres ; la seconde, parce que les tiges des pistons sont montées sur **pivots,** afin d'éviter les mouvements latéraux des pistons.

■ Héron d'Alexandrie, autre génie de la technique de l'Antiquité, raffina le principe de Ctésibios en dotant le conduit évacuateur d'une tête pivotant sur 360°, afin de permettre l'orientation du jet dans toutes les directions désirées, et en réalisant, pour les entrées d'eau, des **valves à disque** qui renforçaient l'étanchéité des cylindres.

Les pompes antiques étaient fondues en bronze. Il semble que l'alésage ait été effectué à la force, c'est-à-dire en tournant les pistons bruts à l'intérieur des cylindres également bruts, avec de l'huile d'olive comme lubrifiant (bien que ses vertus mécaniques soient médiocres). Une indication de Vitruve donne à penser que, soit pour l'alésage, soit pour le fonctionnement, les pistons étaient gainés de peau de mouton non tannée.

Refroidissement par eau et par air

Stirling, 1816 ; Forest, 1881.

L'idée de refroidir un moteur par **circulation d'eau** semble évidente. Elle ne fut cependant conçue, au moins en apparence, que par l'Anglais Robert Stirling, qui l'appliqua à son moteur (voir p. 110). Sa première utilisation à grande échelle réside dans le principe du **radiateur,** c'est-à-dire, à l'origine, d'un serpentin rempli d'eau, placé à proximité du moteur, dont l'adoption remonte aux débuts de l'**industrie automobile.** Le **refroidissement par air** fut inventé en 1881 par le Français Fernand Forest, qui conçut une solution remarquable : les filets d'air circulaient dans des rainures cylindriques hélicoïdales, réalisées en fonderie sur le cylindre ; c'est ce que l'on appelle le **« refroidissement à ailettes ».**

Régulateur à flotteur

Héron d'Alexandrie, Ier siècle av. J.-C.

Un des exemples d'**automatisme** (voir p. 89) les plus remarquables de la mécanique antique est le régulateur à flotteur. Inventé par Héron d'Alexandrie, il est fondé sur le principe des **vases communicants,** et destiné à définir le niveau de remplissage d'un récipient. Il est constitué de deux récipients, dont l'un est celui qui déverse le liquide dont il faut fixer le niveau, l'autre, celui dans lequel se déverse ce liquide. Ces deux récipients sont unis par un tube ; celui-ci ne s'écoule pas directement dans le second récipient, mais dans un petit récipient qui y est placé et qui flotte à sa surface grâce à un support en liège. Ce petit récipient est muni d'un bec situé à un certain point de sa hauteur. Le liquide déversé par le premier vase s'écoulera librement, d'abord dans le petit récipient à flotteur et, de là, dans le second récipient, jusqu'à ce qu'il y ait égalité de niveau entre le premier récipient et le plus petit. La différence de niveau entre le petit récipient à flotteur et le grand récipient sur lequel il flotte est définie par la **ligne de flottaison** du petit récipient, et celle-ci détermine le niveau de remplissage souhaité du second récipient. Ce **régulateur, dit à siphon flottant,** fait appel à la pression de l'air et il constitue un précurseur du **baromètre.**

■ Héron a également inventé un second type de régulateur, dit **régulateur à poids.** Dans celui-ci, le récipient à remplir est mis en balance avec un poids prédéterminé, qui correspond à la somme d'une certaine quantité de liquide et du poids du récipient. Quand celui-ci est plein, il abaisse le fléau de la balance sur laquelle il est posé ; parallèlement, le poids remonte et abaisse une tige qui obture le siphon par lequel le liquide est versé. Ce système était destiné à distribuer automatiquement des quantités déterminées de vin et il constitue en fait l'ancêtre des **verseurs automatiques** des actuels débits de boissons.

Régulateur à flotteur

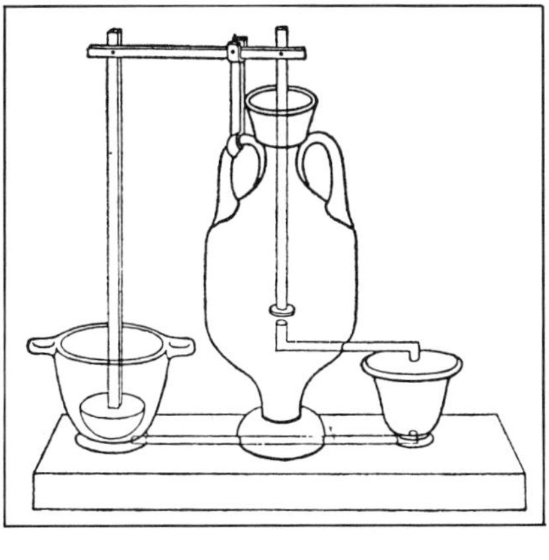

Remontoir de montre

Beaumarchais, 1755 ; Bréguet, vers 1780.

Jusqu'à l'invention du remontoir, il était nécessaire, pour resserrer le ressort d'une horloge ou d'une montre, de les ouvrir et de les remonter avec une clef spéciale. En 1755, l'auteur dramatique Antoine Caron de Beaumarchais, qui fut aussi un inventeur et un horloger avisé, imagina pour la marquise de Pompadour une montre qu'il était possible de remonter sans l'ouvrir, en tournant un anneau monté sur le cadran. L'invention fut reprise ou refaite par le célèbre horloger suisse installé à Versailles, Abraham Louis Bréguet, qui plaça un bouton sur la tranche des montres portatives, permettant de les remonter aussi sans les ouvrir. C'est également Bréguet qui inventa le **remontoir universel,** clef à canon qui s'adaptait à toutes les horloges et pendules et permettait de les remonter sans les ouvrir. Son compatriote A. Philippe inventa en 1842 un **remontoir à étrier,** qui permettait de changer les aiguilles quand il était placé dans une certaine position.

Roulement à billes

An., Mésopotamie, Égypte, 3000 av. J.-C. ; an., Rome, Ier siècle av. J.-C. ; Léonard de Vinci, vers 1500 ; Michaux, 1862.

On peut faire remonter le principe du roulement à billes, élément mécanique constitué de billes destinées à réduire la **friction entre deux pièces tournantes** à son point minimal, aux **trains de rondins** utilisés vers 3000 avant notre ère, en Mésopotamie et en Égypte, pour le transport de pièces lourdes, blocs de pierre ou bateaux. On en retrouve des traces en Grèce, au Vᵉ et au IVᵉ siècle. Des vestiges romains découverts en 1928 lors de l'assèchement du lac Nemi, en Italie, indiquent que des ingénieurs romains avaient inventé une sorte de roulement à billes primitif, constitué d'un **boîtier cylindrique contenant des billes de bronze.** Il est possible que ce boîtier ait servi à réduire les frictions entre des pièces métalliques et des pièces de bois, à l'instar du disque de métal conçu par Héron d'Alexandrie pour réduire les frictions entre les pièces tournantes des **catapultes.**

La première étude systématique des frictions semble due à Léonard de Vinci, dont les *Carnets* contiennent de nombreux dessins de roulements à billes, et que l'on peut considérer comme le précurseur de la conception moderne dans ce domaine.

■ L'avènement des moyens de transport modernes et les perfectionnements de la métallurgie, au XIXᵉ siècle, stimulèrent l'intérêt pour les roulements à billes. Les aciers très durs permettaient alors de réaliser des billes résistantes. Le premier engin qui bénéficiât de l'installation de roulements à billes fut la **bicyclette** à partir de 1879. Le premier brevet de roulements à billes fut déposé en 1862 par le Français Pierre Michaux, semble-t-il.

Scie

An., Égypte, vers 4000 av. J.-C.

Il existait depuis l'âge de pierre des **instruments en silex à bord dentelé,** fixés dans des manches de bois ou d'os, qui servaient à couper des peaux, à sectionner des troncs d'arbres ou à moissonner, mais leurs sections en V ne permettaient évidemment pas d'obtenir une surface d'attaque égale à travers des matériaux épais. Celle-ci ne fut obtenue qu'à l'âge des métaux, et les scies les plus anciennes dont on ait connaissance furent d'abord réalisées en **cuivre,** puis en **bronze,** en Égypte, vers 4000 avant notre ère. Leur perfectionnement en longueur, finesse de lame et dureté, permit progressivement de pratiquer des sections égales et longues. C'est ainsi que, dès 1500 avant J.-C., les Égyptiens parvinrent à débiter des troncs d'arbres en **planches.** Dès le milieu du VIIe siècle avant J.-C., des scies de fer leur permirent de scier la pierre, comme l'attestent les marques retrouvées sur les blocs des pyramides et, au Ier siècle, ils utilisaient une invention dont la date est inconnue et que rapporte Pline l'Ancien : ils inclinaient les dents alternativement, de part et d'autre, ce qui élargissait sans doute la section d'attaque, mais permettait aussi d'évacuer la poussière au fur et à mesure de la sciée, dans le sillon ainsi créé, et donc réduisait les efforts.

L'un des aspects les plus paradoxaux de l'histoire de la technologie est qu'après la chute de l'Empire romain, c'est-à-dire après le Ve siècle, la scie disparut quasiment de l'outillage des bûcherons et menuisiers, et qu'elle se trouva remplacée par la hache. L'analyse de la tapisserie de Bayeux, réalisée en 1100, indique que la flotte de Guillaume le Conquérant fut construite sans scie. Cet instrument ne réapparut que vers le XIIIe siècle.

Transmission par chaîne

Philon de Byzance, vers 200 av. J.-C. ; Chang Hsu-hsün (Zhang Xuxun), 976 ; Vaucanson, 1770.

La plus ancienne description d'une **transmission de mouvement entre deux roues dentées par une chaîne sans fin à maillons** est celle du Grec Philon de Byzance, et elle date de 200 avant J.-C. ; elle était destinée au rechargement des catapultes. En 976, Chang Hsu-hsün (Zhang Xuxun) réalisa une chaîne similaire pour sa grande horloge astronomique (voir p. 165) ; il l'appela échelle céleste et le principe, qui semblait avoir été perdu depuis Philon de Byzance, survécut cette fois, puisque l'inventeur également chinois Su Sung nous a même laissé un dessin très précis de ce système de transmission, daté de 1090. L'invention fut-elle à nouveau perdue ? Tout semble l'indiquer, car elle ne réapparut qu'en 1770, grâce au Français Jacques de Vaucanson, qui l'utilisa pour une nouvelle **machine à tisser** (voir p. 137).

Transmission de puissance à l'aide d'une chaîne sans fin ; dessin publié en 1094 par Su Song, ingénieur chinois. Cette « échelle céleste » de 6 m de long servait pour une horloge astronomique : elle reliait l'arbre moteur principal (en bas) à la boîte de vitesses (en haut) qui commandait la rotation de la sphère.

Turbines
(hydrauliques, à gaz, à vapeur)
Héron d'Alexandrie, Ier siècle av. J.-C. ; Léonard de Vinci, vers 1480 ; Ramelli, 1588 ; Branca, 1629 ; R. et P. Sualem, 1682 ; Segner, 1750 ; Euler, 1754 ; Barber, 1791 ; Burdin, 1824 ; Fourneyron, 1827 ; Avery, 1831 ; Poncelet, Howd, 1838 ; Thomson, 1840 ; Stolze, 1872 ; De Laval, 1883 ; Parsons, 1884 ; Rateau, Curtis, 1894.

Le principe de la turbine, **mécanisme qui recueille la force vive d'un fluide pour la transmettre au moyen d'un arbre et la transformer en une autre forme d'énergie,** est intimement lié à son origine à ceux de la **machine à vapeur** et du **moulin ;** leurs sources communes sont, en effet, le célèbre **éolipile** de Héron d'Alexandrie (voir p. 108), réalisé au Ier siècle avant notre ère et utilisant un jet de vapeur pour faire tourner des aubettes fixées à un arbre, et le très banal **moulin à eau.** Leurs dérivés, d'ailleurs, s'entrecroiseront à l'occasion ; le **moulin à piston hydraulique,** inventé par les Chinois au VIe siècle et dont les voyageurs rapporteront plus tard la description en Europe, inspirera les premiers essais de **moteur à vapeur à piston.** Pendant des siècles, toutefois, le principe de la machine à vapeur reste en sommeil et seul celui du moulin est utilisé. Mais ce tronc commun virtuel va se scinder à une époque qu'on peut situer au XVIe siècle pour donner naissance à deux lignées divergentes. Celle de la machine à vapeur ne fournira que des machines à vapeur et un rameau tardif aboutira, quant à lui, par le relais du principe du cylindre et du piston, au **moteur à quatre temps** (→). Celle de la turbine fournira des machines qui peuvent fonctionner selon leur type à l'énergie hydraulique, à gaz et à vapeur. Au XXe siècle, un surgeon des turbines à gaz sera représenté par le **turbocompresseur.**

■ Le grand sommeil technologique qui suit la fin de l'Empire romain et de la culture gréco-romaine ne favorise guère le développement de la remarquable invention de Héron. Le premier qui en reprend en théorie le principe, mais sous une forme différente, est Léonard de Vinci qui, vers 1480, fait un croquis d'une hélice fixée à un axe vertical et entraînée par le flux d'air chaud ascendant d'une cheminée ; l'axe met en mouvement un engrenage de transmission qui actionne lui-même une poulie dont la courroie pourrait, par exemple, servir à faire tourner une... rôtissoire. C'est la première idée d'une **turbine à air chaud,** c'est-à-dire à gaz. Cette « proto-turbine » relativement bizarre, que l'on appellera **« moteur à fumée »,** semble avoir captivé les imaginations de l'époque, sans doute sur la base de notions philosophiques évidemment vagues ; elle faisait, en effet, intervenir ce que l'on appelait « la puissance du feu », appellation poétique et confuse de l'énergie calorifique. En 1629, l'Italien Giovanni Branca décrit un montage, qui semble aujourd'hui extravagant et dans lequel une turbine à fumée entraînait une impossible série d'engrenages pour actionner un laminoir. Les connaissances mécaniques actuelles indiquent que ces engrenages auraient absorbé par frottement le peu d'énergie fournie par la fumée. Peut-être aussi la description de Branca manque-t-elle de rigueur, puisque l'on assure que des **laminoirs** auraient fonctionné sur ce principe en Allemagne et en Espagne à la fin du XVIe siècle. Mais l'idée, en tout cas, survivait, car, en 1603, un autre Italien, Vittorio Zonca, propose de faire tourner une broche de rôtissoire — encore — par un appareillage apparenté à la fois à celui de Vinci et de Branca. On ne peut s'empêcher aujourd'hui de penser que ce moulin à fumée était une bien tenace idée, car, reprise près d'un siècle plus tard, peut-être réinventée par l'Anglais John Wilkins (car les projets technologiques ne connaissaient guère de grande diffusion), elle passe encore plus tard par une étape singulière, décrite de manière plutôt obscure par un autre Anglais, John Dumbell, au XVIIe siècle. Dumbell semble avoir imaginé une turbine à gaz et arbre à plusieurs rangées d'ailettes, qui fonctionnerait par l'inflammation de vapeur d'alcool ; il se serait donc agi d'une turbine à vapeur préfigurant les **turbines modernes à explosion.** Mais c'est l'Anglais John Barber qui, en 1791, donne enfin corps à un projet un peu plus rationnel de turbine à gaz. Il s'agit cette fois d'un appareil, évidemment très primaire, qui produit de l'air chaud par combustion d'un carburant ; cet air est comprimé et dirigé à sa sortie sur une roue de turbine à aubettes. En fait, Barber n'a rien fait d'autre que de réinventer l'éolipile, et, d'après les reconstitutions modernes de l'invention, il semble que celle-ci aurait été d'un rendement quasi nul ou médiocre ; néanmoins, elle présente le considérable mérite de comporter une **chambre de compression.**

■ Pendant les décennies suivantes, plusieurs projets dérivés voient le jour dans le monde, mais ce n'est qu'en 1872 que l'Allemand F. Stolze fait enfin avancer un peu l'affaire. Il propose une turbine qui comporte aussi une chambre de combustion, dont l'air chaud est dirigé vers un **échangeur de chaleur,** où il est réchauffé de nouveau à l'aide de l'air provenant d'une autre chambre de combustion, puis dirigé cette fois vers un compresseur qui actionne une roue à aubes qui l'expulse à l'air libre.

C'est en fait le principe de la **turbine à gaz à double cycle ouvert** que vient d'offrir Stolze. Mais la technologie de l'époque ne lui permet pas de la mettre au point. Cette turbine ou un modèle apparenté ne le sera en fait qu'en 1903, et ses réalisateurs seront les Français R. Armengaud et C. Lemale (⟶). Jusqu'à la fin du XIXe siècle, la turbine à gaz n'a donc pas abouti.

■ La **turbine hydraulique** aura plus de succès, pour la simple raison qu'elle dérive directement du moulin à eau dont on possède une bonne expérience, depuis plusieurs siècles. Alors qu'ils maîtrisent encore mal la **mécanique des gaz** et les mystères de la vapeur, et encore moins la technologie qu'elles impliquent, les ingénieurs de la Renaissance et des siècles suivants sont beaucoup plus à l'aise avec les problèmes de l'eau. Les pompes hydrauliques existent depuis l'Antiquité (voir p. 113) et le moteur hydraulique à piston, introduit au XVIe siècle par Ramelli, les ont familiarisés avec l'énergie hydraulique et ses modes d'exploitation.

■ Le premier prototype de turbine hydraulique qui ait réellement fonctionné a été réalisé sur une grande échelle ; ce fut le vaste ensemble de quatorze roues hydrauliques construit en 1682 par Rennequin et Paul Sualem pour assurer l'approvisionnement en eau de Marly et de Versailles. Alimentée par l'eau de la Seine, la « machine de Marly » n'actionnait pas moins de deux cent cinquante-neuf pompes, et c'était sans doute plus une collection de moulins qu'une véritable turbine, mais enfin, il y avait bien transformation de l'énergie hydraulique en énergie mécanique dans les pompes. En 1750, l'Allemand Johann Andreas von Segner se rapproche des conceptions modernes de la turbine en proposant un **tourniquet hydraulique** constitué d'un cylindre vertical muni de pales horizontales rayonnantes, qui rappelle d'ailleurs beaucoup l'arbre de la turbine à gaz de Dumbell. Quatre ans plus tard, le célèbre mathématicien et physicien suisse Leonard Euler publie une théorie des turbines et propose un modèle qui élève le rendement de la turbine — le mot n'est pas encore inventé — en adaptant le débit de l'eau au profil de la roue ; pour cela, il fait distribuer l'eau par une couronne cylindrique fixe, située autour d'une roue à section conique.

■ C'est l'idée que reprendra, en la modifiant, le Français Claude Burdin en 1824. Là, le distributeur est à l'intérieur de la roue. Mais c'est son élève Benoît Fourneyron qui, en 1827, réalise la turbine de Burdin, inventeur du mot « turbine » ; le modèle d'essai développe 6 ch sous une chute d'eau de 1,40 m. Fourneyron, pour sa part, a inventé des **aubettes à inclinaison variable,** qui optimisent le rendement en s'adaptant à la hauteur de la chute. Les premières turbines Fourneyron présentaient un rotor d'un diamètre de 31 cm seulement et tournaient à 2 300 tr/mn. Les turbines hydrauliques devenaient alors une réalité. Elles furent considérablement améliorées grâce au principe suivant : au lieu de disposer les aubettes sur le pourtour de la roue, on les plaçait aussi près que possible du centre. Introduite par le Français Jean Victor Poncelet en 1838, la turbine centripète de ce type fut réalisée la même année par l'Américain Samuel B. Howd, puis perfectionnée en 1840 par l'Anglais James Thomson, qui inventa le distributeur réglable. Les modifications ultérieures de la turbine ont surtout porté sur la forme des aubettes et le système de distribution, afin de les utiliser aussi bien dans les basses que dans les hautes chutes d'eau. En effet, les turbines hydrauliques permettaient la **production d'électricité à bas prix** — la houille blanche — comme l'attesta le premier transport d'énergie triphasée en 1891, sur une distance de 175 km. Cette démonstration eut lieu à l'occasion de l'Exposition internationale de l'électricité à Francfort-sur-le-Main, en Allemagne. A la fin du XIXe siècle, la turbine était donc en pleine expansion.

■ La **turbine à vapeur,** descendant le plus direct de l'éolipile, ne réapparut que très tard dans la technologie, à l'époque où les turbines hydrauliques étaient déjà parvenues à maturité. La machine à vapeur occupait déjà largement les imaginations et, quand en 1831 l'Américain William Avery réalisa une turbine à vapeur fiable, elle n'était quasiment rien d'autre qu'une reconstitution de l'éolipile : mais elle comportait deux tuyaux coudés d'échappement de la vapeur au lieu de quatre. On en construisit une cinquantaine pour équiper des scieries et des ateliers, mais, comme elles étaient bruyantes, fragiles et difficiles à régler, et que personne ne s'intéressa à leur mise au point, elles furent abandonnées pour un temps. C'est l'Anglais Charles Parsons qui, au début des années 1880, rendit vie à ce type de turbine en imaginant de libérer la vapeur par paliers, ce qui éliminait les à-coups. En 1883, le Suédois Carl G.P. De Laval modifia le principe de la turbine à vapeur de la façon suivante : il dirigea les jets de vapeur par quatre bouches fixes, convergentes, vers un disque rotatif muni d'ailettes, qui, lui, tournait dans le sens des jets, mais dispersait la vapeur de manière divergente ; De Laval réalisa ainsi des turbines qui tournaient à 42 000 tr/mn et qu'il développa en tant que moteurs maritimes. Entre-temps, Parsons avait mis au point, en 1884, une turbine à entrée de vapeur centrale et éjection divergente, qui lui permit de réaliser des moteurs fiables. En 1894, et indépendamment, le Français C.E.A. Rateau et l'Américain Charles G. Curtis améliorèrent le rendement de la turbine De Laval en introduisant le principe de **paliers de pression** dans l'alimentation en vapeur. Curtis inventa la **turbine-compound,** à deux roues concentriques : la vapeur éjectée par la première en alimentait la seconde. A la fin du XIXe siècle, la turbine à vapeur avait donc abouti.

Cela vaut la peine de noter que près de vingt siècles s'étaient écoulés entre le prototype de toutes les turbines, l'éolipile, et leurs premières applications industrielles. Nonobstant les états successifs de la technologie, la turbine à vapeur, tout particulièrement, eût pu exister bien avant ; elle n'intéressa les ingénieurs qu'au moment où les besoins en énergie se firent pressants.

---

industrie,
matériaux,
génie civil
& outils

La technologie qui domine les inventions dans le domaine de l'industrie, des matériaux, des outils et du génie civil depuis l'Antiquité jusque vers 1850 est incontestablement la métallurgie. Constituée d'un tissu de découvertes et d'inventions proprement dites, dans lequel il est souvent difficile de départager les deux, elle permet, en effet, la fabrication d'outils qui commandent le développement de la civilisation, à commencer par les socs de fonte. Dès lors, il devient possible de labourer la terre en profondeur, donc d'obtenir de meilleures récoltes. Les outils de fonte, puis d'acier permettent ensuite de tailler les matériaux durs, dont la pierre, et les grands travaux d'art, où les Romains déploient un génie incomparable, se multiplient.

Produit probable d'une découverte, le verre bénéficie d'une série d'inventions, les unes précoces comme le soufflage, qui remonte au Ier siècle, les autres tardives, comme les verres durs à l'oxyde de plomb ; le verre va jouer un rôle primordial dans la réalisation des instruments de mesure et d'observation, essentiels à la compréhension du monde. C'est, après le métal, un matériau clé de la civilisation.

Technique industrielle majeure, le tissage ne se développera que lorsque la vapeur, puis l'électricité seront maîtrisées. L'un de ses dérivés les plus inattendus est indéniablement l'informatique, qui se fonda sur les cartes perforées que Vaucanson avait essayé d'adapter au tissage de dessins complexes.

Une révolution majeure, encore mal comprise au XXe siècle, concerne l'architecture : celle du style gothique. Longtemps analysée sous le seul aspect stylistique, elle introduit la notion intégralement neuve de structure portante, qui annonce l'architecture moderne. Les murs s'amincissent et permettent à la lumière d'entrer dans les édifices : la révolution du style, faussement dit « gothique », esquisse aussi une révolution culturelle de première grandeur.

Quelques surprises attendent sans doute le lecteur, notamment sur l'ancienneté du béton, de l'aluminium, ou des tours de forage.

Adhésifs

An., Égypte, 3300 av. J.-C.

L'un des domaines de la technique qui constituent les meilleurs exemples d'invention continue est celui des adhésifs. Le plus ancien témoignage connu est fourni par un bas-relief égyptien, datant de 3300 avant notre ère et représentant des ébénistes égyptiens appliquant des bandes de bois de placage sur un tasseau, probablement du sycomore. Les plus anciens adhésifs étaient à base de **plâtre,** de **résine** (souvent mélangés), d'**amidon,** de **colle de poisson,** de **caséine,** de **gélatine,** de **cire,** de **blanc d'œuf** et de **bitume.** Ainsi, pour encoller les fibres de papyrus, les Égyptiens utilisaient de l'amidon. De nombreuses civilisations primitives, telles que celles de l'Océanie, utilisaient également du **sang** (dont l'action adhésive est due à l'albumine), par exemple pour coller les peaux des tambours sur les caisses. Les recettes ont varié au cours des âges, selon les civilisations, les corps de métiers et les utilisations. Les **colles synthétiques** ne devaient apparaître que dans le deuxième tiers du XXᵉ siècle (⟶).

Ce n'est que dans la seconde moitié du XXᵉ siècle que l'on a compris le mode d'action des adhésifs, qui s'explique par de nombreux facteurs, au premier rang desquels se place l'**attraction moléculaire.**

Aluminium (extraction de l')

Œrsted, 1825 ; Wöhler, 1845 ; Sainte-Claire Deville, 1854 ; Hall, Héroult, 1886 ; Bayer, 1890.

L'aluminium est connu depuis l'Antiquité et peut-être même la haute Antiquité, car c'est après l'oxygène et le silicium l'élément le plus répandu dans l'écorce terrestre. On le trouve en particulier dans des koalins avec lesquels les gens de Mésopotamie faisaient des poteries fines, il y a environ sept mille ans, et, vingt siècles avant notre ère, Égyptiens et Babyloniens avaient incorporé des **aluminates** de manière courante dans divers produits de leurs pharmacopées respectives. Les aluminates sont, entre autres, des anti-acides gastriques (et des toxiques potentiels du système nerveux). Bien que son minerai industriel, la **bauxite,** soit relativement rare, on trouve fréquemment l'aluminium sous la forme grossière de sels, par exemple des sulfates d'aluminium, ou de l'alun, que les Romains utilisaient couramment dès le Vᵉ siècle avant notre ère, notamment pour la fixation des teintures de tissus. Cet usage explique l'origine du mot moderne, car les Romains désignaient les sels d'aluminium sous le nom d'*alumen.* Il n'est pas formellement exclu que l'on en ait tiré autrefois un métal, mais ce n'est qu'au XVIIIᵉ siècle que l'on s'avisa enfin que les aluminates pouvaient contenir un métal.

■ Dès 1807, le célèbre chimiste anglais sir Humphry Davy s'attaqua à l'extraction de l'aluminium, et, bien qu'il n'y fût pas parvenu, il acquit la conviction qu'il existait une base métallique nouvelle, qu'il appela d'abord *alumium,* puis *aluminum.* Le premier qui en réussit l'extraction fut le célèbre physicien et chimiste danois Hans Christian Œrsted ou Ørsted ; il observa que les amalgames obtenus ressemblaient en éclat et en couleur à l'étain ; c'était en 1825. Vingt ans plus tard, l'Allemand Friedrich Wöhler réussit à nouveau l'extraction, mais fut aussi le premier à établir les caractéristiques du métal : poids spécifique, ductilité, couleur, etc. Toutefois, l'aluminium n'était encore qu'une curiosité, et son extraction était très coûteuse. Reprenant la technique de Wöhler, le Français Henri Sainte-Claire Deville réussit à fondre les fragments, de la taille d'une tête d'épingle, tels que les obtenait Wöhler, en billes, puis en lingots, et le premier lingot d'aluminium fut présenté l'année suivante, en 1855, à l'Exposition universelle de Paris. Cette fois, on entrevit plus nettement l'intérêt industriel du nouveau métal. Mais sa destinée actuelle ne débuta que lorsque, indépendamment, l'Américain Charles M. Hall et le Français Paul Louis Toussaint Héroult mirent au point, en 1886, l'extraction de l'aluminium par électrolyse, à partir de la bauxite. S'ils purent perfectionner le procédé Sainte-Claire Deville, c'est que l'énergie électrique devenait rapidement disponible et coûtait de moins en moins cher. C'est Héroult qui, en 1888, réalisa le premier alliage bronze-aluminium, c'est-à-dire inventa le **duralumin.** Deux ans plus tard, l'Allemand Karl Joseph Bayer mettait au point une méthode d'extraction d'alumine pure à partir de minerais pauvres en bauxite.

Il existe quelques raisons de croire que des Romains auraient eu connaissance de l'aluminium en tant que métal et qu'ils s'en seraient même servis pour fabriquer des objets. Au chapitre 26 du livre XXXVI, l'avant-dernier de son *Histoire naturelle,* Pline l'Ancien rapporte une anecdote que reprend beaucoup plus tard Isidore de Séville au livre XVI de ses *Étymologies :* un artisan romain aurait présenté, vers l'an 1 de notre ère, une coupe dans un métal nouveau, brillant et léger, à l'empereur Tibère. Certains auteurs y ont vu la preuve que l'aluminium avait déjà été découvert ; ce n'est pas improbable, mais cela n'exclut pas formellement la possibilité que la coupe en question ait été faite dans un alliage particulier, par exemple de l'étain à l'antimoine.

Arc

An., Égypte, 3000 av. J.-C.

L'invention de l'arc est capitale en architecture. Elle a, en effet, jeté les bases de l'architecture monumentale, que les Romains, les premiers, portèrent à l'un de ses apogées. L'enseignement traditionnel indique que l'arc et la **voûte** furent inventés par les Romains ; il n'en est rien. Le plus ancien exemple d'arc et d'arche remonte à 3000 avant notre ère ; il est donné par une tombe mise au jour à Hélouan, en Égypte (près du Caire). La voussure est obtenue à l'aide de briques plates de terre crue prenant appui sur des murs, les rangées de briques étant posées de façon radiale, donc sur la tranche, et les interstices en arc de cercle étant remplis de mortier consolidé avec des fragments de poteries. A la même époque, en Mésopotamie, une technique identique est utilisée, puis étendue, quelque cinq cents ans plus tard, à la construction de porches voûtés, quelquefois bâtis à l'aide de deux couches de briques superposées, d'inclinaisons contraires, pour obtenir plus de stabilité. A Tell el Rimah, toujours en Mésopotamie, dans un temple datant de la première moitié du IIe millénaire avant notre ère, la portée des voûtes atteint 3,8 m, preuve de la maîtrise des architectes dans ce domaine. Deux éléments concouraient à la stabilité de ces voûtes. Le premier était leur relative légèreté, due au fait qu'on y incorporait plus de paille hachée que dans les briques ordinaires ; le second, que l'on y creusait des rainures pendant qu'elles étaient encore molles, pour faciliter la coulée du mortier (de boue liquide) entre les faces contiguës.

■ La première voûte égyptienne était du type dit radial, mais elle était construite avec des briques parallélépipédiques. L'étape majeure suivante survint en 675 avant J.-C., lorsque les architectes de Tell Jemmeh, actuellement en Palestine (c'étaient des architectes assyriens, le pays étant sous occupation), construisirent les premières **voûtes en plein cintre** à l'aide de briques en **section d'arc de cercle** (30 cm à l'arc le plus grand, 24,5 cm au plus petit), ou **voussoirs.** Il est impossible de déterminer si cette innovation dérivait d'une technique mise au point en Perse et utilisant, avec une étonnante hardiesse, deux seules rangées de voussoirs d'une portée d'une demi-voûte chacune. Cette technique est d'autant plus étonnante qu'on employait des briques de terre crue de 120 cm de long. L'impossibilité d'établir un rapport chronologique tient au fait que l'édifice perse où cette technique apparaît n'a pu être daté avec précision (entre 750 et 600 avant J.-C.), alors que Tell Jemmeh est précisément daté. Les exemples de voussoirs sont cependant rares dans l'architecture préromaine au Proche et au Moyen-Orient. Cette rareté reste quelque peu singulière, car les preuves de leur supériorité architectonique auraient dû alors s'imposer.

Béton

An., Rome, Ier siècle av. J.-C.

C'est au moins dès le Ier siècle avant notre ère que les Romains utilisaient le béton pour les travaux publics. L'entreprise la plus vaste que l'on ait identifiée à ce jour fut la construction du port de Césarée par Hérode le Grand ; les ingénieurs coulèrent alors des blocs de 50 t en pleine mer, dans des caissons de bois. Le béton, fabriqué avec de la cendre volcanique d'Italie, prenait donc en pleine mer.

Brique

An., Sumer, IIIe millénaire av. J.-C. ; Grèce, IVe siècle av. J.-C.

La brique semble avoir été inventée à Sumer, au IIIe millénaire avant notre ère. Il s'agissait d'une **brique crue,** que l'on durcissait en la laissant sécher au soleil, et avec laquelle on bâtissait des murs épais, avec de l'argile ou du bitume en guise de mortier. Ce matériau résistait apparemment mieux à la pluie qu'au soleil, qui finissait par le fendiller. Les briques étaient préparées dans des formes de bois. Ce fut la seule forme de brique que l'on connût dans l'Antiquité jusqu'à l'invention de la **brique cuite** par les Grecs, au IVe siècle avant J.-C.

L'utilisation de la brique, crue ou cuite, a d'abord dépendu du type de sol où l'on bâtissait. A Sumer, de même que dans l'ensemble de la Mésopotamie, il n'y avait ni bois, ni pierre, et la brique, qui constituait donc le principal matériau de construction, y fut largement utilisée. En Égypte, ainsi qu'en Amérique, où la pierre était disponible, la brique ne fut qu'un matériau secondaire, destiné aux habitations populaires. Les Grecs eux-mêmes ne firent pas grand usage de la brique cuite. L'extension démographique et le prix élevé de la pierre assurèrent toutefois le succès croissant de la brique cuite, qui trouva même sa place dans certains éléments d'édifices nobles, tels que les cathédrales de Lübeck et de Ratzebourg au Moyen Âge.

Chignole

An., Europe, av. 1425.

Dérivée des **poinçons à percer des trous,** qui furent d'abord en pierre et en os, puis en métal, la chignole, connue de nos jours sous le nom de **perceuse,** vilebrequin dont une extrémité porte la pointe et l'autre une poignée libre, et dont le coude sert à faire tourner l'outil, ne fait son apparition que sur une peinture européenne datée de 1425 ; elle représente Joseph, menuisier, père de Jésus, à son atelier. Les premières chignoles furent en bois, mais, dès 1505 en Allemagne, on se servait de chignoles entièrement métalliques.

Construction métallique

Bogardus, 1848 ; Saulnier, 1871-1872 ; Viollet-le-Duc, 1872 ; Nouguier, Koechlin, Lockroy, Poubelle, Eiffel, 1886.

Huit siècles séparent la révolution de l'**architecture gothique** (voir p. 129) de son corollaire moderne, les **constructions à ossature métallique.** Les raisons en sont les lenteurs, souvent injustifiées, des progrès de la **métallurgie,** ainsi qu'une fidélité excessive, d'ordre culturel, aux techniques de construction héritées des Romains. La **fonte,** pourtant, existe bien avant l'avènement de la construction métallique, dans le dernier tiers du XIXe siècle ; elle a été utilisée par des architectes classiques du XVIIe siècle, Gabriel et Perrault, dans l'**assemblage à crampons** (qui était d'ailleurs pratiqué même dans l'Antiquité) ; le XIXe siècle en méconnaît fréquemment l'intérêt. Dès la fin du XVIIIe siècle, toutefois, **poteaux** et **poutres** en fonte font leur apparition en architecture, pour la première fois sans doute dans la manufacture de lin de Shrewsbury, en Grande-Bretagne, construite en 1796-1797 par A.W. Skempton. Les nouvelles et volumineuses **machines à tisser** exigent alors des espaces plus vastes, et seul le fer permet d'obtenir des **portées** assez grandes ; or Skempton et ses successeurs, qui reprennent le principe des poteaux et poutres métalliques, ne sont pas vraiment des inventeurs, mais plutôt des adaptateurs d'un matériau relativement nouveau à des techniques anciennes. Ils ne réalisent pas la **structure portante** qui est le propre de la construction métallique.

■ L'étape suivante est franchie par Henri Labrouste lors de la construction de la bibliothèque Sainte-Geneviève (1843-1850), puis de celle de la salle de lecture de la Bibliothèque nationale (1855-1875). En dépit de son mérite en tant que novateur, Labrouste ne fait pas non plus œuvre d'invention proprement dite. Son système est hétérogène, puisqu'à la bibliothèque Sainte-Geneviève la structure portante est enclose dans une enceinte de pierre et que, dans le second cas, les colonnes porteuses centrales sont portées elles-mêmes par des piliers de maçonnerie. L'audace de la formule des architectes gothiques de l'Ile-de-France tarde donc à se faire jour, bien qu'elle soit beaucoup plus facile à adopter avec le métal, qui permet de réunir les éléments porteurs de l'édifice par des tympans, par exemple. Quand Victor Baltard construit les Halles (1854-1857) et que Jacques Isidore Hittorff construit la gare du Nord à Paris (1861-1864), réalisant l'un et l'autre, enfin, des structures portantes à peu près entièrement métalliques, l'Américain James Bogardus a déjà érigé à New York un immeuble de cinq étages à structure entièrement métallique, en 1848. Les murs de façade sont abolis, mais le temps — et le génie — des maîtres verriers gothiques étant éteint, Bogardus se contente pour les façades de parois vitrées. Point important : les éléments de construction sont **préfabriqués,** et Bogardus, ainsi que ses successeurs, pourront élever rapidement des édifices similaires à travers l'Amérique, manufactures, entrepôts, halls d'exposition ou de gare. Bogardus a donc bien fait là œuvre d'inventeur.

Il aura presque immédiatement un disciple, l'Anglais Joseph Paxton, constructeur du très célèbre Crystal Palace de Londres, l'un des hauts lieux de l'architecture moderne. Il a mis à profit son expérience antérieure dans la construction de grandes serres pour bâtir, en 1851, un gigantesque édifice de 240 000 m², également à l'aide d'éléments préfabriqués.

■ Bogardus et Paxton n'ont cependant réalisé là que des juxtapositions de cellules autoportantes, qui ne correspondent pas à l'esprit de l'architecture, encore moins de l'architecture gothique. Il appartient au Français Jules Saulnier d'édifier la première **construction à structure métallique non cellulaire,** véritable squelette de fer et non juxtaposition de cages ; c'est l'usine du Chocolat Meunier, à Noisiel, dont tout le poids repose sur quatre piliers de fer creux à section carrée ; son développement devait donner naissance aux ossatures modernes à niveaux multiples. Réalisée en 1871-1872, l'usine de Saulnier doit sans doute beaucoup aux vues théoriques d'un passionné de l'architecture gothique, dont on a abusivement médit (en raison de restaurations poussées de Notre-Dame de Paris), Eugène Viollet-le-Duc. Celui-ci avait, le premier, pénétré l'esprit des architectes gothiques et leur mode d'application des **poussées** et **contre-poussées,** résolues dans l'invention des **croisées d'ogives,** des **ogifs** et des **arcs-boutants.** Il avait aussi été le premier à transposer systématiquement cette leçon dans l'utilisation des structures métalliques, inventant pour la circonstance le concept crucial de l'« organisme », constitué essentiellement de deux colonnes dont chacune bridait la poussée de l'autre par des jeux de **tirants,** de **contraintes** et d'**embrèvements,** sans qu'il fût nécessaire de recourir, comme cela avait été fait au palais de l'Industrie à Paris, en 1855, à des contreforts de plomb. Viollet-le-Duc n'avait publié sa théorie qu'en 1872 ; mais elle était en gestation depuis longtemps, et ce n'est rien retirer au mérite de Saulnier que d'en voir dans l'usine du Chocolat Meunier une brillante application.

■ Toute l'architecture américaine, à commencer par la célèbre école de Chicago, menée par William Le Baron Jenney, s'inspira de Saulnier et de Viollet-le-Duc pour la construction des premiers **gratte-ciel.**

■ Entre-temps, un événement devait captiver l'attention internationale : l'édification de la tour Eiffel. Celle-ci a souvent été présentée, et de manière totalement erronée, comme un caprice individuel de Gustave Eiffel. En réalité, le projet d'une tour dominant une grande ville hantait depuis de nombreuses années les imaginations. Trevithick, l'un des « pères » de la **locomotive** (voir p. 205), avait déjà proposé une tour de fonte de mille pieds de haut à la cour d'Angleterre, le Français Cabillet en avait proposé une autre pour Paris et les Américains avaient déjà construit l'obélisque de Washington (169 m). Deux ingénieurs de la maison Eiffel, Émile Nouguier et Maurice Koechlin, présentèrent un projet similaire à leur patron en 1884, pour l'Exposition de 1889 ; Gustave Eiffel le jugea imparfait. Néanmoins, ce projet faillit être retenu par l'Administration et, prié de fournir des idées au ministre du Commerce Édouard Lockroy, Gustave Eiffel, pris de court, racheta celle de Nouguier et Koechlin. En 1886, un concours fut ouvert par Lockroy et le préfet de Paris Eugène René Poubelle pour la construction d'une tour de 125 m de côté à la base et d'une hauteur de 300 m. Le projet d'Eiffel fut désigné par le jury. Réalisée en deux ans, deux mois et dix-sept jours, la tour introduisait le principe de la **structure élastique,** garantie de sa stabilité dans des normes définies, et inaugurait l'ère de l'architecture moderne par un singulier symbole : celui d'un ogif renversé.

C'est une grève des charpentiers, en 1845, qui força les constructeurs à recourir systématiquement à des poutres de fer, en l'occurrence des rails de chemin de fer, dont le profil en T fut conservé bien après que la construction métallique eut acquis droit de cité.

Cristal

An., Venise, vers 1450 ; an., Lyon, 1508 ; Ravenscroft, 1674.

Les premiers articles de verre étaient ternes, teintés, et la **transparence** en était plus que médiocre. Dès le IIIe millénaire avant notre ère, les Égyptiens recoururent, pour certaines pièces auxquelles ils entendaient prêter une transparence particulière, comme les yeux du *Scribe accroupi* (Louvre), au **cristal de roche.** Ce dernier matériau ne cessa d'ailleurs, durant les siècles qui suivirent, de susciter l'émulation des verriers. Au Moyen Âge, les techniques de taille s'étant beaucoup affinées, on commença à utiliser des blocs de cristal de roche, que l'on creusait pour en faire des objets précieux, hanaps, aquamaniles, etc. Dès le début du XVe siècle, les Vénitiens obtinrent un verre très blanc et d'une transparence à l'époque exceptionnelle, par sélection sévère des matériaux de base, **silice, potasse** et **soude,** notamment la soude, qu'ils faisaient venir d'Égypte et de Syrie. La maîtrise de ce type de verre, dit

verre cristallin, fut acquise vers 1450, assurant à la République de Venise une place prépondérante dans ce domaine. Le secret en fut percé et l'on commença à en fabriquer à Lyon en 1508. A la fin du XVIe siècle, toujours à la recherche d'une transparence et d'un éclat comparables à ceux du cristal de roche, les verriers de Bohême remplacèrent la soude par la **potasse,** obtenant, de fait, un **éclat** supérieur.

■ En 1674, l'Anglais George Ravenscroft décida d'incorporer au verre du **silex noir** pulvérisé, apparenté d'ailleurs au cristal de roche, qui lui permit d'atteindre à un **éclat** et à un **indice de réfraction** comparables à ceux du minéral. Mais ses pièces ternissaient au bout de quelques mois ; aussi Ravenscroft ajouta-t-il de l'**oxyde de plomb.** Cette substance était connue depuis longtemps pour donner au verre plus de **fondant,** donc plus d'homogénéité. Ajoutée au silex noir, elle produisit alors un verre donc l'**indice de réfraction** était supérieur à celui de tous les verres connus.

En **cristallographie,** le verre connu sous le nom commercial de cristal n'est pas un cristal à proprement parler, mais un **solide amorphe en surfusion.**

Écluse

Ch'iao Wei-yo (Jiao Weiyo), 984.

L'utilisation d'un compartiment clos par deux portes, ou **sas,** permettant à un chaland de passer du niveau inférieur d'un canal au niveau supérieur et inversement, apparaît en Europe en 1373 ; l'invention de l'écluse est cependant antérieure de quatre siècles environ, puisqu'elle fut faite en 984 par Ch'iao Wei-yo (Jiao Weiyo), inspecteur adjoint des transports dans la région du Hunan. L'invention et sa réalisation ont été abondamment décrites. L'écluse permit aux Chinois d'étendre considérablement le **réseau des canaux** à travers l'empire, puisque les ingénieurs n'avaient plus à tenir compte des différences de niveau, souvent considérables.

Estampage

An., Grèce ou Chine, VIIIe siècle av. J.-C. ; Vinci, vers 1500 ; Cellini, vers 1530 ; Philippe, 1835 ; Cavé, vers 1836 ; Japy, 1838 ; Palmer, 1848.

L'estampage, c'est-à-dire la **fabrication de pièces métalliques à la forme par pression,** est presque aussi ancien que la monnaie métallique (voir p. 171). D'invention anonyme, il remonte au VIIIe siècle, en Grèce ou en Chine, le point n'est pas établi. Les pièces de monnaie étaient fabriquées par l'insertion de petits lingots de métal, préalablement chauffés, entre deux **moules de métal dur** dont celui qui se trouvait au-dessus était enfoncé à coups de masse. Ce procédé a d'ailleurs été utilisé en Inde, par exemple, jusqu'au XIXe siècle. Vers le IIe siècle avant notre ère, soit dit en passant, les Romains avaient introduit le **moulage en fusion.** Vers 1500, estime-t-on, Léonard de Vinci dessina une **presse à estamper à vis,** dont on ne sait s'il la construisit, mais dont on sait que le sculpteur Benvenuto Cellini réalisa une version, pour frapper monnaie, à cette différence près qu'il s'agissait d'une **presse à levier.** L'estampage ne progressa plus guère dans son principe, jusqu'à la première moitié du XIXe siècle, quand fut acquise la maîtrise de la vapeur.

■ En 1835, le fabricant de roues parisien E. Philippe amorça l'étape suivante de l'estampage par sa **machine à cintrer ;** celle-ci consistait en grandes roues accolées à des cylindres entre lesquels il faisait passer les bandes à cintrer, selon un principe dérivé du **laminage.** Le même procédé servit ensuite à cintrer des parois de chaudières et de réservoirs. Vers 1836, François Cavé réalisa une machine à cintrer par estampage dérivée du **marteau-pilon** (voir p. 134) : la feuille de métal à estamper, préalablement chauffée, était soumise à la pression d'un **mandrin** à la forme, sur lequel tombait le pilon. En 1838, le Suisse Louis Japy breveta une presse qui en revenait au principe du levier pour fabriquer des ustensiles de cuisine en cuivre ou en tôle. A partir de 1848, le Français Jean Palmer déposa une série de brevets qui aboutirent à une méthode, dite cette fois d'**emboutissage** en deux temps, le premier par levier, le second par pilon. L'estampage, devenu emboutissage, est à la source de la **tôlerie** moderne dans l'**industrie automobile, maritime, aéronautique,** etc.

Fibre de verre

Riva, 1713 ; Libbey, 1893.

En 1713, le savant René de Réaumur présentait à l'Académie des sciences de Paris un tissu entièrement en fibre de verre, le premier connu et donc très probablement inventé par son fabricant, le Vénitien Carlo Riva. L'invention n'eut guère de lendemain car ce n'est qu'en 1893 que l'Américain Edward Drummond Libbey réalisa une filature de fibres de verre ; tissé avec de la soie, le matériau produit connut un succès de curiosité assez remarquable. C'est au début du XXe siècle que l'on s'intéressa aux usages industriels possibles des fibres de verre et qu'on en perfectionna la fabrication (⟶).

Libbey offrit une robe en fibres de verre et soie à l'infante Eulalie d'Espagne. Il s'agissait là d'une curiosité élégante, car le matériau était raide et se cassait, et ne supportait donc pas d'être façonné, encore moins plié.

Gothique (style)

An., France, 1120.

L'une des inventions majeures de l'histoire de l'architecture et la source incontestable de l'architecture moderne est celle du style gothique. Elle consiste à substituer aux **murs portants,** serviteurs des contraintes architectoniques, une **structure portante.** Celle-ci est réalisée grâce à la répartition égale des pressions exercées par les voûtes sur des segments d'arcs brisés opposés et soutenus par des piliers **(voûte d'ogives).** Dès lors, il y a dissolution de la fonction portante des murs, qui peuvent s'élever à de grandes hauteurs et comporter de très vastes ouvertures, les fenêtres garnies de vitraux. Elle implique aussi l'utilisation — et l'invention — des **arcs-boutants,** destinés à répondre horizontalement aux pressions verticales, éventuellement déviées, qui s'exercent sur les piliers.

■ La révolution technologique du style dit gothique (et qui ne doit rien à la culture gothique) ne s'est pas opérée d'un coup, mais par étapes, toutefois à une vitesse qui force l'étonnement, compte tenu de la lenteur relative de progression des techniques à l'époque ; en effet, ses prémices apparaissent à Lessay en 1100 et sa première réalisation magistrale, la cathédrale de Saint-Denis, date de 1140. C'est à Lessay, en effet, qu'est inauguré le principe des **arcs portants croisés en diagonale (voûte d'arêtes),** qui sont encore des arcs en plein cintre, mais qui exercent déjà, dans une architecture romane, une fonction portante annonciatrice de la **voûte ogivale.** Esthétiquement peu satisfaisants, puisqu'ils prennent appui plus bas que les arcs transverses et longitudinaux, ils évoluent dix ans plus tard, à Saint-Étienne de Caen, vers une fonction portante caractérisée, dans une **voûte sur croisée d'ogives sexpartite.**

■ En 1155, dans le porche de Saint-Pierre de Moissac, apparaît l'arc brisé caractéristique, ou **ogif,** et, cinq ans plus tard à Saint-Étienne de Beauvais et à Morienval, les premiers **arcs transverses ogivaux** et réellement nervurés, ce que n'étaient pas leurs prédécesseurs, apparaissent, respectivement dans le transept et dans le cloître. Les Anglais s'étaient déjà essayés, en 1093, à Durham, à l'utilisation de nervures, mais c'est en France, à Saint-Denis, que les calculs de résistance étonnamment complexes du style gothique sont maîtrisés. Plusieurs « répétitions » à moindre échelle ont sans doute contribué à ce coup de maître, dont le chœur de Saint-Germer, près de Beauvais (1132), et, auparavant, le chapitre de Jumièges (1109). Dès lors suivent le chœur de la cathédrale de Sens, néanmoins sexpartite comme Saint-Étienne

La tour de la cathédrale Notre-Dame à Laon
Dessin d'architecture in *Album* (ou carnet) *de croquis* de Villard de Honnecourt, première moitié du XIIIe siècle.

de Beauvais, Noyon (1150), Laon (1160), Notre-Dame de Paris (1163), Chartres (1194), Bourges (1200), Rouen (1201), Reims (1210), Amiens (1220), puis la nouvelle nef de Saint-Denis (1232), la Sainte-Chapelle (1243-1248), Troyes (1262), Rouen (1318).

Si la voûte nervurée avait déjà été employée à Durham, puis à Winchester en 1107, et dans la crypte de la cathédrale de Gloucester (1120), le gothique ne fit sa première apparition en Angleterre, en tant que style complet avec voûte sur croisée d'ogives, qu'en 1174, lorsque Guillaume de Sens reconstruisit la cathédrale de Canterbury.

Conquérant les pays du centre et du nord de l'Europe, où il supplanta l'architecture romane, le gothique disparut pendant plusieurs siècles, après la brève décadence du style flamboyant et *decorated*, pour être redécouvert technologiquement au début du XIXe siècle, quand la métallurgie permit de réaliser à nouveau des structures portantes, cette fois en fonte (Crystal Palace), puis dans la première moitié du XXe siècle, quand les architectes utilisèrent les possibilités du béton armé pour leurs structures portantes.

Plusieurs pays ont autrefois revendiqué la paternité du gothique, jusqu'à ce que les travaux de l'Anglais G.D. Whittington démontrassent, en 1809, que le style avait été inventé en Ile-de-France. On a suggéré que l'idée de l'ogive aurait été ramenée d'Orient par les croisés, et qu'elle procéderait de l'**arc lancéolé** de l'architecture syrienne ; en tout état de cause, l'arc lancéolé syrien ne suscita jamais de voûte d'ogives. Le terme « gothique » dérive de l'expression *alla tedesca,* utilisée de manière péjorative par le Vatican pour définir le nouveau style, jugé « barbare », donc « gothique ». En réalité, il semble que la dépréciation dont le gothique fut l'objet de la part des autorités papales ait tenu à la dématérialisation de l'édifice, par le double jeu des piliers élancés et des vastes vitraux ; pour les théologiens romains, cette révolution fleurait dangereusement le mysticisme et la réfutation de l'Incarnation, et ils allèrent jusqu'à soutenir que les édifices gothiques avaient été construits par des francs-maçons, des juifs et des païens, et il n'y en eut jamais d'entrepris à Rome.

Lame

An., Afrique, 2600000 ans av. J.-C.

La lame est le plus ancien de tous les instruments ; les premières que l'on ait retrouvées, en 1969 en Afrique, remontent à 2600000 ans. Taillées dans les silex, elles avaient des usages multiples : taille, grattage, hachage, fouissage, outre, évidemment, la fonction consistant à trancher. Ces premières lames ont fourni des embranchements dont les principaux sont les **armes blanches,** les **haches,** les **herminettes et serpes,** et enfin les **ciseaux.**

Lime

An., Égypte, 1500 av. J.-C.

La première lime connue était en bronze et a été retrouvée en Égypte ; elle date de 1500 avant notre ère. Les Grecs utilisaient de la **peau de requin** pour le polissage. Il ne semble pas que la lime soit apparue en Europe avant le IVe siècle avant J.-C.

Au début du XVIe siècle, Léonard de Vinci imagina une machine pour la fabrication de limes, mais l'idée n'en fut appliquée qu'en 1758.

A la fin du XVIe siècle, les limes étaient utilisées pour la fabrication des pas de vis, car les vis étaient faites à la main.

Machine à coudre

Wiesenthal, 1755 ; Thimonnier, 1830 ; Hunt, 1832-1834 ; Howe, 1844 ; Wilson, 1849 ; Grover, 1851 ; Gibbs, 1856.

L'invention de la machine à coudre n'est qu'ébauchée au XVIIIe siècle, à une époque où l'industrie de la confection tente d'améliorer le rendement de l'artisanat sur lequel elle repose encore. Son tout premier élément est indéniablement l'**aiguille à deux pointes** — en forme de navette — avec le chas au centre, que l'Américain (en fait, encore anglais) Charles T. Wiesenthal fait breveter en 1755. Son idée est simple : éviter que les couturières et brodeuses aient à retourner l'aiguille à chaque point, sur les deux faces du tissu. Le brevet dut être peu connu car, en 1790, le projet d'une machine à coudre que l'Anglais Thomas Saint fait aussi breveter en 1790, pour piquer ou coudre, n'en fait pas mention. Les deux éléments principaux de l'invention, le **mouvement** et l'**aiguille,** sont donc théoriquement, et séparément, prêts, mais ils attendent d'être réunis.

■ C'est quarante ans plus tard, en 1830, qu'un modeste tailleur de Saint-Étienne, Barthélemy Thimonnier, conçoit et réalise ce qui fut la première machine à coudre, en fait une table sur laquelle une **roue à volant** entraîne une **bielle** dont le va-et-vient fait descendre et remonter l'aiguille de Wiesenthal. La machine, tout en bois, est rudimentaire, mais elle marche. Thimonnier obtient des lettres patentes et, bien que sa machine ne comporte certes pas de mouvement d'entraînement du tissu et qu'elle exige donc de la dextérité pour l'obtention d'un point régulier, on en compte quatre-vingts en service, rien qu'à Paris, en 1841. Elles servent à la confection des uniformes de l'armée. Mais elles font concurrence aux petites mains et le malheureux Thimonnier manque d'être écharpé quand une foule furieuse prend sa boutique d'assaut et met ses machines en pièces. Obstiné, gardant sans doute en mémoire le sort réservé aux **métiers de Jacquard,** Thimonnier perfectionne tout de même sa machine à deux reprises, et, en 1845, la fait protéger par des brevets à la fois en Angleterre et aux États-Unis. La révolution de 1848 ruine son entreprise. Sa machine à coudre, pourtant grandement améliorée — elle est désormais tout en métal —, n'intéresse guère les badauds de l'Exposition de 1851 à Londres. En 1857, quand Thimonnier lui apporte la dernière amélioration, elle semble ne plus être qu'une des curiosités poussiéreuses de l'histoire des inventions.

■ Elle ne devait cependant pas être oubliée ailleurs, car, de 1832 à 1834, l'Américain Walter Hunt avait, lui aussi, conçu et réalisé une machine à coudre, et elle était indéniablement plus « avancée » que celle de Thimonnier ; l'aiguille y était fixée à un **bras oscillant,** formant une boucle de fil sur la face inférieure du tissu, à travers laquelle une **navette** également oscillante passait un second fil, réalisant ainsi le **point piqué** de toutes les machines à deux fils. Toutefois, ce n'est pas Hunt, mais son compatriote Elias Howe qui fit breveter, en 1844, ce type de machine. Cela ne lui rapporta pas davantage de succès, car, bien qu'il eût vendu son brevet à un fabricant anglais de corsets, William Thomas, et qu'il fût allé défendre son invention sur place, à Londres, Howe rentra aux États-Unis cinq ans plus tard, sans le sou.

Au milieu du XIXe siècle, donc, et bien qu'elle eût fait ses preuves, la machine à coudre n'intéressait pas grand-monde. Néanmoins, l'Américain Isaac Merritt Singer tenta de s'approprier indûment l'invention de Howe, qui s'insurgea. Des procès retentissants furent engagés et la publicité maintint au moins dans le public la notion de la machine à coudre.

■ La même année 1849 où Howe rentrait découragé aux États-Unis, l'Américain Allen B. Wilson améliora encore la machine à coudre en introduisant l'**entraînement automatique** du tissu et, en 1851, un autre Américain, William O. Grover, inventa une machine qui réalisait le **double point de chaîne.** Quand, en 1856, un fermier de Virginie, James E.O. Gibbs, construisit une machine simple qui effectuait le **point de chaîne simple** et permettait à toutes les ménagères de coudre mécaniquement les vêtements de la famille, la machine à coudre commença à gravir lentement la pente qui la mena à la fois vers l'objet ménager classique et vers l'équipement de base de la confection de grande série.

La deuxième machine de Thimonnier exécutait deux cents points à la minute ; on conçoit donc la colère des « petites mains ». Et la troisième était capable de faire le **point de chaînette,** d'où le nom que Thimonnier et son associé, Magnin, lui donnèrent : cousobrodeur.

Machine-outil

Wilkinson, 1775 ; Nasmyth, 1851 ; Spencer, 1866 et 1895.

Il est difficile d'attribuer une date déterminée à la naissance du concept de machine-outil. Si l'on entend par là une **machine capable d'accomplir une tâche sans intervention humaine et par domestication d'une énergie naturelle,** ce concept ne peut être restreint aux machines qui utilisent la vapeur ou l'électricité et il faut dans ce cas considérer que le **soufflet** actionné par un **moteur hydraulique à piston,** inventé en Chine en 530, constitue l'ancêtre de toutes les machines-outils, suivi de près par les **meules hydrauliques.** Toutefois, la convention qui fait remonter la naissance de la machine-outil à l'avènement de la vapeur, c'est-à-dire au XVIIIe siècle, n'est pas gratuite, car c'est bien la vapeur qui introduit la notion de machines indépendantes et qui confère à l'outil le trait intégralement neuf de régularité mécanique.

A cet égard, la première machine-outil des temps modernes est bien la **machine à aléser,** inventée en 1775 par l'Anglais John Wilkinson et grâce à laquelle furent réalisés les cylindres de la machine à vapeur de Watt. Elle devait non seulement subir maints perfectionnements, mais encore servir de prototype à de très nombreuses autres machines-outils, dont la **fraiseuse** d'Eli Whitney (1818), les diverses **raboteuses,** les **machines à copier,** les **scies,** les **limeuses,** les **fraiseuses,** les **meuleuses,** les **rectifieuses...** On commença alors à réaliser des machines-outils pour la fabrication de pièces déterminées, comme la machine à produire des cabestans de navires, inventée par Isambard Kingdom Brunel (1808). C'est en particulier grâce aux critères rigoureux de mesure des pièces, imposés en 1834 par l'Anglais Joseph Whitworth, que la machine-outil put contribuer enfin à l'essor de la **taylorisation** (voir p. 143).

■ L'une des dates majeures en ce domaine fut la réalisation du premier **marteau-pilon à vapeur,** présenté en 1851 à l'Exposition universelle de Londres par son inventeur, l'Anglais Jet Nasmyth. Le concept de machine-outil n'y était pas modifié, mais la puissance et les capacités de l'engin, sans précédent, ouvraient l'ère de la **métallurgie lourde ;** il devenait dès lors possible de fabriquer des pièces de très grandes dimensions, pour les ouvrages d'art, le génie maritime, le génie militaire.

■ La première ébauche des machines-outils modernes fut présentée sous la forme d'un **tour automatique,** inventé en 1866 par l'Anglais C.M. Spencer, qui réduisait beaucoup plus l'intervention humaine. En 1895, le même Spencer inventait une machine encore plus avancée, la **tourelle à mandrins multiples,** qui permettait d'exécuter plusieurs opérations en série.

La machine-outil est l'une des inventions qui ont le plus profondément modifié les structures sociales. Elle a, en effet, permis d'accroître la production industrielle tout en réduisant le nombre d'heures de travail, donc d'abaisser le **prix de revient des pièces manufacturées.** Elle a, de plus, permis de réduire progressivement le nombre d'heures ouvrables, préfigurant à la fois l'âge des loisirs et la dévalorisation du travail manuel.

Marteau-pilon

Watt, 1784 ; Deverell, 1806 ; Bourdon, 1846.

L'invention du marteau-pilon, machine essentielle en métallurgie pour la **forge de force de grosses pièces métalliques,** est traditionnellement attribuée à l'Anglais James Nasmyth, en 1841, auquel on oppose, non moins traditionnellement, le Français François Cavé qui, en 1836, utilisait déjà une telle machine dans ses ateliers parisiens.

■ En réalité, l'inventeur en est l'Anglais James Watt, qui l'avait fait breveter dès 1784. Watt avait imaginé un marteau dont la masse était soulevée par un **piston à vapeur** et retombait de son propre poids. Idée bien trop en avance pour l'époque, et qui ne fut pas plus réalisée, du moins dans les délais ordinaires, que celle de son compatriote William Deverell, qui avait imaginé pour sa part d'accélérer la chute du marteau par **injection d'air comprimé** dans la partie supérieure du cylindre (1806). Jusqu'alors, et pendant trente ans ensuite environ, on se servait de **marteaux à manivelle actionnés par arbres à cames,** dits **« martinets ».**
Cavé, déjà cité, réinventa, peut-être indépendamment, le système de Watt, qu'il fit breveter pour son compte en 1836, et eut le mérite d'être le premier à en faire construire un prototype... Celui-ci donna pleine satisfaction. Trois ans plus tard, Nasmyth, qui avait aussi repris, mais en connaissance de cause certaine, l'idée de Watt, n'avait toujours pas fait construire de machine.

■ Celle-ci dut ses progrès à François Bourdon qui, en 1839, fit faire une étude mécanique complète de la machine, qu'il fut d'ailleurs le premier à appeler **pilon** et que Schneider Frères firent construire — non sans quelque réserve — en 1841 dans leurs ateliers du Creusot. Le premier marteau-pilon, qui avait une **masse tombante** de 2,5 t d'une hauteur de 2 m, servit à l'usinage de grosses pièces de forge. Très vite, Bourdon en étendit, en 1846, l'usage à l'**estampage** (voir p. 128).

Visitant en 1842 les usines du Creusot, Nasmyth fut d'autant plus frappé par l'appareil que Bourdon et Eugène Schneider avaient, en 1839, visité son atelier et pris connaissance de ses croquis. Nasmyth entreprit donc de faire valoir ses droits à l'antériorité de l'invention, et une polémique s'engagea. Toutefois, les frères Schneider expliquèrent à Nasmyth que son invention prévoyait une structure trop faible pour les chocs engendrés, carence qu'avait palliée Bourdon. En réalité, il s'agit là d'un exemple supplémentaire d'invention qui était « dans l'air » et dont le père véritable était un précurseur, en l'occurrence Watt, sinon Deverell.

Métallurgie

An., Mésopotamie, 4000 av. J.-C. ; an., Égypte, 2600 av. J.-C. ; an., Hittites, mer Noire, 1200 av. J.-C. ; an., Chine, IVe-IIIe siècle av. J.-C. ; an., Inde, Ier siècle ; Bessemer et Kelly, 1854 ; Siemens, 1856...

Il est quelque peu aléatoire d'utiliser le terme d'« invention » à propos de la métallurgie, car tout porte à croire que les premiers métaux connus furent découverts par hasard, à l'état natif, et que les premiers objets en métal furent réalisés par simple martelage de métaux natifs. Par ailleurs, il est impossible d'exposer dans le cadre ici imparti la totalité des inventions qui ont abouti à la naissance de la métallurgie moderne ; elles se comptent par centaines et la plupart d'entre elles constituent essentiellement des améliorations de techniques existant déjà. Nous nous en tiendrons donc à celles des étapes de la métallurgie qui se caractérisent par la création d'une technique jusqu'alors inconnue.

■ La première invention, ou « semi-invention », en métallurgie semble avoir consisté dans l'idée du **martelage** du fer météoritique, surtout du fer-nickel, ainsi que du cuivre et de l'or natifs ; elle se fit, selon les connaissances archéologiques acquises jusqu'au troisième quart du XXe siècle, en Mésopotamie, 4000 ans avant notre ère. C'est à la même époque et dans la même région que semble avoir eu lieu une autre invention fondamentale, qui consista à porter un métal à son point de **fusion,** par la chaleur, en l'occurrence du cuivre, et à le recuire **(recuisson)** en le maintenant pendant plusieurs jours à haute température, afin de lui prêter plus de dureté.

■ Deux autres inventions, d'importance égale, sinon supérieure, réalisées toujours en Mésopotamie à la même époque, vont compléter le tableau fondamental des technologies de base en métallurgie. L'une est la **réduction par la chaleur ou oxydation de minerais** de cuivre et de plomb, c'est-à-dire l'art d'extraire des métaux purs de minerais en brûlant ou éliminant les impuretés. L'autre est la préparation d'**alliages :** c'est vers le milieu du IVe millénaire, en effet, que les Mésopotamiens fabriquent des alliages cuivre-étain, non accidentels ; car il semble qu'il y ait eu auparavant des alliages accidentels. Ce sont les premiers alliages intentionnels de l'histoire de la métallurgie, et ils inaugurent l'âge du bronze.

■ L'extraction du métal à partir du minerai mérite une mention particulière, car elle fut rendue possible par une invention spécifique, le **four à réduction,** que l'on peut dater aux alentours de 3600, mais dont on ne sait pas si elle apparut en Mésopotamie ou en Égypte. Le four à réduction était composé de deux chambres superposées, séparées par une paroi percée de trous. Le minerai était donc placé dans la chambre supérieure, où la chaleur se répandait par les trous de la paroi. Le soufre présent dans le minerai se dégageait sous forme de gaz, au cours d'une combustion lente, et il ne restait plus que le résidu métallique. Ce minerai était cependant impur et contenait, selon les gisements, du fer, de l'or, de l'argent, de l'étain, du plomb. Après grillage, le minerai métallique était porté à la fusion et transformé en plaques que l'on travaillait par martelage.

■ Bien sûr, le four à réduction ne fut utilisé que pour l'extraction du cuivre. Il suscita une invention secondaire, qui était celle de **moules** permanents, en pierre ou en métal, pour la fonte d'objets à produire en grande quantité, sinon en série. L'on rendra hommage, à ce propos, au génie inconnu qui s'avisa le premier que le cuivre ne se trouvait pas seulement dans des gisements de surface, sous une forme désagrégée, mais également dans des veines souterraines. Ce pionnier eut donc le premier l'idée d'exploiter des mines et de concasser le minerai. C'était sans doute un minerai moins pur que celui qui se présentait sous forme désagrégée, mais il était aussi beaucoup plus abondant.

■ Quatre millénaires avant notre ère, l'homme a donc appris à utiliser le métal, à le faire fondre, à le faire recuire, à l'extraire du sol et à l'associer à d'autres métaux. Sur ce tronc de connaissances apparaîtront successivement d'autres techniques, parfois inspirées par la découverte d'autres métaux. C'est ainsi qu'au IIe millénaire, toujours en Mésopotamie, l'on invente la **coupellation** à la suite de la découverte de plomb argentifère. Le procédé consiste à chauffer le minerai dans un **four à sole** jusqu'au moment de l'éclair, celui où l'argent devient brillant. Le plomb, dont le point de fusion est beaucoup plus bas, forme alors une nappe, sur laquelle on « cueille » l'argent. Auparavant, la familiarisation avec la production de bronze aura aussi amené les Égyptiens à inventer un procédé de fonte encore utilisé de nos jours, et qui est celui de la **cire perdue.** Pour obtenir une effigie en métal, on en fait d'abord un modèle en cire ; on l'enrobe dans de la terre glaise ; on fait chauffer le tout ; la glaise durcit ; on injecte alors dans le moule de glaise du bronze en fusion, qui prend la place de la cire, fondue dans la cuisson du moule. Il ne reste plus qu'à casser celui-ci.

■ Sixième et dernière des inventions majeures du IVe millénaire : la **soudure.** L'homme imagina de réunir des éléments différents en portant les bords de ceux-ci à leur point de fusion. Les premiers réalisés furent des alliages or-cuivre et plomb-étain.

■ Entre les IIIe et IIe millénaires, les techniques déjà connues sont étendues à d'autres métaux. En 1300 avant notre ère se produit un événement majeur : on commence à extraire du fer de son minerai. Les premiers à l'avoir fait sont apparemment les Hittites du sud de la mer Noire ; les Philistins leur emprunteront cette technique un siècle plus tard. Fait remarquable, en même temps, cette découverte inspire, elle aussi, une invention majeure : ce sera le **fer au carbone,** c'est-à-dire l'acier. On ne sait pas si c'est en Mésopotamie ou en Égypte que l'invention a été faite, mais il est presque certain qu'elle dériva de l'observation.
Le fer que l'on extrayait du minerai se présentait sous forme de globules noyés dans un magma semi-liquide ; des mises au feu et des martelages successifs débarrassaient les globules — du fer presque pur — de son magma ; il ne restait qu'à le marteler. Mais on obtenait alors un **fer doux,** d'usage limité. Les premiers forgerons durent remarquer que, si le fer était mis en contact avec du bois, il acquérait une dureté bien supérieure ; c'était, en effet, du **fer au carbone,** et celui-ci présentait un avantage supplémentaire : on pouvait le tremper.

■ A une période indéterminée, dix siècles avant notre ère selon certains auteurs, quatre seulement selon d'autres, en tout cas les premiers, les Chinois maîtrisent la fabrication de la fonte grâce à une invention d'importance égale à celle du four à réduction : le **haut fourneau.** Mis à part leur génie technologique, les Chinois étaient particulièrement bien placés pour le concevoir : ils possédaient d'excellentes argiles réfractaires pour la construction des murs de hauts fourneaux en même temps qu'un type de terre, qu'ils appelaient « terre noire », très riche en **phosphate de fer,** et qui se révéla précieuse pour la fabrication de la fonte : en effet, si l'on ajoute jusqu'à 6 % de phosphore à du minerai de fer, on abaisse son point de fusion de 1 130 °C à 950 °C. Elle leur permit ainsi, trois à quatre siècles avant l'apparition des premiers hauts fourneaux, de maîtriser la température de fusion du fer. Quand ils se dotèrent de hauts fourneaux, ils n'en eurent d'ailleurs plus besoin : il suffisait de réduire le feu.
Les Chinois disposaient par ailleurs de grandes réserves de charbon et, dès le IVe siècle, peut-être même avant, ils savaient s'en servir comme combustible. Pour faire de la fonte, ils déposaient le minerai de fer dans des creusets en forme de tubes et mettaient directement ceux-ci en contact avec le charbon enflammé. L'idée peut sembler d'une simplicité désarmante, mais il faut savoir que la fonte du minerai de fer au charbon posa de grandes difficultés aux Anglais jusqu'au XVIIe siècle.

■ La maîtrise de la fonte stimula considérablement la métallurgie chinoise, qui produisit, outre des outils et des armes, les premiers socs de fonte, ce qui bouleversa l'agriculture. Au IIIe siècle avant J.-C., c'est-à-dire un siècle après avoir maîtrisé la fabrication de la fonte, les Chinois réussirent un autre coup de maître, qui fut l'invention de la **fonte recuite :** maintenue pendant une semaine à très haute température, la fonte devenait ensuite beaucoup moins cassante, ce qui permit de perfectionner encore les socs et de fabriquer des pièces plus grandes qu'auparavant. La fonte approchait alors de l'acier. En 1105, les Chinois construisirent même une pagode de 26 m de haut, entièrement en fonte recuite, par superposition d'étages octogonaux fondus ; elle est encore debout dans la province du Shantun (Shandong) à Luoning.

■ Au Ier siècle, les Hindous réussissent un autre coup de maître : ils inventent le procédé de l'**acier fondu.** Il s'agit bien d'acier, puisque, selon la définition admise, il ne contient pas plus que 1,7 % de carbone. Pour cela, les Hindous martèlent le fer afin d'en éliminer les scories, le brisent et le mettent à fondre avec des copeaux de bois, dont ils absorbent le carbone. L'acier obtenu est ensuite martelé pour fabriquer des outils et des armes ; c'est le procédé qui sera repris au Moyen Âge par les Arabes pour la fabrication des célèbres épées de Damas.

■ C'est en Asie, semble-t-il, que l'on inventa le procédé d'**extraction du mercure par distillation,** vers le Ier siècle. Fait singulier : le monde gréco-latin ne produit pas d'invention dans le domaine de la métallurgie. La première invention majeure qui suivit celle de l'acier fondu par les Hindous fut celle du **« puddlage »** par l'Anglais Stephen Cort, en 1784 : ce procédé consistait à décarburer la fonte dans le haut fourneau par brassage de la masse fondue. On obtenait de la sorte une masse de fer pâteuse, raffinée, que l'on pouvait laminer pour en faire des barres ou des plaques, ou bien couler dans des moules.

■ En 1854, cette invention fut perfectionnée par celles, simultanées, de l'Anglais Henry Bessemer et de l'Américain William Kelly : elles consistaient à purifier directement le fer fondu par injection d'air dans une cuve, ou **convertisseur,** dont l'intérieur était recouvert d'un métal réfractaire. En éliminant l'excès d'impuretés, on obtenait un métal susceptible de supporter la trempe et des contraintes importantes. Trois inventions successives, les fours des Allemands Wilhelm et Friedrich Siemens (1856), du Français Pierre Martin (1864) et de l'Anglais Sydney Thomas (1880), permirent d'utiliser tous les minerais de fer pour la production de fonte destinée à la fabrication de l'acier. Le principe consistait à préchauffer l'air destiné à la combustion des impuretés de la fonte, ce qui permettait d'élever sensiblement la température de traitement.

L'une des plus remarquables astuces technologiques en métallurgie fut l'invention de l'alliage or-cuivre, ou **tombac,** pratiqué par les Indiens de la Colombie, du Panamá et du Costa Rica actuels. L'alliage avait un point de fusion inférieur à celui des deux métaux pris séparément, et pouvait donc être obtenu dans des fours peu puissants ; il consommait moins d'or et, par oxydation des particules de cuivre de surface, il permettait de réaliser des objets à l'apparence d'or pur. L'oxydation du cuivre se faisait par chauffage ; le cuivre noirci était alors décapé dans un bain d'urine ou d'agrumes. Une fois poli, il étincelait.

Métiers à tisser

An., Égypte, 4400 av. J.-C. ; an., Chine, 2500 av. J.-C. ; Bouchon, 1725 ; Vaucanson, 1728 ; Kay, 1733 ; Cartwright, 1785 ; Jacquard, 1801.

La plus ancienne description d'un métier a été fournie par un dessin retrouvé sur une poterie égyptienne remontant à 4400 avant notre ère. L'appareil est très simple, puisqu'il n'est composé que de deux rouleaux, qui se perpétueront fort tard dans le tissage : celui que l'on appelle **« ensouple »,** et qui dévide les fils de chaîne vers le tisserand, et le rouleau sur lequel s'enroule le tissu réalisé, et qui sont tous les deux parallèles. L'ensouple est lestée à l'aide de poids et posée sur des tréteaux.

Et c'est là qu'apparaît l'invention fondamentale du tissage, qui est celle des **rémisses** ou harnais, système de deux lames horizontales au métier entre lesquelles sont tendues des cordelettes, ou **lices,** disposées à espaces réguliers et par lesquelles passent les **fils de chaîne** — chaque lice comportant un anneau par lequel est enfilé un fil de chaîne.

Dans ce métier égyptien, il semble qu'il n'y ait qu'une seule rémisse, que le tisserand soulevait (ou abaissait) à la main, pour dégager les fils pairs, par exemple, à supposer que ce fussent ceux qui y étaient enfilés, de façon à ce que la nappe des fils pairs et des fils impairs formât un angle dièdre par lequel le fil de trame, perpendiculaire aux fils de chaîne, était passé. Une baguette qui figure sur le dessin ou bien était un **peigne** rudimentaire destiné à serrer la **duite** — c'est le nom d'un passage de fil de trame — ou bien servait à séparer les fils pairs et impairs — ce que l'on appelle de nos jours une **baguette d'enverjure.**

Vers 2500 avant notre ère, mais en Chine, des fragments de soie damassée retrouvés dans des tombes impliquent un perfectionnement du métier décrit ci-dessus, le damassage ne semblant guère possible avec l'ancien métier, trop rudimentaire. Il aurait comporté, normalement, deux rémisses, l'une portant les fils pairs, l'autre les fils

Métier à tisser Jacquard (1752-1834).

impairs, peut-être fixées à des cadres, afin d'être actionnées par des pédales.

■ Toujours est-il que l'on retrouve en Europe, au XIIIe siècle, un métier à deux rémisses et **pédalier.** Les rémisses sont montées sur cadres, de même que le battant, sorte de peigne à serrer les duites. Le cadre du battant est alors attaché aux montants mêmes du métier, par des pivots qui permettent de le rabattre à la main. On relève là deux perfectionnements essentiels : le montage des rémisses sur cadres actionnés par pédaliers, qui libère les mains et permet de passer le fil de trame à la navette avec beaucoup plus de rapidité, et le battant captif, que l'on actionne aussi à la main, d'un seul geste. Il deviendra alors possible d'augmenter considérablement la productivité d'un métier et, dans les siècles ultérieurs, la variété des motifs. C'est ainsi qu'à la fin du Moyen Âge on trouve des métiers à vingt-cinq rémisses et même à cent rémisses, d'origine probablement asiatique.

Pour les tissages élaborés, on disposait les fils de chaîne sur l'ensouple selon un ordre préétabli, par groupes : les fils bleus, les fils jaunes, etc., et un apprenti, perché sur le métier, était chargé de les soulever à la main pour permettre la conduite indépendamment des rémisses qui, s'étendant sur toute la largeur du métier, n'autorisaient pas une séparation segmentée. Au début du XVIIe siècle, on inventa, en Italie semble-t-il, un système mécanique qui faisait, et beaucoup plus correctement, le travail de l'apprenti ; ce système, qui s'apparentait à celui des marteaux de piano, soulevait différents groupes de fils par commande à pédale.

■ En 1725, le Français Basile Bouchon introduisit le premier système de **cartes perforées** pour le contrôle de ce mécanisme. Un rouleau de papier perforé en fonction du dessin se déroulait sur un cylindre ; le cylindre était poussé vers une **boîte d'aiguilles** commandant les marteaux de sélection des fils. S'il y avait un trou, l'aiguille s'y enfonçait et le fil qu'elle commandait restait immobile ; s'il n'y avait pas de trou, les aiguilles se surélevaient et montaient les fils. Le système était fiable, mais exigeait, là aussi, un assistant ; il fut perfectionné en 1728 à la fois par multiplication des aiguilles et création d'une carte indépendante pour chaque duite, ce qui supposait une succession de cartes perforées.

En 1728, un autre Français, Jacques de Vaucanson, célèbre fabricant d'automates, modifia le système Bouchon en plaçant le mécanisme à cartes perforées au-dessus du métier, de sorte que les fils que l'on désirait détacher de la nappe d'ensouple, et qui étaient alors tous passés dans des aiguilles, fussent directement soulevés, les aiguilles étant attachées à des crochets soulevés par une barre de métal. Système complexe, dont il est douteux qu'il ait connu un succès commercial, mais qui présenta l'incontestable mérite de préparer la voie à l'invention de Jacquard.

■ Entre le métier Vaucanson et le métier Jacquard prend toutefois place un perfectionnement considérable, qui est la **navette volante,** inventée en 1733 par l'Anglais John Kay. Spécialisé dans le tissage en grande largeur, qui souffrait du fait que la navette ne parvenait pas toujours en bout de course, ou bien s'emmêlait dans les fils de chaîne, Kay conçut un mécanisme qui expédiait avec force la navette sur toute la distance désirable, puis la retirait à l'aide de la cordelette à laquelle elle se trouvait attachée. Ainsi étaient éliminées, ou du moins réduites, les imperfections du tissage.

Présenté à l'Exposition universelle de Paris, en 1801, le métier Jacquard était, en fait, une reconstitution perfectionnée du métier Vaucanson. Il consistait à obtenir la levée automatique des fils de chaîne, par l'entremise d'un système de cordes qui levait les lices de même fonction, sous la commande d'un jeu d'aiguilles dirigé par des cartes perforées adaptées à un prisme cubique et roulant sans fin. Les cartes comportaient le dessin à réaliser. Les aiguilles de commande, fixées sur des ressorts à boudins, faisaient lever certaines lices lorsqu'elles entraient dans le trou de la carte.

L'ensemble de cet appareillage élevait beaucoup la hauteur du métier à tisser lui-même, qui se trouvait multipliée environ par trois.

■ Le premier brevet de tissage mécanique, déposé en 1785 par l'Anglais Edmund Cartwright, ne connut pas beaucoup de succès, mais servit de base aux premiers

métiers mécaniques efficaces, réalisés en 1803 et 1813 par l'Écossais William Horrocks. Ils comportaient essentiellement le déroulement automatique des fils de chaîne et l'enroulement du tissu sur le rouleau. Les **bâtis de fonte,** par ailleurs, permirent de réduire beaucoup les dimensions des métiers.
Ils assuraient aussi une plus grande stabilité, donc fiabilité.

C'est en remettant en état le métier de Vaucanson que Jacquard conçut le perfectionnement que fut son propre métier. Dès lors, un seul ouvrier pouvait produire des quantités considérables de tissu au cours d'une journée de travail (jusqu'à 50 m). Cela condamnait au chômage de nombreux ouvriers et les canuts de Lyon réservèrent à Jacquard un accueil hostile, jetant dans le Rhône plusieurs de ses métiers.

Miroir

An., Égypte, vers 3000 av. J.-C.

Le miroir existait déjà dans l'Égypte ancienne, au moins vers le IIIe millénaire avant notre ère. L'inventeur en est inconnu, mais il y a fort à parier que l'objet dériva de la découverte des pouvoirs réfléchissants d'une surface métallique polie. Les premiers miroirs furent, en effet, en argent, en or, en bronze, puis en étain et en acier polis. Les Romains et peut-être les Celtes utilisèrent quelquefois de la lave vitreuse, également polie. Les premiers miroirs furent des miroirs à main, mais, dès le Ier siècle, apparurent à Rome des psychés capables de refléter le corps entier. C'est à Rome également, à la même époque, que commença de se répandre l'usage des miroirs de **verre poli** derrière lequel était placée une feuille de métal, sans doute de l'argent. La technique en fut apparemment perdue, puis retrouvée au XIIIe siècle, en Allemagne ou en Italie ; elle donna alors naissance à ce que l'on appelait des **verres à mirer** ou des **miroirs de cristallin.** C'est à Nuremberg qu'au XVe siècle on découvrit l'**étamage,** qui consistait à appliquer directement de l'**étain en fusion** sur du verre. La technique passa à Venise, qui se fit une spécialité de la fabrication de miroirs. Vers 1675, les verriers normands redécouvrirent la technique du **verre coulé,** qui permettait de réaliser des miroirs de grande dimension. Vingt ans plus tard, la manufacture de Saint-Gobain acquérait une renommée internationale grâce à ses grands miroirs. Jusqu'au XIXe siècle, les miroirs étaient excessivement coûteux et la galerie des Glaces de Versailles excita autant l'admiration par les sommes qui y avaient été investies que par la splendeur de son architecture.

De nombreux auteurs anciens, Anthémius, Galien, Zonare, rapportent qu'Archimède aurait mis le feu à des vaisseaux romains qui assiégeaient Syracuse en concentrant sur eux les rayons solaires à l'aide d'un miroir hexagonal. Zonare rapporte que Proclus aurait réédité en 514 la prouesse d'Archimède, en mettant le feu aux vaisseaux de Vitalien, grâce à des miroirs d'airain. Ces faits ont été qualifiés de douteux et, tels qu'ils sont présentés, ils le demeurent ; il eût, en effet, fallu un miroir de très grandes dimensions, et articulé, pour parvenir à concentrer suffisamment la lumière solaire sur les vaisseaux. Or, il ne semble pas que la technique du temps permettait la réalisation de tels miroirs. En revanche, des expériences américaines, effectuées au XXe siècle, ont démontré que, si les soldats de Syracuse avaient concentré sur les vaisseaux la lumière réfléchie par les boucliers polis, d'airain suppose-t-on, ils auraient pu élever la température sur ces vaisseaux jusqu'à 300 °C. Les navires assiégeant une ville s'approchaient, en effet, à quelque 30 ou 40 m pour que les cibles fussent à portée de flèches. En tout état de cause, les miroirs n'étaient certes pas étrangers aux Grecs, car Euclide en avait déjà exposé une théorie au IIIe siècle avant J.-C.

Pont

An., Mésopotamie, 4000 av. J.-C.

Il est très difficile d'assigner une date à la construction des premiers ponts ; il est possible, entre autres hypothèses, qu'elle ait été le fait des habitants des **cités lacustres** de l'âge de pierre, suivant le même principe que celui qui avait commandé la construction de leurs maisons : par érection de **pilotis** enfoncés dans la vase, stabilisés par des ligatures et sommés de **passerelles.** Apparut ensuite, sans qu'on puisse non plus lui assigner une date d'origine, le pont du type **cantilever,** dont les plus anciens spécimens auraient été construits en Inde : il s'agissait de bâtir des piliers de part et d'autre et de placer dessus des planches lestées de pierres ; des rangées successives de planches étaient ajustées en **porte-à-faux** jusqu'à ce que les deux segments se rejoignissent. La première expression du génie civil en ce domaine semble s'être manifestée en Mésopotamie, vers 4000 avant notre ère. Les briques ayant alors succédé aux planches, selon le principe de l'**encorbellement à mortier,** les ingénieurs mésopotamiens conçurent les premiers l'**arche radiale,** où les briques étaient placées de façon radiale. Cette technique évolua pendant quatre millénaires, en Égypte, à Babylone, en Grèce et en Perse, aboutissant au splendide pont de pierre de Martorell, en Espagne (219 avant J.-C.), et aux huit ponts également de pierre qui franchissent le Tibre, et qui furent construits entre 200 avant J.-C. et 219. Le génie civil des Romains exploita admirablement le principe de l'arche radiale, réalisant ainsi en l'an 14 le plus grand de leurs aqueducs, le pont du Gard, selon le principe des arches semi-circulaires (six au premier étage, onze au deuxième et trente-cinq au troisième). Il recourut cependant à d'autres techniques avec le même succès, témoin le pont du Danube, construit en 104 par Trajan selon le principe des arches semi-circulaires en bois soutenues par des piliers de pierre (principe étroitement lié à celui de l'arc) ; la portée de ces arches (au nombre de dix-neuf), soit 51 m, était un prodige pour l'époque.

Le premier pont de métal jamais réalisé fut celui que construisirent les Anglais Abraham Darby et John Wilkinson au-dessus de la Severn, en 1779 ; sa portée était de 33 m. L'avènement de la sidérurgie industrielle permit dès lors de reprendre le principe antique du pont cantilever, dont il existe cependant de très nombreuses variantes. Le premier qui l'exploita fut l'Allemand Heinrich Gerber pour le pont qui traverse le Main à Hassfurt ; construit en 1867, il a une portée moyenne de 129 m.

Pont suspendu

An., Chine, vers 25 av. J.-C.

Le premier témoignage sur un pont suspendu remonte à l'an 25 avant notre ère ; on le trouve dans un texte dynastique chinois, qui mentionne une portée d'une quinzaine de mètres (en fait, il s'agissait de plusieurs ponts semblables qui franchissaient la gorge de San-Ch'ih-p'an, dans l'Himalaya). Un témoignage ultérieur, datant de 399, et décrivant la même région, cite cependant une portée de 120 m. Les ponts étaient en bambou. En 1638, le major Li Fang-hsien (Li Fangxian) construisit ce qui fut sans doute le premier pont suspendu du monde en chaînes de métal, d'une portée de 45 m. Le premier pont suspendu réalisé en Occident le fut en 1826 par l'Anglais Thomas Telford, au-dessus du détroit de Menai, entre Anglesey et Caernarvon, en Galles du Nord ; sa portée est de 200 m.

Le passage de la technique de construction des ponts suspendus à l'ère industrielle, avec des matériaux nouveaux, posa des problèmes considérables, comme en témoigna la construction de l'*Oakland Bay Bridge* à San Francisco, en 1936, et l'écroulement du pont de *Tacoma Narrows*, en 1940. Les grandes dimensions entraînaient en effet de fortes distorsions.

Porcelaine

An., Chine, Ier siècle.

La porcelaine, qui se différencie de la poterie par sa finesse de grain et la **vitrification** de sa surface, ainsi que par sa température de cuisson (1 280 °C au lieu de 500 à 1 150 °C), semble apparue avec certitude en Chine au Ier siècle. Il est probable qu'elle ait été le fruit de recherches artisanales qui s'étaient poursuivies durant onze siècles et qui avaient permis de passer de la **proto-porcelaine,** déjà lustrée, à la porcelaine proprement dite, par sélection des terres et vernis et codification du mode de cuisson.

Quenouille

Néolithique.

Bien que les premiers documents qui en témoignent proviennent de l'Égypte dynastique, vers 3000 avant notre ère, la quenouille, fuseau de bois sur lequel on enroule des fibres après les avoir démêlées et tordues entre les doigts, remonte probablement à l'ère néolithique (à partir de 5000 avant J.-C). Il semble que les premiers filés obtenus aient été de laine, et que leur berceau soit la Mésopotamie.

Rabot

Origine et époque inconnues.

Le rabot et ses formes plus longues que sont la **varlope** et le **riflard** sont des instruments assez mystérieux, en ce sens qu'on n'en connaît ni l'inventeur, ce qui est sans doute commun à bien des outils, ni l'époque d'apparition, ce qui est beaucoup plus singulier. Le seul fait certain est qu'il ne peut être antérieur à l'âge du bronze en tant qu'outil comportant une lame de métal. Mais il est possible qu'il dérive d'un instrument analogue, servant à dégrossir et ayant comporté une lame de silex. Vers le IIIe millénaire avant notre ère, les Égyptiens ne semblent pas en avoir disposé, car ils effectuaient le dégrossissage à l'aide de blocs de pierre ou de bois sous lesquels ils avaient jeté du sable ; c'était donc le dégrossissage par **abrasif**. Ce sont les Romains qui semblent s'en être servis les premiers et, paradoxalement, comme bien d'autres inventions, le rabot connut une longue éclipse après la chute de l'Empire, pour ne réapparaître qu'au XVIIe siècle. La seule modification fondamentale le concernant a été l'invention de la **vis d'orientation** de la lame, faite vers 1890.

Rouet

An., Chine, XIe siècle av. J.-C.

Le rouet, qui a joué après la **quenouille** (ci-dessus) un rôle essentiel dans la filature jusqu'à l'invention des métiers à tisser, est apparu en Chine au XIe siècle avant notre ère. Il dériva des machines à dévider les cocons de soie, l'artisanat de la soie existant, en Chine, depuis le XIVe siècle avant notre ère. Au Ier siècle avant J.-C., une autre invention chinoise, la **courroie de transmission**, et le développement de la culture du coton donnèrent probablement naissance au rouet à pédale, dont dériva le rouet européen, apparu au XIIIe siècle.

Soie

Loui-tsé (?), IIIe millénaire av. J.-C.

Les Chinois furent les premiers à comprendre que les quelque 1500 m de fil qui constituent le **cocon du bombyx**, ou **ver du mûrier,** pouvaient être dévidés et tissés. L'ancienneté de la culture du ver à soie, ou **sériciculture,** en Chine est attestée par de nombreux documents et l'on ne trouve dans aucun autre pays de témoignages antérieurs du tissage de la soie. Selon la tradition chinoise, c'est Loui-tsé, femme du mythique Empereur jaune, Houang-ti (Huangdi), qui en aurait révélé le secret à ses sujets en 2698 avant notre ère. Cette origine n'est pas improbable, mais demeure invérifiable. Toujours est-il que le commerce de la soie constitua très tôt une source importante de revenus pour la Chine, ce tissu, qui resta mystérieux durant des siècles, figurant dans la liste des biens précieux de ce monde. Ce commerce créa une voie régulière de circulation et d'échanges commerciaux à travers l'Asie centrale, la célèbre **Route de la soie** par laquelle transitèrent bien d'autres marchandises et découvertes. Pour les Romains, la région qui s'étendait au-delà du Gange était nommée Contrée de la soie, ou **Sericum.**

■ Il est intéressant de noter que des habitants de l'île grecque de Cos découvrirent à leur tour le tissage de la soie au IVe siècle avant J.-C, comme l'indique Aristote, mais que les Romains ignorèrent pourtant la nature de la soie (qu'ils tenaient pour un duvet végétal), soit que le tissage s'en fût arrêté à Cos entre le IVe siècle et le début de notre ère, soit encore que le secret en eût été bien gardé. Ce n'est qu'en 555 que ce secret fut percé. En effet, des moines nestoriens ramenèrent en Méditerranée des œufs de vers à soie (dissimulés, dit-on, dans une canne creuse). Des **magnaneries** furent alors fondées dans la seconde moitié du VIe siècle à Athènes, Thèbes et Corinthe, et la prolifération des bois de mûriers valut au Péloponnèse le nom de **Morée.** Au XIIe siècle, Roger de Normandie, roi de Sicile, importa par la force des artisans helléniques et fonda une industrie de la soie à Palerme. Dès lors, le tissage de la soie s'était implanté en Occident.

L'importation de soieries coûtant fort cher à la France, Olivier de Serres, agronome, décida de créer une industrie française de la soie, fit acclimater la culture du mûrier et, en 1599, ordonna de faire planter 20 000 de ces arbres dans le jardin des Tuileries.

Taylorisation

Gribeauval, 1776 ; Whitney, 1798 ; Taylor, 1881.

Il peut paraître paradoxal que la technique industrielle connue sous le nom de « taylorisation » soit antérieure d'un siècle environ à son application par Frederick Taylor, contremaître américain. Des recherches historiques ont cependant établi sans conteste que le premier qui conçut et réalisa la production en série de pièces industrielles de sorte qu'elles fussent toutes identiques, donc interchangeables, fut le général français Jean-Baptiste de Gribeauval. Constatant qu'un des grands problèmes de l'intendance militaire était la remise en état d'armes détériorées, du fait que les pièces en étaient différentes et ne permettaient donc par la rechange, Gribeauval inventa une méthode de **rationalisation** de la fabrication dans les arsenaux, qui fut célèbre sous le nom de « **système Gribeauval** ». Elle connut de nombreuses difficultés, l'une des plus importantes étant la construction de **jauges** pour le **calibrage** de toutes les pièces, concept nouveau qui introduisait une systématique totalement différente de celle de l'artisanat. Le système Gribeauval retint l'attention de nombreux ingénieurs à travers le monde, et c'est l'Américain Eli Whitney qui le reprit et l'appliqua, avec plus de succès, de nouveau à la production d'**armes de poing,** en 1798. Il fut retenu par Zachary Taylor, également général (commandant les armées américaines dans la guerre du Mexique) ; Taylor exigea de la firme Colt que les mille revolvers qu'il lui avait commandés fussent tous rigoureusement identiques. Colt engagea le fils de Whitney, Eli Whitney Jr., pour établir une méthode de **« standardisation »** ; mais ce fut encore une fois un échec, les pièces étant réalisées à la main, sans machines-outils. Le premier qui paraît avoir pu réellement appliquer le principe de la production en chaîne est le fabricant américain d'horloges Eli Terry, vers 1860.

■ La taylorisation accomplit un pas décisif en 1881 avec un autre Taylor, Frederick Winslow Taylor. Machiniste au service de la Midvale Steel Company, Taylor découvrit à l'occasion d'un conflit entre les ouvriers et lui-même, qui était chef de section, la nécessité de définir ce qu'était une journée de travail industriel. Il entreprit alors une **définition des tâches** attribuées à chaque travailleur, ce qui le mena à concevoir sa théorie de l'**organisation scientifique du travail,** puis du partage des tâches. Le système Gribeauval entrait ainsi dans l'ère industrielle, la répartition de tâches précises allant de pair avec la nécessité de la production de pièces normalisées.

Les deux premières firmes qui réussirent à appliquer une taylorisation qui fût rentable furent Singer, en 1876, et McCormick, dans les années 1890. Singer fabriquait des machines à coudre et McCormick, des moissonneuses.

Tour de forage

An., Chine, Ier siècle.

Les premières tours de forage de l'histoire de la technologie apparaissent en Chine au Ier siècle ; elles étaient destinées, non à l'extraction du pétrole, mais à celle du sel tiré de la saumure souterraine, qui remontait sous la pression naturelle de l'eau, car les puits creusés par les Chinois étaient des **puits artésiens**. Les tours de forage s'élevaient jusqu'à 60 m ; elles étaient évidemment construites en bambou. L'équipement en était simple : il consistait en câbles de bambou à l'extrémité desquels étaient attachées des **têtes de forage**, en fonte. L'énergie était humaine : la tête de forage était attachée à un levier que soulevaient des équipes d'ouvriers. La tête, soulevée jusqu'à une hauteur mesurée par le contremaître en fonction de l'avancement du forage, retombait ensuite sur la roche qu'elle devait fracturer. L'opération s'enclenchait après le creusement d'un trou primaire, à la pelle, d'un diamètre de quelques dizaines de centimètres. La progression du forage évoluait entre 3 et 90 cm par jour, selon la nature de la roche, et le forage le plus profond atteint dans l'histoire chinoise par ce procédé aurait mesuré environ 1 350 m. Au fur et à mesure du forage, des **joints étanches**, alternativement mâles et femelles, étaient enfoncés dans le puits afin d'éviter l'effondrement autant que les infiltrations adventices d'eau. Ces joints étaient réalisés en bambou de gros calibre. L'intérêt de l'étanchéité résidait dans la possibilité de recueillir du **gaz naturel**, dans le cas où la tête de forage en aurait atteint une poche. Tout aussi remarquable est le procédé utilisé pour le **déblayage** du puits : il consistait en **aspiration** à travers une gaine de cuir, à l'aide d'une **pompe à deux cylindres,** telle que celle qui était utilisée pour les lance-flammes. Ces tours de forage étaient extrêmement nombreuses. En 1089, un édit impérial en restreignit le nombre à cent soixante pour la seule préfecture de la province de Ch'eng-tu (Chengdu). Une telle restriction s'explique par le fait que le commerce du sel, étant fort lucratif, était souvent clandestin, bien que l'industrie du sel ait été nationalisée dès le IIe siècle. La tradition des tours de forage se perpétua presque inchangée en Chine, jusqu'à la fin du XIXe siècle.

Le rapport du missionnaire français Imbert sur les tours de forage chinoises, en 1828, laissa l'Occident d'autant plus incrédule que les essais européens, réalisés avec des chaînes à rivets, avaient été décevants. La première application de la technique chinoise en Occident eut lieu en 1859 à Oil Creek, en Pennsylvanie, et est due à l'Américain E.L. Drake ; elle ne dérivait pas du rapport d'Imbert, mais de la connaissance des milliers de travailleurs chinois qui avaient été introduits aux États-Unis pour la réalisation de grands travaux et notamment de voies ferrées. Cette technique ne fut modifiée que par l'avènement de la machine à vapeur et de la **tête rotative**.

Tubes métalliques

An., vers le IIIe siècle av. J.-C.

Il semble que ce soit vers le IIIe siècle avant notre ère que les Romains, qui furent les plus grands entrepreneurs de génie civil de l'Antiquité, et les plus grands spécialistes des **adductions d'eau,** aient conçu le tube. A l'origine, il s'agissait de tubes de terre cuite grâce auxquels ils assuraient la distribution d'eau dans les quartiers des villes de l'Empire et dans les maisons. Au Ier siècle, l'ingénieur Vitruve codifie les modes de fabrication des tubes de terre cuite, dont l'épaisseur, précise-t-il, ne saurait être inférieure à 3,5 cm et dont la longueur varie entre 1 m et 1,20 m. Vitruve, qui se fonde sans aucun doute sur une expérience acquise de longue date, donne aussi la recette de la préparation du mortier pour assurer l'étanchéité entre les joints mâles et les joints femelles : de la chaux mélangée à de l'huile d'olive, ajoutant, avec le sens pratique caractéristique des Romains, que c'est un produit grossier, mais efficace. Mais, dans le même texte, Vitruve codifie également la fabrication des premiers **tuyaux métalliques** connus, qui sont en **plomb.** Vitruve n'en est sans doute pas l'inventeur, car Héron d'Alexandrie les mentionne aussi, au Ier siècle avant J.-C., et, de toute façon, les tuyaux de plomb existaient déjà ; sans eux, Ctésibios n'aurait pas pu fabriquer son orgue, ni même le concevoir (voir p. 229). Comme on ne possède pas de preuves de l'existence de mines de plomb en Égypte, il s'avère donc que le mérite de l'invention que codifie Vitruve doive être attribué aux Romains, qui disposaient, quant à eux, de mines de plomb abondantes dans l'Empire. Vitruve donne une épaisseur de 6,27 mm pour les tubes, et une longueur de 2,95 m ; les tubes étaient fabriqués selon dix diamètres différents. Plusieurs spécimens de tubes ont été retrouvés dans diverses provinces de l'Empire et indiquent que les Romains procédaient de la manière suivante pour leur fabrication : ils enroulaient des bandes de métal autour d'un moule, cylindrique ou triangulaire, et, soit en repliaient les bords avant de les souder, soit les posaient l'un sur l'autre et les soudaient ainsi.

■ Pour la **soudure,** Héron d'Alexandrie recommande l'**étain** pur, mais un **alliage plomb-étain** était souvent utilisé.

■ Vitruve définit également les conditions nécessaires pour prévenir les deux dangers principaux qui menacent les **canalisations :** l'éclatement dû à la pression, et l'obturation, due à l'accumulation de sédiments. Pour l'éclatement, il recommande d'éviter autant que possible les angles aigus, qui imposent aux canalisations inférieures des pressions excessives, et préconise d'enrober les coudes dans des manchons de grès rouge, qu'il s'agisse de tubes de terre cuite ou de tubes de plomb. En ce qui concerne les dépôts, ils étaient normalement prévenus par l'utilisation de **cuves de drainage,** dans lesquelles l'eau à distribuer était d'abord versée ; ces cuves étaient assez longues pour que les matières qui s'y trouvaient en suspension fussent entraînées par leur poids avant d'aboutir à l'ouverture des canalisations abouchées. On sait que ces cuves étaient régulièrement curées. Néanmoins, des dépôts, fussent-ils de calcaire, devaient se former dans les canalisations, et l'on n'a pas encore clairement compris la méthode suggérée par Vitruve pour s'en débarrasser ; le terme **colluviaria** qu'il utilise pourrait avoir désigné un manchon abrasif fixé à l'extrémité d'une tige souple pour les sédiments résistants ; mais on sait que les Romains pratiquaient aussi un système à pression pneumatique, analogue à celui des pompes.

■ Ce n'est qu'en 1886 que les frères Hannesman, Allemands, inventèrent le procédé de **laminage à chaud de tubes sans soudure.**

Les indications de Vitruve sur la fabrication des tubes fournissent une référence historique précieuse. Vitruve y déclare, en effet, sa préférence pour les tubes de terre cuite, car, dit-il, les tubes en plomb présentent l'inconvénient grave de former de l'**oxyde de plomb,** ou céruse, qui est dangereux pour la santé. Or, plusieurs hypothèses contemporaines, sans doute quelque peu réductionnistes, ont proposé d'expliquer la chute de l'Empire romain par l'intoxication à l'oxyde de plomb, étant donné que les Romains utilisaient des canalisations en plomb et des récipients de plomb pour la préparation du vin. Or, la mention de Vitruve indique que les Romains étaient bien conscients du danger de l'oxyde de plomb, et il semble bien qu'ils aient, en conséquence, réalisé en terre cuite les adductions d'eau potable de plusieurs de leurs maisons, réservant les canalisations en plomb à d'autres usages sans doute.

Vis

Archimède, IIIe siècle av. J.-C. ; an., Europe, XVe siècle.

On peut attribuer à Archimède, au IIIe siècle avant J.-C., l'invention du **pas de vis**, qui aboutit aux **vis sans fin,** largement utilisées par les mécaniciens de l'école d'Alexandrie, et communément utilisées par la suite pour la fabrication de **presses** et **pressoirs**, mais on ne peut lui attribuer l'invention de la vis elle-même. Les premières vis apparaissent au XVe siècle, associées aux **écrous**. L'inventeur en est inconnu. Il s'agit de vis à têtes hexagonales ou octogonales, serrées à l'aide de clefs, que l'on aperçoit dans certaines armures des XVe et XVIe siècles ainsi que dans quelques horloges du XVIIe siècle. Les têtes de ces vis ne comportent pas de rainures et l'on peut supposer que l'usage du **tournevis** était inconnu. Les **vis à bois** n'apparaissent que vers 1550 et, paradoxalement, le tournevis lui-même n'apparaît que deux siècles plus tard, exactement en 1744 ; l'inventeur en est également inconnu. On ignore à quelle date l'on passa du filetage manuel à la lime à l'obtention de vis par fonderie.

instruments de mesure & mathématiques

L'un des rares domaines de l'histoire des inventions où l'on relève une continuité est celui des instruments et techniques de mesure et d'observation. A l'exception du Moyen Âge européen, où il ne se produit quasiment rien dans ce domaine, parce qu'une sorte de quiétisme voile la curiosité du monde, des esprits curieux n'ont cessé d'organiser l'inventaire du monde perceptible. Dès le IVe millénaire avant notre ère, on mesure le temps ; dès le IIIe, on mesure la Terre ; au IIe, on pèse des corps avec une précision croissante ; au Ier, les Chinois ont inventé le système décimal et Hipparque se sert d'un théodolithe pour mesurer les angles réduits à l'horizon.

La mère de ce mouvement est la mathématique, ses enfants la mécanique, l'optique, la physique, la chimie, la statistique. L'esprit humain élabore ainsi un système de références exactes qui chassent progressivement de la perception du monde les idées et les remplacent par des faits. On ne peut plus avoir l'« impression » que tel point est plus éloigné ou rapproché que tel autre, ni que le vent souffle aujourd'hui plus fort ou moins fort qu'hier, ou encore que la mortalité a varié dans tel sens depuis telle date.

L'une des plus étonnantes inventions jusqu'à la fin du XIXe siècle est la machine à calculer. Elle ne semble d'abord destinée qu'à permettre de calculer plus vite, et l'objet de la pascaline fut d'ailleurs d'alléger les travaux arithmétiques de Pascal père ; en fait, elle va modifier la conception de la logique, puis la psychologie, puis la philosophie de la connaissance. Son importance ne le cède, en répercussions, qu'à l'invention de l'horloge, qui substitue la notion objective du temps à celle du temps intérieur ou durée, fondée par Bergson. Instrument de mesure parfaitement matériel, l'horloge est sans doute, à cet égard, le seul qui ait modifié l'être humain de l'intérieur, car, au XXe siècle, l'organisation même du temps mesurable pénétrera la durée, par le biais de l'automatisation, du fractionnement du travail et des opérations industrielles simultanées. L'horloge créera ainsi l'impatience et le sentiment étrange de l'ennui dans une traversée transatlantique qui ne dure que sept heures en avion au lieu de deux mille heures deux siècles auparavant.

Anémomètre

An., Perse, vers 700 ; Alberti, vers 1450 ; Hooke, 1644 ; Lind, 1775 ; Robinson, 1846 ; Dines, 1891.

Les efforts pour mesurer la **force du vent** sont relativement anciens. Dès le Ier siècle avant J.-C., les Grecs utilisaient un appareil primaire, consistant en une feuille de bois mince, verticale, fixée sur un axe pivotant entre deux poteaux, dont la déflexion indiquait la **pression dynamique** de l'air. Vers le VIIe siècle, les Perses mesuraient la vitesse du vent à la rotation des pales des **moulins à vent**, la rotation de la meule étant proportionnelle à celle des pales. Tel fut le principe de l'**anémomètre à palettes** décrit par l'Italien Leone Alberti vers 1450, aux fins spécifiques de mesurer la vitesse du vent ; il n'est pas certain qu'Alberti ait construit son appareil, et c'est au célèbre savant anglais Robert Hooke qu'en revint le mérite, en 1644.

■ En 1775, soucieux d'éliminer les effets parasites dus aux frottements des pales sur leurs axes, l'Écossais James Lind, surtout connu pour avoir identifié les causes du scorbut ches les marins au long cours et pour y avoir remédié, réalisa un **anémomètre à pression**, dans lequel la force dynamique du vent s'exerçait par un tube de prise de pression dynamique face au vent, dit tube de Pitot, du nom du Français Henri Pitot qui l'avait conçu, en 1750. Un autre tube, perpendiculaire, mesurait la **pression statique**, et les tubes étaient reliés à un **manomètre différentiel**, qui indiquait la pression différentielle due à la force du vent. Ce type d'anémomètre fut perfectionné en 1891 par l'Anglais W.H. Dines et il est encore en usage. En 1846, l'Irlandais Thomas R. Robinson avait également perfectionné l'anémomètre à palettes, réalisant l'**anémomètre à coupelles**, lui aussi toujours en usage.

Balance

An., Égypte, 5000 et 2000 av. J.-C. ; an., Campanie ou Grande-Grèce, IIe siècle av. J.-C. ; Vinci, 1480-1500 ; Roberval, 1669 ; Wyatt, 1744 ; Béranger, 1849.

Instrument essentiel au commerce, la balance remonte au moins à 5000 avant J.-C. et aux origines de la civilisation égyptienne (peut-être aussi de la civilisation mésopotamienne). Les premières balances étaient constituées d'un **fléau** attaché par une cordelette à une **colonne** et portant à ses extrémités des **plateaux** suspendus également par des cordelettes. On plaçait une **tare** convenue dans un plateau et la marchandise à peser dans l'autre. Le **point d'inertie** s'estimait au jugé, à l'équilibre des deux plateaux. Vers 2000 avant J.-C., les Égyptiens améliorèrent ce système de la façon suivante : le fléau était percé d'un trou longitudinal par lequel on passait une cordelette qui débouchait aux deux extrémités de cet élément, y était nouée et soutenait les plateaux de part et d'autre, ce qui permettait de corriger beaucoup plus commodément les inégalités éventuelles entre les bras. Vers 1500 avant J.-C., les Égyptiens ajoutèrent à leurs balances un **fil à plomb** suspendu à une potence fixée à la colonne, au-dessous d'un marqueur triangulaire fixé au fléau, ce qui permettait de vérifier que la balance était bien horizontale et son équilibre, réel. Vers le Ier siècle, les Romains simplifièrent ce modèle en fixant le fléau à la colonne par un **pivot transversal**, puis, plus tard, en posant les extrémités de ce pivot sur des **fourches**. L'indicateur du point d'inertie, qui devait devenir l'**aiguille**, était fixé à la fourche, correspondant à une marque sur le fléau.

■ On ne sait exactement à quelle époque

de sa vie Léonard de Vinci inventa la première **balance à cadran gradué**, dont le principe primaire consistait sans doute en une adaptation des balances antiques, mais qui comportait une innovation remarquable : alors que les balances de l'époque ne mesuraient pas elles-mêmes les poids qui y étaient placés, mais se limitaient à établir des équivalences entre des **pesons** préétablis et des objets, celle-là indiquait le poids de l'objet suspendu ; ce fut donc la première **balance automatique**. Tout porte à croire qu'il la réalisa lui-même, sinon qu'il en construisit plusieurs variantes, sans doute entre 1480 et 1500. Cet appareil comporte un **cadran semi-circulaire gradué**, fixé en son centre à une colonne ; le fléau n'est constitué que d'un bras, qui prolonge le diamètre du cadran ; le bras opposé est remplacé par un poids déterminé porteur d'une aiguille qui décrit sa course devant le cadran. Toute poussée exercée sur le plateau qui est pendu au bras unique du fléau se traduit donc par un mouvement de l'aiguille le long des graduations du cadran. On ne sait si c'est par défaut de publication ou par indifférence que cette balance, en avance de trois siècles et demi sur la technique des pesées, passa à peu près inaperçue pendant ce laps de temps considérable.

■ C'est seulement en 1669 que le mathématicien français Gilles Personier de Roberval modifie fondamentalement la conception de la balance par son « **énigme statique** ». Il y introduit le principe de deux **fléaux couplés**, dans un plan vertical, par des bras, réalisant ainsi un rectangle, parallélogramme virtuel, à quatre pivots. Ces bras comportent en leurs centres des longerons soudés, auxquels sont pendus des poids. L'énigme réside dans le fait que, même lorsque ces poids sont pendus à des distances inégales, les deux fléaux restent horizontaux. L'équilibre n'est rompu que lorsqu'une pression est exercée à l'extrémité du fléau supérieur ou principal, c'est-à-dire qu'un poids est placé sur l'un des plateaux de la balance. Le phénomène ne sera expliqué qu'en 1821 par le mathématicien Louis Poinsot, par la **théorie des couples.** En attendant, la balance de Roberval, dérivée de l'« énigme » car c'en est une, a connu le succès, du fait qu'elle était transportable. Elle a inspiré maintes variantes, après avoir intrigué d'innombrables chercheurs, dont d'Alembert. L'une des plus célèbres est celle du Français Joseph Béranger, qui en a déposé le brevet à Londres en 1849. Sommairement dit, Béranger décompose le contre-fléau inférieur en deux fléaux indépendants, affinant ainsi l'équilibre statique obtenu par Roberval.

■ Le troisième type de balance qui s'impose à partir du XIXe siècle est paradoxalement très ancien ; c'est la balance dite **romaine**, qui semble avoir été inventée au IIe siècle avant J.-C., en Campanie ou en Grande-Grèce. Il s'agit en fait d'une variante de la balance antique précédemment décrite, dont de très nombreuses versions ont existé et évolué de Rome à l'Inde et au Danemark ; on la connaît de nos jours sous les noms de **romaine à crochet, romaine de boucherie, romaine en l'air**, pour futailles, ballots, etc. Elle est constituée d'un fléau dissymétrique, à l'extrémité courte duquel est pendu un crochet et sur l'extrémité longue, dentée et graduée, duquel glisse un poids fixe. La distance de ce poids par rapport au point de suspension du fléau — un anneau — détermine la résultante des forces exercées sur les bras du fléau ; plus le poids s'écarte du point de suspension, plus il exerce de pression et plus sa valeur relative augmente. Si ce poids est, par exemple, de 10 kg, il faut le ramener aussi près que possible du point de suspension pour qu'il équilibre une masse de 10 kg ; au fur et à mesure que la masse augmente de poids, le poids devra être repoussé vers l'autre extrémité.

■ En 1744, l'Anglais John Wyatt invente la **bascule à levier**, qui ne semble rencontrer le succès qu'elle mérite qu'à partir des années 1830. Le principe en est celui d'une plate-forme flottante sur laquelle se place le poids à mesurer, poids généralement important, tel qu'un wagonnet chargé. La plate-forme exerce sa pression sur les extrémités de deux leviers en V opposés ; ceux-ci, à leur tour, transmettent la pression à un levier central ; l'écart de celui-ci par rapport à son point d'inertie indique le poids nécessaire pour compenser la pression exercée par la plate-forme et donc mesurer l'objet à peser.

De très nombreux types de balances ont été inventés au XIXe siècle et ont été l'objet de variantes et perfectionnements encore plus nombreux ; il faudrait un traité pour les exposer toutes. Parmi les plus marquantes, on compte les **ponts-bascules, système Duchesne,** inspirés lointainement de la bascule Wyatt et destinés au pesage du bétail et des véhicules, la **bascule à cadran, système Duchesne,** la **bascule Merrick pour pesage d'objets entraînés, système Viguier,** la **balance de Coulomb,** dite aussi **balance de torsion,** destinée à mesurer les **forces magnétiques** des aimants par torsion de fils de cuivre ou d'argent, la **balance d'Eötvös,** type de balance à torsion comportant un fil terminé par deux sphères et dans lequel l'irrégularité des oscillations rend compte des **variations d'intensité de la pesanteur terrestre,** la **balance de Curie,** comportant des amortisseurs pour les pesées de précision, la **balance électromagnétique,** qui permet de mesurer l'**intensité du courant** par l'attraction d'une bobine sur un aimant, les **microbalances chimiques, pneumatique et optique...**

Baromètre

Torricelli, 1643.

En 1640, l'Italien Gasparo Berti, physicien, fixa au mur de sa maison un tube de plomb dont l'extrémité inférieure plongeait dans une cuve pleine d'eau, remplit le tuyau avec de l'eau et le scella à son sommet. A sa surprise, il vérifia qu'il était impossible, en ajoutant de l'eau, de faire monter le niveau au-dessus de 10 m. Son illustre compatriote Galilée refit la même constatation en tirant de l'eau d'un puits à l'aide d'une pompe ; la colonne d'eau ne dépassait pas 10,30 m. Ni l'un ni l'autre ne comprirent la raison de cette limite, qui fut établie par un troisième Italien, Evangelista Torricelli ; c'est lui qui, le premier, fit intervenir la pression de l'air et réalisa en 1643 le premier **baromètre** ou appareil à mesurer la pression atmosphérique. Il y remplaça l'eau par le mercure, dont la colonne à pression atmosphérique normale mesure 73 cm. Le terme « baromètre » est dû au Français Edme Mariotte. En 1665, l'Anglais Robert Hooke ajouta au baromètre gradué de Torricelli un **cadran à aiguille**, celle-ci commandée par un fil attaché à un flotteur à la surface du mercure ; les mesures devinrent plus précises. En 1844, le Français Lucien Vidie inventa le **baromètre anéroïde**, dont l'aiguille est commandée par les déformations d'une capsule métallique dans laquelle on a fait le vide.

Perier mesurant la hauteur du **tube de Torricelli** sur le haut du Puy de Dôme. Expérience sur la pression atmosphérique. Gravure de Yan Dargent.

Boussole

An., Ier siècle.

L'origine de cet instrument essentiel à la découverte du monde, et sur lequel se fondent toutes les cartes géographiques, semble renvoyer à la **géomancie** et à un appareil de divination décrit dans un livre chinois, le *Louen Heng*, en 83 : c'est une cuiller taillée dans un **minerai de fer aimanté,** la **magnétite,** que l'on pose sur une plaque de bronze polie pour voir dans quel sens le manche se fixera, comme l'indique un bas-relief du musée de Zurich daté de 114.

Cet instrument était donc fondé, très probablement, sur une découverte, celle de la magnétite. On ne sait exactement quand la découverte suscita l'invention, mais on sait que c'est encore en Chine que celle-ci se fit, car on trouve des **boussoles à aiguille, flottante ou pivotante,** dès le IXe siècle, alors que l'instrument n'existait pas en Europe. En 940, rapporte le *Houa Chou (Hua Zhou)*, l'ingénieur Chen Koua (Chen Gua) sait même fabriquer des **aimants artificiels** en faisant refroidir une barrette d'acier orientée nord-sud.

■ La première utilisation connue en **navigation maritime** est signalée en Europe en 1187 par l'Anglais Alexander Neckham, qui décrit « une aiguille transportée à bord et qui permet de suivre un cap même lorsque l'étoile Polaire est cachée par les nuages ». Jusqu'en 1700, les **compas** étaient fixes et montés sur les cartes, où le Nord était indiqué par une fleur de lys. Par la suite, on réalisa des **compas liquides,** où l'aiguille était placée dans une boîte métallique remplie d'eau distillée. Comme les aiguilles se démagnétisaient rapidement, l'ingénieur anglais Gowan Knight inventa en 1745 une technique pour magnétiser durablement des aciers durs. En 1876, sir William Thomson, plus tard lord Kelvin, introduisit un **compas sec,** dont l'habitacle était lui-même monté sur pivot et comportait un système de correction des erreurs causées par le magnétisme propre du navire. Ce type de compas disparut quand les grandes vitesses commencèrent à faire vibrer excessivement l'aiguille et fut remplacé par de nouveaux compas liquides.

Calcul différentiel, calcul intégral

Newton, 1665 ; Leibniz, 1676.

Inventions majeures de l'histoire de l'esprit humain, le calcul différentiel et le calcul intégral, qui sont étroitement liés, peuvent se comprendre de la manière suivante (même si l'on ne possède pas de notions poussées en la matière) : en **algèbre,** les opérations communes sont l'**addition,** la **soustraction,** la **multiplication,** la **division**, l'**élévation aux puissances** et l'**extraction de racines.** En calcul, on recourt à une opération supplémentaire, qui consiste à établir une **limite**. En **géométrie plane,** on recourt à cette opération, par exemple, quand on considère la surface d'un cercle comme la limite des surfaces de polygones réguliers inscrits comportant $4n$ côtés, sans limites ; c'est-à-dire que, si le nombre des polygones augmente, leurs surfaces diminuent et, s'ils diminuent, leurs surfaces augmentent.

■ Deux limites sont déterminantes en algèbre : l'une est la **dérivée d'une fonction,** l'autre est l'**intégrale définie**. C'est ainsi que l'on écrit que, si y est une fonction de x, $y = \int (x)$ et l'accroissement relatif de y par rapport à x, c'est-à-dire la dérivée de y par rapport à x, fait que, si x subit un accroissement Δx, x devient $x + \Delta x$ et y devient $\int (x + \Delta x)$. y a alors subi un accroissement qui est Δy, sa nouvelle valeur, moins sa valeur initiale, c'est-à-dire qu'on écrit

$$\Delta y = \int(x + \Delta x) - \int x.$$

Pour estimer sommairement la variation relative de Δy par rapport à Δx, on suppose que le rapport est le résultat de la division de l'accroissement de y par l'accroissement de x, c'est-à-dire $\frac{\Delta y}{\Delta x}$. Toutefois, cette estimation est trop sommaire, et ne suffit pas à définir une valeur du quotient. En foi de quoi on réduit indéfiniment l'accroissement Δx jusqu'à ce qu'il approche du zéro et l'on suit la variation du rapport. Bien entendu, au fur et à mesure que Δx se rapproche du zéro, Δy s'en rapproche aussi, mais il serait également sommaire d'écrire que leur rapport s'écrit $\frac{0}{0}$. De fait, si l'on suppose que $\Delta x = 0{,}1$ et que $\Delta y = 0{,}41$ (car leurs valeurs ne sont évidemment pas les mêmes), on trouve que leur rapport $\frac{\Delta y}{\Delta x} = 4{,}1$. En **géométrie analytique** (voir p. 162), on considère que, lorsque Δx et Δy sont tous deux très petits, leur rapport est voisin de la tangente à la section donnée d'une courbe. Cette démonstration, très résumée, suffit à indiquer l'idée centrale du calcul différentiel. Si on la poursuit, on peut établir la limite du rapport $\frac{\Delta y}{\Delta x}$ (si $x = 2$, l'angle de la tangente est 4). C'était là une nouvelle manière d'aborder la géométrie analytique qui allait avoir une grande influence sur la **mécanique** en particulier.

■ La limite impliquée par le calcul intégral est la **limite d'une somme**, par exemple de surfaces ou de longueurs d'arcs, ou encore de surfaces déterminées par certaines courbes. On peut en donner la démonstration suivante : si $\int (x)$ est une fonction unique de x définie dans tous les points d'un intervalle $a \leqslant x \leqslant b$, il s'agit de trouver les points x_i sur cet intervalle tels que $x = a$, puis $x_1 < x_2$, pour finir par $< xn = b$. Ensuite, il s'agit de trouver à chaque intervalle Δx_i un point t_i. Enfin, il faut établir la somme de ces intervalles. La limite de cette somme, au fur et à mesure que chaque intervalle Δx_i approche de zéro, c'est-à-dire que le nombre de subdivisions en intervalles augmente, est désigné comme l'intégrale définie, $\int_a^b \int (x)dx$, si celle-ci existe ; or, elle existe si $\int$ est bien une fonction continue de $a \leqslant x \leqslant b$...

La portée du calcul intégral allait s'étendre à toutes les sciences, de la physique et de l'astronomie à la thermodynamique et à la mécanique.

■ L'invention du calcul différentiel et du calcul intégral restera sans doute toujours un point douteux de l'histoire des inventions. Il ne fait aucun doute que sir Isaac Newton conçut les deux lors de l'épidémie de peste bubonique qui sévit à Londres en 1664-1665 et le contraignit à la réclusion à Woolsthorpe, l'université de Cambridge étant fermée. Les manuscrits du savant en témoignent.

La même invention, presque certainement postérieure, est mise au crédit d'un autre grand savant, l'Allemand Gottfried Wilhelm Leibniz, qui l'aurait faite en 1676. Le point curieux est que, jusqu'en 1672, Leibniz ne connaissait pas grand-chose aux mathématiques ; il y fut initié cette année-là par l'illustre Christiaan Huygens. Leibniz était indéniablement un esprit hors pair, mais il faut noter qu'en 1673 il se rendit à Londres, où ses amis anglais lui avaient indiqué que la quadrature de l'hyperbole par Mercator avait conduit Newton à concevoir le calcul différentiel (sur lequel le savant anglais n'avait encore rien publié). Leibniz savait donc au moins que Newton avait inventé le calcul différentiel, et il en sut peut-être plus, car l'épidémie de peste avait pris fin et Leibniz avait de nombreux amis anglais qui lui avaient sans doute parlé de façon élogieuse de l'invention de Newton.

Toujours est-il qu'en 1677 il publia donc son **théorème fondamental** sur le calcul différentiel, soit de toute façon douze ans après l'invention de Newton. Diplomate de métier et doté d'un opportunisme souvent aigu, Leibniz parvint à donner à son invention une portée considérable ; on appela très vite le calcul différentiel et le calcul intégral « calcul leibnizien ». On attribua donc à Leibniz l'invention de la notion de différentielle $dy = \int'(n)\,dx$, dont le quotient dn/dx donne la dérivée, Newton, selon certains, ne s'étant attaché qu'à la dérivée. Ce que voyant, Newton s'irrita, publia ses propres travaux et accusa Leibniz de plagiat. L'affaire n'est pas close plus de trois siècles après, aussi bien en raison de l'indéniable antériorité de Newton que de ce qu'il faut bien appeler l'indélicatesse, pour ne pas dire plus, de Leibniz.

■ Sa **méthode des séries infinies,** par exemple, ressemble curieusement à celle qu'avait inventée avant lui le mathématicien écossais James Gregory et il est par ailleurs de notoriété publique que Leibniz avait « emprunté » à *L'Éthique* de Baruch de Spinoza, encore inédite, de copieux extraits qu'il « oublia » de mentionner... On ne pourra donc pas exclure, jusqu'à plus ample informé, que Leibniz se soit quelque peu servi de ce qu'il avait appris des travaux de Newton sur le calcul différentiel et le calcul intégral pour faire avancer sa propre renommée.

Calendrier moderne

Denys le Petit, 525.

Toutes les civilisations et cultures passées ont eu leurs systèmes de calcul du temps, le plus souvent fondés d'ailleurs sur une estimation à peu près exacte de l'**année astronomique,** soit 365 jours et quart. Mais il n'en fut pas deux qui utilisaient les mêmes repères. A titre d'exemple, si l'on n'avait pas instauré de calendrier universel, l'année 1900 serait pour les bouddhistes l'année 2444, datée à partir de la mort de Bouddha ; pour les musulmans l'année 1278, datée à partir de l'hégire de Mahomet en 622 ; pour les juifs l'année 5661, datée à partir du début supposé de la Création. Bien avant les temps modernes, ces disparités posèrent d'autant plus de problèmes que les uns comptaient en **années lunaires** de quelque 13 mois, les autres en **années solaires,** que certains faisaient commencer l'année le 25 mars, comme les Anglais, d'autres à l'équinoxe vernal du 21 mars, d'autres encore, à la façon romaine, le 1er janvier.

En 525, le moine ou abbé scythe Denys le Petit, également connu sous le nom latin de Dionysius Exiguus, entreprit de proposer à la chrétienté, par l'entremise du pape Jean Ier, un calendrier cohérent. Vaste entreprise, il faut l'observer, sous ses apparences d'organisation de l'année liturgique, étant donné que la chrétienté était divisée par le schisme de l'Église de Constantinople et que le maître de l'Italie, Théodoric, dont le pape était le vassal de fait, disputait aux empereurs romains d'Orient, d'abord Théodose II, puis Justinien, la primauté spirituelle. Un calendrier unificateur proposé, sinon imposé, par Rome présentait donc un fort parfum d'entreprise politique. Jusqu'alors, en effet, les chrétiens romains et les chrétiens d'Orient célébraient Pâques à des dates différentes.

■ Alors que, pour les chrétiens romains, la date de calcul de Pâques avait été fixée selon un calendrier qui commençait à l'avènement de l'empereur Dioclétien — pour des raisons absurdes, cet empereur ayant persécuté les chrétiens —, Denys le Petit entreprit, pour son calendrier, de faire débuter l'ère chrétienne à la naissance de Jésus-Christ, qu'il situa au 25 décembre de l'an 753 après la fondation de Rome. C'est lui qui, pour bien caractériser cette datation, proposa à Jean Ier de faire suivre les dates officielles de la chrétienté de la mention A.D., c'est-à-dire **anno Domini**.

■ Cette coutume dura près d'un demi-siècle, lorsqu'en 1582 le pape Grégoire XIII dut se rendre, à contrecœur, à l'argumentation des lettrés selon laquelle il n'était pas logique de faire commencer une année six jours avant sa fin, le calendrier romain, dit calendrier julien, étant encore en usage dans de nombreuses régions d'Europe, dont l'Italie. Il introduisit donc la réforme du calendrier grégorien, selon laquelle l'année commençait le **1er janvier**. Cela causa un nouveau tollé chez les chrétiens d'Orient, qui n'avaient déjà pas adopté la réforme de Denys le Petit. L'Angleterre, pour sa part, continua de faire commencer l'année comme autrefois, le 25 mars, par hostilité au calendrier papiste ; elle n'adopta le calendrier grégorien qu'en 1751, et les colonies anglaises d'Amérique, encore plusieurs années après.

Le calendrier grégorien n'a été adopté universellement que très tard : en 1873 par le Japon, en 1911 par la Chine et en 1919 par l'U.R.S.S.

Bien qu'il faille lui reconnaître le mérite d'avoir posé le point de départ d'un calendrier universel, Denys le Petit commit deux erreurs en prenant le 25 décembre 753 comme date de naissance de Jésus-Christ. La première tient au fait qu'il ignorait que cette date, qui se situe quatre jours après le **solstice d'hiver**, n'avait été choisie par l'Église du Ier siècle qu'en raison de son caractère symbolique pour les nombreux peuples qui avaient conservé la coutume de sa célébration ; dans la religion mithraïque, par exemple, le 25 décembre est la date de la renaissance annuelle du dieu Mithra après sa victoire sur la puissance des ténèbres. La célébration demeurait donc, mais le célébré changeait. Sa seconde erreur est que, si l'on se réfère aux Évangiles mêmes, Jésus naquit sous le règne d'Hérode le Grand, qui mourut en 4 avant notre ère. En fait, il a été démontré que le recensement ordonné par Rome, et à cause duquel Jésus fut inscrit à Bethléem, eut lieu en 7 avant J.-C. Donc, le calendrier grégorien lui-même n'est pas exact selon l'histoire, et l'année 1988, par exemple, est en fait l'année 1992.

Cartographie

An., Mésopotamie, IIIe millénaire av. J.-C. ; Ératosthène, IIIe siècle av. J.-C. ; Hipparque, vers 130 av. J.-C. ; Mercator, 1569 ; Picard, 1669-1670 ; Tissot, 1881...

La cartographie est sans doute l'un des domaines les plus complexes de l'invention, car elle implique en premier lieu un certain nombre de **données topographiques, géographiques et géodésiques,** et, en second lieu, un système **mathématique** de report sur une surface plane de représentations sphériques ou hémisphériques.
La cartographie est très ancienne ; on dispose actuellement de cartes remontant au IIIe millénaire avant notre ère, réalisées en Mésopotamie. La cartographie, en effet, dut être très tôt indispensable aux administrations des royaumes, puis aux potentats, pour l'établissement de frontières, et, enfin, aux voyageurs. Il s'agissait à l'époque de représentations empiriques, forcément très imparfaites, parce que les calculs des distances étaient eux-mêmes imparfaits, et ensuite parce que les représentations étaient planes, comme si la Terre avait été plate.

■ Grands voyageurs, les Grecs furent parmi les premiers à s'intéresser à la cartographie générale et non pas à la cadastrale, que pratiquait le reste du monde. Au VIe siècle avant J.-C., Milet, en Asie Mineure, fut le grand centre des spéculations cosmologiques et géographiques. Le premier cartographe digne de ce nom fut Anaximandre, élève de Thalès, qui dessina la première carte géographique, suivi par Hécatée, au Ve siècle, qui offrit la première représentation de la Terre : un disque plat au centre duquel se trouvait la Grèce. On ne peut pas dire qu'à cet égard il ait été inventeur ; il fut juste précurseur. Hérodote, qui appartenait à la génération suivante, et qui fut un grand voyageur, enrichit beaucoup les connaissances géographiques de son temps, mettant par exemple en doute l'existence d'un océan hyperboréen et reconnaissant le premier que la mer Caspienne était une mer intérieure et non un golfe de l'océan hyperboréen. Les rapports de Xénophon sur la campagne des Dix Mille, les campagnes d'Alexandre, les informations de Mégasthène, ambassadeur grec à la cour hindoue de Chandragupta, et bien d'autres données modifièrent considérablement la représentation que l'on s'était faite jusqu'alors de la Terre. Au IIIe siècle, l'un des plus étonnants génies de l'Antiquité, Ératosthène, fut en mesure de conclure que la Terre était sphérique et, prouesse tout à fait stupéfiante, calcula presque exactement la circonférence du méridien, 252 000 stades, soit près de 40 000 km (39 690 précisément). On peut donc considérer Ératosthène comme le véritable fondateur de la cartographie. Si la carte qu'il dessina ne comportait que trois continents, évidemment bien imprécis : l'Europe, l'Asie et l'Afrique, faute de données plus amples, elle fut la toute première à faire figurer les **longitudes** et les **latitudes,** et la première aussi à offrir une **représentation sphérique** de la Terre. Pour cela, Ératosthène s'était fondé sur les données recueillies par un grand navigateur du IVe siècle, Pythéas, qui avait franchi les Colonnes d'Hercule — actuel détroit de Gibraltar — et fait le tour des îles Britanniques, enregistrant avec précision les **déclinaisons du Soleil** dans les latitudes de l'hémisphère Nord. S'appuyant sur les distances indiquées par Pythéas et sur ses déclinaisons solaires, Ératosthène ne s'était pas beaucoup trompé — d'environ 300 km — dans son estimation de la **circonférence terrestre** (qui a d'ailleurs peut-être changé depuis lors).

■ Toutefois, un autre grand savant de l'Antiquité, mathématicien et astronome, Hipparque, fit vers 130 avant J.-C. une objection judicieuse à la technique d'Ératosthène : celle-ci avait offert une vision globale de la Terre d'après les calculs de distance d'un petit nombre de lieux ; or, ces calculs pouvaient être inexacts — ce qui était vrai —, Ératosthène ayant utilisé une méthode empirique pour la mise en œuvre d'une théorie exacte.

Hipparque proposa une réforme radicale de la cartographie. Sa méthode consistait à diviser le globe en une grille longitudinale et latitudinale de 360° et à ne déterminer les emplacements des lieux que sur la base d'**observations astronomiques.** Hipparque inventa donc pour la circonstance un **système géodésique** de détermination des longitudes d'après l'observation des **éclipses**.

Il a été avancé qu'Hipparque ne pouvait pas appliquer sa méthode avec rigueur, faute d'instruments précis d'observation ; cela n'est pas sûr. On a retrouvé, au XXe siècle, au large de l'île grecque d'Anticythère, les vestiges d'une **horloge astronomique** d'une étonnante précision, dont on s'attache encore à déterminer le fonctionnement. Toujours est-il qu'Hipparque est universellement reconnu comme le fondateur de la cartographie scientifique.

■ Peu après le déclin d'Alexandrie comme centre des sciences de l'Antiquité, que l'on situe après le IIe siècle, une pénombre de plus en plus épaisse s'abattit sur la cartographie. Les Romains laissèrent cette science tomber en désuétude. Comme ils avaient indéniablement besoin de cartes pour leur administration — l'Empire couvrait la totalité du monde méditerranéen et une large partie du Proche et du Moyen-Orient —, ils recoururent à la méthode des **projections équivalentes** : elle consistait à reporter exactement les distances entre deux points, un peu comme si l'on étalait bord à bord toutes les pages d'un atlas, sans tenir compte de la sphéricité de la Terre ; c'est d'ailleurs la méthode des anciennes **cartes d'état-major** des temps modernes, qui est tout à fait valable pour les **cartes à petite échelle.** Leurs cartes furent essentiellement celles de militaires et d'administrateurs, non de savants. Marcus Agrippa mit une vingtaine d'années à réaliser une vaste carte de l'Empire, sur l'ordre de l'empereur Auguste, qui recensait les routes, les ponts, les frontières, les provinces impériales et sénatoriales, etc., et qui fut gravée sur un mur de marbre près du Colisée, à Rome. Une copie tardive, dite carte de Peutinger, nous en est parvenue ; elle comporte des déformations excessives, qui ne semblent guère correspondre à un **système géodésique** quelconque, et la Méditerranée ainsi que la mer Noire, par exemple, y sont tellement allongées qu'elles ressemblent à des canaux. Mais Rome ne se souciait, dans ce domaine, ni d'exactitude des proportions, ni d'esthétique mathématique.

■ Au IIIe siècle, dans le monde latin, la cartographie entre en pleine et dramatique dégénérescence. L'apologiste chrétien Lactance rejette l'idée de la sphéricité de la Terre et les cartographes chrétiens dessinent désormais celle-ci sous la forme d'un disque plat en O, à l'intérieur duquel est inscrit le T ou *tau* de la Croix, avec : à gauche, l'Europe, surmontée par le Paradis ; à droite, l'Afrique et, au milieu, le Nil — la barre du T étant représentée par la Méditerranée. L'admirable travail des Ératosthène, Hipparque et, plus tard, Ptolémée, manque de disparaître définitivement sous l'assaut des cartographes dits mythiques ; il ne sera préservé que par les Arabes, et c'est un Arabe, Idrisi, qui réalisera pour Roger de Normandie, roi de

Sicile, un planisphère en argent (1154), qui perpétuera et enrichira les connaissances des Grecs. C'est un autre Arabe, Biruni, qui, au XIe siècle, rejette à juste titre l'affabulation médiévale des terres australes qui seraient reliées à l'Afrique. Les Arabes, en effet, autres navigateurs, entretiennent des relations suivies, par terre et par mer, avec l'Asie ; ils possèdent des éléments sur la géodésie de l'Orient et de l'Asie, par le relais des marchands de soie, d'ivoire, d'épices, de pierres. Au XVIe siècle, l'amiral turc Ahmet Muhieddin, plus connu sous le nom de Piri Reis, réalise des cartes qui susciteront, au XXe siècle, des controverses ardentes. Datant de 1513, ces cartes donnent le détail des côtes de l'Amérique du Nord et de l'Amérique du Sud, de l'Antarctique, des Caraïbes et des îles de l'Atlantique Nord avec un luxe de précisions qui ne sauraient remonter à la découverte de l'Amérique du Nord par Christophe Colomb en 1492, ni à celle de l'Amérique du Sud par Amerigo Vespucci entre 1499 et 1502. Or ces points, toujours obscurs, sont essentiels, non pas au seul regard de la géographie et de l'histoire, mais aussi de la cartographie : à l'époque, en effet, le monde civilisé reconstitue laborieusement les connaissances des cartographes grecs ; il a oublié les calculs d'Ératosthène et ne connaît ni la **circonférence terrestre**, ni, à plus forte raison, la **longueur du méridien.** Des connaissances antérieures, qui sont peut-être le fait de navigateurs arabes, ou encore africains (il semble ainsi que l'empire du Bénin ait eu, au XIVe siècle, des rapports avec l'Amérique centrale), peut-être phéniciens (car il semble également que des Phéniciens aient abordé dans l'actuel Brésil au cours des deux ou trois siècles précédant notre ère), ont cependant permis à Piri Reis d'établir des cartes, qui, si elles ne sont pas exactes au sens moderne, témoignent de connaissances cartographiques inexpliquées.

■ En tout état de cause, l'influence arabe suscite, en Catalogne et en Italie, une renaissance de la cartographie à partir du XVe siècle. La découverte, en 1400, de la *Géographie* de Ptolémée — beaucoup moins précise que celle d'Ératosthène et d'Hipparque — insuffle un nouvel essor à la cartographie occidentale. La carte de Ptolémée est reprise à Bologne en 1475 ; elle est réalisée en utilisant une **projection conique,** puis reprise en 1482 par l'Allemand Donis Nicolaus en utilisant une **projection trapézoïdale.**

■ Dès lors, les cartographes occidentaux, qui en sont revenus à une représentation sphérique de la Terre, commencent à prendre conscience du problème fondamental de la cartographie, qui ressortit à la **géodésie géométrique à deux dimensions :** réaliser une représentation plane d'un modèle dont la surface n'est pas applicable ; cette représentation sera forcément déformée, car les distances projetées seront de plus en plus longues ou courtes au fur et à mesure que l'on s'écartera du point de contact O entre le modèle et le volume de référence, cône, cylindre, polyèdre, etc. C'est ainsi que, si l'on place un globe terrestre dans un cylindre transparent d'égal diamètre, le seul point de contact se situera à l'équateur. Les distances seront correctement reflétées entre les divers points de l'équateur, par exemple du Gabon à l'embouchure de l'Amazone et aux Galápagos ; mais, au-dessus et au-dessous de l'équateur, les distances entre les latitudes iront diminuant au fur et à mesure que l'on s'écartera de l'équateur vers les pôles dans le cas où l'on réalise une **projection directe.** Ainsi, l'Angleterre aura sa surface extrêmement réduite par rapport à la réalité. Si l'on veut respecter les proportions, il faut recourir à une **projection transverse,** mais celle-ci, réalisée en continu, aboutira à une déformation d'un autre type : elle exagérera les distances entre les longitudes, par rapport à une échelle de référence équatoriale. Par ailleurs, les cartes devant servir aux navigateurs et aux voyageurs, il est nécessaire qu'elles indiquent les distances d'un point à l'autre selon une **échelle fixe.**

■ Depuis le XIVe siècle, les navigateurs se servent de **portulans.** Ceux-ci sont des cartes marines qui indiquent les distances d'un point fixe à plusieurs autres selon une échelle fixe. Ils présentent toutefois un défaut important : ils n'indiquent pas la **convergence des méridiens** et déforment donc les distances aux hautes latitudes. En 1569, le Flamand Gerardus Mercator, pseudonyme latin de Gerhard Kremer, publie une carte du monde à l'usage des navigateurs, qui fait date parce qu'elle résout la contradiction opposant les projections géométriques aux cartes marines. Réalisée en **projection cylindrique,** elle indique en effet — de manière empirique — la ligne droite sur laquelle il convient d'axer le compas pour aller d'un point à un autre, ligne qui maintient le même angle par rapport à tous les méridiens. Elle inaugure le type de projections dites « de Mercator », qui sera continuellement amélioré au cours des siècles suivants, aboutissant aux **projections cylindriques conformes.**

Il convient, toutefois, de rappeler que la projection dite « de Mercator » fut inventée au Xe siècle en Chine, mais pour représenter la sphère céleste et non la Terre. Une carte datant de 940 représente ainsi le ciel divisé par vingt-sept méridiens. Il est possible que ce mode de projection ait influencé plus tard les cartographes européens.

■ La représentation de Mercator est encore loin d'être géographiquement exacte, car les connaissances de l'époque restent fortement entachées d'erreurs sur les longitudes et les latitudes, et cela d'autant plus que l'on ne connaît pas vraiment les dimensions de la Terre. En 1606, le Hollandais Willebrord Snell entreprend de combler cette lacune en mesurant le premier un **arc de méridien,** suivi en cela par l'Anglais Richard Norwood, en 1635. Mais c'est seulement en 1669-1670 que le Français Jean Picard réalise cette mesure de manière scientifique. Ce n'est certes pas de la cartographie à proprement parler, mais de la **géodésie** ; toutefois, sans les progrès de la géodésie, la cartographie n'aurait pas elle-même progressé. Et ce sont d'autres progrès de la géodésie, accomplis lors des missions de Maupertuis en Laponie et de La Condamine au Pérou, qui permettront de donner enfin une image exacte de l'objet de la cartographie, c'est-à-dire la forme et les dimensions de la Terre, globe légèrement aplati aux pôles.

■ En 1881, le Français A. Tissot fait faire un grand progrès à la cartographie par son *Mémoire sur la représentation des surfaces et les projections cartographiques,* grâce au **calcul infinitésimal** : si l'on projette une surface sur plan selon la **méthode d'équivalence,** c'est-à-dire en établissant une correspondance de point à point, un cercle

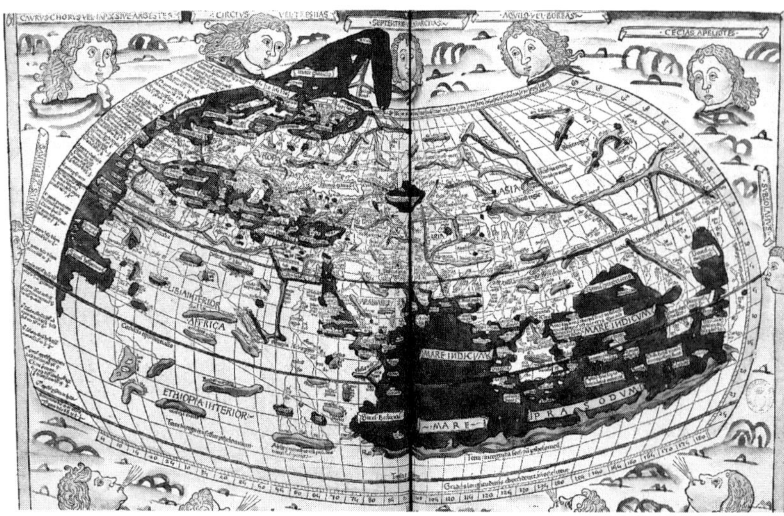

Mappemonde de Ptolémée,
dans l'édition imprimée de la *Géographie* traduite en latin,
Ulm, Léonard Hol, 1482.

infinitésimal se transforme en une ellipse. Il est donc possible, sur n'importe quelle projection, de calculer les dimensions de n'importe quelle ellipse et, d'après l'orientation de son grand axe et de son petit axe, d'établir l'orientation de n'importe quel point. Par exemple, sur une projection équivalente, la surface d'une ellipse sera équivalente à celle du cercle projeté, mais son élongation et ses axes varieront selon chaque point.

■ Une fois terminé l'inventaire des connaissances géographiques et géodésiques terrestres, l'application de la **géométrie dans l'espace** permettra de réaliser des cartes alors exactes à tous points de vue.

On peut projeter une surface sphérique sur n'importe quelle surface géométrique : cylindre, cône, polyèdre, etc., chaque mode de projection étant assimilé à une technique spécifique. Il existe un très grand nombre de modes de projection, dont l'exposé exigerait un traité. Les plus courants sont les modes **conforme, équivalent** et **aphylactique.** Le premier, dit aussi **orthomorphique**, est utilisé pour les cartes à grande échelle et impose une transformation des courbes géodésiques. Le deuxième, dit aussi **authalique,** utilisé dans les cartes d'état-major et les cartes touristiques à petite échelle, traite les sections de la sphère comme si elles étaient planes. Le troisième, utilisé dans des recherches scientifiques, comporte de grandes déformations. Les cartes aéronautiques contemporaines sont des projections de Mercator équivalentes.

Diviseur

Hindley, vers 1739 ; Ramsden, 1760-1773.

Le développement de l'**astronomie,** au début du XVIIIe siècle, créa une demande croissante d'**instruments de mesure** et d'instruments de plus en plus précis. Ceux-ci, qui étaient réalisés à la main, souffraient d'un problème particulier, qui était la difficulté de la **division des limbes** à graduer, laquelle revêtait un aspect théorique et un aspect pratique. Le premier était la **division géométrique de l'arc de cercle,** le second en était la **gravure des traits.** Les fabricants les plus scrupuleux effectuaient la division à l'aide de compas, les autres appliquaient un modèle universel. On cherchait un instrument qui réaliserait mécaniquement une division du cercle en 360 degrés qui seraient, évidemment, rigoureusement identiques. Le premier qui approcha de la solution fut l'Anglais Henry Hindley, qui, vers 1739, adapta la **machine à tailler les rouages d'horlogerie** ; c'était une **vis sans fin** dont le pas correspondait à une circonférence et à un nombre de dents déterminé (360 en l'occurrence), chaque contact du pas à la tangente du cercle entraînant une encoche. L'instrument entraînait des erreurs sensibles.

■ De 1760 à 1773, l'un des plus célèbres constructeurs de son temps, l'Anglais Jesse Ramsden, mit au point une machine de son invention, pour la construction des éléments de laquelle il avait, par ailleurs, dû inventer dejà des machines spéciales. Il s'agissait, dans son principe, d'un **tour à diviser** consistant en une plate-forme circulaire dentée qu'entraînait une vis rigoureusement filetée. L'instrument à diviser était posé sur la plate-forme et une pédale d'entraînement faisait avancer la plate-forme d'un cran et, en même temps, abaissait le traceur, ou **tracelet**, qui imprimait un trait sur le métal à diviser. La précision obtenue était de l'ordre du sixième de degré et le temps de division réduit à une demi-heure environ. La portée de cette invention fut immense, puisqu'elle abaissait considérablement le prix de revient des instruments de mesure astronomique, tels qu'**octants** et **sextants**, et permettait du même coup d'en fabriquer en beaucoup plus grand nombre.

Géométries

An., Babylone, début du IIe millénaire av. J.-C. ; an., Égypte, 1700 ou 1550 av. J.-C. ; Thalès, VIIe-VIe siècle av. J.-C. ; Hippias d'Élis, IVe siècle av. J.-C. ; Euclide, 330-320 av. J.-C. ; Archimède, vers 260 av. J.-C. ; Apollonios de Perga, vers 245 av. J.-C. ; Descartes, 1637 ; Fermat, 1679 ; Monge, 1780 ; Lobatchevski, 1826 ; Gauss, 1827 ; Plücker, 1828-1865 ; Bolyai, 1831-1833 ; Möbius, 1837 ; Riemann, 1854.

L'invention de la géométrie est sans doute la plus prodigieuse et la plus caractéristique de l'esprit humain. C'est en elle et dans les mathématiques que se manifeste au plus haut point la capacité d'abstraction. Il est cependant impropre d'évoquer une géométrie unifiée, car il existe plusieurs géométries, que l'on partage par commodité entre euclidiennes et non-euclidiennes. En fait, l'histoire de la géométrie se confond avec celle d'une succession d'inventions.

■ L'importance de la géométrie est considérable, car elle a régi d'abord l'**architecture** et la **connaissance de la Terre,** puis celle de l'Univers et la **représentation symbolique de systèmes non perceptibles.** Il n'est possible de retracer ici son développement que de façon très succincte, et les noms cités en tête de cet article ne sauraient exprimer exhaustivement toute une veine d'inventions qui ont justifié des ouvrages volumineux.

■ La géométrie est née très tôt, pour des **raisons cadastrales.** Les Babyloniens, chez lesquels on en retrouve les origines les plus anciennes, puisqu'elles remontent au début du IIe millénaire avant J.-C. durent élaborer un système de mesure de leurs territoires, basé sur des **unités de surface simples, circonférence** et **carré,** qu'il devait être possible de calculer aisément. Le terme même de géométrie, d'ailleurs, désigne, selon ses racines grecques, la mesure de la Terre. La géométrie babylonienne fut empirique et approximative ; elle avait ainsi donné à π la valeur 3. C'est d'elle toutefois que nous avons hérité la **division du cercle en 360 parties égales ou degrés,** la division du degré en 60 minutes et celle de la minute en 60 secondes — système dont il est intéressant de relever au passage qu'il est duodécimal, alors qu'il coexiste universellement avec le système décimal (voir p. 178). Il ne semble pas que les Hébreux aient modifié les éléments de la géométrie babylonienne, et ce sont les Égyptiens qui franchissent l'étape suivante. Le papyrus d'Ahmès, qui date de 1700 ou 1550, selon les sources, énumère les moyens de calculer les **surfaces du carré et du rectangle ainsi que du triangle isocèle et du trapèze.** Ce sont aussi les Égyptiens qui font progresser la définition de π, comme l'atteste la méthode citée par le même papyrus pour calculer la **surface d'un cercle** : pour cela, il faut soustraire 1/9 du diamètre et établir le carré des 8/9, ce dont il ressort que $\pi = \pm 3,16$. Un autre papyrus à peu près contemporain donne le moyen de calculer — exactement cette fois — le **volume d'une pyramide tronquée.**

■ On en restait cependant à la géométrie empirique. L'abstraction atteint pour la première fois à la rigueur avec le personnage légendaire qu'est Thalès, l'un des sept sages de la philosophie grecque antique, qui énonça les **cinq théorèmes géométriques** suivants : celui de la bissection du cercle par son diamètre ; celui de l'égalité des angles d'un triangle isocèle ; celui de l'égalité des angles formés par l'intersection de deux droites ; celui qui dit qu'un angle inscrit dans un demi-cercle est droit et celui qui dit qu'il est possible de décrire un triangle si la longueur de sa base et les angles de sa base sont définis. C'est ce dernier théorème qui aurait permis à Thalès de calculer du rivage la distance à laquelle un navire se trouvait en mer.

■ Nouvelle étape franchie avec un autre personnage légendaire, Pythagore, philosophe fondateur d'une école, qui vécut apparemment dans le premier tiers du VIe siècle avant J.-C., mais dont il est malaisé de préciser lesquels de ses apports à la géométrie furent les siens propres et lesquels furent ceux de son école. Toujours est-il que ce serait lui qui, le premier, aurait prouvé que la somme des angles d'un triangle est toujours égale à celle de deux angles droits et qui aurait surtout établi la méthode de l'application des aires. Pythagore qui, par ailleurs, a au moins abordé les **propriétés des parallèles,** est associé à l'invention de la formule du carré de l'hypothénuse d'un triangle rectangle. On lui attribue enfin l'invention du mode de construction des **cinq polyèdres réguliers** (tétraèdre, cube, octaèdre, dodécaèdre et icosaèdre), bien qu'il soit vraisemblable que ce soit son disciple Théatète qui ait inventé l'octaèdre et l'icosaèdre.

■ Le goût de l'abstraction engendrant celui de la géométrie, les Sophistes d'Athènes posèrent, dans la lancée des spéculations pythagoriciennes, les trois célèbres problèmes de construction que sont la **quadrature du cercle,** la **trisection de l'angle** et le **doublement du cube**. Ces sophismes sont parfois représentés comme des provocations intellectuelles et des jeux gratuits de l'esprit. Ils présentaient cependant un immense intérêt, qui était d'éveiller les géomètres aux limites qu'ils s'étaient imposées et qui, par la suite, devaient être associées à celles de la géométrie euclidienne ; constituant des défis intellectuels qu'il était impossible de relever avec les instruments alors traditionnels de la géométrie, le compas et la règle, ils induisaient les géomètres à passer à un niveau supérieur d'abstraction. Ce fut d'ailleurs le cas quand Hippias d'Élis inventa, au IVe siècle avant J.-C., une méthode pour résoudre la quadrature du cercle, grâce à une courbe de sa création, la **quadratrice,** et que, vers le milieu du IIIe siècle, Nicomède inventa une autre courbe, la **conchoïde,** qui permettait à la fois d'effectuer la trisection de l'angle et le doublement du cube, cette dernière opération se résumant algébriquement par la formule $X = \sqrt[3]{2}\,S$, S représentant l'arête du cube.

■ Pour autant qu'ils rendent hommage à Euclide, les géomètres et mathématiciens contemporains soulignent néanmoins le génie précurseur des non-euclidiens grecs, dont les inventions préfiguraient celles qui, une vingtaine de siècles plus tard, allaient donner naissance à la géométrie non-euclidienne et qui frôlaient déjà les vues les plus avancées de la physique théorique moderne, la géométrie s'associant à la physique dans la représentation de l'espace. C'est ainsi que la quadratrice d'Hippias d'Élis faisait déjà intervenir la notion d'un nombre de points infini, qui ébauchait la notion moderne de **continuum.** De tels « écarts » de la logique grecque traditionnelle se situaient dans une veine déjà existante et qu'avait, par exemple, illustrée Zénon d'Élée au Ve siècle par ses fameux paradoxes sur le mouvement. Pour Zénon, la flèche décochée par l'archer ne volait pas, car sa course était constituée d'une succession infinie de moments de repos, et l'agile Achille ne pouvait jamais rattraper la tortue, car il courait beaucoup plus vite qu'elle. Jusqu'au début du XXe siècle, les sophismes et les paradoxes des premiers géomètres et penseurs grecs furent tenus en suspicion comme « curiosités », voire comme démonstrations des chausse-trappes auxquelles exposait un exercice trop rigoureux de la logique ; en fait, ils eurent le mérite d'arracher la géométrie au pragmatisme qui avait été le sien.

■ Entre 330 et 320 avant J.-C., dans cet incomparable centre de fermentation intellectuelle que fut l'Alexandrie d'Égypte, Euclide écrit ses *Éléments* de géométrie, constitués de treize livres, dont les six premiers et les trois derniers sont consacrés à la géométrie, plane et solide, les 7e, 8e et 9e à l'arithmétique et le 10e aux nombres irrationnels. Il ne s'agit pas à proprement parler, ni en tout cas entièrement, d'une œuvre d'invention, mais d'une mise en forme logique de l'immense héritage légué par les prédécesseurs d'Euclide. On y trouve trente-cinq **définitions,** six **postulats** et dix **axiomes.** Euclide s'y révèle comme un ordonnateur plutôt restrictif. S'il dégage, lui aussi, mais seulement en apparence, la géométrie du pragmatisme, ce que ne feront guère ses successeurs Archimède et Apollonios de Perga, il évite soigneusement les notions d'**infiniment petit** et d'**infiniment grand,** dont l'énoncé avait été le mérite d'un Zénon et d'un Hippias. Mais ce n'est pas sur un accent négatif qu'il faut conclure ici le très rudimentaire exposé d'une œuvre immense, qui clôt elle-même les trois siècles prodigieux de la géométrie grecque : Euclide invente une méthode formelle, la **logique,** qui lui vaut son durable succès (voir illustration). Jusqu'au début du XXe siècle, Euclide servira à peu près exclusivement d'introduction à l'enseignement de la géométrie dans le monde entier.

■ Il ne compte que deux successeurs importants : Archimède et Apollonios de Perga. Le premier invente (ou découvre), vers 260 avant J.-C., la formule nécessaire au calcul de la surface du cercle, $3\frac{1}{7} > \pi > 3\frac{10}{71}$, ainsi que les formules nécessaires au calcul de la surface de la sphère et du cylindre. A la même époque, l'**application des aires** permet à Apollonios de Perga de construire les **trois sections coniques**.
Si l'on excepte quelques génies secondaires ultérieurs, comme Nicomède, déjà cité, Dioclès, inventeur de la **cissoïde**, et Pappus, la géométrie grecque a achevé sa parabole.

■ Reprise par les Arabes après la chute d'Alexandrie, en 642, elle est transmise à l'Occident, notablement critiquée et enrichie, à partir du XIIe siècle, mais elle ne s'imposera réellement qu'après la chute de Byzance, au XVe siècle. Peu après, l'Europe aborde la Renaissance, c'est-à-dire qu'elle est mûre pour l'assimiler, après le long sommeil du Moyen Âge. Le premier développement que lui adjoignent les géomètres est la **géométrie projective,** qui va d'abord servir la **cartographie** (voir p. 156), puis fonder la **perspective,** ou représentation dans un plan de figures spatiales à partir d'un point de vue. La perspective sera elle-même enrichie de la notion de **point à l'infini,** inventée par le Français Gérard Desargues en 1639. Familier du célèbre père Marin Mersenne, Desargues devait lui-même influencer Blaise Pascal.

■ René Descartes et Pierre de Fermat sont les deux premiers grands successeurs des Grecs, en ce qu'ils sont les inventeurs de la **géométrie analytique,** dont la portée est immense. Sans doute convient-il de rendre hommage en ce domaine à l'Allemand Johannes Kepler, qui réintroduit après quelque vingt siècles les notions d'infiniment petit et d'infiniment grand et qui définit le cercle comme un polygone ayant un nombre infini d'arêtes. Sans doute faut-il aussi citer l'Italien Bonaventura Cavalieri, qui reprend la géométrie des solides où les Grecs l'avaient laissée, ses compatriotes Evangelista Torricelli et Vincenzo Viviani, ainsi que les Français Gilles de Roberval et Blaise Pascal, qui ont contribué à l'élaboration de la géométrie synthétique moderne. Mais leurs œuvres n'atteignent toutefois pas la portée de celles de Descartes et de Fermat. Avec *La Géométrie,* publiée en 1637, et *Ad locos planos et solidos isagoge,* publié en 1679, Descartes et Fermat respectivement établissent les premiers la **jonction formelle de la géométrie et des mathématiques,** esquissée par Hippias d'Élis et Nicomède. Ils énoncent les deux idées fondamentales de la géométrie analytique, qui sont la **localisation des points d'une figure par l'utilisation des coordonnées** et la **représentation d'une courbe ou d'une surface par une équation comportant deux ou trois variables.** La première idée remonte en fait à Apollonios de Perga, mais la seconde est révolutionnaire, parce qu'elle permettra les premiers calculs de la **relativité générale,** un peu moins de deux siècles et demi plus tard. Dans *La Géométrie,* qui n'est pas un exposé au sens moderne, mais un récit presque familier de sa manière d'aborder des problèmes et de les résoudre, Descartes résout particulièrement ce que l'on appelle le **problème de Pappus,** du nom du géomètre grec qui l'énonça le premier : étant donné diverses lignes droites dans un point, trouver le lieu d'un point tel qu'une perpendiculaire tirée de ce point à ces lignes fasse que le produit de certaines d'entre elles ait un rapport donné au produit des autres. Descartes comprend que le problème doit s'interpréter ainsi : trouver l'équation qui révèle toutes les caractéristiques de la figure cherchée (c'est une courbe). Et il attaque le problème en le supposant résolu ; la courbe cherchée est donc considérée tracée et Descartes raisonne en en recherchant les données. Méthode qui vaut son nom à ce type de géométrie, qui procède par analyse, et qui permet de résoudre aussi bien des problèmes de géométrie euclidienne que de géométrie non-euclidienne. Méthode qui stupéfie aussi tous ceux qui l'ont analysée, par sa puissance et son universalité. Un grand mathématicien tel que l'Autrichien Ludwig Boltzmann écrira même plus tard qu'elle semble parfois plus intelligente que l'homme qui l'a inventée !

■ Descartes fonde en fait la géométrie moderne, rejetant l'ancienne classification des courbes en **courbes planes,** celles que l'on peut construire à la règle et au compas, en **courbes solides,** en fait les sections coniques, et en **courbes linéaires,** comme la conchoïde, pour les réduire à deux groupes, celles qu'il appelle « géométriques », et qui sont en fait les **algébriques,** et celles qu'il appelle **mécaniques.** S'il partage avec Fermat le mérite d'avoir créé la géométrie analytique, c'est parce que Fermat a, le premier (mais on ne l'apprendra que plus tard), établi que l'équation $f(x,y) = 0$ représente une courbe dans le plan x,y, ce qui constitue le principe de base de la géométrie analytique. Mais Fermat, alors conseiller au Parlement de Toulouse, et guère mathématicien professionnel, n'a pas publié ce travail. Et si, dans le strict domaine de la géométrie, le génie de Descartes prime, c'est qu'il a créé une méthode commode, le titre de Fermat à la gloire étant d'avoir été le précurseur du **calcul différentiel** (voir p. 152). Ce sont d'ailleurs des mathématiciens qui développèrent le calcul différentiel et le calcul intégral, tels que l'Allemand Gottfried Wilhelm Leibniz, inventeur des termes **abscisse** et **ordonnée,** et l'Anglais Isaac Newton.

■ Dès lors, la géométrie diverge. Dans la lignée classique, dite un peu abusivement euclidienne, les Allemands Augustus Möbius et Julius Plücker introduisent la notion de **dualité**, qu'ils ont inventée indépendamment. Cette notion se fonde sur le fait qu'il est possible de donner deux interprétations à une même équation, par exemple $ux + vy + 1 = 0$. On peut, en effet, soutenir que cette équation comporte deux variables, d'une part x et y représentant des coordonnées de points et u et v étant des constantes, et d'autre part u et v représentant des lignes et x et y des constantes, ce qui fait que, dans le premier cas, l'équation définit une ligne droite et, dans le second, un point. Les deux mathématiciens abandonnent donc la notion restreinte des **coordonnées cartésiennes** pour la remplacer par celle des **coordonnées homogènes**, plus vastes. Cette invention ouvre la voie royale de la « géométrie pure » qui se différencie de la **géométrie descriptive** développée par Gaspard Monge (l'un des fondateurs de l'École polytechnique) à partir de 1780, et, à des fins pratiques, par son élève Jean Victor Poncelet à partir de 1822. De nombreux géomètres, dont Monge le premier, d'ailleurs, ainsi que Möbius et Plücker eux-mêmes s'efforcent d'associer les deux géométries, l'analytique et la synthétique, cette dernière ayant été portée à la quasi-perfection, en France par Michel Chasles et, en Allemagne, par K.G.C. von Staudt.

■ Mais entre-temps s'est produit un événement majeur, l'invention de la géométrie non-euclidienne. L'inventeur en est traditionnellement reconnu en la personne de l'Allemand Carl Friedrich Gauss et l'année de sa naissance comme celle de la publication des *Recherches générales sur les surfaces courbes,* soit 1827. En réalité, la géométrie non-euclidienne est en gestation depuis longtemps, en tout cas au moins depuis 1621. Cette année-là, en effet, l'Anglais sir Henry Savile met en cause le **5e postulat d'Euclide,** ainsi rédigé : « Si une droite tombant sur deux droites fait les angles intérieurs du même côté plus petits que les deux droits, les deux droites prolongées à l'infini se rencontreront du côté où les angles sont plus petits que deux droits. » Ce postulat, observe-t-il, n'est ni démontrable, ni indémontrable ; il n'est pas évident. En 1773, l'Italien Girolamo Saccheri reprend le problème, à la défense d'Euclide, croit-il, alors que ses conclusions sont fausses. Mais, s'efforçant de bâtir une **démonstration par l'absurde,** Saccheri esquisse en fait la géométrie non-euclidienne. Sa démonstration est la suivante : si des perpendiculaires AC et BD sont levées sur une droite AB et que C et D sont joints par une droite, on peut en déduire que les angles ACD et BDC sont égaux ; ils peuvent être droits, mais on peut également travailler sur l'hypothèse qu'ils sont obtus ou qu'ils sont aigus. Saccheri utilise là la réduction par l'absurde pour aborder en fait la question des parallèles, telle qu'Euclide l'a énoncée : par un point donné on ne peut mener qu'une parallèle à une droite donnée, qui ne satisfait personne.

■ Gauss ne traite pas de la théorie des parallèles ; ce sont ses successeurs qui la reprendront. Gauss entérine, lui, la remise en question de « cette étrange géométrie » qu'est la géométrie non-euclidienne, qui ne comporte pas de contradictions. Entre autres nouveautés, il introduit en 1830 la notion de l'**espace variable,** impliquée dans sa formule de la circonférence d'un cercle de rayon r, qui est $\pi k\,(e^{r/k}-e^{r/k})$, où k est une constante qui dépend de la nature de l'espace. On pressent déjà que la relativité n'est plus qu'à trois quarts de siècle de distance.

■ La géométrie non-euclidienne est dans l'air du temps, car, sans avoir apparemment eu connaissance des travaux de Gauss, le Russe Nicolas Lobatchevski « corrige » dans le même sens les théories d'Euclide entre 1826 et 1840. Pour lui, on peut tirer d'un même point deux parallèles à une droite donnée, dont chacune rejoint cette droite à l'infini. Il en découle qu'une droite possède deux points à l'infini et qu'elle décrit avec ses parallèles des angles aigus égaux, et que, lorsque le rayon d'une sphère devient infini, ses rayons deviennent parallèles... Singulièrement, et sans avoir eu connaissance des travaux de Lobatchevski, le Hongrois János Bolyai parvient à des conclusions à peu près identiques dès 1823 (mais il ne les publiera qu'en 1831, sa *Théorie des parallèles* étant, elle, publiée en 1840). Ces travaux révolutionnaires, qui instaurent la notion de **courbure de l'espace** — il ne manquera, soit dit ici sommairement, que d'y adjoindre la mesure du temps pour aboutir à la relativité —, passent inaperçus. Mais leur essence s'impose de plus en plus, puisque l'Allemand Bernhard Riemann les réinvente à son tour en 1854, sans avoir eu non plus connaissance des publications de Lobatchevski ni de celles de Bolyai. (⟶)

Horloge

An., Égypte, 3500 av. J.-C. ; an., Égypte, 1400 av. J.-C. ; Bérose, 300 av. J.-C. ; an., Alexandrie, Ier siècle ; I-hsing (Yixin), 725 ; Gerbert, vers 950 ; Henlein, vers 1500 ; Huygens, 1656 ; Hooke, 1660 ; Bain, 1840 ; Popp et Resch, 1864 (?)-1877.

La **mesure du temps** est, on le conçoit aisément, l'un des plus anciens soucis de l'humanité. Bien que le mot « horloge » (du grec **hôrologion**, « qui dit l'heure ») désigne un instrument spécifique qui n'est apparu qu'au VIIIe siècle en Chine, il est malaisé d'en passer les précurseurs sous silence. Le premier système de mesure du temps fut le **cadran solaire**, ou **gnomon**, déjà employé en Égypte trente-cinq siècles avant notre ère et peut-être connu auparavant ; il consiste en un pilier vertical fiché sur une surface horizontale, et dont l'ombre indique le mouvement du Soleil. Au VIIIe siècle avant J.-C., le gnomon devait être perfectionné pour devenir le cadran solaire proprement dit ; il portait alors sur la base six divisions correspondant chacune à une heure, et une pièce verticale à une extrémité. Le matin, cette pièce était dirigée vers l'est et, l'après-midi, le cadran était tourné de manière à ce que la pièce fût dirigée vers l'ouest. Parallèlement, les Égyptiens utilisaient depuis le XIVe siècle avant J.-C. des **horloges à eau**, ou **clepsydres**, dont l'avantage était qu'elles indiquaient le passage du temps après le coucher du Soleil, et dont l'inconvénient était qu'elles étaient imprécises. Les clepsydres consistaient en vases percés à la base, de façon à laisser tomber une goutte d'eau à intervalles réguliers. Le vase étant gradué à l'intérieur, la lecture de l'heure se faisait d'après la marque correspondant au passage d'une heure. La longueur des heures était accordée à celle du jour, ce qui faisait que les heures d'été étaient plus longues que celles d'hiver et que leur nombre n'était donc pas constant. Par ailleurs, l'écoulement de l'eau était sujet à des variations parasites, tenant à la température. La clepsydre gagna le monde gréco-romain à une date inconnue et fut, elle aussi, perfectionnée. D'abord, les Romains améliorèrent l'écoulement de l'eau en installant des réservoirs plus volumineux, étant donné que, sous une forte pression, l'égouttement se faisait plus régulier. Ensuite, ils inventèrent un mécanisme original de lecture de l'heure, consistant en un **flotteur** équipé d'une tige dentée qui engageait une **roue à cliquet** ; l'abaissement du flotteur enclenchait donc la roue, elle-même munie d'une aiguille qui désignait l'heure correspondante sur un cadran gradué. Ce mécanisme était déjà utilisé au Iᵉʳ siècle et l'on peut donc avancer que l'un des principes de l'horloge moderne, la **lecture sur cadran**, remonte à cette époque.

■ Entre-temps, le cadran solaire avait été encore perfectionné, notamment par l'astronome babylonien Bérose, au IIIᵉ siècle avant J.-C. Bérose l'avait transformé en un bloc cubique, creusé à sa face supérieure d'un hémisphère au centre exact duquel parvenait la pointe d'un stylet. L'ombre du stylet décrivait donc un arc dont l'indication aurait été plus précise que celle des cadrans antérieurs, à la condition que la graduation tînt compte de la **précession de l'axe de rotation de la Terre**, qui était alors inconnue, et que l'appareil fût de dimensions métriques, ce que l'on ne sait pas. Un demi-siècle plus tard, Apollonios de Perga réalisa un cadran encore plus perfectionné, comportant les **lignes horaires** sur un **tronc conique**, et Ptolémée raffina le principe même du cadran solaire grâce à l'**analemme**, où l'ombre du stylet n'était plus projetée sur des surfaces horizontales, mais inclinées. Toujours est-il que ces modes de mesure ne permettaient pas d'établir alors la différence entre le **midi moyen** et le **midi vrai** et qu'ils n'étaient utilisables que de jour. S'ils restèrent employés, surtout dans le monde méditerranéen jusqu'au Xᵉ siècle et même bien plus tard, l'intérêt pour la clepsydre ne cessait de se développer.

■ Cette invention parvint en Chine, où l'on en fit une clepsydre portable, l'eau étant remplacée par le **mercure** et servant à mesurer des laps de temps courts. C'était là plus une adaptation qu'une invention proprement dite. En 725, le Chinois I-hsing (Yixin), moine et mathématicien, inventa et réalisa la première **horloge mécanique** connue, qui était dérivée de la clepsydre. Le moteur en était toujours hydraulique, mais nettement plus précis que le vase percé : c'était une **roue à aubettes** rigoureusement identiques dans lesquelles de l'eau s'écoulait ; chaque fois qu'une aubette était pleine, elle entraînait une rotation d'un 36ᵉ d'arc. Un vaste système d'engrenages (l'horloge était haute d'environ 10 m), dont il faut admirer la précision, entraînait la rotation d'une sphère céleste autour de laquelle étaient figurés le Soleil et la Lune, à raison d'une rotation complète du Soleil tous les 365 jours et d'une rotation complète de la Lune tous les 29 jours et une fraction. Le niveau d'un emboîtage figurant l'horizon permettait également de déterminer les heures exactes des levers et couchers du Soleil, les dates des nouvelles et pleines lunes, ainsi que, bien sûr, les heures et quarts d'heure annoncés par des coups de cloche et de tambours... Une version ultérieure, due en 906 à Chang Hsu-hsün (Zhang Xuxun), représentait les mouvements des cinq planètes, de l'étoile Polaire et de la Grande Ourse. Une troisième version, due cette fois à Su Sung (Su Song) et construite en 1092, montrait les mouvements des étoiles et certains jours et heures spéciales ; installée à Kaifeng, capitale des Song, elle fonctionna jusqu'à la chute de cette dynastie, en 1126.

■ Il est probable que le principe des horloges chinoises parvint en Occident sous forme de descriptions ou de dessins. Il est cependant certain que c'est en Occident qu'apparurent les premières **horloges à poids**. On attribue à Gerbert, moine bénédictin né en Aquitaine, et élu pape en 999 sous le nom de Sylvestre II, leur invention. Le principe, nettement plus fiable que l'écoulement de l'eau (les horloges décrites plus haut pouvaient être immobilisées par le gel), est simple : un poids est suspendu par une corde à un contrepoids plus faible, représentant le poids de la corde ; celle-ci est enroulée autour d'un cylindre dont la rotation régulière est commandée par une roue dentée ; la rotation de celle-ci à son tour est réglée par un axe comportant deux dents opposées s'enclenchant tour à tour par pivotements successifs. Ainsi fut réalisé le premier modèle de **système à échappement**, qui devait être perfectionné plus tard sous la forme classique de l'**échappement à cylindre** (l'axe ayant été entretemps grossi et modifié). Invention d'une portée considérable, puisqu'elle assurait pour la première fois une véritable autonomie de fonctionnement aux horloges. Les premières horloges n'avaient toutefois ni **cadrans**, ni **aiguilles**, mais un **timbre à marteau** qui devait alerter un sonneur à intervalles donnés ; celui-ci sonnait alors les cloches. La première horloge que l'on vit en France fut la célèbre horloge du Palais, à Paris. Il demeure à ce jour deux versions de ce type, construites pour la cathédrale de Salisbury, en Angleterre, et pour Rouen, respectivement en 1386 et 1389, celle de Rouen présentant la particularité, jusqu'alors inédite, de sonner les quarts d'heure. A la même époque, on construisit des horloges de dimensions réduites pour les habitations.

■ Le perfectionnement suivant, qui advint vers 1500, fut l'œuvre de l'Allemand Peter Henlein. Celui-ci réalisa la première **horloge domestique à ressort**, à cadran horizontal sur le sommet, avec une seule aiguille, celle qui indiquait les heures. Vers 1656, le Hollandais Christiaan Huygens inventa l'**horloge à pendule**, munie d'un **échappement à cylindre** proprement dit. En 1660, l'Anglais Robert Hooke mettait au point le premier **échappement à ancre**, qui présentait un avantage particulier, celui de transmettre une partie de son énergie au pendule. Jusqu'au milieu du XIXe siècle, plusieurs perfectionnements du principe du poids et du pendule visèrent à éliminer les irrégularités dues aux dilatations et contractions thermiques des pièces, et notamment du pendule (ce qui modifiait l'arc décrit par celui-ci), qui résultaient de l'épaississement de l'huile dans les rouages, de la poussière, etc.

■ En 1840, le Français Alexandre Bain réalisa la première **horloge électrique** (où l'énergie électrique ne servait qu'à donner une force régulière à certains rouages), qui conservait toutefois le poids et le pendule. En 1864, les Autrichiens Popp et Resch présentèrent la première horloge dont l'énergie était fournie par l'air comprimé, ou **horloge pneumatique**, mais qui ne devint fiable qu'en 1877. Un service d'horloges pneumatiques fut inauguré à Paris en 1880.

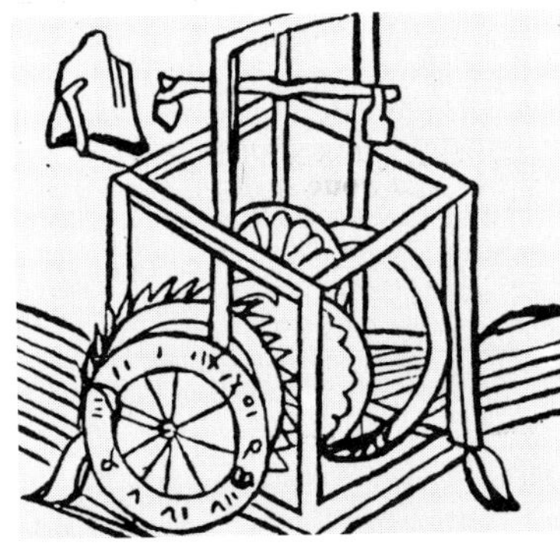

Pendule au Moyen Âge.
Gravure sur bois *in* incunable allemand, 1490.

Dès le XIIIe siècle, la ville de Nuremberg se spécialisa dans la construction d'horloges domestiques, de taille réduite, ce qui lui valut une large part de sa prospérité. Les mécanismes des horloges de l'époque, et jusqu'à la fin du XVe siècle, étaient nus. Ce n'est que progressivement, et d'abord en Angleterre semble-t-il, que l'on commença à les habiller pour les protéger.

Ses connaissances remarquables en mathématiques, mécanique et cosmographie valurent à Gerbert, le pape Sylvestre II, une réputation sulfureuse, certains l'accusant de pratiquer la sorcellerie. Gerbert avait appris les sciences chez les Arabes, en Espagne.

Hygromètre

Vinci, vers 1500 ; Ferdinand II de Toscane, 1650, Saussure, 1783 ; Boeckmann, 1802 ; Döbereiner, 1802 ; Regnault, 1845.

L'idée de mesurer l'**humidité de l'air** a longtemps préoccupé les chercheurs, en raison de son intérêt pour la **prévision du temps**, mais le premier, semble-t-il, qui ait réalisé un instrument à cet effet fut Léonard de Vinci vers 1500. L'antériorité est parfois concédée au cardinal allemand Nicola de Cusa, qui l'aurait conçue un demi-siècle avant Vinci, mais cela n'est pas certain. De toute façon, la technique utilisée par les deux était la même ; elle consistait à mesurer en permanence le poids d'une boule de laine : quand celle-ci était humide, elle pesait plus lourd. Le second type d'hygromètre de l'histoire des sciences n'était guère plus « scientifique » : proposé en 1783 par le Suisse Horace Benedict de Saussure, il se fondait sur la propriété qu'a le cheveu humain de s'allonger au fur et à mesure qu'il absorbe l'humidité. L'idée en aurait été, dit-on, déjà conçue par le duc Ferdinand II de Toscane, qui s'intéressait aux instruments de mesure atmosphériques. On a encore construit au XXe siècle des **hygromètres à cheveu**.

■ En 1802, l'Allemand C.W. Boeckmann conçut une méthode différente, qui consistait à disposer côte à côte deux thermomètres, dont l'un gardait le bulbe exposé à l'air, cependant que celui de l'autre était enrobé dans du coton ; le coton absorbant l'humidité, il s'ensuivait que sa température était plus basse et que plus grand était l'écart entre les températures indiquées par les deux thermomètres, plus élevé était le degré d'hygrométrie. C'était au fond une variante de l'hygromètre de Vinci, que reprit à son compte, en 1824, le Français Jacques Babinet et qu'il baptisa « **psychromètre** ». En 1802, l'Allemand J.W. Döbereiner conçut une troisième méthode qui fut mise à l'essai par le Français Henri Victor Regnault en 1845 : elle consistait à refroidir un cylindre d'argent parfaitement poli et à mesurer la température à laquelle la **condensation de la vapeur d'eau** ambiante se produisait à sa surface, ce qui indiquait le **point de condensation** : plus le point de condensation était bas, plus basse était l'hygrométrie.

Depuis la fin du XIXe siècle, on distingue cinq types d'hygromètres : celui à **évaporation**, du type Boeckmann-Babinet ; celui à **condensation**, du type Döbereiner-Regnault ; celui **à cheveu**, dit hygroscopique, du type Saussure ; celui du type **chimique**, qui est fondé sur les propriétés réductrices de l'humidité sur certaines substances, dont le poids varie en fonction de l'humidité absorbée ; et celui du type **électrique**, qui mesure la résistance électrique de certaines substances, telles que le chlorure de lithium, qui varie selon l'humidité qu'elles ont absorbée.

Machine à calculer

An., Chine, IXe siècle av. J.-C. ; Napier, 1617 ; Gunter, 1620 ; Pascal, 1642 ; Leibniz, 1694 ; Thomas, 1820 ; Babbage, 1822.

L'histoire de la machine à calculer est à peu près aussi complexe que cette machine elle-même, d'abord parce que plusieurs de ses étapes sont constituées d'emprunts mutuels, un inventeur prenant à un autre un élément ou un principe qu'il modifie, ensuite parce que plusieurs de ces machines visaient à des buts différents et réalisaient donc des opérations différentes. Plutôt que d'une machine, il y a lieu pour cette raison de parler de plusieurs machines distinctes.

■ On s'accorde communément à reconnaître que le **boulier** ou **abaque,** inventé en Chine au IXe siècle av. J.-C., fut la première de toutes les « machines » à calculer. Ce n'était évidemment pas une machine, puisqu'elle n'était pas mécanique, mais elle présentait déjà un grand intérêt, qui était de matérialiser des calculs arithmétiques par le déplacement de boules perforées captives sur axes et dans un cadre, chaque série de boules représentant des unités comptables différentes, un million, cent mille, dix mille, mille, cent, un, un dixième, un centième, etc.

■ On a longtemps supposé qu'elle n'eut pas de successeur avant les temps modernes, que nous situerons vers 1500. Or, cela n'est plus certain depuis la découverte d'une déroutante boîte de bronze repêchée en 1947 au large de l'île grecque d'Anticythère et comportant plusieurs roues dentées engrenées, de dimensions différentes, montées sur axes ; elle est connue sous le nom d'« horloge » ou **« planétarium d'Anticythère ».** Cet appareil calculait les positions des sept planètes connues à l'époque et constituait donc, au IIe siècle avant J.-C., un étonnant précurseur des premières machines à calculer aussi bien que des **horloges astronomiques** (voir p. 164).

■ Toujours est-il que l'étape suivante fut franchie en 1617 avec les **« osselets »** de l'Anglais John Napier, table à **logarithmes** mobiles, constituée de baguettes segmentées, qui permettaient de réaliser rapidement des opérations mathématiques qui eussent pris autrement de longues heures. Cet objet s'utilisait sur la base des logarithmes communs, inventés par Napier et son compatriote, Henry Briggs. C'était en fait un **multiplicateur.** Il connut un grand succès, notamment parmi les astronomes et, bien sûr, les mathématiciens.

■ En 1620, de fait, l'astronome et mathématicien anglais Edmund Gunter perfectionna l'invention de Napier, bloquant les « osselets » de ce dernier sur une surface et réalisant de la sorte la première **règle à calculer.** Celle-ci fut d'ailleurs affinée par son compatriote Henry Leadbetter.

■ En 1642, à l'âge de 19 ans, Blaise Pascal inventa une machine comportant un astucieux système d'**engrenages,** qui permettait de réaliser, par simple manipulation de six roues sur le couvercle d'une boîte oblongue de petite dimension, des **additions** et des **soustractions.** Les sommes apparaissaient à vue dans de petites fentes placées au-dessus des roues. Mais on peut supposer que l'invention du jeune Pascal est en fait une adaptation des mécanismes d'horlogerie, tout comme le fut sans doute en 1624 celle de son prédécesseur anglais William Schickard, autre machine du même genre, mais moins élaborée.

■ L'Allemand Gottfried Wilhelm Leibniz, qui par ailleurs admirait Pascal, reprit son invention, surnommée **« pascaline »,** qui avait déjà remporté un succès considérable ; en 1671, il commença à la perfectionner afin de la rendre capable d'effectuer aussi les deux autres opérations arithmétiques de base, les **multiplications** (par additions successives) et les **divisions** (par soustractions successives). Il acheva son projet et sa machine fut exposée en 1694 à la Royal Society de Londres. Elle pouvait également extraire les **racines carrées.** On la décrit souvent sous le nom de **calculatrice à étages.**

■ Ainsi furent réalisées les deux premières **machines à calculer digitales,** ainsi nommées parce qu'elles réalisaient des opérations arithmétiques en comptant des **nombres entiers.**

■ Pendant plus d'un siècle on s'efforça, mais sans grand succès, de réaliser des machines commerciales sur la base des inventions de Pascal et Leibniz. Ce n'est qu'en 1820 que les premiers résultats de ces recherches apparurent. D'abord, avec l'**arithmomètre** de l'Alsacien Xavier Thomas, qui connut un grand succès, en effet commercial, puis avec les versions améliorées qui virent le jour un demi-siècle plus tard et qui furent réalisées par les Anglais F.T. Baldwin et W.T. Odhner.

■ Entre-temps, le mathématicien anglais Charles Babbage s'attaquait au problème de la rapidité avec, comme objectif, une machine qui combinât les **fonctions arithmétiques,** comme celles de Pascal et de Leibniz, et les **fonctions logiques ;** cette machine devait donc prendre des décisions en fonction des résultats. Dans son projet, Babbage incorpora aussi, plus tard, la capacité de comparer des quantités et de suivre des instructions préétablies, puis d'injecter les résultats obtenus pour contrôler une seconde série d'opérations. Projet formidable pour l'époque, puisqu'il impliquait la combinaison de deux types de machines, la **digitale** et l'**analytique,** en même temps que l'association de deux types de **fonctions.** Pour cela, Babbage absorba la technique des **cartes perforées,** qui étaient alors largement utilisées dans les **métiers à tisser** (voir p. 139), pour l'introduction des données ; les autres opérations étaient réalisées par l'entremise d'engrenages et de leviers.

■ Babbage, dont il faut observer qu'il rendait hommage au génie de Vaucanson, inventeur des cartes imprimées, se situait donc au carrefour de l'**automatisation,** qui devait plus tard devenir l'automation, et du calcul mécanique. Authentique génie lui-même, il n'arriva pas au terme de ses recherches faute d'un capital financier et technique suffisant ; il n'avait pas la possibilité de réaliser seul l'appareillage excessivement complexe nécessaire à son projet, en dépit de l'appui, très limité, que lui fournit le gouvernement anglais. Babbage, qui avait exposé un prototype rudimentaire de sa première machine en 1822, celle qu'il avait appelée **« machine différentielle »,** parce qu'elle calculait et imprimait des tables de fonctions à l'aide de techniques différentielles préétablies, mourut sans avoir mis au point son second prototype, qui était un **calculateur digital et analytique universel.** Le premier prototype, qui suivait un cadre d'opérations fixe ou, ce qu'on appelle en informatique moderne, un **programme fixe,** ne pouvait en effet prétendre au titre universel. Sa machine ne fut enfin construite que dans les années 70, par I.B.M. (une adaptation en avait cependant été réalisée en 1860 par la firme suédoise Scheutz).

■ Babbage avait eu connaissance des travaux de son compatriote George Boole, inventeur de la **logique symbolique,** qui avait réduit toutes les relations logiques à des expressions simples, telles que ET et OU. Il devina le génie de Boole, dont l'algèbre sert actuellement de base à tout le calcul électronique et permet d'exprimer toutes les fonctions mathématiques sur une **base binaire,** 0 et 1 ; et c'est en s'inspirant de Boole, auteur du premier traité de **transformations analytiques,** qu'il s'attaqua à son vaste projet de calculateur universel. (→)

Météorologie

Fitzroy, Le Verrier, Smithsonian Institution, vers 1840.

Les tentatives de prédiction du temps sont aussi anciennes que l'humanité, mais le premier essai de météorologie systématique et internationale ne fut rendu possible que par l'établissement de **réseaux télégraphiques,** vers 1840. Il fut l'œuvre de l'Anglais Robert Fitzroy, du Français Urbain Le Verrier et, dans son ensemble, de la Smithsonian Institution à Washington. Il portait sur la **prévision des grandes tempêtes**. Vers 1850, ce réseau rudimentaire s'était étendu à de nombreux pays.

Il connut un nouvel essor au début du XXe siècle, avec l'avènement de la **radiotélégraphie**.

Mètre

Mouton, 1670 ; Picard, 1671 ; Condorcet, Delambre, Méchain, 1792-1799.

Le mètre, base du **système métrique**, lui-même dérivé du **système décimal**, est une invention à la fois logique et singulière. Logique, parce qu'elle s'inspire d'une longueur universelle terrestre, qui est celle de la **longitude**, et singulière, parce qu'elle est exclusivement française. Elle fut d'abord proposée par Gabriel Mouton, vicaire de l'église Saint-Paul, à Lyon, en 1670, sur la base d'une minute de la circonférence terrestre ; l'année suivante, Jean Picard et d'autres astronomes amateurs reprirent cette proposition, qui demeura sans effet.

■ En 1792, après de longues délibérations, Marie Jean Antoine Caritat, marquis de Condorcet, décida, avec ses collègues de l'Académie des sciences, que le mètre serait le **dix millionième d'un quart de la circonférence terrestre** ; la décision fut prise en commun accord avec Antoine Laurent de Lavoisier et le chevalier Charles de Borda, physiciens, dans le but d'offrir à l'humanité une **mesure de longueur universelle**. Restait, pour établir un mètre étalon, à déterminer la longueur exacte du **méridien**. Calculée en 1693 par l'Italien Giovanni Domenico Cassini, naturalisé français, sur la base des observations géodésiques de Jean Richer à Cayenne, elle fut recalculée en 1771 par son petit-fils César François Cassini avec des instruments plus précis. La présomption de l'aplatissement de la Terre aux pôles en exigeait une vérification, qui fut confiée en 1792 à Jean-Baptiste Delambre et Pierre Méchain, astronomes ; l'entreprise, qui comportait autant de travaux d'arpentage que d'astronomie, devait d'abord établir la distance exacte de deux points situés sur le même méridien dans une unité de longueur donnée, puis effectuer la conversion en mètres. Les points choisis furent Dunkerque, au nord, et Montjuich, près de Barcelone, qui se trouvent tous deux par 2° de longitude Est.

■ L'utilité de l'entreprise était immense. Rien qu'en France, il existait une infinité de mesures de longueur. La plus couramment utilisée était le **pied du Pérou**, lequel équivalait à un **pouce**, une **logne** et huit **points du pied du Roi**, qui était à peu près l'ancien **pied de Franche-Comté, du Maine, du Perche** et **de Bordeaux**. Quatre pieds faisaient à peu près une **aune de Laval** ; cinq, la **canne de Toulouse** et la **verge de Nolay**, mais non celle de Marseille, qui était plus longue d'un quatorzième... Même situation dans les poids, où les mesures variaient selon les matières mesurées : **corde** pour le bois à brûler ; **banne** pour le charbon de bois ; **bacherelle** pour le charbon de terre ; **poinçonnée** pour le cidre ; **muid, sétier, mine, minot, boisseau** et **mesurette** pour le sel ; **razière** pour les minerais ; **picotin** pour l'avoine ; **pinte, chopine, camuse, roquille, petit-pot** pour le vin ; **potée** pour l'eau-de-vie, etc. Et la situation n'était guère moins complexe en matière de surfaces : **perches carrées** pour les bois et prés ; **daurées** pour les vignes ; **arpents** et **œuvrées** pour les terres. Le commerce international n'était pas commode, chaque pays ayant aussi ses mesures.

■ A titre d'exemples, la **drachme**, mesure de poids, utilisée dans les petits poids, valait en Hollande 3,906 g, mais 3,21 g en Turquie et 3,2 g en Grèce. La **brasse** italienne valait 0,7 m et la brasse française, 1,62 m. Le **gallon** anglais était supérieur de 20 % au gallon américain. Les Tchèques mesuraient en **latro** (1,917 m), mais le **loket** valait 0,593 m à Prague, 0,594 m en Moravie et 0,579 m en Silésie. Pour ajouter à la confusion, le **pot** danois valait 0,966 l ; le pot suisse, 1,5 l ; mais le pot belge ne valait que 0,500 l, alors que le pot norvégien valait 0,965 l.

Ce n'est pas là le seul exemple d'un même terme désignant des valeurs très différentes : le **vedro** russe valait 12,33 l ; le vedro bulgare, 12,8 l. Si le **yard** anglais et le yard américain sont identiques (0,9144 m), le yard mexicain, lui, ne vaut que 0,838 m. Jusqu'à nos jours, l'**oke**, qui fait en Turquie 1 kg, change de valeur en Bulgarie selon qu'elle sert à mesurer des liquides (1,28 l) ou des solides (1,282 kg). L'un des cas les plus frappants est celui de l'ancienne **once** française, qui faisait 30,59 g, alors que l'once hollandaise ou onze faisait 100 g. On imagine aisément les complications des échanges commerciaux européens, sans parler des échanges internationaux, et les malentendus ou tricheries qui furent la plaie du commerce jusqu'à l'instauration du système métrique dérivé d'une mesure exacte du mètre.

Delambre et Méchain n'achevèrent leurs travaux qu'en 1799, après mille péripéties, qu'expliquent aisément les événements politiques de l'époque : le mètre valait 3 pieds, 11 lignes et 296/1 000 de la toise du Pérou. L'entreprise avait permis d'acquérir une précision précieuse : le mètre théorique calculé sur la base des calculs de Cassini était inférieur en longueur de 145/1 000 de la toise du Pérou. Le mètre étalon fut fondu en platine, en raison du faible coefficient de dilatation à la chaleur de ce métal.

■ Le 20 mai 1875, un traité international créa le **Bureau international des poids**

et mesures, qui s'attacha à améliorer la précision du mètre étalon ; celui-ci fut recalculé d'après de nouveaux travaux de **photométrie astronomique** et refondu, cette fois, dans un alliage de 90 % de platine et de 10 % d'iridium, maintenu à 0 ° C, en dépit du fait qu'il était identique au mètre archivé par Delambre et Méchain.

La définition de l'unité de longueur permit d'établir celle de l'unité de poids, le **gramme**, égal à 1 cm^3 d'eau à sa température de densité maximale, soit 4 °C ; celle de l'unité de mesure des liquides, le **litre**, égal à un cube de 10 cm de côté ou **décimètre cube** ; celle de l'unité de surface ou **are**, 100 m^2, et de volume, la **stère** ou **mètre cube**. Légalisé en 1866 aux États-Unis, en 1897 en Grande-Bretagne, le système métrique coexista avec les anciens systèmes de mesures dans ces pays jusqu'en 1973.

Monnaie métallique

Préhistoire, époque indéterminée.

Des **symboles matériels de biens**, échangés comme monnaie dans des transactions d'individu à individu ou d'individu à collectivité, ont existé très tôt dans la Préhistoire. En témoignent des **pointes de flèches** en bronze et en fer que les habitants de la Gaule utilisaient à cette fin quelque mille ans avant notre ère. Ce type de monnaie survécut longtemps, puisqu'on en a retrouvé de grandes quantités dans des tombes consacrées par Pheidon, roi d'Argos, au VIIIe siècle avant J.-C. Il était appelé **obeliskos**, en raison de la forme des objets, d'où le mot français d'**obole**. D'autres formes de monnaie, non métallique, en usage en Afrique et en Océanie, ainsi qu'en Amérique du Sud, plumes et becs d'oiseaux, coquillages, nattes, et qui précédaient de loin l'arrivée des premiers voyageurs, donnent à supposer que la notion même de monnaie est considérablement antérieure à la découverte des métaux. Les rouleaux de plumes d'oiseaux utilisés comme monnaie en Papouasie-Nouvelle-Guinée jusqu'au début du XXe siècle correspondent à une pratique qui pourrait remonter à trois, quatre, voire cinq mille ans avant notre ère, sinon davantage. Ces types de monnaie furent au début, presque certainement, utilisés aussi bien en tant qu'éléments de troc qu'à des fins pratiques. De même que la pointe de flèche en bronze était en elle-même un objet précieux, puisqu'elle risquait moins de se briser que la pointe en silex, et qu'il était donc possible de la récupérer dans la carcasse de l'animal — ou de l'individu — visé, les plumes d'oiseaux et les coquillages de certaines espèces, les plus rares, avaient une valeur ornementale qui en faisait des biens très prisés. On se servait donc de la monnaie en tant qu'objet, coutume qui survécut d'ailleurs jusqu'au début du XXe siècle dans certaines tribus d'Afrique du Nord, où les femmes se paraient de pièces d'or. Jusqu'au XVIIe siècle, en Chine, un certain coquillage, **Epitonium pretiosum**, était à ce point recherché que l'on en faisait des copies en porcelaine (qui valent évidemment beaucoup plus cher aujourd'hui que les originaux). On peut donc considérer que la monnaie est une invention collective extrêmement ancienne.

■ Les bases d'équivalence, dans des échanges de troc, s'établissaient selon la coutume. Une plume d'ara, par exemple, valait tant selon les conventions locales. Puis ces bases se firent plus précises. A Rome, jusqu'à la fin du Ve siècle, les amendes étaient perçues sous forme de têtes de bétail, mais, comme il n'était pas toujours aisé de transporter du bétail d'un point à l'autre, on en échangea les symboles, c'est-à-dire des pièces de bronze portant une tête de bœuf. Le passage des communautés pastorales aux communautés agricoles, moins portées au troc et plus au commerce, étendit l'usage de ces symboles. Le troupeau, **pecus**, fut alors acheté et vendu sur des bases pécuniaires.

■ En Égypte, où la transition s'était faite

très tôt, on vit apparaître des **lingots** d'or vers 1500 avant notre ère, dont le poids était certifié par l'administration du royaume, et qui représentaient des valeurs maximales d'échange. Le poids du métal fit donc foi, apparemment en Égypte pour commencer, de la valeur financière et partant fiduciaire du symbole. On ne peut avancer que la pratique égyptienne fît exemple ; toujours est-il que les Spartiates utilisaient ainsi une monnaie de fer, ce que, selon Jules César, faisaient aussi les anciens Bretons. Les Égyptiens, qui considéraient donc les monnaies étrangères comme des lingots, les débitaient en tranches, et l'on a ainsi retrouvé dans les fouilles égyptologiques des pièces grecques coupées en deux et en quatre.
Cette pratique dérivait du fait que les premières monnaies étaient irrégulières ; le poids de la même dénomination n'était pas identique d'une pièce à l'autre. Les premiers qui décidèrent de normaliser les poids furent, au IIIe siècle et simultanément, les Grecs et les Hindous. Ce fut alors que naquit la monnaie métallique au sens moderne. Les monnaies étaient donc émises par le pouvoir central des royaumes, qui était garant de leur valeur. Il convient d'observer ici que cette valeur comportait une forte marge de convention, car l'électrum, alliage d'or et d'argent, ne contenait pas toujours les mêmes pourcentages de l'un ou l'autre métal.
Dès lors que la monnaie perdit la valeur intrinsèque qu'elle possédait quand elle était pointes de flèches ou plumes d'oiseaux, et qu'elle ne fut plus que symbole, la contrefaçon apparut et l'on a connaissance de la fausse monnaie en Chine dès le Ve siècle avant J.-C.

Alors que les Chinois avaient une monnaie proprement dite depuis le VIIIe siècle avant J.-C., les anciens royaumes du Proche-Orient, sumériens, babyloniens, assyriens et hittites, n'en eurent pas avant le VIe siècle. Il semble que les premières monnaies perses remontent à 546 avant J.-C., date à laquelle Cyrus conquit la Lydie et y apprit l'estampage des monnaies (voir p. 128).

Objectif photographique

Wollaston, 1812 ; Chevalier, 1821 ; Petzval, 1841.

L'objectif photographique présente la particularité d'être né avant la **photographie.** Le premier objectif jamais réalisé, utilisé ultérieurement par les premiers constructeurs d'appareils photographiques, fut inventé par l'Anglais William Wollaston en 1812 pour être fixé à une **camera oscura,** boîte noire qui servait à la reproduction de motifs complexes par des dessinateurs (l'image s'y trouvait inversée sur le fond et il suffisait donc de la relever au crayon). On avait d'abord utilisé pour ces chambres noires de simples **lentilles biconvexes,** mais celles-ci présentaient l'inconvénient de produire des images nettes au centre et floues alentour ; Wollaston introduisit donc le **ménisque,** convexe d'un côté et concave de l'autre et y adapta un **diaphragme** du côté concave. A focales égales, le ménisque donnait une bien meilleure définition. Toutefois, et toujours avant que la photographie apparût, on s'avisa qu'il présentait aussi des inconvénients : la nature même du verre induisait une différence entre l'image visible à la lumière extérieure et celle qui était projetée dans la chambre ; l'**aberration chromatique latérale** était importante et produisait donc des franges colorées sur les parties externes du champ ; la **déformation astigmatique** devenait gênante au-delà d'un demi-champ de 20° ; la **distorsion optique propre** incurvait les lignes droites ; enfin, dernier défaut qui apparut quand on utilisa le dispositif Wollaston dans les appareils photographiques, l'ouverture était limitée à f/11, en raison d'**aberrations sphériques.** En 1821, le Français Charles Chevalier, employant un verre de qualité spéciale, le **crown-glass,** qui a un faible **indice de réfraction** et une faible **dispersion,** fabriqua une **lentille positive,** qu'il colla à une lentille négative de verre au plomb, ou **flint-glass,** lequel a un fort indice de réfraction et une forte dispersion. Ce fut la première **lentille double** d'objectif ; elle éliminait un des défauts majeurs de la précédente, les aberrations chromatiques, mais non l'astigmatisme, qui demeurait présent à la périphérie. La focale restait par ailleurs limitée à f/11.

■ Il convient de rendre hommage à l'Anglais John Dolmond, qui fut le premier à s'attaquer au problème des aberrations chromatiques, en 1757, en allant à contre-courant des autorités en la matière, autorités d'autant plus tyranniques qu'elles étaient incarnées par nul autre que l'illustre sir Isaac Newton. Ce savant avait, en effet, identifié le problème du chromatisme et affirmé dans son *Traité d'optique* de 1704 qu'il serait illusoire d'éliminer les aberrations chromatiques en réalisant, comme on eût pu le croire, des objectifs constitués de deux lentilles aux indices de réfraction différents. En dépit de ce postulat, évidemment faux, de véritables objectifs achromatiques étaient déjà commercialisés dès 1733, mais, par un travers commun à l'esprit humain et donc fréquent dans l'histoire des sciences, nul n'y prit garde et l'on continua de croire avec Newton que deux lentilles d'indices de réfraction différents exigeraient une **distance focale infinie.** Dollond lui-même, qui fabriquait des objectifs, le soutint contre Euler, mais, enfin, il se rendit à la démonstration que fit un savant suédois de la fausseté des calculs de Newton. L'évidence, constituée par les objectifs achromatiques existants, et les calculs incitèrent enfin Dollond à tenir compte de cette révision quasi sacrilège et à réaliser des objectifs achromatiques. Pour cela, Dollond utilisa une lentille de crown et une autre de flint, en quoi il fut un précurseur et tellement zélé, d'ailleurs, qu'il prétendit empêcher ses prédécesseurs en la matière de continuer à fabriquer des objectifs achromatiques !

■ On en était donc à la lentille de Chevalier lorsque le portraitiste autrichien Joseph Petzval résolut d'accroître la **vitesse** jusqu'alors disponible et y réussit en utilisant en 1841 deux **lentilles de télescope** espacées, et modifiées. Les deux lentilles étaient achromatiques et les distorsions sphériques en étaient sensiblement éliminées. On peut avancer que Petzval ajouta, en somme, une lentille de télescope modifiée à la lentille de Chevalier (voir illustration). La définition laissait sans doute à désirer à la périphérie, mais ce n'était pas gênant dans le portrait et c'était presque souhaitable. L'essentiel est qu'elle permettait, à f/3,6, une vitesse de photographie jusqu'alors inconnue. Même à des ouvertures aussi grandes que f/1,6, cet objectif conservait une excellente définition jusqu'à 5° de l'axe, ce qui était remarquable. (⟶)

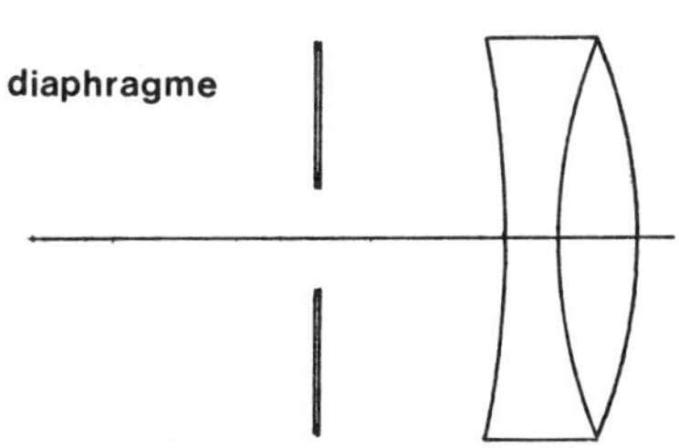

Objectif Chevalier.

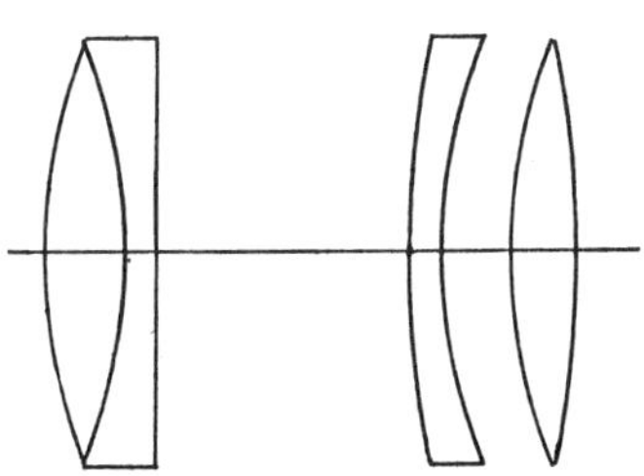

Objectif Petzval.

Pied à coulisse

An., Chine, 9 av. J.-C. ; Vernier, 1631.

La découverte d'un pied à coulisse, instrument permettant de mesurer le diamètre ou l'épaisseur d'un objet, portant la date de sa fabrication — qui équivaut à l'an 9 avant J.-C. —, permet d'attribuer cette invention aux Chinois. L'inventeur en est resté inconnu. L'instrument est en bois et a servi de modèle à une réalisation en bronze. Le pied à coulisse n'a été introduit en Europe qu'en 1631, par le Français Pierre Vernier, bien qu'il semble que Léonard de Vinci l'ait conçu environ un siècle et demi auparavant. Il fut perfectionné par l'Anglais William Gascoigne, en 1638, à des fins de mesures d'objets célestes, et il y gagna le nom de **micromètre.**

Pluviomètre

Towneley, 1677.

La première tentative de mesure des précipitations atmosphériques semble avoir été faite par l'Anglais Richard Towneley, qui, en 1677, installa un entonnoir sur le toit de sa maison pour les recueillir, par le biais d'une canalisation, dans un flacon. Divisant alors la quantité d'eau recueillie par le nombre d'inches carrés de la surface de la base du cône de l'entonnoir, il obtint le taux de pluviométrie.

Programme pour calculateur

Byron, 1835.

C'est la fille du poète lord Byron, Ada, comtesse de Lovelace, qui inventa en 1835 le premier **sous-programme** pour **machine à calculer arithmétique**, en l'occurrence celle de l'Anglais Charles Babbage, avec lequel elle s'était liée d'amitié. Ce sous-programme, réalisé sur **cartes perforées**, commandait un certain nombre de rouages déterminés de la machine analytique de Babbage (voir p. 168), permettant d'effectuer automatiquement certaines opérations arithmétiques, ce qui dispensait l'opérateur d'introduire à chaque fois les mêmes instructions dans la machine. Ada Byron imagina même la première une **programmation complète** de la machine de Babbage, toujours grâce à des cartes perforées. Cette remarquable invention n'aboutit pas plus que la machine de Babbage, qui en resta, jusqu'à la mort de l'inventeur, à l'état embryonnaire.

Ada Lovelace avait vingt ans lorsqu'elle inventa la programmation partielle des machines à calculer, et vingt-trois quand elle imagina la programmation complète. Elle mourut à trente-sept ans, d'un cancer.

Racines carrées

An., Chine, Ier siècle av. J.-C.

La plus ancienne preuve connue de l'extraction de racines carrées a été retrouvée dans l'ouvrage de compilation chinois *Neuf Chapitres sur l'art mathématique.* On y trouve l'extraction du nombre 1 860 867 (la racine est 123). La méthode proposée est celle de l'approximation par décimales accrues, réinventée en 1819 par l'Anglais W.G. Horner. Dès 1245, cependant, on trouve dans le *Traité mathématique en neuf sections* de Ch'in Chiu-sao (Qin Qiusao) des équations de degrés supérieurs au troisième, telles que celle-ci :
$- x^4 + 763\,200\, x^2 - 40\,642\,560\,000 = 0.$

Les premières solutions de **racines cubiques** connues furent proposées en Chine par Wang Hsiao-t'ung (Xiaotong) au VIIe siècle, soit six siècles avant l'Italien Leonardo Fibonacci, qui passe pour avoir été le premier à les trouver au XIIIe siècle. On suppose généralement que Fibonacci en aurait eu connaissance, peut-être par l'entremise du mathématicien arabe qui fut son maître alors que son père était consul en Afrique du Nord.

Statistique

Bernoulli, av. 1713 ; Condorcet, 1785 et 1805 ; Laplace, 1812 ; Gauss, 1812 ; Bolzano, 1837 ; Quételet, 1835 ; Maxwell, 1860 ; Fries, 1886.

Entendue au terme de **technique d'interprétation mathématique appliquée à des phénomènes de nombre infini ou de structure complexe**, la statistique dérive à la fois du **calcul des probabilités** et de la **loi des grands nombres**. Nulle discipline mathématique n'a trouvé plus large emploi, puisqu'elle est utilisée aussi bien dans les sciences humaines, sociologie, économie, psychologie, politique, que dans les sciences exactes, astronomie, physique, chimie, biologie ; et elle est aussi bien la base des **sondages d'opinion** que de l'**épidémiologie médicale**.

■ Il est probable que le calcul des probabilités et la loi des grands nombres eussent pu être inventés très tôt dans l'histoire des mathématiques, notamment en Méditerranée, puisque Archimède avait jeté les bases, par exemple, du **calcul infinitésimal** dès le IIIe siècle avant J.-C. Mais il faut supposer que la double tyrannie des pensées platonicienne et aristotélicienne freinèrent longtemps les esprits, puisque ce n'est que vers la fin de la Renaissance que des mathématiciens tels que Luca di Paciuolo, Gerolamo Cardano (ou Jérôme Cardan) et Niccolo Tartaglia s'intéressent pour la première fois aux mathématiques des **jeux de hasard**. Les bases du calcul des probabilités sont élargies par les Français Blaise Pascal et Pierre de Fermat, et par le Hollandais Christiaan Huygens.

■ Mais celui dont on peut affirmer qu'il a inventé le calcul des probabilités au sens moderne est le Suisse Jacques Bernoulli, membre d'une lignée prodigieuse qui compta huit mathématiciens. Le théorème que l'on trouve dans son *Ars conjectandi*, publié en 1713, après sa mort, s'énonce ainsi : Supposons qu'un événement **a** se produise indépendamment de sa coïncidence avec **h**, c'est-à-dire que les instances de **a** soient indépendantes de leur probabilité ; supposons également que cette probabilité soit **p** ; il s'ensuit que les principes d'addition et de multiplication peuvent être utilisés pour calculer la probabilité que l'événement **a** se produise à **n** fois **h** avec une fréquence relative dans l'intervalle **p** ±. La valeur la plus probable de la fréquence de **a** à **n** occasions est celle qui se rapproche le plus de **p**. Au bout d'un certain temps, **a** se produira avec une fréquence relative correspondant à sa probabilité ou, autrement dit, la probabilité que la fréquence relative dévie **n** fois de sa probabilité **p** de moins d'une quantité donnée, qui s'approche du nombre 1 comme limite quand **n** est indéfiniment accru.

■ Ce théorème, dit théorème de Bernoulli, est le premier d'une série de propositions que Siméon Denis Poisson appellera en 1837 **lois des grands nombres**.

■ En 1785, Marie Jean Antoine Nicolas Caritat, marquis de Condorcet, approfondit le calcul des probabilités dans son *Essai sur l'application de l'analyse à la probabilité des décisions rendues à la pluralité des lois*, qu'il enrichit en 1805 et republia sous le titre *Éléments du calcul des probabilités et son application aux jeux de hasard, à la loterie et aux jugements des hommes*, qui posait les bases de la statistique en **politologie** et en **sociologie**.

■ Il n'était pas surprenant qu'à sa suite Pierre Simon, marquis de Laplace, astronome et mathématicien, en vînt à s'intéresser au calcul des probabilités ; il le fit d'un double point de vue, mathématique dans sa *Théorie analytique des probabilités*, publiée en 1812, et philosophique dans son *Essai* sur le même sujet, publié deux ans plus tard. De convictions strictement déterministes, Laplace tenait qu'un esprit capable de connaître toutes les données d'un phénomène, le célèbre **« démon de Laplace »**, pourrait prédire exactement le déroulement de ce phénomène. Laplace enrichit considérablement le calcul des probabilités et les techniques de la statistique en le définissant comme une **théorie des erreurs**, c'est-à-dire des **écarts à partir d'une moyenne donnée**.

■ Largement méconnu à son époque — et méprisé injustement de Laplace —, Adrien Marie Legendre, l'un des plus remarquables mathématiciens d'une époque qui en fut pourtant riche, devait affiner cette approche dans sa *Théorie des nombres*, publiée en deux volumes en 1830.

■ Qualifié par ses pairs posthumes de « prince des mathématiciens », l'Allemand Carl Friedrich Gauss fit immensément progresser le calcul des probabilités entre l'âge de quatorze et dix-sept ans. Ce fut, en effet, à cet âge improbable qu'il démontra qu'il faut établir des restrictions pour qu'une série infinie converge vers une limite finie déterminée, point qu'avaient négligé auparavant les analystes dans leur emploi du **passage à l'infini**. Cette démonstration se fonda sur le traitement du **théorème du binôme**, où Gauss faisait la preuve que, lorsque **n** n'est pas un nombre entier plus grand que zéro, on peut arriver à des absurdités mathématiques telles que — 1 = l'infini. Gauss étant né en 1777, c'est donc entre 1791 et 1794 qu'il fit la preuve de son génie. Mais c'est en 1812 qu'il exposa les possibilités d'application du calcul des probabilités à la statistique des phénomènes du vivant.

■ En 1837, le Tchèque Bernard Bolzano introduisit la notion de **portée** dans la théorie de la probabilité, fondée sur les **alternatives exclusives d'une proposition**, qui prolongeait en quelque sorte le théorème de Gauss.

■ Astronome, mathématicien et statisticien formé par Laplace, le Belge Adolphe Quételet fut l'un des fondateurs de la science moderne des statistiques en ce qu'il définit les méthodes d'application aussi bien dans le domaine administratif que dans les sciences. C'est grâce à lui que l'on apprit à faire des **recensements**. Organisateur de la première conférence statistique internationale, il jeta également les bases de la notion contemporaine d'**« homme moyen »**. La **criminologie** lui doit le traitement des crimes et délits sous forme statistique. Bien qu'il soit difficile d'assigner une date limite à ses travaux, qui l'occupèrent jusqu'à sa mort, on peut citer celle de la parution de son ouvrage *Sur l'homme*, 1835, comme l'une des plus marquantes.

■ La statistique était alors bien avancée, du moins elle avait franchi un immense chemin depuis Bernoulli, mais un grand nombre de notions mathématiques et philosophiques y restaient à préciser. Ainsi, se fondant sur le théorème de Bernoulli, de nombreux mathématiciens s'appuyaient dans leurs recherches sur la notion qu'à long terme les événements se produisent en nombre proportionnel aux probabilités. Mais c'était là une interprétation fausse du théorème de Bernoulli, qui postulait simplement qu'il devient de plus en plus probable que la fréquence coïncide avec la probabilité, indépendamment du nombre des probabilités. L'erreur procédait d'un gauchissement déterministe, mécaniste et en somme laplacien, du raisonnement statistique. Celui-ci tendait, en effet, à supposer qu'à force de mesurer les fréquences d'un phénomène donné on finirait par déterminer cette fréquence avec une précision quasi infinie, ce qui eût permis de passer d'une conception subjective de la probabilité à une perception objective. En fait, des mesures infinies du nombre de bulles de gaz formé dans une quantité donnée d'un liquide porté à ébullition ne fournissent qu'un nombre moyen de ces bulles. Telle était la raison pour laquelle Bernoulli avait introduit la notion de **« certitude morale »** attachée à un calcul statistique où l'**écart entre la fréquence relative et la probabilité** était minimal. Ce fut le mérite de l'Anglais R.Leslie Ellis de dénoncer cette illusion en 1843.

■ Dès lors, le calcul des probabilités et la théorie de la statistique avec lui retrouvaient le terrain de la philosophie, un moment abandonné avec Laplace. La probabilité des lois devenait, en effet, philosophique, étant donné que le nombre d'éléments qu'aurait eu à connaître le démon de Laplace était inconnaissable, puisque infini. Même l'écart entre la fréquence et la probabilité d'un phénomène ne pouvait pas être ramené à une valeur minimale fixe, puisque ces éléments en étaient inconnus. Il convenait donc, et c'est ce que firent de nombreux mathématiciens jusqu'au XXe siècle, de distinguer entre la **probabilité naturelle** et la **probabilité mathématique**. Ils suivaient en cela la proposition de l'Allemand Jakob Friedrich Fries, énoncée en 1886. Cette proposition se fondait en fait sur les travaux de l'Anglais James Clerk Maxwell en 1860, sur les probabilités sous-jacentes de distribution et de vélocité des énergies des molécules dans un gaz.

La genèse de la statistique renfermait les germes d'un conflit idéologique qui s'est poursuivi au XXe siècle entre une conception déterministe de la nature, qui, de façon ici très schématique, va de Laplace à Einstein, et une conception indéterministe, qui va de Bernoulli à Heisenberg. Pour Einstein, par exemple, « Dieu ne joue pas aux dés », mais, pour Heisenberg, le **principe d'incertitude** veut qu'il soit impossible d'affirmer qu'une particule donnée aille de A à B et non de A' à B'. Pour les « indéterministes », il est impossible de s'abstraire totalement de la subjectivité de l'observateur.

Stéréoscopie

Wheatstone, 1838 ; Brewster, 1849 ; Helmholtz, 1851.

Il n'est pas certain que la réalisation d'un instrument d'optique destiné à susciter l'illusion de relief par la superposition de deux images identiques ait dérivé d'une invention et non d'une découverte. Toujours est-il que le premier **stéréoscope** fut bien une invention, que l'Anglais Charles Wheatstone fonda sur le principe optique suivant (peut-être établi après la découverte) : la superposition de deux images crée une impression de relief à la condition que la distance qui sépare les centres de celles-ci soit équivalente à la distance interpupillaire.

Le stéréoscope réalisé en 1838 par Wheatstone, à des fins artistiques, comportait deux miroirs inclinés de manière à ce que les deux images virtuelles se superposassent, comme dans la vision ordinaire.

En 1849, l'Écossais David Brewster modifia fondamentalement le stéréoscope de Wheatstone : deux lentilles, symétriques et décentrées, grossissaient les deux images de façon à ce que ce fût leurs images réelles qui se superposassent. Le système Brewster était un peu plus délicat à régler, étant donné que les lentilles devaient avoir une focale permettant d'observer les images sans fatigue ; or, tout le monde n'a pas la même distance interpupillaire, ce qui fait que deux utilisateurs du stéréoscope pouvaient obtenir deux puissances prismatiques différentes.

C'est le problème auquel s'attaqua en 1851 un grand spécialiste de l'optique de l'époque, l'Allemand Hermann Ludwig Ferdinand von Helmholtz, en réalisant un stéréoscope qui permettait de régler l'écartement des lentilles à l'aide d'une vis. C'est Helmholtz qui, découvrant que l'on pouvait recomposer le **spectre lumineux** à partir du rouge, du vert et du violet, jeta les bases d'un autre type de stéréoscopie. Par superposition d'une image bleu-vert et d'une image magenta, obtenue directement à l'aide de lunettes bicolores, il est, en effet, possible d'obtenir l'illusion du relief à partir de paires d'images superposées, et légèrement décalées, l'une bleu-vert et l'autre magenta. Dans ce cas, il convient que les latéralisations des couleurs sur les stéréopaires et les lunettes soient opposées, c'est-à-dire que, si l'image bleu-vert est sur la gauche, ce soit la lentille de droite des lunettes qui soit de cette couleur. Ce genre d'images en relief est appelé **anaglyphe**.

(⟶)

Système décimal

An., Chine, XIVe siècle av. J.-C.

Bien que l'invention du **zéro** ait été successivement attribuée aux Arabes et aux Hindous, en des temps historiques, il existe de bonnes raisons de penser qu'il fut inventé en même temps que le système décimal par les arithméticiens chinois du XIVe siècle avant notre ère. Le calcul s'effectuait alors par comptage de bâtonnets sur une planchette quadrillée et les Chinois semblent avoir été les premiers à représenter le nombre 10 par un bâtonnet isolé suivi d'une case vide. Le nombre 11 était représenté par deux bâtonnets isolés dans deux cases voisines, ce qui ne pouvait créer de confusion avec le nombre 2, qui était, lui, représenté par deux bâtonnets dans la même case. Le nombre 3 s'« écrivait » en plaçant un bâtonnet dans trois cases voisines.

La case vide suffisait donc à représenter le zéro et, s'il n'est pas sûr que les Chinois aient conçu un signe spécifique pour le zéro avant les autres (de tels signes, consistant en cercles, ont été retrouvés au Cambodge et à Sumatra, remontant à 683, soit près de deux siècles avant la célèbre inscription de Gwalior, en Inde, datée de 870), il est certain qu'ils en avaient inventé le concept.

La première preuve de l'utilisation du système décimal a été retrouvée dans un manuscrit espagnol de 976.

Théodolite

Hipparque, IIe siècle av. J.-C. ; Héron, Ier siècle av. J.-C.

Le théodolite, instrument moderne qui sert à mesurer les **angles réduits à l'horizon,** les **distances zénithales** et les **azimuts,** tire ses origines d'une même invention antique, reconstituée à un siècle de distance, suppose-t-on. C'est au IIe siècle avant J.-C. qu'Hipparque, l'un des plus grands astronomes de l'Antiquité, invente le **dioptre.** Il s'agit d'un ensemble de deux **viseurs en ligne,** fixés aux deux extrémités d'un axe qui est à son tour fixé par un pivot à un axe vertical monté sur trépied, et qui bascule verticalement et horizontalement grâce à des **verniers.** Permettant de mesurer des **angles réduits,** il servit à Hipparque à mesurer les **diamètres apparents** du Soleil et de la Lune. Un siècle plus tard, Héron d'Alexandrie le dota d'un **niveau d'eau** permettant d'établir l'horizontale d'un point d'observation, et d'un plateau circulaire divisé en degrés pouvant se fixer à l'angle désirable dans n'importe quel plan oblique. Cet appareil était destiné au génie civil et militaire, et permettait en particulier de creuser des tunnels rectilignes dans une montagne. Il préfigurait ainsi le théodolite.

La modification du dioptre par Héron d'Alexandrie pourrait fournir des précisions sur l'époque approximative à laquelle vécut ce grand inventeur. Dans son livre *Dioptra,* Héron propose un moyen original de calculer la distance de Rome à Alexandrie ; il consisterait à observer la même éclipse de Lune dans les deux villes et à mesurer l'intervalle de temps entre les deux observations (ce qui suppose une particulière précision des **clepsydres** — voir p. 164). Héron, qui connaissait bien l'astronomie, n'a pas fait cette suggestion au hasard. Il a dû savoir qu'entre l'an 200 avant J.-C. et l'an 100 il n'y aurait qu'une seule éclipse qui pût être observée dans les deux villes de Rome et d'Alexandrie, et que c'était celle qui se produisit le 13 mars de l'an 62. Il semble donc possible que Héron ait proposé à l'avance une expérience qu'il savait réalisable, et qu'il se proposait peut-être de réaliser. On peut en déduire que Héron vivait à cette époque et qu'il y atteignit sa maturité intellectuelle. Dans ce cas, il serait né dans les dernières années du Ier siècle avant J.-C., et non dans les premières, comme on le suppose parfois.

Thermomètre

Ctésibios, IIIe siècle av. J.-C.

La première trace connue de cette invention remonte à Ctésibios, maître de Héron d'Alexandrie : c'est le **thermoscope,** instrument identique à celui dont on attribue à tort la paternité absolue à Galilée. C'est un tube en U comportant un vase à chacune de ses extrémités et rempli d'un liquide ; l'élévation de température de l'un des vases provoque une montée du liquide, par dilatation de celui-ci. Il est possible que l'invention soit même plus ancienne d'un siècle, certains auteurs l'attribuant à Philon de Byzance. Toujours est-il que l'on retrouve un dessin de l'appareil dans un manuscrit du XIIIe siècle. L'usage devait en être quelque peu aléatoire, car il ne semble pas que l'on disposât à l'époque de **graduations** ; l'appareil pouvait donc servir à estimer la température ambiante ou celle d'un malade. Celui que réinventa Galilée en 1592 n'est guère différent dans son principe, à ceci près que le tube de verre est droit, n'est relié qu'à un vase et plonge son extrémité libre dans un bassin rempli d'esprit-de-vin.

■ La première tentative de graduation est due au collègue de Galilée, Sanctorius Sanctorius ou Santorio. Celui-ci, en 1611, fixe un minimum, qui est déterminé par la **température de la neige fondante,** et un maximum, qui l'est par le **point de quasi-ébullition** sous la flamme d'une chandelle. La différence est divisée en 110 degrés. La version suivante du **thermoscope,** celle du Français Jean Rey, réalisée en 1632, ne diffère des précédentes que par l'inversion du dispositif, le tube ne comportant toujours qu'un vase rempli de liquide et son orifice supérieur étant libre. Le thermoscope n'est plus un **thermomètre à air,** mais un **thermomètre à liquide** ; il s'apparenterait davantage à un **baromètre,** puisqu'il subit l'effet de la **pression atmosphérique,** inconvénient que le grand-duc Ferdinand II de Toscane corrige en scellant l'extrémité supérieure du tube. Dès les années 1650 ont lieu les premiers essais de thermométrie au mercure. En 1672, le Français Hubin expérimente un thermomètre scellé à deux liquides, **mercure** et **nitrate de cuivre**, le second liquide éliminant les différences dues à la modification de la pression de l'air, et, en 1695, le Français Guillaume Amontons réalise, sur le même principe, un thermomètre à trois liquides.

■ Boyle, Newton, Huygens s'efforcent de perfectionner les thermomètres, dont les

Thermoscope à air de Philon de Byzance. D'après un manuscrit latin.

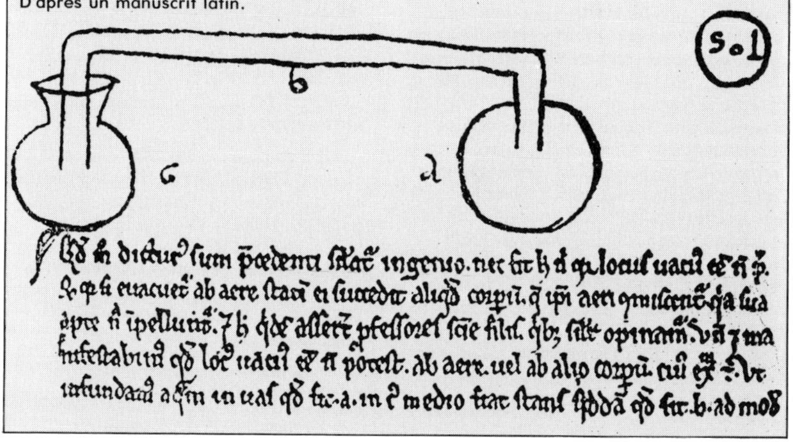

graduations ne concordent pas toujours d'un appareil à l'autre. Par ailleurs, on compte à l'époque plus de trente systèmes de graduation, ce qui ne facilite guère les mesures. Vers 1700, le Danois Ole Rφmer fonde une normalisation de la thermométrie en fixant à 60° la température d'ébullition de l'eau et à 7,5° celle de la fusion de la glace. Cette graduation, où la **température sanguine** se situe à 22,5°, est reprise par le physicien allemand Daniel Gabriel Fahrenheit, qui l'affine entre 1700 et 1730 en fixant à 32° le point de fusion de la glace et à 96° la température corporelle, le point d'ébullition de l'eau se situant à 212°. Par la suite, Fahrenheit portera à 98,6° la température d'une personne en bonne santé. La précision de ses thermomètres, qui concordent tous entre eux, popularisera considérablement sa méthode et son système de graduation. En 1730, le Français René Antoine Ferchault de Réaumur rationalise quelque peu la graduation de Fahrenheit en établissant à 0° le point de gel de l'eau dans un thermomètre à alcool, le point d'ébullition se situant à 100°. Il établit donc la première graduation centigrade en thermométrie.

■ Cette graduation, pour précise qu'elle fût, demeurait néanmoins empirique. Ce sont Charles et Louis Joseph Gay-Lussac qui, vers 1800, conférèrent des bases plus scientifiques à la thermométrie, en se fondant sur les observations faites par l'Anglais Boyle en 1661. A pression constante, un gaz augmente de volume de façon linéaire en fonction de l'élévation de la température. C'était là le point de départ de la **thermométrie gazeuse** ; celle-ci présentait toutefois un inconvénient : c'est qu'il n'existe pas de gaz idéalement stable. Une précision supérieure fut atteinte grâce aux travaux de l'Anglais William Thomson, lord Kelvin, qui calcula les différences de température sur les bases du **principe de Carnot,** c'est-à-dire en référence au nombre de joules ajoutés ou retranchés à un système.

Les thermomètres couramment utilisés de nos jours sont à peu près les mêmes que ceux qui étaient déjà en usage au XVIIe siècle. Ils présentent une certaine instabilité et leurs indications diffèrent quelque peu d'un thermomètre à l'autre quand on descend au-dessous d'une certaine température. Ils sont toutefois suffisamment précis pour les besoins courants.

Thermostat

Drebbel, vers 1730.

Le premier mécanisme de **régulation automatique de la température** semble avoir été inventé et réalisé vers 1730 par le mécanicien et chimiste hollandais Cornelius Drebbel. Il consistait en un **thermomètre à mercure** à l'intérieur duquel était incorporé un flotteur ; une tringlerie était attachée à ce flotteur. Le thermomètre servit d'abord à contrôler la température d'une chaudière ; il était à demi plongé dans la cuve de celle-ci et, quand la température de l'eau s'élevait dans la cuve, le niveau de mercure entraînait l'élévation correspondante du flotteur. La tringlerie commandait alors la fermeture du registre du foyer. En 1771, l'Anglais William Henry inventa un **thermostat à colonne d'eau.** En 1790, l'Anglais James Watt inventa le **régulateur à boules** pour maintenir une pression constante dans les chaudières des premières machines à vapeur. Mais Watt n'avait fait qu'adapter un système qui était utilisé depuis longtemps dans certains moulins.

Ce sont les recherches alchimiques qui inspirèrent l'invention du thermostat à Drebbel. En effet, il fallait selon lui maintenir la température constante pendant un temps très long dans les incubateurs où il s'efforçait de changer du plomb en or. Le mot « thermostat » ne fut inventé qu'en 1839 par le chimiste écossais Andrew Ure.

médecine & santé

On tend généralement à croire que les progrès de la médecine furent continus et quasi linéaires depuis l'Antiquité. Il n'en est rien. La médecine antique était empirique et, jusqu'à ce que fussent levés les interdits touchant la dissection anatomique des cadavres, on ignorait presque tout du corps humain. Comment alors réaliser des inventions, puisque les bases sont absentes ? De la Renaissance jusqu'à la fin du XIXe siècle, les grands progrès médicaux furent, dans leur immense majorité, assurés par les découvertes, et surtout les découvertes relatives à l'anatomie. Le mieux que pouvait offrir un médecin était de poser un diagnostic exact, et le cas était rare. Ne crut-on pas, en effet, et tardivement encore au XXe siècle, que le diabète était une « maladie de la nutrition » ? Les inventions strictement médicales sont donc, jusqu'à la fin du XIXe siècle, rares, accidentelles et secondaires, comme l'invention de la seringue.

C'est dans la pratique de la médecine, l'hygiène et la santé publique que se manifestent les inventions. Saladin invente ainsi la neutralité des médecins militaires et ébauche l'organisation de la Croix-Rouge. L'on retrouve, laborieusement, les principes de la propreté, pratiqués pourtant par les civilisations anciennes, puis oubliés. L'on commence à contrôler la qualité des « produits pharmaceutiques », s'il faut du moins appeler ainsi les thériaques et autres liqueurs du temps. L'on décrète obligatoire la déclaration des maladies contagieuses (y compris l'acné !), bref, un peu partout sont jetées les bases de ce que sera plus tard la médecine moderne. Certes, les Chinois ont ébauché l'endocrinologie et les Hindous, la chirurgie esthétique, mais enfin, il faut se résoudre à admettre que la médecine n'est guère en mesure de guérir, à peine de prévenir, essentiellement grâce aux vaccins. Sa modestie à cet égard est louable, et seuls les charlatans ou les illuminés promettent la guérison des grandes maladies.

La leçon semble négative, mais elle est pourtant positive ; en effet, elle prouve que l'invention doit se fonder sur le savoir, dont elle est beaucoup plus tributaire que la découverte. Pas d'invention sans recherche, et pas de recherche sans liberté.

Ambulance

Larrey, 1792.

L'idée du transport systématique des blessés et malades dans un véhicule spécialement aménagé fut conçue en 1792 par le baron Dominique Jean Larrey et mise à exécution durant la campagne d'Italie, en 1796-1797. Larrey mit sur pied parallèlement un corps d'ambulanciers constitué de **chirurgiens** et de **brancardiers.**
Il existait auparavant des fourgons bâchés, guère ou mal équipés, pour le transport des blessés du champ de bataille, mais ni leur nombre ni leur structure n'en garantissaient l'efficacité.

Les ambulances volantes de Larrey étaient à deux et quatre roues, d'un modèle unique. Le plancher en était garni d'un matelas fixe et les parois en étaient rembourrées. Chacune des ambulances à deux roues prenait deux blessés, celles à quatre roues en prenaient quatre. Dans chaque division d'ambulance, il y avait douze voitures légères, dont huit à deux roues et quatre à quatre roues, et quatre voitures dites **pansantes**, d'un modèle analogue à celui des fourgons de transport de munitions.

Asepsie

Collins, 1829 ; Holmes, 1843 ; Semmelweis, 1845 ; Skoda, 1856...

La méconnaissance de l'existence, et à plus forte raison du pouvoir infectieux, des **bactéries** fit que, jusqu'à une époque avancée du XIXe siècle, l'immense majorité, sinon la totalité des médecins et chirurgiens ne pratiquaient aucune règle d'**hygiène** dans le traitement des malades et la manipulation des plaies. L'une des conséquences les plus tragiques de cette ignorance (qu'eût évitée l'étude des quelque quatre cents observations sur les bactéries réalisées au XVIIe siècle par le Hollandais Leeuwenhoek) fut la mortalité considérable due aux **fièvres puerpérales**. Des maîtres tels que Lieutaud et Broussais l'expliquaient encore dans les années 1850 par « le mauvais cours du lait »...

■ Le véritable précurseur, sinon de l'asepsie, du moins de l'hygiène fut l'Irlandais Joseph Clarke qui, dès les années 1790, à Dublin, avait réussi à faire baisser les taux de mortalité par fièvre puerpérale en entretenant une certaine propreté dans les locaux des maternités ; son gendre, Robert Collins, poussa encore plus loin ces pratiques en faisant désinfecter les salles d'hôpital au **chlore**, puis en faisant désinfecter les literies elles-mêmes, ce qui suscitait la colère ou l'ironie de ses confrères. En 1843, l'Américain Oliver Wendell Holmes fut le premier à soutenir la nature infectieuse de la fièvre puerpérale, affirmant que même des mains apparemment propres pouvaient transmettre l'infection. L'idée fut qualifiée d'aberrante. En 1845, le Hongrois Philippe Ignace Semmelweis, élève de Skoda et de Rokitansky, grands patrons de l'époque, nota que les taux de mortalité étaient très différents chez deux accoucheurs, Bartsch et Klin : chez Bartsch, où l'accouchement était pratiqué par des **sages-femmes**, il était moins élevé que chez Klin, où il était pratiqué par des étudiants ; il en conclut, après enquête, que la mortalité était plus grande chez Klin parce que les étudiants ne se lavaient pas les mains au préalable. Il installa des lavabos aux portes de sa clinique d'obstétrique et imposa aux étudiants de se laver les mains. Ces précautions parurent monstrueuses et Semmelweis fut révoqué quelques mois plus tard. Rendu fou par la persécution, il mourut en 1865. Mais, dès 1849, c'est son patron, lui inattaquable, Skoda, et un autre patron, Hébra, qui prirent sa défense. Les adversaires de l'**asepsie** ne désarmèrent cependant pas.

■ L'asepsie ne finit par s'imposer qu'après les preuves de ses vertus, ou du moins de celles de l'**antisepsie**, établies dès 1862 et publiées en 1867 par l'Anglais Joseph

Lister, qui préconisait de nettoyer les plaies à l'**acide phénique**.
La pratique fut adoptée pour la première fois en France par Alphonse Guérin, de l'Hôtel-Dieu. Les travaux de Pasteur dans les années 1870 sur le rôle des microbes allaient progressivement triompher des derniers — et obstinés — adversaires de l'asepsie.

La méconnaissance des règles d'hygiène la plus élémentaire fit que, lors des campagnes françaises de Crimée et de Turquie, de 1854 à 1856, le nombre des blessés morts par infection fut à peu près égal à celui des tués sur le champ de bataille. Néanmoins, la majorité des grands patrons continuaient de railler les théories sur l'asepsie.

Autopsie

Galien, IIe siècle ; Vinci, vers 1500 ; Vésale, après 1537 ; Harvey, 1628.

Pour déplaisante qu'elle soit, la **dissection anatomique des cadavres**, ou **autopsie**, est la base de la connaissance anatomique et physiologique du corps humain ; avant elle et sans elle ne règnent dans ces domaines qu'idées confuses ou fausses. Le droit romain interdit cependant la dissection de corps humains aussi longtemps que dura l'Empire. Le premier médecin, sans doute, qui ait saisi la nécessité de l'autopsie fut le célèbre Grec de Pergame Galien, élève du maître contemporain Pelops, qui s'installa à Rome en 146. Médecin des gladiateurs, Galien aurait tiré l'essentiel de ses connaissances et découvertes de l'observation des blessures de ses patients, ainsi que de la dissection de singes et de porcs ; il aurait également eu l'occasion d'examiner quelques cadavres décomposés, mais il semble plus probable que Galien ait procédé aussi à des dissections clandestines de corps humains, protégé sans doute par son prestige et la bienveillance de l'empereur Marc Aurèle, puis de son fils Commode. Certaines de ses observations sur le **nerf laryngé**, par exemple, le laissent supposer avec quelque force.

■ Quelque treize siècles après Galien, l'anatomie n'avait guère progressé, faute de dissections, l'Islam n'y étant guère plus favorable que Rome. L'on avance que l'empereur Frédéric II aurait fait sacrifier deux hommes après un repas pour les faire autopsier ; l'anecdote est suspecte, quand on sait le raffinement de ce prince de Hohenstaufen, fondateur de l'université de Naples et de l'École de médecine de Salerne, et à la cour duquel, comme le note Dante, naquit la poésie italienne et fleurirent les arts. Toujours est-il que l'autopsie fut, vers le XVe siècle, de plus en plus souvent autorisée dans des cas de **morts suspectes**. C'est ainsi que, lorsque le pape Alexandre V mourut subitement, en 1410, on ordonna l'autopsie de son corps. Depuis la publication du manuel d'anatomie du Bolonais Mondino de Luzzi en 1316, l'autopsie avait en effet perdu une partie de ses interdits. Elle était toutefois loin d'être entrée dans les mœurs, et, en 1536, le célèbre médecin flamand André Vésale en était réduit, faisant ses études à l'université de Louvain, à courir les campagnes à la recherche de cadavres de criminels. Reçu médecin en 1537, il fit ouvrir une chaire d'anatomie et de chirurgie, instaurant cette fois l'autopsie en tant que **discipline médicale fondamentale**. Son prestige lui permit, en effet, d'obtenir du bourgmestre de la ville les cadavres nécessaires. On peut avancer que le fondateur de l'autopsie — qu'il eut tout loisir de pratiquer à la cour de Charles Quint, riche en décès dus à la syphilis et à l'indigestion — fut bien ce grand médecin.

■ Élève de Vésale, l'Anglais William Harvey fit passer le premier l'autopsie du stade de l'étude anatomique à celui de l'**étude physiologique**, comme en témoigne son *Étude anatomique du mouvement du cœur et du sang*, publiée en 1628. Se fondant sur les propositions de l'Italien Realdo Colombo, et combinant l'**étude clinique** à l'examen anatomique, Harvey put ainsi découvrir le schéma de la circulation sanguine.

L'autopsie ne sert plus guère, de nos jours, à l'enrichissement de l'anatomie, ni à celui de la physiologie, mais elle est restée indispensable à la **médecine légale** et demeure un outil fondamental de l'**épidémiologie médicale**. Ce sont ainsi des prélèvements d'autopsie qui ont permis de déterminer que la bactérie de la **maladie des légionnaires** existait dix ans au moins avant l'épidémie qui attira l'attention internationale sur cette infection pulmonaire, et que le virus du **sida** existait depuis dix ans au moins aussi avant le déclenchement de l'épidémie de cette maladie en 1980.

Chirurgie réparatrice

Susrùta, 49 av. J.-C.

Le témoignage le plus ancien qui soit disponible sur la **chirurgie réparatrice** porte sur le chirurgien hindou Susrùta qui, en 49 avant J.-C., conçut une intervention d'une considérable audace eu égard aux connaissances de l'époque ; celle-ci consistait à traiter les **perforations intestinales** et les **occlusions** également intestinales par résection du segment d'intestin lésé ou occlus, après incision de l'abdomen au-dessous de l'ombilic. Susrùta réalisait la suture des segments d'une manière qui peut paraître singulière : il plaçait sur les bords des segments opposés des têtes de fourmis noires géantes fraîchement sectionnées. Ce procédé est d'autant plus étonnant pour l'observateur du XXe siècle qu'elle témoigne d'une connaissance des propriétés antiseptiques puissantes de l'**acide formique (H. COOH)** sécrété par les têtes des fourmis ; ces propriétés étaient particulièrement utiles dans le traitement des plaies hautement septiques.

■ C'est, par ailleurs, le même Susrùta qui semble avoir, le premier, réalisé une intervention de **rhinoplastie**, par la technique, désormais classique, de l'**abaissement d'un lambeau frontal triangulaire**. Après adhésion de celui-ci à la chair nasale, qui s'effectue en quelques jours, on procède, comme le fit Susrùta, à la section du pédoncule nasal.

Contraception

Fallopio, vers 1550 ; Wilde, 1823 ; Mensiga, 1880.

Diverses formes de contraception autres que le **coïtus interruptus** ont été pratiquées depuis de nombreux siècles par plusieurs peuples, notamment par les Égyptiens, par les Indiens du Nouveau Monde et sans doute par les Chinois. Le mode le plus courant consistait en **tampons vaginaux** imprégnés de substances supposées spermicides comme le vinaigre, ou possédant un réel pouvoir anovulatoire, comme le **Lithospermum ruderale** utilisé par les Indiens du Mexique et redécouvert en 1941 par l'Américain Marker. C'est vers 1550 seulement que l'Italien Gabriele Fallopio, professeur d'anatomie à l'université de Padoue, imagina d'utiliser des boyaux de porc, préalablement lavés, comme **préservatifs** contre la syphilis. L'invention semble avoir connu un certain succès comme moyen de contraception.

■ L'invention suivante dans ce domaine fut celle du **diaphragme**, due en 1823 à l'Allemand F.A. Wilde, qui réalisait sur moulages du col de l'utérus des capuches en métal et crêpe de caoutchouc, idée qui fut reprise en 1880 par son compatriote W.P.J. Mensinga. C'est ce dernier qui élabora les premiers diaphragmes répondant à la définition moderne du terme, plus grands et intégralement fondus en **caoutchouc vulcanisé.**

Il est important de préciser que, dès le IIe siècle, le gynécologue grec Soranus d'Éphèse, qui travaillait à Rome, fait une distinction entre les contraceptifs et les **abortifs,** ce qui témoigne que les deux étaient déjà utilisés à l'époque. Il est également intéressant de rapporter que ni les uns ni les autres n'étaient très utilisés, car ils étaient coûteux, malcommodes et parfois risqués. Telle est la raison pour laquelle l'infanticide était très répandu.

Le seul produit de la pharmacopée traditionnelle dont les vertus contraceptives aient été démontrées est la racine de *Lithospermum ruderale*, qui servit de base aux recherches de l'Américain Gregor Pincus dans les années 50 et qui aboutit à la mise au point de la première **pilule anticonceptionnelle**.

Contrôle pharmaceutique

Al Mu'tasem, vers 1250.

Les produits d'**apothicairerie** étant précieux, ils firent assez tôt l'objet de fraudes, telles que le remplacement de l'opium par de la laitue sauvage, qui contenait un sédatif beaucoup plus faible. Ce serait vers 1250, à Bagdad, que le botaniste et chimiste Ibn el Baïtar aurait été nommé au poste jusqu'alors inconnu d'**inspecteur général de l'apothicairerie** (mouhtaseb), avec des inspecteurs sous ses ordres, sans doute à l'instigation du dernier calife de Bagdad, Al Mu'tasem.

Dentisterie

Néféritès, vers 2600 av. J.-C.

Les origines de la dentisterie sont beaucoup plus anciennes qu'on le suppose, car on a retrouvé des prothèses dentaires sur des momies égyptiennes ; il s'agissait, soit de **ligaments** d'or ou d'argent destinés à maintenir en place des **dents artificielles** d'ivoire, soit de **couronnes** d'or destinées à consolider une dent branlante en prenant appui sur une dent saine. Le premier nom de prothésiste connu est celui de Néféritès, qui apparaît vers 2600 avant notre ère. Les « dentistes » égyptiens et mésopotamiens utilisaient aussi des **vrilles** pour percer les abcès. En outre, on a retrouvé sur des momies des traces d'obturations de caries à l'aide de diverses substances, dont la **résine de térébinthe**, mais il est douteux que, dès cette époque, l'on ait su nettoyer une **carie** autrement que par grattage à l'aide d'un instrument de métal.

Le premier manuel de dentisterie connu fut publié à Leipzig en 1530, et ce n'est qu'en 1580 que des cours de dentisterie s'ouvrirent à l'université de France, à Paris. On vit apparaître le titre de chirurgien-dentiste dès le début du XVIIe siècle, mais il ne semble pas que le prestige en ait été considérable. On peut considérer que la dentisterie moderne est née avec le traité de Pierre Fauchard, publié en 1728, et qui était le premier à jeter les bases d'une discipline spécifique. Il est intéressant de noter que, jusque vers 1750, en France, des femmes furent autorisées à pratiquer la profession de chirurgien-dentiste, mais que cette autorisation leur fut ensuite retirée.

Les dentifrices et brosses à dents existent depuis la haute Antiquité ; ces dernières étaient en chiendent, et les premiers étaient composés selon une infinie variété de recettes, mélangeant des **abrasifs** tels que la craie ou le charbon de bois en poudre et des sucs, pâtes, herbes pilées, etc., jusques et y compris l'urine humaine, dont les Romains utilisaient dès le Ier siècle avant notre ère la teneur en ammoniac, redécouvert par les fabricants modernes de dentifrices.

Les premiers dentiers seraient apparus en Allemagne au XVIe siècle ; ils étaient en buis. Inventé par l'Américain Charles Goodyear en 1840, le dentier en caoutchouc vulcanisé, moins pénible, fut utilisé à partir de 1854.

Électrothérapie

Scribonius Largus, vers le Ier siècle ; Dioscoride, IIe siècle ; Galien, IIe siècle ; Paul d'Égine, VIIe siècle ; d'Arsonval, 1891.

L'**utilisation de l'électricité à des fins thérapeutiques** a précédé de loin et la compréhension et la maîtrise des phénomènes électriques. C'est au Ier siècle à peu près, en effet, que le médecin empirique Scribonius Largus, qui exerçait à Rome, fait mention de l'intérêt des chocs administrés par des **poissons torpilles** dans le traitement d'affections chroniques. En est-il l'inventeur ? c'est possible, mais non certain. Ses assertions sont reprises, à quelques variantes près, par ses confrères Dioscoride, au IIe siècle, Galien, au IIe siècle également, et Paul d'Égine, au VIIe siècle. Les chocs des poissons torpilles peuvent être puissants et répétés, dans l'eau comme à l'air libre, quand le poisson vient d'être péché, et ils sont plus forts en eau tiède qu'en eau froide. On ignore totalement, et pour cause, les effets qu'ils purent avoir sur des maladies telles que les dermatoses, d'ailleurs non identifiées, la goutte, les maux de tête ou la mélancolie. Il est donc difficile d'utiliser exactement le terme d'« invention » au sujet des premiers essais d'électrothérapie. Toujours est-il que ces médecins durent constater quelques bienfaits, qu'il reste, de nos jours, excessivement difficile de commenter.

■ En 1891, le Français Arsène d'Arsonval, brillant ingénieur en électricité, entreprend d'appliquer les **courants de haute fréquence** à des patients atteints de « maladies de la nutrition », diabète, goutte, rhumatisme, obésité, etc. Cette thérapeutique sera poursuivie par d'Arsonval et ses disciples jusqu'à une époque avancée du XXe siècle.

■ Il n'est pas actuellement davantage possible de se prononcer sur les effets de la « **d'Arsonvalisation** », car tel fut son nom. La raison en est, en premier lieu, que les maladies indiquées (et qui comprenaient aussi bien les troubles cardio-vasculaires et respiratoires) ne répondent aucunement à la définition qu'en offrait d'Arsonval, le diabète pouvant avoir des origines multiples, y compris génétique et virale, le rhumatisme pouvant être une maladie auto-immune, la goutte étant une maladie du métabolisme, etc. En second lieu, les descriptions des effets de la d'Arsonvalisation sont, elles aussi, bien vagues.

■ Il n'en reste pas moins que les courants électriques ont, soit directement, soit par le biais des **champs magnétiques** qu'ils engendrent, des effets sur les organismes vivants.

Les effets éventuels de l'électricité ne reposent que sur une base médicale vérifiée : l'accélération des soudures osseuses après fractures par des courants de très basse fréquence et intensité. L'effet de l'**électrochoc** sur les états psychiques confusionnels est très contesté. Les effets éventuels des **champs magnétiques** engendrés par les câbles de haute tension, qui sont étudiés depuis les années 70, semblent réels, mais nocifs. Certains effets biologiques, au niveau des tissus, du type de ceux qui sont enregistrés avec la **machine de Priore**, demeurent inexpliqués.

Endocrinologie

An., Chine, IIe siècle av. J.-C.

Bien qu'il faille se garder d'extrapolations aventureuses, il semble bien que ce soit dès le IIe siècle avant notre ère que les Chinois aient, sans disposer bien évidemment des connaissances médicales fondamentales, songé à extraire certaines substances de l'urine humaine, à des fins thérapeutiques. L'urine contient, en effet, des **hormones stéroïdiennes**, œstrogènes et androgènes, et des **hormones pituitaires**, les gonadotrophines, qui stimulent le système sexuel. Ces hormones étaient extraites par réduction, sous forme cristalline, et les cristaux étaient appelés « **minerai d'automne** ». Une recette datant de 1025 décrit par le détail le procédé d'extraction, à partir de quantités assez considérables (600 l) d'urine, par évaporation, puis sublimation. Les Chinois parvenaient ainsi à obtenir quelques grammes d'extraits hormonaux cristallins, débarrassés de l'urée. Ces extraits étaient incorporés dans des pilules, à l'intention, entre autres, des femmes qui semblaient stériles. Ce n'est qu'en 1927 qu'Ascheim et Zondek découvrirent que l'urine des femmes enceintes est en effet riche en hormones stéroïdiennes. On peut donc avancer que les premiers expérimentateurs — empiriques — en endocrinologie furent les Chinois. Ils s'inspiraient en l'occurrence des principes alchimiques.

Un détail relativement intrigant est que, pour précipiter les hormones présentes dans l'urine, les Chinois utilisaient des méthodes relativement modernes, telles que la précipitation par **sulfate de calcium** ou par des **saponines naturelles**, technique qui ne fut redécouverte qu'en 1909, par l'Allemand Adolf Windaus. Il convient, par ailleurs, de signaler que de nombreuses pharmacopées primitives prescrivaient, jusqu'à il y a peu d'années, l'usage de l'urine à des fins thérapeutiques. En 1930, en Nubie et en Haute-Égypte, on recommandait de traiter la **calvitie** par cataplasmes d'urine de femme enceinte, selon une recette très ancienne, alors que ce n'est que dans les années 1960 que l'on établit que la calvitie peut être due à un excès d'**androstérone.**

Endoscope

Segalas, 1827 ; Helmholtz, 1851 ; Killian, 1897.

Le premier ustensile médical réalisé et utilisé pour l'étude des cavités internes du corps semble avoir été le **speculum** ou petit miroir fixé au bout d'une tige, éclairé à distance par une bougie et dont le reflet éclairait à son tour les cavités étudiées, en l'occurrence le larynx et l'urètre féminin. Il fut inventé par le Français Pierre Segalas en 1827. En 1851, l'Allemand Hermann von Helmholtz inventait une lorgnette surmontée d'un miroir incliné qui concentrait la lumière d'une lampe placée près du sujet sur le fond de son œil, permettant ainsi à l'ophtalmologiste d'examiner celui-ci à travers la lorgnette (appareil plus tard remplacé par un miroir concave fixé sur le front de l'ophtalmologiste et comportant un trou par lequel il examine le fond de l'œil) ; c'était le premier **ophtalmoscope**. La fabrication d'ampoules électriques de taille très réduite, réussie en 1878 par Edison, permit de réaliser des appareils plus perfectionnés, tels que le **cystoscope électrique** de l'Allemand Max Nitze, la même année, puis le **bronchoscope** de l'Allemand Gustav Killian, tube rigide que l'on enfonçait dans la trachée artère jusqu'à la cavité bronchique.

Forceps

Chamberlen, vers 1630 ; Levret, 1747 ; Smellie, 1751 ; Tarnier, vers 1870.

Les **pinces obstétricales** destinées à faciliter l'accouchement dans certaines conditions passent généralement pour avoir été inventées vers 1630 par Peter Chamberlen, fondateur d'une célèbre famille anglaise d'accoucheurs. Le caractère original de l'invention est discutable, les **pinces** existant depuis la plus haute antiquité et les médecins recourant pour les examens gynécologiques à des pinces dites **écarteurs**, dont le dessin variait considérablement d'un praticien à l'autre, puisque les instruments étaient réalisés à la pièce, sur commande — mais ce n'était certes plus un secret dès le XVIe siècle. Le forceps Chamberlen était droit, à lames, destiné à saisir la tête du fœtus dans le **petit bassin** exclusivement. Il succédait au crochet dit

tire-têtes, dont l'insertion était plus délicate. Le secret en fut gardé jalousement jusque vers 1710, lorsque le fils de Chamberlen, exilé aux Pays-Bas et ruiné, le vendit à un confrère nommé Van Roonhuysen ; en fait, il était très simple, puisqu'il consistait en un levier de blocage entre les deux lames, qui permettait d'exercer une traction sur la tête du fœtus sans accroître la pression dessus. Van Roonhuysen fut sans doute moins jaloux de son secret que les Chamberlen, car le forceps commençait à être connu du monde des accoucheurs, au moins dans son principe et, en 1747, André Levret, accoucheur de la Dauphine, changea les lames droites du forceps en **cuillers** et les recourba de façon à ce qu'elles pussent s'appliquer au fœtus dans le **détroit supérieur**. En 1751, l'Anglais William Smellie modifia la courbure de manière à permettre une souplesse d'utilisation encore plus grande. Dès lors, les modèles de forceps se multiplièrent, chaque accoucheur faisant réaliser les siens sur un dessin de sa conception. Le perfectionnement majeur fut apporté vers 1870 par l'obstétricien Stéphane Tarnier, qui inventa un forceps à cuillers évidées et surtout muni d'une pièce perpendiculaire au bras mâle de l'appareil, le **tracteur**, qui permettait d'exercer les tractions dans un seul sens plus commodément encore que le forceps à blocage de Chamberlen, et dont le dessin permettait l'insertion dans le **détroit supérieur** (manœuvre délicate), ce qui avait été jusqu'alors impossible.

Hyperthermie

An., Égypte, 2500 av. J.-C. ; an., France, vers 1495.

Le traitement des maladies par **élévation artificielle de la température corporelle** est une discipline qui est réapparue en France dans la décennie 70 pour le traitement des **tumeurs**, et notamment des tumeurs profondes dans des conditions rigoureusement contrôlées. Or, un papyrus égyptien remontant au IIIe millénaire mentionne déjà l'application de plaques chaudes pour le traitement des tumeurs. Cette méthode sembla avoir connu des hauts et des bas dans sa fréquence d'application jusqu'au XXe siècle, mais il est certain qu'elle figurait à la fin du XVe dans le répertoire des thérapeutiques de la **syphilis**. Le patient atteint du « mal de Naples » était placé dans une sorte de cabine en fer que l'on chauffait à l'aide d'un foyer. C'est bien évidemment de façon empirique que l'on pratiquait autrefois l'hyperthermie, sur des bases expérimentales, car on ne connaissait pas encore le **rôle de la fièvre** dans l'activation des **défenses immunitaires**.

Médecine militaire

Jules César, 48 av. J.-C.

C'est Jules César qui, en 48 avant J.-C., conçut le premier l'idée d'adjoindre un corps de dix-sept médecins par légion de 7 000 hommes, attribuant à ces médecins un grade de sous-officier dépendant du Trésor public, et créant ainsi la **médecine militaire**. Les plus nombreux, donc, étaient les médecins de légion, désignés par le nom et le numéro de la légion. Venaient ensuite les médecins de cohorte, réservés aux soins des cohortes prétoriennes, urbaines et de vigiles. Les médecins de camps, divisés en cliniques et chirurgiens, étaient affectés aux soins des soldats de garnisons. Enfin, les gradés administratifs qui supervisaient l'ensemble étaient des duplicaires ; mais il semble que seule la marine ait compté des duplicaires. Rome avait également créé des auxiliaires médicaux militaires, sortes d'infirmiers. Le plus célèbre des premiers médecins militaires est Scribonius Largus, qui accompagna l'empereur Claude dans sa mission militaire en Grande-Bretagne.

Neutralité du médecin

Saladin, vers 1187.

Après le serment d'Hippocrate, le second volet du code éthique du médecin acquis dans le monde fut sa neutralité politique. Celle-ci a été établie par le sultan Saladin à Jérusalem, après sa victoire sur les croisés, en 1187. Le potentat ayyoubide stipula, en effet, que les médecins sur le champ de bataille devaient venir en aide à tous les blessés, qu'ils fussent musulmans ou chrétiens. Il organisa de même la visite des camps de prisonniers par ses propres médecins et, pour la première fois, autorisa des médecins étrangers à circuler librement dans le camp ennemi. C'est ainsi que Ranulphe Besace, médecin de Richard Cœur de Lion, fut autorisé à visiter les blessés et prisonniers chrétiens. Cette initiative anticipait de sept siècles la fondation de la **Croix-Rouge** par le Suisse Henri Dunant.

Orphelinat

Maguebodus, vers 581.

L'adultère étant considéré, autant que l'avortement, comme un crime dans l'Europe chrétienne des premiers siècles, les nouveau-nés abandonnés étaient nombreux. En 442, le concile de Vaison s'insurgea contre cet abandon et recommanda l'« **exposition** » aux fins d'adoption par des tiers. La recommandation ne fut sans doute pas efficace, car le concile de Mâcon y revint en 581, et le plus célèbre, sinon le premier, des « **orphanotrophes** » ou orphelinats fut ouvert à Angers peu après par saint Maguebodus.

Seringue

Pascal, 1646 ; Pravaz, vers 1835.

C'est au cours de ses expériences sur les fluides que Blaise Pascal conçut et réalisa une seringue à usage scientifique, non médical, en 1646. Il semble que ce soit cette seringue qui ait inspiré l'administration des **clystères** purgatifs. L'on était encore loin de la seringue hypodermique. Celle-ci dériva des observations que le médecin français Velpeau fit vers 1830 sur les anévrismes. Velpeau avait, en effet, remarqué que l'introduction d'une aiguille dans un anévrisme pouvait y provoquer la formation d'un caillot, ce qui constitua la base d'une méthode de traitement de cette malformation veineuse. Puis l'on pensa introduire des substances chimiques qui accentueraient l'effet de telles injections, et c'est alors que, pour injecter du perchlorure de fer, le médecin français Charles Gabriel Pravaz inventa la **seringue hypodermique**. Il s'agissait d'un cylindre en argent, et le couvercle du corps de pompe comportait un pas de vis ; ce cylindre possédait un embout pour la fixation de la canule, elle-même prolongée par un trocart en acier. Chaque demi-tour de vis expulsait 1/30 de gramme de liquide. La **seringue en verre** fut inventée en 1895 par un souffleur de verre, Fournier. Entre-temps, la seringue avait été perfectionnée : au lieu d'expulser le liquide en tournant le pas de vis, elle comportait un **piston**, qui pouvait être enfoncé beaucoup plus commodément ; les aiguilles étaient également devenues interchangeables.

Pravaz, orthopédiste par sa spécialité, était un novateur audacieux. Il pratiqua ainsi le traitement de diverses maladies, dont l'asthme et la tuberculose, par injection d'air comprimé à l'aide d'un appareil de son invention.

Stérilisation par la vapeur

An., Chine, Xe siècle.

Il semble que ce soit dès le VIIe siècle avant notre ère que les Chinois aient imaginé la **fumigation** des maisons à l'aide des fumées de certaines plantes pour l'élimination des insectes ; par la suite, cette pratique aurait été étendue aux manuscrits, pour y tuer les vers. Peut-être faut-il voir en elle l'invention de la **stérilisation** par les vapeurs d'eau chaude, recommandée par Lu Tsan-ning (Lu Zanning) en 980 dans ses *Discours sur l'investigation des choses*. Cet auteur dit spécifiquement que les effets des personnes décédées de fièvres épidémiques doivent être immédiatement passés en entier aux vapeurs d'eau pour empêcher la propagation de la maladie aux proches. La pratique est d'autant plus surprenante par son intuition que les **microbes** et leur rôle étaient totalement inconnus à l'époque. Il semble donc que les Chinois aient pressenti l'existence d'éléments de contamination et l'action destructrice des **hautes températures** sur ces éléments.

Stéthoscope

Laennec, 1816.

Si l'écoute des bruits organiques internes, notamment celui de la respiration, semble ancienne, puisqu'elle remonterait à Hippocrate, au Ve siècle avant J.-C., son amplification par l'entremise d'un instrument ne date que du XIXe siècle. C'est en 1816, en effet, que le Français René Théophile Hyacinthe Laennec invente un tube en bois qui, à la fois, isole les bruits organiques du milieu ambiant et les amplifie. Mais l'écoute ne se faisait que d'une oreille.

Vers 1839, le Tchèque Joseph Skoda perfectionna le stéthoscope en affinant l'écoute et en munissant l'appareil de deux tubes creux qui permettaient l'écoute par les deux oreilles.

Appelé d'abord « **plectoriloque** », le stéthoscope se présenta sous deux aspects, tous les deux dus à Laennec : un tube creux pour l'exploration du thorax, et l'autre plein, pour l'exploration du cœur. Le premier comporta vite deux formes : l'une cylindrique, pour l'écoute des modifications de la voix ; l'autre, évasée à l'extrémité auriculaire, pour l'écoute de la respiration, des souffles et des râles. Présenté à l'Académie de médecine en 1819, l'appareil fut salué avec tant de scepticisme que, dans son *Dictionnaire des sciences médicales*, paru vers 1820, Mérat le qualifiait d'invention inutile. Son premier défenseur fut, singulièrement, l'écrivain Chateaubriand.

Stimulation cardiaque électrique

An., Grèce, vers le Ve siècle av. J.-C. ; Nysten, 1802 ; Steiner, 1871 ; Mac William, 1889.

L'idée de la stimulation électrique du muscle cardiaque, assurée dans la seconde moitié du XXe siècle grâce au **stimulateur cardiaque implanté** (⟶), doit être très ancienne. Il semble, en effet, que dès le Ve siècle avant notre ère les Grecs appliquaient des poissons torpilles, ou **gymnotes,** sur le thorax de malades pour stimuler en eux des réflexes vitaux. On ne peut qu'être réservé sur les résultats de telles interventions, qui risquaient beaucoup plus de hâter la mort que de la retarder. Toujours est-il que, bien avant que l'on comprît la **nature électrique de la transmission nerveuse,** et que l'on découvrît le **centre de la coordination des contractions des cavités cardiaques (nœud de Keith et Flack)**, alors que l'on ignorait les **inten-**

sités et les **rythmes** utiles d'une stimulation électrique, que l'on ne distinguait pas ou pas bien entre le **courant continu** et l'**alternatif**, des médecins se lancèrent avec un empirisme intrépide dans les prémices de la stimulation cardiaque. C'est en 1802, en effet, que le Français Pierre Henri Nysten obtint — non sans peine — des cadavres frais de guillotinés pour réussir là où Xavier Bichat avait échoué avant lui : faire repartir un cœur de mort. Il observa le premier que les **oreillettes** sont excitables après que les autres parties du cœur ont cessé de l'être. C'est indéniablement le père de la stimulation cardiaque électrique, bien que l'on rapporte le cas d'un médecin anglais qui, en 1774, aurait « ressuscité » un enfant tombé du deuxième étage et trouvé sur le pavé en état de mort apparente, en lui administrant des charges électrostatiques sur le thorax. L'histoire est intéressante, mais l'hypothèse offerte est d'autant plus douteuse qu'à l'époque on ne sait pas toujours très bien distinguer entre le coma et la mort.

Ayant réussi à relancer le cœur d'animaux de cinquante-cinq espèces différentes, l'Allemand F. Steiner ose, en 1871, tenter d'appliquer sa technique à une malade anesthésiée au chloroforme, qui est tombée en syncope et sur laquelle les autres essais de réanimation ont échoué ; il lui transmet un faible courant électrique par une aiguille directement implantée dans le cœur et, fait surprenant, réussit.

■ Nouveau progrès en 1889, grâce à l'Américain J. Mac William, qui conclut à la nécessité d'une **stimulation rythmée par courant alternatif** et à la nécessité d'appliquer ce courant sur un point rigoureusement précis du cœur. Mac William opère sans réaliser d'intervention sanglante, en appliquant des **électrodes** sur le thorax et réussit également à faire repartir un cœur arrêté. Dès lors, les progrès se succèdent et, deux ans avant la fin du siècle, le Français Auguste Chauveau introduit — le premier — une sonde, ou **cathéter,** dans l'artère carotide d'un cheval vivant, pousse cette sonde à contre-courant de la circulation sanguine jusque dans le ventricule gauche de l'animal et enregistre de fait une stimulation cardiaque.

Vaccination

An., Chine, Xe siècle av. J.-C.

Redécouverte par l'Occident au XVIIIe siècle sous la forme de la « **variolation** », la vaccination antivariolique semble en fait avoir été inventée en Chine par un moine taoïste dont le nom ne nous est pas parvenu, au Xe siècle avant notre ère, selon des principes vraisemblablement philosophiques et consistant à traiter le mal par le mal. Une forme archaïque de variolation fut donc pratiquée il y a quelque trente siècles, et elle mérite d'être signalée parce qu'elle comportait déjà le principe de l'atténuation des germes par transmissions multiples. La vaccination s'effectuait, non par **scarification,** mais par implantation d'un **tampon** porteur de germes atténués dans une narine.

Les souches de germes atténués étaient, rapportent les textes chinois, conservés dans des flacons hermétiquement bouchés et placés à l'abri de la chaleur et de la lumière, ce qui indique un certain degré de connaissances biologiques étonnant pour l'époque.

transports

Une singularité considérable domine l'évolution des transports depuis les origines de l'humanité : c'est le fait que l'énergie mécanique, qui était disponible depuis au moins le Ier siècle avant notre ère, sous la forme de ce prodigieux prototype de machine à vapeur que fut l'éolipile de Héron d'Alexandrie, ne commença à être étudiée de façon pratique qu'à la fin du XVIIIe siècle.

Tout était prêt pour que l'on eût des chaudières et des locomotives sous l'Empire romain, en tout cas sous l'Empire byzantin. Les métaux durs, les pistons et les cylindres, les bielles et les vilebrequins existaient. Même le cardan avait été inventé. Mais les désordres qui suivirent les invasions barbares et la chute de Rome, l'obscurantisme intellectuel qui prévalut jusqu'à la fin du Moyen Âge (les ingénieurs couraient en permanence le risque de procès en sorcellerie), puis les guerres incessantes qui ravagèrent l'Europe, et dont la plus destructrice fut sans doute la guerre de Trente Ans, laissèrent les techniques et les sciences en piteux état. Inventer était un luxe de solitaire, généralement sans grand lendemain ; ce n'est qu'au XVIIIe siècle que la curiosité intellectuelle se réveilla vraiment, sous l'influence des Encyclopédistes. Pour la première fois dans les temps modernes, un officier d'artillerie, Nicolas Joseph Cugnot, construisit un véhicule à vapeur, le célèbre fardier qui n'était en fait qu'un tracteur d'artillerie. Quatorze ans plus tard, un mouton, un coq et un canard inauguraient à Versailles l'ère des transports aériens à bord d'un ballon à air chaud construit par des papetiers, les frères Mongolfier. L'humanité n'avait plus qu'à attendre le moteur à explosion, qui vit le jour à la fin du XIXe siècle, grâce à Beau de Rochas.

L'âge d'or de la vapeur fut splendide, mais bref : il dura à peine un siècle, entre le milieu du XIXe siècle et le milieu du XXe. Il eut cependant l'immense mérite d'assurer l'expansion du machinisme industriel et de permettre les transports rapides, quoi qu'en aient pensé certains « experts », qui, tel l'illustre Arago, avaient prédit que les troupes que l'on transporterait par voie ferrée seraient « émasculées ». Mais il est vrai qu'à l'inauguration de la ligne de chemin de fer Paris-Saint-Germain, à la même époque, les médecins avaient prévenu les passagers qu'ils auraient la tuberculose !

Agence de voyages

Cook, 1841.

L'agence de voyages constitue indéniablement une invention sociologique et commerciale de première grandeur, car elle a concouru à la création de l'**industrie touristique**. Elle a été ébauchée par le pasteur anglais Thomas Cook en 1841. Cook persuada une compagnie de chemin de fer, la Midland Counties Railway Company, de mettre en service des trains spéciaux entre Leicester et Loughborough, le 5 juin de cette année-là, pour convoyer les participants d'une conférence sur la tempérance. Ce furent les premiers trains spéciaux de l'histoire. En 1844, la même compagnie proposa à Cook de maintenir le service s'il pouvait lui garantir un nombre suffisant de passagers. En 1855, il organisa des voyages spéciaux entre Leicester et Paris, où se tenait une exposition universelle ; il y servait de guide. En 1856, il étendit cette formule à un grand tour d'Europe. Ce n'est qu'en 1861 que Cook fonda réellement une agence de voyages, la première, qui vendait des billets de trains et de bateaux et qui se chargeait des réservations d'hôtels.

Asphaltage des voies

An., Mésopotamie, Ier millénaire av. J.-C. ; an., France, vers 1730.

Avant qu'on apprît à construire des **routes** (voir p. 199), les dégâts causés par l'infiltration des **eaux de pluie** et l'inconvénient de la **poussière** par temps sec étaient manifestes. Le **pavage** constituait une solution lente et coûteuse, réservée aux voies principales. Au Moyen-Orient, partout où affleuraient des **roches pétrolifères**, et d'abord en Mésopotamie, au Ier millénaire avant notre ère, on utilisa le **bitume ou asphalte** comme revêtement imperméable. L'usage du bitume à cette fin semble être tombé en désuétude à une période indéterminée, bien que le bitume restât employé pour le **calfatage** des bateaux, comme l'indiquent les techniques décrites au XVIe siècle par l'Allemand Georg Bauer, dit en latin Georgius Agricola, pour l'extraction du bitume. Ce n'est qu'au XVIIIe siècle que l'asphaltage des voies reprit de l'extension, inventé ou réinventé, on ne sait, par un ingénieur français inconnu. On peut supposer que c'est l'abondance de bitume obtenu lors de l'exploitation du premier gisement pétrolier en France, près de Pechelbronn, commencée en 1745, qui donna l'idée d'y avoir recours. Même lorsque les routes furent construites, l'asphaltage éliminait les infiltrations d'eau interstitielles et garantissait à la voie une plus grande durée.

Attelage

An., Chine, vers le IIe siècle ; an., Europe, vers 1150.

La plus ancienne trace d'attelages animaux remonte en Chine au IIe siècle ; il s'agit d'un **attelage à bricole**, c'est-à-dire comportant une pièce qui s'adapte au poitrail, sans doute destinée à des bœufs. Mais il n'est pas certain que l'attelage ne soit pas antérieur. Le **collier d'épaule** apparut plus tard, à une date indéterminée, et n'atteignit l'Europe qu'au Xe siècle, alors que la bricole ne s'y répandit qu'au XIIe siècle, à peu près en même temps que le **palonnier**. Il semblerait que les premiers attelages, du IVe millénaire au Ier aient été des attelages à joug et collier, considérablement plus pénibles pour l'animal, donc moins efficaces.

Ballon et dirigeable

Frères Montgolfier, 1783 ; Giffard, 1851.

Le premier de tous les vols de ballons fut réalisé par les frères Étienne et Joseph Montgolfier, à Annonay, en 1783. Frappés par les idées de Priestley sur les gaz, ils avaient eu aussi, les premiers, l'idée de remplir d'air une structure géométrique creuse.

■ L'année suivante, le Français Guyton de Morveau essaya de contrôler la direction d'un ballon à l'aide d'un **gouvernail** ; cet inventeur peut donc être considéré comme le précurseur direct du Français Henry Giffard, qui, en 1851, fut le premier à concevoir et réaliser un engin **plus léger que l'air** muni d'un système de **propulsion mécanique**, à vapeur, avec **hélice** et gouvernail, et qui est donc l'inventeur du **dirigeable.**

La réussite de la tentative des frères Montgolfier ne permet pas de leur attribuer avec certitude l'invention du ballon. Au début du XVe siècle, l'Allemand Konrad Kyeser, l'un des grands inventeurs de la fin du Moyen Âge, avait imaginé un engin fantastique qui est bien un **plus léger que l'air** ; c'est une carcasse de bois, de dimensions plutôt réduires, puisqu'un cavalier peut la porter au bout d'une lance, tendue de papier ; un **brûleur à poudre** dégage de l'air chaud qui soulève l'engin, en forme de dragon. Ce singulier aérostat est en fait un engin incendiaire, dont la gueule porte un flacon à mèche brûlant une mixture composée d'une partie de pétrole, de quatre de soufre et d'une de bitume. On ne peut évidemment jurer qu'il ait été efficace ; toujours est-il qu'il était conçu sur le principe de l'**aérostation par air chaud**.

L'origine de ce principe, sans doute antérieur à Kyeser, est inconnue ; en tout cas, le principe est largement connu à l'époque des Montgolfier. Quelques années avant ceux-ci, en effet, le prêtre brésilien Joao Gusmao tenta, mais en vain, de réaliser aussi l'ascension d'un plus léger que l'air.

Le **premier voyage aérien international** de tous les temps fut accompli en 1785 par le Français Jean-Pierre Blanchard, un des pionniers du **parachute** (voir p. 209), et l'Américain John Jeffries, dans un ballon à gouvernail muni de quatre pagaies aériennes. Ils arrivèrent au terme du parcours Douvres-Calais quasi nus, ayant dû jeter jusqu'à leurs vêtements pour délester... Ce voyage suivait de deux ans le **premier vol humain**, réalisé par François Pilâtre de Rozier et le marquis d'Arlandes, au-dessus de Paris, et il précédait de huit ans celui que Blanchard allait effectuer au-dessus de Philadelphie, et qui fut le **premier vol américain.**

Bateau à roues à aubes

Zu Chong Zhi, 494-497.

Le bateau à roues à aubes semble organiquement lié à l'invention du **moteur à vapeur.** Des recherches historiques effectuées au XXe siècle révèlent cependant que ce type de propulsion fut mis au point et appliqué avec succès par l'ingénieur et mathématicien chinois Zu Chong Shi, entre 494 et 497 pour la première fois, et qu'il se prolongea avec succès jusqu'au début du XXe siècle. On ne connaissait qu'une référence antérieure à ce type de propulsion, remontant au IVe siècle ; le texte latin qui la comporte prête toutefois à controverse.

Le bateau chinois à roues à aubes, qui fut construit à plusieurs centaines d'exemplaires, était évidemment actionné par la force humaine. Appelé *Quian Li Chuan*, il pouvait, comme son nom l'incite à croire, couvrir 1 000 li par jour, soit 500 km, sans doute sur voies fluviales. Cité dans les annales historiques, par exemple à propos de la campagne du général Xu Shih Pu contre le rebelle Hou Jin, il avait été doté sous la dynastie Song (1127-1279) de quatre roues à huit aubes chacune ; il atteignait de très grandes dimensions, entre 60 et 100 m, et transportait de 700 à 800 hommes. A la même époque, on en construisit certains qui comportaient une roue impaire à la poupe. Mis à l'essai sur quelques transatlantiques à l'avènement de la vapeur, au XIXe siècle (et combiné par précaution à la propulsion par voiles), le système de roues à aubes ne connut une vraie popularité dans les temps modernes que sur les grandes voies navigables telles que le Mississippi. Sa vulnérabilité aux tempêtes le fit abandonner.

Bateau à vapeur

Hulls, 1736 ; Perrier, 1775 ; Jouffroy d'Abbans, 1783 ; Rumsey, 1787 ; Fulton, 1803 et 1807.

L'adaptation de l'énergie mécanique, en l'occurrence du moteur à vapeur, à la propulsion de bateaux, fut longue et tortueuse. La raison en est double : les premières machines à vapeur étaient médiocres, parce que peu fiables et de faible rendement ; de plus, la marine à voile comptait des partisans ardents, surtout dans le domaine militaire (voir p. 41), dont les objections se fondaient beaucoup sur l'habitude et un peu sur des arguments techniques, tels que l'encombrement des moteurs à vapeur et des soutes de combustible. Ce n'est que dans la seconde moitié du XIXe siècle que la vapeur s'imposa définitivement à la marine militaire, après les bâtiments de commerce, notamment grâce à l'avènement des **coques métalliques** (voir p. 201) et de l'**hélice** (voir p. 203).

■ Paradoxalement, les premiers essais d'application de la vapeur à la propulsion de navires précédèrent de nombreuses années la mise au point des **machines à vapeur,** y compris des machines fixes (car il fut vite évident qu'un moteur marin imposait d'autres contraintes qu'un moteur fixe). On attribue souvent à Denis Papin la première application de la propulsion à vapeur aux transports maritimes ; il ne fit qu'en concevoir le principe (voir p. 107), en 1685. Le premier qui déposât un brevet spécifique fut l'Anglais Jonathan Hulls, en 1736 ; il s'agissait d'un remorqueur mû par roues à aubes. Il revint au Français J.-C. Perrier d'expérimenter le premier, sur la Seine en 1775, un bateau à vapeur ; ce fut l'ancêtre de tous les bateaux à vapeur, bien qu'il ne semble pas que les résultats en eussent été probants.

■ Les premiers résultats concluants furent obtenus par le *Pyroscaphe* du marquis Claude de Jouffroy d'Abbans, en 1783 ; il s'agissait également d'un navire à roues, à coque en bois. On envisagea pour la première fois la possibilité d'adapter la vapeur à des navires de gros tonnage, et c'est sur cette voie que s'engagea l'Anglais William Symington avec son remorqueur *Charlotte-Dundas,* qui était mû par une machine à vapeur à deux cylindres actionnant des roues ; ce navire put effectivement tirer, lors d'une démonstration, deux chalands de 70 t chacun, sur 32 km à une vitesse de plus de 3 nœuds. Trois quarts de siècle séparaient encore ces pionniers de l'adoption finale de la vapeur par la marine.

■ Une place spéciale doit être réservée, dans le récit de la genèse du moteur maritime à vapeur, à l'Américain James Rumsey, qui inventa, réalisa et expérimenta en 1787 le **premier moteur à réaction** maritime : il s'agissait d'un engin qui aspirait l'eau à la proue et la refoulait à la poupe, grâce à une pompe. Mis à l'essai sur le Potomac, il n'eut guère de lendemain, du moins pas de lendemain proche, car il était très encombrant.

■ Adaptateur de génie beaucoup plus que véritable inventeur, le compatriote de Rumsey, Robert Fulton, qui s'était beaucoup intéressé aux **sous-marins** (voir p. 53), construisit en 1803 un chaland à vapeur, qu'il lança sur la Seine ; le bateau avait été construit avec l'aide de l'ambassadeur des États-Unis à Paris, Robert R. Livingston, et il était propulsé par un moteur spécialement conçu par Fulton. L'engin ne suscita pas grand intérêt ; Fulton reprit ses projets avec Symington à l'intention de la marine anglaise. Mais, depuis la victoire de Trafalgar, en 1805, l'Amirauté britannique ne s'intéressait plus aux innovations maritimes et, au terme de vingt ans d'absence, en 1806, Fulton rentra aux États-Unis, où il fit construire un nouveau bateau, long de 40,50 m et déplaçant 100 t, *The Steamboat ;* en 1807, ce dernier réussit l'exploit historique de rallier sans encombre Albany à New York, couvrant donc 390 km en 62 h, à près de 4 nœuds, ce qui souleva un enthousiasme considérable. On peut dire que c'est *The Steamboat* qui remporta la cause de la navigation à vapeur, du moins dans certaines conditions ; en effet, bateau à roues comme le *Phoenix* que Fulton fit construire tout de suite après, il se comportait mal par gros temps.

■ Ce n'est que plusieurs années après que l'association de l'hélice et de la coque métallique allait fournir à la vapeur la base véritable d'une révolution dans le génie maritime.

Les aléas de la propulsion à vapeur firent que, même avec des machines puissantes, des coques métalliques et des hélices, les bateaux conservèrent jusque vers la fin du XIXe siècle une mâture « auxiliaire » ; en fait, depuis l'expérience de traversée transatlantique par le *Savannah,* en 1819, qui ne put utiliser ses moteurs que pendant quatre-vingt-cinq heures et qui arriva en vue de l'Irlande ayant brûlé tout son charbon, les voiles étaient considérées comme une indispensable sécurité. Le premier navire de gros tonnage qui fût construit sans voiles fut le *Himalaya* de la Peninsular & Oriental, datant de 1853 ; sa vitesse aux essais fut de 13,9 nœuds.

Le rendement des moteurs à vapeur alla s'améliorant tout au long du XIXe siècle, d'abord grâce au **moteur compound à expansion,** inventé par l'Américain James P. Allaire en 1824 (en dépit de ses premiers échecs). Ce type de moteur réutilisait la vapeur dans un second cylindre, à moindre pression, après qu'elle avait été utilisée dans le premier, ce qui augmentait sensiblement le rendement. En effet, le rapport de 2 à 2,25 kg de charbon par cheval-vapeur indiqué tomba — sur le *Brandon,* premier navire qui fût pourvu de ce type de moteur — à 1,75 par cheval-vapeur. L'adoption des **chaudières tubulaires,** où l'eau passait dans des tubes à travers le foyer, au lieu de l'inverse, l'**accroissement des pressions,** qui permit de concevoir des moteurs à quadruple expansion, et surtout l'avènement des **turbines à vapeur,** inventées par l'Anglais Charles Parsons, et qui permirent d'atteindre des vitesses de 35 nœuds, assurèrent progressivement la prépondérance de la machine à vapeur dans la propulsion maritime.

Bicyclette

Théson, 1645 ; Sivrac, 1690 ; Blanchard et Masurier, 1771 ; Drais de Sauerbron, 1818 ; MacMillan, 1839 ; Michaux, 1855-1861 ; Starley, 1874 ; Lawson, 1874.

Le premier de tous les véhicules sans chevaux mûs par l'énergie humaine est un **quadricyle** de bois, pour lequel le Français Jean Théson obtint en 1645 une patente de trente ans ; elle lui permit de perfectionner ce véhicule, que l'on ne faisait avancer qu'en mettant alternativement les pieds à terre. Très pesant, il fut réduit à deux roues en 1690 (par Sivrac) ; l'engin, à corps d'animal fabuleux, restait néanmoins peu commode et sa version suivante, due à François Masurier et Michel Blanchard, en 1771, ne le fut pas davantage parce qu'ils en étaient revenus aux quatre roues de Théson, décidément plus stables. Retour au **deux-roues** en 1818, avec la **draisienne** du baron Drais de Sauerbron.

■ La véritable innovation technique dans ce domaine vint de l'Anglais Kirkpatrick Macmillan qui, en 1839, inventa un système de **manivelles oscillantes,** placées de part et d'autre de la roue avant et qui imprimaient un mouvement à la roue arrière par le relais de deux **bielles** légères. A cet égard-là, le véritable inventeur de la bicyclette serait donc MacMillan, qui ne connut guère de succès. L'inconvénient de son invention tenait au fait que les **pédales** n'étaient pas rotatives, mais décrivaient simplement des courses en arc de cercle, fatigantes pour les articulations des genoux. L'invention qui insuffla son véritable élan à la bicyclette fut celle des Français Henry et Pierre Michaux, qui, en 1861, firent pivoter intégralement les manivelles des pédales autour de l'axe de la roue avant, à laquelle les pédales transmettaient donc leur mouvement directement. Ce fut le premier **vélocipède,** dont les frères Michaux fabriquèrent cent quarante-deux exemplaires (et qui fut vite copié). En 1874, l'Anglais James Starley inventa les **roues à rayons en fil** et le **cadre en métal,** qui allégèrent considérablement l'engin. La même année, son compatriote H.J. Lawson inventa la transmission à la roue arrière, par **chaîne sans fin.** Les **pignons** allaient venir.

Le 31 mai 1868 eut lieu au parc de Saint-Cloud la première course cycliste au monde. Réunissant deux cents vélocipédistes, elle fut gagnée par l'Anglais James Moore, qui parcourut 135,207 km en 10 h 25 mn, soit à la vitesse moyenne de 12,960 km/h... Et cela sur un engin à pneus pleins !

Chaussée pavée

An., Assyrie, 3200 av. J.-C. ; Trésaguet, 1761 ; McAdam et Telford, 1783-1818 ; Favier, 1841 ; Polonceau, 1844.

L'histoire des inventions dans le domaine, crucial pour la civilisation, du pavage des routes, est des plus déconcertantes. En effet, alors que, trente siècles avant notre ère, les empires orientaux disposaient de routes capables de supporter des véhicules pesants et permettant le trafic rapide et sûr de véhicules légers, les voyages étaient, en Europe au XVIIIe siècle, extrêmement dangereux en de très nombreuses régions du seul fait de l'état déplorable des routes. Sur celles-ci, semées de fondrières, les véhicules étaient fréquemment menacés de se renverser ou de rompre leurs essieux.

■ Les Romains sont généralement donnés comme les inventeurs des routes modernes, et il est certain qu'ils ont construit le premier réseau logique de **routes pavées,** auquel les incitait l'extension de l'Empire. Dès le IIe siècle avant notre ère, la *via Appia* reliait Rome à Brindisi, pour le transport maritime des troupes d'Afrique et d'Orient ; un siècle environ plus tard, la *via Egnatia* allait de Durazzo, l'actuelle Durrës, en Albanie, jusqu'à Salonique et, au Ier siècle, fut entreprise la construction de la *via Domitia,* qui relia Rome à l'Espagne jusqu'à Cadix, en passant par la France. Deux grandes voies transalpines furent tracées jusqu'à Lyon, dont partaient quatre autres, vers Bordeaux, vers la Manche, vers la Baltique et vers la Méditerranée. Il s'agissait de routes pavées, parfois creusées à travers des tunnels et parfois bâties sur pilotis pour traverser les régions marécageuses. Les Romains perfectionnèrent beaucoup les techniques de construction.

Mais les premiers inventeurs de la chaussée pavée sont les Assyriens dont on sait avec certitude qu'ils avaient construit en 2200 avant J.-C. des routes équipées de deux bandes pavées espacées de 1,50 m pour le trafic de leurs chars et chariots. Or la découverte, en 1928, d'un chariot assyrien remontant à 3200 avant J.-C. donne fortement à penser que c'est donc plus d'un millénaire avant qu'ils construisirent des chaussées pavées. La tradition n'en fut certes pas perdue, puisqu'en Crète aussi, en 1500 avant J.-C., il existait des chaussées pavées.

■ Les Romains portèrent la technique de construction des chaussées à un point jusqu'alors inconnu ; ils furent sans doute les premiers à comprendre la nécessité de poser un **revêtement dur,** en l'occurrence des dalles de lave ou de granit, non directement sur la terre, ce qui risquait d'entraîner rapidement des inégalités par suite des infiltrations, effondrements et différences de répartition des pressions, mais sur une **couche de gravier** suffisamment épaisse pour assurer la stabilité du revêtement. Les Romains furent en tout cas les inventeurs de la **route bétonnée :** la « route du Fer » découverte en Grande-Bretagne est constituée de dalles de béton noir posées sur de la crasse de fer et une armature de fer. Dans les régions marécageuses, toujours en Grande-Bretagne, les routes romaines furent bâties sur des fondations de **tasseaux de bois** disposés diagonalement, pour assurer une meilleure répartition des pressions, et recouverts de mousse afin de garantir un certain amortissement des mêmes pressions. Après la chute de l'Empire, aucune route n'est plus construite : pendant des siècles, les Européens vivent sur le capital routier romain, qu'ils se contentent d'entretenir, tant bien que mal.

■ La France est le premier pays qui relève le flambeau des constructeurs romains, d'abord avec Jean-Baptiste Colbert, qui instaure la corvée des routes, puis avec Anne Robert Jacques Turgot, qui abolit la même corvée. L'Administration centrale des ponts et chaussées est créée en 1716, et l'École des ponts et chaussées fondée en 1747. Le chemin à parcourir, si l'on peut dire, est immense. Les nouvelles chaussées créées au début du XVIIIe siècle sont en fait des couches de caillasse non calibrée, non drainée, terriblement bombée et non stabilisée. On n'a encore redécouvert ni les **caniveaux latéraux de drainage,** ni les **poteaux d'ancrage,** ni bien entendu les **pierres latérales de blocage,** qui évitent l'étalement de la chaussée, puisque celle-ci n'est donc pas recouverte. Le capital technique des Romains semble perdu. C'est l'ingénieur en chef des Ponts et Chaussées, Pierre Trésaguet, qui, en 1761, fait redémarrer la technique des chaussées ; il retrouve le principe des deux couches utilisé par les Romains, mais il l'inverse : la couche de fondation est constituée de moellons et le revêtement l'est de pierraille.

■ Puis c'est en Angleterre, entre 1783 et 1818, que John Loudon McAdam et Thomas Telford font progresser la technique. McAdam invente le revêtement lisse, qui offre moins de résistance au roulement, en fait par pavage qui serait stabilisé sous le poids des véhicules. Point d'importance, car il révèle l'ignorance des techniciens du temps : les idées de McAdam furent vivement combattues et c'est à ses propres frais que l'inventeur réalisa ses premiers essais de routes à trois couches de pierres. Telford, quant à lui, mit l'accent sur la nécessité de la **fondation,** arguant du fait que, par temps de pluie, la couche de terre sous-jacente se transformait en boue qui disjoignait les pierres et remontait jusqu'au revêtement ; Telford réinventa donc, sûrement sans le savoir, la technique romaine : la fondation était constituée d'une couche de pierres concassées de 30 cm d'épaisseur, surmontée d'une couche de gravier fin sur laquelle, enfin, prenait place le revêtement de pavés. Ce fut aussi Telford qui fixa les limites des déclivités : 3 % pour les pentes et 2,5 % pour les descentes.

En 1841, le Français Favier imagina le premier de recourir aux relevés topographiques pour l'étude des tracés routiers, qui mena aux techniques de calcul des déblais et remblais. En 1844, l'invention du rouleau compresseur par Antoine Rémy Polonceau fit faire de grands progrès à la technique des chaussées en permettant d'unifier le tassement au moment même de la construction.

La route la plus ancienne du monde, qui soit encore en service, est la Route royale des Incas qui va de Quito (Équateur) à Cuzco (Pérou), soit 3 600 km de long. Construite au XVe siècle, elle est constituée en fait de deux routes, l'une côtière, l'autre montagneuse, de 7,5 m de large. Elle comporte de très nombreux tunnels et segments de maçonnerie, y compris bizarrement des segments asphaltés.

Le développement des chemins de fer donna un coup d'arrêt aux études de construction des chaussées, qui ne repartirent qu'au début du XXe siècle. Mais c'est l'avènement de l'automobile qui, dans la première moitié de ce siècle, stimula le plus cette technique depuis les premières chaussées pavées assyriennes.

Coque à compartiments étanches

An., Chine, IIe siècle.

La division d'une coque de navire en compartiments étanches, qui n'est apparue en Occident qu'au XVIIIe siècle, fut inventée en Chine au IIe siècle. Le **calfatage** des compartiments s'effectuait à la chaux et au coaltar. Le nombre des compartiments augmentait selon les dimensions du bateau (il pouvait atteindre et dépasser vingt-quatre cloisons) et selon que celui-ci était destiné à naviguer en mer ou en eau douce. Le plus ancien vestige qui prouve l'ancienneté de cette invention, essentielle à la sécurité des bateaux, est la jonque de 20 t datant de la dynastie Tang (VIIe-Xe siècle), retrouvée en 1973 dans la province de Jiangsu.

Coque métallique

An., Angleterre, 1777 ; Brunel, 1843.

Si le blindage de coques en bois avec des plaques de métal est relativement ancien (voir p. 41), l'idée de construire des coques de navires entièrement métalliques ne séduisit pas le génie maritime jusque dans la seconde moitié du XIXe siècle. Les notions théoriques de **déplacement d'eau** étaient, en effet, mal définies et l'intuition courante voulait que des coques de métal ne pussent pas flotter. L'information technologique circulait mal, par ailleurs, et les ingénieurs du génie maritime qui se seraient penchés sur le premier navire à coque intégralement métallique jamais construit en auraient sans doute tiré des leçons ; ce navire fut une vedette de passagers — à voiles — construite en 1777 dans le Yorkshire, par un précurseur dont le nom n'a pas été conservé. Dix ans plus tard, toujours en Angleterre, était lancé un chaland de 21 m de long, qui était en bois plaqué de tôle. En 1821, le premier navire à vapeur entièrement métallique, l'*Aaron Manby*, assura la liaison Londres-Le Havre. Mais c'est en 1843 seulement que l'Anglais Isambard Kingdom Brunel résolut — partiellement — les problèmes inhérents aux coques métalliques et à la **propulsion par hélice** en lançant le transatlantique *Great Britain*, d'une longueur de 98,10 m, jaugeant 3 689 t et d'une largeur de 15,40 m. Il était doté de quatre machines à vapeur développant 1 000 ch chacune, attelées à un propulseur à six pales de 4,90 m de diamètre et tournant à 53 tr/mn.

■ Le succès du *Great Britain* anticipe de peu l'avènement des **cuirassés**, mais les partisans des coques en bois le tiennent encore pour une singularité, un navire hybride, puisqu'il conserve trois mâts à voiles auxiliaires.

■ Outre l'obstination des partisans de la coque en bois, les premières coques métalliques connurent des inconvénients réels. Le premier était leur **poids**, qui les rendait à peine aptes au transport commercial et pas du tout aux missions militaires ; de fait, les premiers cuirassés durent réduire considérablement leur armement pour compenser l'excédent de poids, soit des blindages, soit des coques métalliques. Le deuxième était qu'elles ne pouvaient être propulsées à des **vitesses** compatibles avec des missions militaires que par des machines à vapeur, qui en grevaient encore la charge, par leur poids propre et celui des soutes de combustible ; même pour des traversées commerciales, la marine à voile était doublement compétitive, du point de vue de la vitesse et de celui des charges transportées. Une troisième raison était le **rendement médiocre des machines à vapeur**. Et une quatrième, le fait que les coques en fer s'altéraient très vite, et exigeaient donc des **mises au radoub** fréquentes — tous les huit mois — et très coûteuses ; en effet, personne n'avait encore songé à les peindre... Inconvénients accessoires, la **traînée de l'hélice** dans les navires mixtes, qui ralentissait la vitesse lorsque le navire allait à la voile, et les **risques d'incendie** liés aux soutes de combustible.

En raison de leurs faibles charges utiles, les premières coques métalliques induisirent au gigantisme, seul moyen de transporter des cargaisons qui fussent compétitives avec celles des coques en bois. Telle fut la raison pour laquelle Brunel fit construire en 1858 un navire beaucoup plus grand que le *Great Britain*, le mémorable *Great Eastern*, long de 210,90 m, taille extraordinaire pour l'époque, et déplaçant 28 145 t, autre record. Ce navire, décidément hybride, car il était propulsé à la fois par roues, hélice et voiles, pouvait emporter quatre mille passagers, nombre inouï à l'époque. Il fut voué à l'échec commercial, mais n'en marqua pas moins une date majeure dans l'histoire du génie maritime, car il fut le premier à affronter et résoudre des problèmes techniques tels que la **pression des filets d'eau sur le safran**, et le premier dont la coque eût été dessinée, non selon l'empirisme et la tradition, mais selon les principes nouveaux de l'**hydrodynamique**. Le *Great Eastern*, monstre pittoresque, inaugurait l'ère des **transatlantiques.**

Étrier

An., Chine, 302.

On ne connaît pas d'exemple de cet accessoire essentiel de l'équitation antérieur à celui qui est représenté sur une poterie chinoise de l'an 302.

Freins

An., Angleterre, 1767-1776 ; Westinghouse, 1869 ; Smith, 1872.

L'une des singularités apparentes de la technologie est que l'invention du frein ne compte absolument aucun précurseur et qu'elle fut anonyme ; on ne sait pas le nom de l'ingénieur qui, vers 1767, lorsqu'on installa les premiers rails en fonte et que la vitesse des wagonnets de charbon s'accrut, imagina le premier système de freins connu : des **sabots commandés par tringles** qui s'appliquaient latéralement sur la jante ou verticalement sur le cerclage de la roue. Ce principe n'a fondamentalement pas varié jusqu'à nos jours ; seul a été perfectionné le **système de serrage**. Les premiers freins appliqués sur véhicules automoteurs le furent sur des locomotives et, dans les premiers convois, d'allure réduite et de charge relativement faible, le freinage de la locomotive suffisait à entraîner celui des wagons. Il en fut ainsi jusqu'en 1870.

■ A cette époque, le freinage était conçu selon le dispositif général suivant : deux sabots, d'une concavité correspondant à l'arc de roue qu'ils devaient bloquer, étaient disposés sur un couple de leviers opposés et articulés, commandé au centre par un levier releveur, l'ensemble étant fixé au châssis. Ce levier était à son tour relié au poste de conducteur par deux bras articulés ; l'abaissement du bras transversal, entraîné par l'abaissement correspondant du bras vertical, à l'aide d'une roue, relevait le levier central, qui entraînait le blocage des roues. Les freins étaient donc actionnés à la main, ce qui requérait, d'une part, une certaine force manuelle, et, de l'autre, une coordination sans faille entre la mise en action du freinage et les signaux de la voie ferrée. On chercha des méthodes de freinage mécanique jusqu'en 1869, quand l'Anglais George Westinghouse inventa les **freins à air comprimé**, grâce auxquels la pression, exercée par les pistons d'un cylindre d'air comprimé, s'appliquait moyennant beaucoup moins d'efforts. En 1872, l'Anglais Francis Pettit Smith introduisit le système de freinage par **dépression pneumatique**, qui faisait appel à la puissance de la locomotive.

Le premier véhicule auquel les freins furent adaptés après la locomotive fut la bicyclette.

Gouvernail

An., Chine, Ier siècle.

Les plus anciens documents relatifs à la navigation indiquent que l'orientation des navires s'effectuait par deux rames à large lame, libres de part et d'autre de la poupe, et qu'un navigateur tournait selon la direction à suivre. Ces rames étaient généralement fixées à l'arrière. Le gouvernail fixe de poupe n'apparut en Occident qu'au XIIIe siècle. Il avait cependant été inventé au Ier siècle, sinon auparavant, en Chine, comme l'indique une description dans le *Shi Ming* ou *Dictionnaire des termes* de Liu Xhi, paru en l'an 100. Sous la dynastie Song (1127-1279), le gouvernail avait été modifié : il s'avançait sous la poupe, dans les mêmes proportions qu'à l'arrière, et on lui adjoignait parfois deux gouvernails auxiliaires. Qui plus est, sa profondeur était réglable par élèvement ou abaissement de son axe, selon que le navire était en eaux basses ou profondes.

Hélice

Archimède, IIIe siècle av. J.-C. ; an., Chine, vers 500 ; Léonard de Vinci, 1480 ; Du Quet, 1723 ; Ericsson, 1837.

Il est peu d'inventions dont l'origine soit aussi confuse que celle de l'hélice, qui devint pourtant un élément essentiel au développement de la **propulsion mécanique** à partir du XVIIIe siècle. L'origine en serait, selon certains auteurs, l'**élévateur à vis** de Héron d'Alexandrie (voir *Démultiplicateur*), inspiré de la vis d'Archimède ; l'idée originelle de l'hélice remonterait donc à une période comprise entre le IIIe et le Ier siècle avant J.-C. Ce n'était toutefois pas l'hélice proprement dite, puisqu'elle ne comportait pas de pales. La première hélice semble être apparue en Chine vers le Ve siècle, dans un jouet qui préfigurait l'**hélicoptère** (voir p. 204), et dans lequel elle occupait effectivement un rôle propulsif. Il est impossible de savoir si ce prototype contribua à l'invention des **moulins à vent**, qui semblent, quant à eux, apparus deux siècles plus tard en Syrie, et dont l'inventeur est anonyme comme celui de l'hélicoptère-jouet chinois. De toute façon, le moulin à vent peut être considéré comme la première **application d'une poussée de fluide à une structure hélicoïdale mobile**, et la seule de ce type jusqu'au début du XIXe siècle.

■ Il est possible qu'en la décrivant dans sa version préfigurative de l'hélicoptère, en 1480, Léonard de Vinci ait réinventé l'hélice ; aussi doit-il être cité ici au titre d'inventeur putatif de cet engin. Toujours est-il que le premier qui ait étudié systématiquement l'hélice du point de vue mécanique fut le Français Du Quet, dans son mémoire présenté à l'Académie des sciences en 1723. Dès lors, plusieurs savants s'intéressèrent à l'hélice, dont le Suisse Daniel Bernoulli, en 1753, et le Français Alexis Jean Pierre Paucton, l'un des pionniers de l'hélicoptère, en 1768. Mais le premier qui ait utilisé une hélice pour la propulsion d'un engin fut l'Américain David Bushnell, qui installa une hélice à bras pour la propulsion de son sous-marin *The Turtle*, en 1776. Nombreuses sont dès lors les applications de l'hélice à la propulsion, qui se feront toutes dans le seul domaine maritime jusqu'à l'invention de l'avion : celles de l'Anglais John Fict, en 1796 ; de l'Américain Robert Fulton, en 1797 ; du Français Frédéric Sauvage, en 1832 ; de l'Anglais Francis Smith, en 1839, pour ne citer que quelques-uns.

■ Mais l'hélice passe encore pour une singularité marginale, parce qu'elle ne peut être actionnée que par une **machine à vapeur** et que celle-ci a un rendement médiocre, qu'elle est peu fiable, qu'elle impose des soutes encombrantes et que les marins du haut en bas de la hiérarchie continuent de préférer la voile. De plus, les **coques en fer** (voir p. 201) ne s'étant pas encore imposées, les hélices installées sur des coques en bois entraînent un sérieux

inconvénient, qui est une déformation de ces coques par l'apparition de l'**arc longitudinal**, avec risque de rupture de la **ligne d'arbre**. C'est ce qu'a fort bien compris l'ingénieur anglais Isambard Kingdom Bruhel, qui juge l'hélice inséparable de la coque métallique ; c'est d'ailleurs sur la coque, métallique, du *Great Britain* qu'il installera une hélice en 1843.
Toutefois, l'ingénieur qui imposera l'hélice au génie maritime est le Suédois, plus tard naturalisé américain, John Ericsson, qui dépose en 1837 un brevet d'hélice. Il ne manque certes pas d'inventeurs d'hélices (en 1867, l'Anglais John Bourne n'en comptera pas moins de 470 !), mais Ericsson, qui a fait construire en 1837 aussi un navire à hélice dans des chantiers anglais, le *Francis B. Ogden*, démontre le premier que ce type de propulsion est fiable : son bateau traversera l'Atlantique sans encombre. Il est à noter que c'est un bateau à coque en fer.
Il s'en faut que l'hélice soit adoptée pour autant : jusqu'en 1861, de nombreux constructeurs s'en tiennent à la propulsion par roues, puisque cette année-là, en effet, la célèbre Cunard Line lance son transatlantique *Scotia*, de 3 871 t, à roues... et voiles ! Ce sera cependant le dernier de la série, car, depuis 1850, la Inman Line, la Norddeutscher Lloyd, la Hamburg Amerika Linie et la Compagnie générale transatlantique lancent des vapeurs à hélices, tout en conservant elles aussi, par prudence, les mâtures à voiles. Ce n'est qu'en 1858 que les marines militaires, singulièrement à la traîne, adoptent enfin, tout ensemble, les coques métalliques, la propulsion à vapeur et l'hélice (voir *Blindage des navires de guerre*).

La première application de l'hélice à la propulsion aérienne est le fait du Français Henry Giffard qui, en 1851, conçut et réalisa un dirigeable propulsé par machine à vapeur, avec hélice et gouvernail (voir *Ballon et dirigeable*).

Il fallut près d'un demi-siècle, sinon plus, après l'avènement de l'hélice pour qu'on en établît le dessin optimal. L'un des premiers ingénieurs qui plaidèrent le plus ardemment la cause de l'hélice en tant que moyen de propulsion, Frédéric Sauvage, fut aussi l'un de ceux qui défendirent le dessin dont le rendement était le plus faible : celui d'un **hélicoïde à une seule spire**, pareil à une section de vis sans fin (1832). A la même époque, le Français Augustin Normand et l'Anglais H.T. Barnes, spécialistes de la physique des fluides, avaient réalisé une **hélice à plusieurs pales**. Des essais comparatifs démontrèrent sans ambiguïté la supériorité de cette dernière. En 1838, les Anglais Smith et Rennie, guère convaincus des expériences de Normand et Barnes, tentèrent d'en revenir à l'hélicoïde et mirent à l'essai une hélice de ce type à plusieurs spires, puis constatèrent que le rendement était meilleur avec une seule spire, avant de se ranger à l'évidence démontrée par Normand et Barnes, c'est-à-dire celle d'une hélice à pales. Et encore, le hasard servit-il quelque peu Smith, car, l'une de ses hélices à double spire s'étant cassée, le navire y gagna en vitesse en n'étant plus propulsé que par une seule spire... On sait aujourd'hui que le meilleur rendement est fonction d'un **grand diamètre** proportionnel à une **faible accélération.**

Hélicoptère

An., Chine, vers 500 ; Vinci, 1480 ; Borelli, 1680 ; Paucton, 1768 ; Launoy et Bienvenue, 1784 ; Ponton d'Amécourt, 1862 ; Forlanini, 1877.

Bien qu'aucun appareil propulsé par une **hélice horizontale** n'ait décollé avec son pilote avant le début du XXe siècle, l'invention était en gestation depuis longtemps. Certains jouets chinois du Ve siècle, munis d'hélices horizontales, retombaient plus lentement qu'on ne les avait lancés en l'air. Un dessin célèbre de Léonard de Vinci, datant de 1480, représente une machine volante à laquelle est fixée une sorte de large **vis d'Archimède**, tournant sur un axe vertical. L'Italien Giovanni Alfonso Borelli réalisa en 1680, semble-t-il, une maquette qui lui permit d'affiner la théorie d'une sustentation par hélice horizontale, de même que le Français Alexis Jean Pierre Paucton, qui reprit en 1768 l'étude du problème avec un modèle à double hélice. L'absence de moteur rendait toutefois ces études académiques. En 1784, Launoy et Bienvenue réalisèrent un jouet volant, qui était une maquette d'hélicoptère sans moteur. L'avènement des machines à vapeur permit au Français Gustave de Ponton d'Amécourt et à l'Italien Carlo Forlanini (le premier numismate comme Paucton ; le second, médecin comme Borelli) de fabriquer en 1877 des modèles réduits qui furent les précurseurs des hélicoptères pilotés.

« **Hélicoptère** ».
Dessin de Léonard de Vinci (1452-1519).

Locomotive

Trevithick, 1804 ; Stephenson, 1813 et 1829 ; Seguin, 1828 ; Crampton, 1840.

L'invention de la locomotive constitue un chapitre particulier de l'histoire de la machine à vapeur et des véhicules motorisés, parce qu'elle se heurtait à des problèmes spécifiques et nouveaux pour les ingénieurs. Au début du XIXe siècle, l'intérêt de la **machine à vapeur** ne faisait plus de doute, puisqu'il avait été démontré par les premiers succès de la propulsion marine. Par ailleurs, il existait déjà des **voies ferrées** : elles servaient à transporter surtout du charbon, par traction animale (en 1720, une vingtaine de milliers de chevaux tiraient ainsi des wagons de marchandises), et leur adoption n'avait pas posé de problème, car la traction était beaucoup plus aisée sur des niveaux réguliers que sur routes. Il semblait donc qu'il n'y eût qu'à adapter une machine à vapeur à la traction de wagons sur voies ferrées.

■ En fait, on ne savait pas construire de machines à vapeur qui eussent assez peu de **poids** et assez de **force** pour tirer des wagons et le problème de l'adhésion sur les rails n'était pas résolu.

L'ancêtre des locomotives est indéniablement celle de 5 t qui fut construite en 1804 par l'Anglais Richard Trevithick pour couvrir une distance de 9 milles, soit un peu plus de 13 km. Ses essais furent satisfaisants, puisqu'elle réussit à tirer une charge de 25 t à 5 milles à l'heure, c'est-à-dire un peu moins de 8 km/h. Mais on l'avait posée sur des rails en fonte, qui se brisèrent. L'engin était étonnamment archaïque et eût pu être construit au Ier siècle de notre ère (voir illustration). Sa très longue **bielle** est particulièrement pittoresque. Trevithick construisit d'autres locomotives, dont une, pesant 8 t, atteignit 12 milles, soit quelque 19 km/h, mais, très bizarrement, le projet n'intéressa que peu de monde. Jusque vers 1830, et alors que la conception de la locomotive avait tout de même sérieusement évolué, il restait beaucoup de partisans du cheval. Trevithick ne s'intéressa donc plus aux locomotives.

En 1811, son compatriote John Blenkinsop releva le flambeau et conçut un système compliqué, dans lequel une **roue dentée** prenait appui sur des **crémaillères** fixées le long des rails. Ce système fut cependant adopté et fonctionna plusieurs années sans problèmes. Ce n'était guère une invention d'avenir, car il fallait des rails à crémaillères, ce qui était à la fois plus coûteux et plus compliqué que des rails lisses. Mais les parcours que l'on se proposait de couvrir étaient alors courts et, d'ailleurs, personne, dans les années 1810, ne croyait vraiment que les locomotives fussent promises à un grand avenir. D'autres ingénieurs, tels l'Anglais William Hedley avec son *Puffing Billy* (« Billy le Haletant ») de 1814, s'attaquèrent au problème et connurent les mêmes échecs que Trevithick : les rails en fonte cassaient sous le poids de ces machines.

■ En 1813, l'Anglais George Stephenson, ayant étudié les essais de ses prédécesseurs, et notamment de Hedley, construit une machine qui ne se distingue guère des précédentes que par le fait qu'elle a les **roues couplées**, deux par deux, par des **bielles**, et qu'elle est plus légère : un peu moins de 4 t. Elle n'est pas beaucoup plus rapide, cependant, avec ses quelque 6 km/h, mais elle peut tirer jusqu'à 30 t. De plus, les rails ne se sont pas brisés lors des essais. Le facteur vitesse n'est pas déterminant, on n'y pense guère à l'époque ; ce qui retient l'attention des industriels est que la machine de Stephenson, d'un type qu'il appellera *Blucher*, est plus intéressante que la traction animale. En 1821 est créée la **première voie ferrée publique au monde**, le Stockton-Darlington Railway, d'une longueur de 12 milles (environ 18 km), sur laquelle circulent des convois tirés par des locomotives *Blucher*. Ils sont destinés au **transport de marchandises**, principalement de la houille, nul n'imaginant à l'époque la possibilité, voire l'intérêt, de transporter des passagers.

■ Stephenson améliore sans cesse sa locomotive ; à la *Blucher* succède, en 1825, la *Locomotion*, mais la première amélioration caractérisée de la conception des chemins de fer est celle de l'Anglais Timothy Hackworth, qui consiste à disposer les cylindres de telle sorte que la bielle soit plus courte ; en outre, la **surface de chauffe** de la chaudière est accrue, ce qui offre un meilleur rendement. Dérivée de ces innovations, la *Lancashire Witch*, toujours de Stephenson, atteint quelque 12 km/h en tirant 50 t sur une pente de 1/440, en 1828, mais c'est surtout la *Rocket* qui, en 1829, impose la locomotive comme moyen de traction à l'opinion publique ; d'un poids de 4,25 t, elle a remporté un concours contre quatre concurrentes, en traînant trois fois son poids à la vitesse moyenne de 22,77 km/h sur un parcours de 39,76 km. Le principe qui a permis à Stephenson de triompher n'est cependant pas le sien.

■ Ce principe est celui que le Français Marc Seguin a fait breveter un an auparavant, et qui est celui de la **chaudière tubulaire**, qui va s'imposer pendant plus d'un siècle. Il consiste à augmenter la surface de chauffe en faisant circuler la chaleur dans des tubes horizontaux répartis

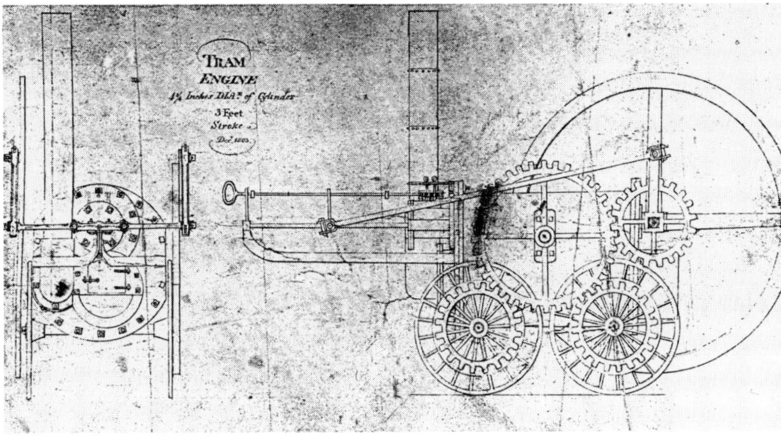

La **première locomotive** de Richard Tréviťhick construite en 1803.
Dessin contemporain de Llewellyn.

« **La fusée** » *(The Rocket)*,
locomotive de George et Robert Stephenson construite en 1829.

longitudinalement dans la chaudière ; de plus, Seguin a accru le tirage à l'aide d'un puissant **ventilateur,** que Stephenson a remplacé par un système d'**injection de la vapeur d'échappement à la base de la cheminée**. Seguin avait construit sa locomotive avant la *Rocket,* mais elle n'entra en service que plus tard. On reconnaîtra au moins à Stephenson le mérite d'avoir compris l'importance de l'invention de Seguin.

■ La plus notable des inventions qui aient marqué ensuite la conception de la locomotive fut l'**accroissement du diamètre**

des roues motrices, que l'Anglais T.R. Crampton installa en 1840 à l'arrière de la chaudière. Ce principe ne fut pas admis en Angleterre et c'est en France que Crampton fit construire sa machine. Les **freins Westinghouse** (voir p. 202) devaient enfin assurer la sécurité des transports par voies ferrées. La locomotive ne connut pas de modification majeure jusqu'à l'**électrification** des chemins de fer au XXe siècle (→).

La **première ligne de chemin de fer en France** fut celle que Seguin fit construire entre Lyon et Saint-Étienne, en 1844 ; la distance était couverte en 2 h 35 mn, haltes comprises, et c'est cette ligne qui transporta les premiers passagers. En fait, elle avait été ouverte en 1830, et mise d'abord en service en 1832 entre Rive-de-Gier et Givors, avec service complémentaire par chevaux jusqu'en 1844.

Métropolitain

Pearson, 1843 ; Bienvenüe et Chagnaud, 1898.

Les embarras croissants du trafic urbain au XIXe siècle incitèrent édiles et ingénieurs des grandes villes du monde à chercher des solutions de décongestionnement.
Tandis qu'à New York l'on construisait des **voies ferrées aériennes,** qui ne firent qu'aggraver la pollution et le vacarme, en 1843 l'Anglais Charles Pearson proposa le premier à la municipalilté de Londres de creuser des tunnels souterrains par lesquels passeraient les voies ferrées. Le projet ne fut approuvé qu'en 1853 et la construction ne fut commencée qu'en 1860. En dépit des **vapeurs sulfureuses** que laissait filtrer le système de **réinjection des fumées dans les chaudières des locomotives à vapeur,** le **Métropolitain** londonien connut un grand succès immédiat, puisqu'il transporta quelque 10 millions de passagers lors de sa première année de service, en 1863. Tandis que le réseau londonien s'étendait et s'électrifiait (1890), Glasgow entreprenait de construire le sien, en 1886, suivie de Boston, de Budapest et de Paris (1898).

La construction du métro parisien fut accélérée grâce à la technique inventée par Fulgence Bienvenüe et Louis Chagnaud, qui consistait à creuser les tunnels à ciel ouvert par sections, en consolidant les voûtes et en comblant ensuite les tranchées. Cette méthode des sections de tranchées gênait beaucoup moins le trafic et les terrassiers.

Lors de la construction du métro de New York, en 1912, les terrassiers furent fort surpris de tomber sur une section déjà toute prête, avec une somptueuse salle d'attente. Celle-ci avait été creusée aux frais personnels d'Alfred Ely Beach, co-éditeur du *Scientific American,* en 1870, puis oubliée. Beach avait espéré que la municipalité de New York approuverait son projet de **train pneumatique,** mais des scandales entravèrent la réalisation de ce projet, pourtant en bonne voie.

Moteur hydraulique à piston

An., Chine, 530.

L'une des inventions les plus déconcertantes de l'histoire de la technologie est le **moteur hydraulique à piston,** apparu en Chine au début du VIe siècle. Il s'agit d'un véritable **moteur monocylindrique** dont le **piston** est actionné par une tige reliée à un **arbre à came,** lui-même mû par une **roue de moulin,** par le relais d'une **courroie de transmission.** La description en est fournie dans un ouvrage sur les temples et monastères bouddhistes de la province de Luoyang, publié en 530. L'invention est donc, très probablement, antérieure, sans qu'on puisse la dater. Elle sert de **soufflet** à des fonderies. La première représentation graphique en apparaît dans le *Traité d'agriculture* de Wang Chen, daté de 1313. L'invention est déconcertante parce qu'elle constitue une préfiguration du **moteur à vapeur** sans vapeur et qu'elle correspond, à peu près trait pour trait, au moteur du même type, réinventé en 1757, soit douze siècles plus tard, par l'Anglais John Wilkinson, et adapté pour l'exploitation de la vapeur par son compatriote James Pickard en 1780. Le moteur hydraulique chinois représente par ailleurs une percée technologique de première grandeur, puisqu'il introduit la **transformation d'un mouvement circulaire en mouvement rectiligne,** pressentie par les mécaniciens de l'école d'Alexandrie.

On estime que les réinventions du moteur à piston chinois dérivent de descriptions de machines chinoises transmises par divers intermédiaires, tels que l'Italien Agostino Ramelli (1588), à partir de descriptions de voyageurs et de documents originaux chinois.

Parachute

An., Chine, IIe siècle av. J.-C.

Communément attribuée à Léonard de Vinci, l'invention du parachute est cependant décrite dans les *Annales* de l'historien chinois Sseu-ma Ts'ien (Sima Qian), qui datent de l'an 90 avant notre ère. Cet ouvrage décrit le parachute comme étant relativement ancien, et l'on suppose donc qu'il remonterait au moins au siècle précédent. Le spécialiste anglais de l'histoire chinoise Joseph Needham a trouvé dans un ouvrage datant de 1214 la description du saut effectué par un voleur du haut d'un minaret à Canton, grâce à **« deux ombrelles sans manches ».**

La première référence occidentale au parachute est faite par l'ambassadeur de France, Simon de La Loubère, auprès du roi du Siam, en 1687-1688 ; le diplomate rapporte qu'un Siamois fut anobli par le monarque pour avoir plusieurs fois sauté de grandes hauteurs à l'aide d'un engin double tel que celui qui est décrit plus haut. On suppose que ce fut cette information qui inspira à J.S. Lenormand l'idée de rééditer l'exploit, ce qu'il fit avec succès dans les années 1780. C'est Lenormand qui inventa le mot **« parachute ».** En 1785, Jean-Pierre Blanchard avait captivé l'opinion par ses lancers d'animaux en parachute...

Phare

An., Grèce (?), Ier millénaire av. J.-C. ; Ptolémée Philadelphe (?), 285 av. J.-C. ; Louis de Foix, 1584 ; Argand, 1782 ; Fresnel, 1820 ; Smeaton et Douglas, 1882.

L'installation d'une lumière sur une hauteur côtière, destinée à servir de **repère** aux navigateurs, appartient à celles des inventions que l'on peut appeler progressives. Il s'est agi à l'origine de simples feux que l'on allumait et entretenait sur des collines, et, comme Homère les mentionne dans *L'Iliade* et *L'Odyssée,* au IXe ou VIIIe siècle avant notre ère, on peut en déduire que la coutume en existait depuis déjà quelque temps. Il semble que le premier édifice destiné à abriter une lumière ait été le célèbre **phare d'Alexandrie,** l'une des Sept Merveilles du monde dont la construction fut entreprise en 285 avant J.-C. sur l'ordre du roi égyptien Ptolémée II Philadelphe. Il mesurait environ 115 m (il fut détruit par un tremblement de terre). Les Romains installèrent systématiquement des phares pour servir de repères à leurs navigateurs et, au IVe siècle, on en comptait une trentaine, de l'Atlantique à la mer Noire. La source lumineuse en était fournie par une **torche.** La chute de l'Empire mit un coup d'arrêt à la construction et même à l'entretien des phares. On n'en érigea de nouveau qu'au XIIe siècle. En 1584, l'ingénieur et architecte Louis de Foix entreprit de reconstruire le phare érigé par Édouard, prince d'Aquitaine, plus connu sous le nom de Prince Noir. L'effondrement progressif de l'îlot de Cordouan, dans l'estuaire de la Gironde, en fit, quand l'édifice fut achevé, en 1611, le premier **phare de pleine eau.** Haut d'environ 35 m, c'était un monument somptueux.

■ L'utilité des premiers phares fut proportionnelle à leur puissance lumineuse, c'est-à-dire qu'elle fut longtemps très modeste, la visibilité de la lumière dégagée par deux douzaines de chandelles par grosse mer, réduite encore par les embruns, étant aléatoire. Il faut donc mettre au crédit du Suisse Aimé Argand l'amélioration notable de l'utilité des phares, grâce au système d'une lampe à huile à **mèche circulaire,** attisée par un appel d'air central, et au-dessus de laquelle une cheminée métallique activait le tirage. L'étrangeté des compétences municipales fit que Paris, où Argand avait espéré obtenir un privilège pour la fabrication de ce type de lampe, rejeta cette invention remarquable (qui fut d'ailleurs copiée sans autre forme de redevance par le pharmacien Bertrand Quinquet), et qu'Argand, déçu (le privilège lui avait bien été concédé, mais sans fruits), alla offrir son invention à l'Angleterre, qui en comprit l'intérêt pour l'éclairage des phares. L'invention d'Argand eut cependant de l'avenir puisqu'elle fut complétée par François Arago et Augustin Fresnel, d'abord simplement par multiplication des mèches circulaires.

■ En 1763, les Anglais amplifièrent la source lumineuse grâce à des **réflecteurs paraboliques au foyer,** miroirs de **verre argenté à facettes,** et, en 1820, Augustin Fresnel apporta enfin un immense perfectionnement aux phares en inventant la **lentille à échelons.** Opticien hors pair, Fresnel reprenait là en fait une idée émise d'abord par le célèbre Georges Louis Leclerc, comte de Buffon, qui consistait en ceci : une lentille de grand angle capable d'absorber tout le champ lumineux d'une source aurait une telle épaisseur qu'elle absorberait trop de lumière ; mais une lentille taillée comme si elle était constituée d'une superposition de lentilles concaves serait beaucoup plus légère tout en ayant un pouvoir de diffusion considérable. En réalité, le creusement de la lentille devait aboutir à la création de **prismes circulaires** autour de la surface plane centrale.

■ L'avènement de l'**électricité,** à partir de 1850, apporta une solution satisfaisante aux problèmes d'intensité de source. Dès lors, on reprit celui du profil des tours. Celui-ci débouchait sur deux secteurs qui étaient presque entièrement inconnus à l'époque, le premier étant celui de la **houle,** qui lui-même ne constituait qu'un aspect des **poussées de la mer,** le second étant celui du **vent,** dont on avait également méconnu l'effet des poussées.

■ La houle servit donc d'introduction à la révision du profil des tours et de leur mode de construction, pour la raison mécanique suivante : la **composition de deux mouvements ondulatoires de houles de périodes voisines** comporte une différence d'un dixième, qui fait que les maximums de hauteur se présentent toutes les dix vagues par conjugaison des deux mouvements. Il en résulte que, toutes les dix vagues, la mer exerce une poussée double et atteint une hauteur double de celle d'une vague moyenne. Mais alors, la résistance opposée par la tour ou phare peut faire que la vague atteigne le double de la hauteur du bâtiment. Le phare se trouve entouré d'un rideau aquatique qui, non seulement, voile sa lumière, mais encore menace sa structure. Il fallut donc établir un profil de base tel que la dixième vague se brisât sans atteindre la tour, et consolider la structure de la tour elle-même en fonction des poussées résiduelles dont on commençait à prendre connaissance. Il faut citer à cet égard les noms des Anglais John Smeaton et James Douglas, qui, en 1882, déblayèrent beaucoup le nouveau domaine de la construction rationnelle des phares. Ces deux ingénieurs avaient tiré les leçons de leurs déboires précédents, et notamment de l'effondrement de plusieurs phares.

■ C'est, à la fin du XIXe siècle, Léonor Fresnel qui démontra que la **poussée du vent** à 200 km/h atteignait 275 kg par m^2 sur une tour cylindrique et que, pour qu'un tel bâtiment pût résister aux poussées conjuguées du vent et des houles, il fallait envisager des structures capables de résister à des poussées quintuples, soit 1 375 kg par m², calculs décisifs, mais qui sous-estimaient les contraintes réelles exercées par certaines tempêtes.

Pneu

Thomson, 1845 ; Dunlop, 1888 ; Michelin, 1895.

Le premier brevet d'un **tube en caoutchouc** rempli d'air fixé à la jante d'une roue et offrant une certaine traction en même temps qu'il amortissait les chocs fut déposé en 1845 par l'Anglais Robert W. Thomson. Les premiers pneumatiques Thomson, qui étaient constitués d'enveloppes non élastiques renfermant une **chambre à air**, étaient destinés aux véhicules à traction animale ; ils connurent un grand succès, surpassé toutefois par les **pneus pleins**, qui les détrônèrent au bout de quelques années. Le succès nouveau de la bicyclette inspira au vétérinaire écossais John B. Dunlop de déposer un brevet pour pneumatiques de bicyclettes en 1888. En 1895, les frères Michelin équipèrent pour la première fois un véhicule automobile de **pneus à chambre à air**.

Les premiers pneumatiques, ceux de Thomson, étaient appelés « **roues aériennes** ». Ils battirent un record d'endurance de quelque 2 000 km sur un brougham dont ils équipaient les roues.

Rail

An., Europe, XVIe siècle ; Reynolds, 1768.

L'invention des rails est antérieure à celle des **locomotives** ; certains archéologues suggèrent que les rainures régulières observées le long des caniveaux de rues, par exemple à Pompéi, pourraient constituer l'ébauche de rails, destinés à empêcher les chariots de dévier, à permettre une traction plus uniforme, donc une moindre dépense d'énergie animale et, partant, à assurer une plus grande vitesse. Toujours est-il que les premiers rails apparaissent avec certitude dans la première moitié du XVIe siècle ; ils sont destinés à diminuer la **résistance au roulement** de véhicules à traction animale, chargés principalement de charbon, depuis les galeries de mines jusqu'aux points de distribution, voire d'utilisation ; ils apparaissent à peu près simultanément en France, en Allemagne et en Angleterre, et sont en chêne ou en sapin, montés sur traverses également en bois. L'extension du trafic, due à celle de l'utilisation du charbon, entraîne une usure accélérée des rails en bois, sur les surfaces de frottement desquels on fixe des bandes de fer. C'est en 1738, en Angleterre, que sont réalisés les premiers **rails en fonte**. L'idée en est attribuée à Abraham Barby, qui avait imaginé de fondre les minerais au coke et qui abaissa donc le prix de revient de la fonte. En 1768, afin d'assurer plus de stabilité aux wagons, l'Anglais William Reynolds imagina de les doter de rebords. La forme des rails changea plusieurs fois depuis les rails plats de 1800 jusqu'aux rails à double champignon actuels, en passant par les rails en U renversé de la première ligne Bordeaux-Sète.

Des années 1850 aux années 1920, les écartements des rails varièrent considérablement d'un pays à l'autre, pour des raisons militaires et économiques, interdisant la continuité de nombreux réseaux ferrés nationaux ; l'écartement était en Grande-Bretagne de 2,139 m, en France de 1,439 m, en Espagne de 1,674 m et en Russie de 1,520 m.

Roue

An., Ur, 3500 av. J.-C.

La plus ancienne représentation connue de la roue qui nous soit parvenue est celle d'une tablette d'argile d'Ur, en Mésopotamie, qui remonte à 3500 avant notre ère ; il s'agit d'une **roue pleine**, la première **roue à rayons** n'apparaissant qu'en Égypte, puis en Syrie, vers 2000 avant notre ère. Curieusement, la roue semble avoir été ignorée dans la plupart des civilisations précolombiennes.

Il peut sembler que l'utilisation de véhicules à roues connut une expansion continue tout au long de l'histoire ; il n'en est rien. Au contraire, ces véhicules tendirent à disparaître de nombreuses régions du monde, du fait de la concurrence efficace du transport animal et notamment, dans le Proche et l'Extrême-Orient, du **transport par chameau**. A l'avènement de la dynastie sassanide, en Perse, par exemple, au IIIe siècle, les véhicules à roues avaient disparu à peu près complètement et, dès l'an 30 avant J.C., en Égypte, le chameau leur fit une concurrence de plus en plus grande. Des expériences modernes ont démontré que cette régression n'est pas illogique : sur les chemins, le plus souvent inégaux, de nombreuses régions, le transport par chameau était plus rapide et plus rentable. A l'époque de la conquête musulmane, les véhicules à roues avaient presque complètement disparu du Proche-Orient et ils ne réapparurent, en Syrie et en Égypte, par exemple, qu'au XIXe siècle, avec le rétablissement des routes.

Scaphandre

An., Grèce, IIIe siècle av.J.-C. ; Kyeser, vers 1400 ; Borelli, 1679 ; Lethbridge, 1715 ; Klingert, 1797 ; Siebe, 1819 et 1830.

L'invention du scaphandre semble relativement ancienne, car Aristote mentionne déjà au IIIe siècle avant J.-C. des appareils qui permettaient aux plongeurs de rester longtemps sous l'eau tout en respirant normalement ; le philosophe décrit des récipients métalliques qui semblent avoir été des casques de scaphandres primitifs, percés de deux trous où étaient insérées des lentilles de verre et qu'il suffisait de tenir renversés, ajustés sur les épaules, pour empêcher l'air d'y pénétrer ; mais pour permettre à des plongeurs de rester « longtemps » sous l'eau, donc de respirer, il fallait qu'ils fussent approvisionnés en air frais de la surface, ce qui n'eût pu se faire qu'en gardant à la bouche un tube affleurant à la surface ou en pompant cet air par l'entremise d'un tube. Le caoutchouc n'existant pas alors, on peut imaginer que ce tube, forcément souple, était en toile imperméabilisée au bitume, par exemple, ou en cuir, ce que ne dit pas Aristote.

Il semble par ailleurs raisonnablement certain qu'Alexandre le Grand descendit lui-même sous l'eau dans un appareil appelé **colimpha**, sur lequel on ne peut avancer que des conjectures. La plus pausible est qu'il s'agissait d'une grande **cloche à plongeur**, très lointain ancêtre des **bathyscaphes**, munie à son sommet d'une ouverture vitrée, puisqu'il est précisé que la colimpha permettait l'accès de la lumière ; cette cloche était descendue verticalement, afin d'y conserver de l'air captif. Toujours est-il que ni le scaphandre décrit par Aristote, ni la cloche utilisée par Alexandre ne pouvaient permettre de descendre à beaucoup plus de 3 m, ne fût-ce qu'en raison des pressions exercées déjà à pareilles profondeurs et qui eussent requis, pour le scaphandre d'Aristote, des pompes d'une puissance qui ne semble pas avoir été disponible à l'époque. De plus, la poussée verticale exercée sur la bulle d'air aurait empêché les **plongeurs autonomes** de descendre, sauf s'ils s'étaient lestés. Les mêmes réserves s'appliquent à un dessin de l'auteur latin Végèce, du IVe siècle, qui représente aussi des plongeurs équipés d'un casque et respirant par l'entremise d'un tube de cuir attaché à une vessie en surface, servant évidemment de flotteur. Ce dessin n'est plausible, là aussi, qu'à la condition que le plongeur eût le tube en bouche, le scaphandre ne lui permettant que de garder les yeux secs, sans quoi, comme pour le scaphandre d'Aristote, la loi des vases communicants aurait fait que le scaphandre et le tube se seraient remplis d'eau.

■ Ce genre de scaphandres semble avoir survécu jusqu'au Moyen Âge, le philosophe anglais Roger Bacon rapportant, en effet, en 1240, qu'il existe des « instruments par lesquels des hommes peuvent marcher sur le lit des mers ou des rivières sans danger pour eux-mêmes ». Vers 1400, l'Allemand Konrad Kyeser, qui cite d'ailleurs Végèce, représente dans un dessin deux types de scaphandres sur des plongeurs se faisant face : l'un, qu'il a apparemment emprunté tel quel à Végèce, consiste en un capuchon fait d'un matériau inconnu et permet de respirer à l'aide d'un tube fixé à une vessie en surface ; l'autre, beaucoup plus original, est couvert d'un grand casque avec deux ouvertures vitrées et ajusté à une **casaque close fixée à la ceinture**. Cette tenue, qui annonce les scaphandres modernes, est étonnante, parce que c'est la première représentation connue d'une combinaison de scaphandrier ; son utilité ne peut avoir consisté qu'à isoler le corps du plongeur d'une eau trop froide. Mais l'alimentation en air est limitée par la puissance alors disponible des pompes, à supposer, il faut le préciser, que l'alimentation par pompes à air ait bien été en usage.

■ Le pas majeur suivant dans l'évolution des scaphandres semble avoir été franchi en 1679 par l'Italien G.A.Borelli, qui décrit pour la première fois un scaphandre équipé d'une réserve d'air dans une **bouteille** de cuir, portée sur le dos, et d'un **piston** pour ajuster sa **gravité spécifique**. L'invention témoigne d'un véritable génie intuitif ; on ne peut toutefois qu'être sceptique sur sa fiabilité.

■ Il convient de rendre hommage au génie commercial de l'Anglais John Lethbridge qui, en 1715, reprit à son compte, à peu près telle quelle, l'idée de la combinaison de Kyeser ; elle lui valut de faire fortune. Mais elle n'enrichissait guère la technique du scaphandre, non plus d'ailleurs que l'invention de l'Allemand K.H.Klingert, qui, en 1797, combina le scaphandre de Lethbridge et le **réservoir d'air dorsal** de Borelli.

■ Le scaphandre n'accéda à l'âge moderne qu'avec la tenue imaginée par l'Allemand Augustus Siebe en 1819 : un **casque métallique** ajusté à une **combinaison de cuir**, et surtout alimenté en air par une **pompe à pression**. L'air injecté maintenait le niveau de l'eau au-dessous du menton du plongeur, à la condition que celui-ci restât à peu près vertical. Telle quelle, cette tenue permit enfin de travailler sous l'eau. Elle fut améliorée par Siebe lui-même en 1830 : la combinaison de scaphandrier était cette fois complète et étanche et le casque était doté d'une ouverture pour l'**échappement de l'air**. Cette invention rendit des services incalculables pour la construction et la réfection de travaux maritimes et d'ouvrages d'art, et Siebe ne cessa de la perfectionner jusqu'à sa mort en 1872. Le scaphandre Siebe put être utilisé sur une grande échelle et jusqu'à des profondeurs de l'ordre d'une centaine de mètres grâce au système de pompe inventé par les Français Rouquayrol et Denayrouze en 1864.

■ Ce n'est que dans la seconde moitié du XIXe siècle, notamment grâce aux travaux du Français Paul Bert, exposés dans son précis *La Pression barométrique* en 1878, que l'on comprit que la plongée avec alimentation en air simple au-dessous de 5 m présentait des dangers qui augmentaient avec la profondeur. Or, les plongeurs qui descendaient alors bien plus bas souffraient à leur remontée de troubles nerveux, parfois de désordres mortels, causés d'abord par l'injection forcée de **gaz carbonique** dans les tissus sous l'effet de la pression, puis, à la décompression, par la formation de bulles d'**azote** dans les tissus. Il fallut attendre le début du XXe siècle pour que l'on comprît la nécessité d'une décompression par paliers, puis celle de **mélanges gazeux spécifiques** de la plongée.

Véhicules motorisés

Cugnot, 1765-1770.

Le premier de tous les véhicules mus par énergie mécanique et qui ait fonctionné est, de l'avis des experts internationaux, le **fardier** du Lorrain Nicolas Joseph Cugnot, tricycle à vapeur qui, en 1769, roula pendant 20 mn environ, à la vitesse de 3,6 km/h. L'appareil était en fait un châssis ou fardier d'artillerie où Cugnot avait placé, au poste du cheval, une roue motrice actionnée par une **chaudière à vapeur** en porte-à-faux. Ce véhicule, dont il existe une seconde version incomplète au musée des Arts et Métiers, à Paris, était fort peu pratique, puisqu'il lui fallait s'arrêter toutes les vingt minutes pendant vingt autres, pour permettre à la vapeur d'atteindre une pression efficace — Cugnot n'ayant pas établi de paramètres adéquats d'énergie. Abandonné par suite de la disgrâce de Choiseul, le ministre qui le finança, ce projet fut cependant repris dans les années suivantes et, en 1790, un **omnibus à vapeur** fut construit à Amiens et fonctionna de manière beaucoup plus satisfaisante. En 1800, il existait à Paris des lignes d'omnibus à vapeur. Entre 1790 et 1800, les Américains Nathan Read, de Salem, et Apollo Kingsley, de Hartford, construisirent aussi plusieurs omnibus à vapeur.

■ Il convient toutefois de réserver une mention à l'Allemand Otto von Guericke, qui aurait construit au XVIIe siècle un véhicule à vapeur d'un degré de technicité étonnant, puisqu'il comportait des **cylindres à pistons** et des **bielles**, mais sur lequel il est impossible d'émettre un jugement, car il n'a pas été conservé.

L'un des ancêtres les plus singuliers de la locomotion mécanique fut à coup sûr l'attelage sans chevaux dont le mécanicien Vaucanson, spécialiste des automates, fit la démonstration à Paris en 1748 : les roues motrices en étaient actionnées par un jeu de **ressorts** et des systèmes de démultiplication par **roues dentées**. Toutefois, ce véhicule se remontait d'abord à la force des bras et n'allait évidemment pas très loin...

vie quotidienne, arts ménagers & loisirs

Si le vêtement avait changé, souvent d'ailleurs dans le sens de la complication, depuis l'Antiquité jusqu'à la fin du XIXe siècle, bien peu d'aspects de la vie quotidienne avaient été améliorés. Dans le domaine de l'hygiène, par exemple, alors que la plupart des maisons romaines jouissaient de l'eau courante, à Paris, au XIXe siècle, comme dans la plupart des grandes villes européennes, l'eau courante était une rareté. L'hygiène européenne était détestable comparée, par exemple, à celle des citoyens de l'Empire romain. Et quand, enfin, on installa le tout-à-l'égout, ce fut un tollé ! Atteinte à la vie privée ! clamèrent des gens qui se croyaient bien pensants.

Avoir du feu tenait de la prouesse dans le Paris impérial et, quand on inventa des allumettes, elles étaient réellement dangereuses et leur puanteur offensait la décence. Le seul progrès notable dont bénéficiât la vie quotidienne en Europe et en Amérique au début du siècle fut l'éclairage urbain, d'abord au gaz, puis aux lampes à arc. Mais celui qui chassa vraiment et définitivement les ténèbres des maisons et des villes fut l'inventeur, ô combien laborieux, de l'ampoule électrique, l'Américain Thomas Alva Edison.

Il fallut attendre la période qui suivit la Grande Guerre, au XXe siècle, pour qu'enfin dans les habitations des villes occidentales il y eût au moins la salubrité et le confort des maisons romaines d'il y a vingt siècles.

Car, on l'oublie volontiers, les Romains, qui savaient construire des maisons à plusieurs étages, avaient inventé, par exemple, l'ascenseur et l'air conditionné. Les serrures du temps de Cicéron n'étaient crochetables que par des malandrins experts et, confort patricien jusqu'à la fin du XIXe siècle, le chauffage central par canalisations d'air chaud permit aussi aux Romains de ne pas prendre froid chez eux quand la température baissait...

Allumettes

Boyle, 1680 ; an., France, 1780 ; Cagniard de Latour, 1810 ; Derosne, 1816 ; Dobereiner, 1823 ; Walker, 1827 ; Sauria, 1831 ; Schrotte, 1845 ; Lundstrom, 1855 ; Pusey, 1892 ; Cahen et Savène, 1898...

L'histoire des allumettes est singulièrement longue pour une invention qui semble simple, puisqu'elle dura près de deux siècles. Comme bien d'autres, elle prit sa source dans des recherches alchimiques ; c'étaient celles que menait l'Allemand Hennig Brand sur un liquide pâteux mystérieux, dont il espérait que l'ébullition le transformerait en or. Brand venait de découvrir le **phosphore.** Le premier « père » des allumettes fut indéniablement l'Anglais Robert Boyle, qui découvrit en 1680 que du gros papier enduit de phosphore enflammait des brindilles de bois enduites de soufre que l'on frottait dessus. Il songea à faire ainsi des allumettes, invention qui aurait dû être fort bien accueillie, car jusqu'alors on ne disposait de feu dans une maison que si l'on entretenait des braises en permanence, pour y enflammer des baguettes. Mais le phosphore coûtait très cher et l'idée n'aboutit pas. On ne sait qui, en France, en 1780, la ranima sous une forme aussi compliquée qu'inattendue. Cette année-là, en effet, on vit apparaître à Paris des **« chandelles phosphoriques »,** tubes de verre scellés à l'intérieur desquels se trouvait un support de gros papier trempé dans de la cire et dont le bout était enduit de phosphore. Le phosphore pur s'enflammant immédiatement au contact de l'air, il suffisait de briser le sommet du tube, en forme d'ampoule, pour obtenir une flamme (ce deuxième véritable précurseur des allumettes s'appelait aussi une **« allume éthérée »).**

■ Une invention dérivée apparut en Italie en 1785, sous le nom de **luminaire de poche :** c'était un flacon rempli de phosphore partiellement oxydé, dans lequel on trempait vivement des baguettes de bois enduites de soufre à leur extrémité, ce qui ne faisait en somme que rééditer l'invention de Boyle. Ce fut l'idée que reprit et modifia à peine le Français Jérôme Cagniard de Latour en 1810, et qu'inversa le Français François Derosne en 1816, enduisant les baguettes de phosphore partiellement oxydé, que l'on frottait contre un tube enduit de soufre. Toutes ces inventions suscitèrent de nombreuses variantes et connurent un certain succès ; on vendait par exemple aux États-Unis, pour la somme alors élevée de deux dollars, des flacons contenant cinquante baguettes enduites à une extrémité de chlorate de potassium, de sucre et de gomme arabique, que l'on enflammait en les plongeant dans de l'acide sulfurique ! Encore plus déconcertante était l'**allumette résineuse** que l'on enflammait en dirigeant sur elle un jet d'hydrogène ! Mais la palme revient incontestablement à une autre **« allumette portable »,** ces inventions étant, en effet, censées être portatives : l'hydrogène y était engendré par l'action d'acide sulfurique dilué sur du zinc ; ce gaz était alors dirigé sur une éponge de platine au contact de l'air. Il va sans dire que ces objets étaient volumineux, de la taille d'une statuette — ils représentaient de fait un personnage ou un animal — et qu'on ne les jetait pas après usage. Le dernier décrit était l'œuvre du célèbre chimiste allemand Johann Dobereiner, et date de 1823. Mais ces involontaires excentricités techniques se multiplièrent jusqu'à ce que l'on eût trouvé, enfin, une allumette s'enflammant par simple friction, et même bien au-delà, et elles étaient parfois dangereuses. Ainsi en fut-il de l'invraisemblable **« allumette prométhéenne »,** qui consistait en une ampoule remplie d'acide sulfurique et enduite extérieurement de chlorate de potassium, de sucre et de gomme arabique, le tout enveloppé dans du papier. Il fallait briser l'ampoule avec les dents pour que le papier s'enflammât. On conçoit que plus d'une moustache fut roussie. La liste de ces inventions surprenantes, revolvers à capsules inflammables, cigares auto-allumants, fusées « prussiennes », serait trop longue à dresser ici ; les exemples cités témoignent des efforts d'ingéniosité qui furent déployés pendant des décennies pour trouver enfin des allumettes pratiques.

■ La bonne voie apparut en 1827, quand un droguiste anglais, John Walker, réalisa pour le compte d'un client unique, dont on ne sait s'il n'aurait pas été en réalité le véritable inventeur, « 100 frottables sulfurés hyperoxygénés ». On en connaît la composition : c'étaient des baguettes de près d'un mètre de long, dont le bout était enduit de sulfure d'antimoine, de chlorate de potassium, de gomme arabique et d'amidon, que l'on enflammait en les tirant vivement entre deux feuilles de papier de verre. Ce n'étaient certes pas encore les allumettes telles que nous les connaissons aujourd'hui, non seulement en raison de leur dimension, mais aussi des conditions dans lesquelles elles s'enflammaient : elles déclenchaient une succession d'explosions et dégageaient une odeur pestilentielle. A telle enseigne qu'un autre fabricant, qui reprit l'idée de Walker plusieurs années après, conseilla aux utilisateurs qui avaient les poumons fragiles de s'abstenir d'utiliser ces allumettes au nom tout aussi évocateur que les allumettes éthérées et prométhéennes qui les avaient précédées : celles-ci s'appelaient simplement des **lucifers !** Mais enfin, on disposait pour la première fois d'allumettes réellement portatives.

En remplaçant, en 1831, le sulfure d'antimoine par du phosphore, qu'il était devenu plus facile de se procurer, le Français Charles Sauria fit faire un grand progrès aux allumettes : la combustion était beaucoup plus régulière, quoiqu'assez vive et non dénuée entièrement de danger, et l'odeur était moins offensante. Sauria hélas ! ne déposa pas de brevet, et son invention lui fut dérobée par l'Américain Alonzo Dwight Philips, qui en déposa, lui, le brevet pour les États-Unis en 1836.

■ Le danger présenté dans les allumettes de type Sauria résidait dans les vapeurs de phosphore que les utilisateurs respiraient et qui pouvaient pénétrer dans l'organisme... par des dents cariées. Ces vapeurs provoquaient une nécrose de la mâchoire et leur fabrication tua, pense-t-on, des milliers d'ouvriers qui travaillèrent à leur fabrication, sans compter les enfants qui périrent parce qu'il avaient pris les allumettes en question pour des sucres d'orge. Alors que l'invention semblait au point, elle subit un refus catégorique dans l'opinion publique. Outre ses risques organiques, elle présentait, en effet, un danger supplémentaire : les allumettes au phosphore blanc tendaient à s'enflammer spontanément. En 1845, l'Allemand Anton von Schrötter découvrit le **phosphore amorphe** et, en 1855, le Suédois J.E. Lundstrom appliqua sa découverte à la fabrication des premières **allumettes « de sûreté »,** qui ne pouvaient s'enflammer que si on les frottait sur une bande également enduite de phosphore amorphe sur un côté de la boîte. En 1892, l'avocat américain Joshua Pusey inventa l'allumette en carton, qu'il commença à manufacturer à partir de 1892, sous la forme qui a subsisté jusqu'à aujourd'hui, par pochettes de vingt unités. Le succès fut lent à venir, car l'on continuait à soupçonner le phosphore rouge d'être nocif. Ce n'est qu'en 1898 que les Français E.D. Cahen et H. Savène, substituant le **sesquisulfure de phosphore,** non toxique, au phosphore, rendirent enfin les allumettes réellement inoffensives ; celles-ci allaient connaître l'essor économique qui dure encore.

Il est intéressant de noter que les allumettes modernes, dites de sûreté, ne comportent pas de sesquisulfure de phosphore, mais du sulfure d'antimoine, comme les allumettes de Walker, du chlorate de potassium en tant qu'agent oxydant, et du soufre ou du charbon. Les machines de production, mises au point en 1854, d'abord par l'Américain Samuel Gates Jr., et perfectionnées en 1864 par le Suédois A. Lagerman pour la fabrication continue, n'ont pas fondamentalement changé depuis lors.

La difficulté, souvent considérable, de se procurer du feu fit que, depuis les origines de l'humanité jusqu'à la commercialisation d'allumettes vraiment inoffensives, qui n'advint que deux ans avant la fin du XIXe siècle, la nécessité de conserver en permanence un foyer dans les maisons revêtit un caractère qui fut d'abord sacré, puis moral.

Ascenseur

Vitruve, Ier siècle ; Otis, 1851 ; Édoux, 1867 ; Siemens et Halske, 1887.

Le principe d'une plate-forme élevée dans une cage verticale, pour le transport d'hommes ou de matériaux pesants, a été décrit pour la première fois par l'architecte romain Vitruve. L'élévation se faisait à l'aide d'un **contrepoids** dont une **poulie à manivelle** commandait l'ascension ou la descension de l'extérieur de la plate-forme. Il semble vraisemblable que des ascenseurs de ce type aient desservi les habitations romaines à plusieurs étages, où ils étaient actionnés par des esclaves. On retrouve des appareils de ce type, rebaptisés « chaises volantes », au XVIIe siècle à la cour de Savoie, à Chantilly, à Paris, et l'on sait que Louis XV en fit installer un à Versailles, pour se rendre aux appartements des Dauphines. La **chaise volante** conçue par Villayer permettait toutefois de commander soi-même la manivelle de la poulie.

■ On ne connaît pas le nom de l'Anglais qui, en 1800, imagina d'actionner les ascenseurs par un **moteur à vapeur** ; ce moteur, installé sur le toit, commandait l'enroulement du câble (en fait une forte corde de chanvre) sur un tambour. En 1851, l'Américain Elisha Graves Otis inventa un **système de sécurité** qui éliminait le flottement du câble en l'enserrant dans un rail et le bloquait par un système de griffes. Le premier ascenseur pour passagers fut installé en 1857 à New York aux magasins Haughout. En 1867, le Français Léon François Édoux inventa à la fois le mot « ascenseur » et l'**ascenseur hydraulique à colonne**, qu'il présenta à l'Exposition universelle de cette année-là. L'appareil fonctionnait par injection d'eau sous forte pression dans un puits vertical où la colonne montait et descendait comme un piston dans un cyclindre ; l'injection d'eau était assurée par un moteur à vapeur. Quand l'eau était injectée, la colonne montait ; quand elle était évacuée, la colonne descendait. Édoux construisit en 1889, pour la tour Eiffel, un ascenseur de 160 m de course. Ces ascenseurs étaient vingt fois plus rapides que leurs prédécesseurs à traction. En 1887, l'énergie électrique fut appliquée pour la première fois à la traction des ascenseurs par la firme Siemens & Halske, pour l'exposition industrielle de Mannheim de cette année-là. L'énergie électrique y était directement appliquée à la rotation d'un tambour (souterrain) sur lequel s'enroulait le câble actionnant l'ascenseur. L'usage de l'électricité permit d'introduire en 1894 la **commande par boutons**. L'année suivante, un ingénieur anglais imagina d'appliquer l'énergie électrique sur la poulie commandant le câble, entre l'ascenseur et son contrepoids.

Assurances

An., Babylone, 4000 av. J.-C. ; an., Inde, 600 av. J.-C. ; an., Grèce, 300 av. J.-C. ; an., Italie, XVe siècle ; an., Angleterre, après 1666 ; Franklin, 1752 ; Lloyd'd, 1779.

La pratique des assurances dérive de celle de l'**emprunt à la grosse**, qui est extrêmement ancienne, puisqu'on en retrouve des traces à Babylone, quatre mille ans avant notre ère. Elle consistait à se faire prêter des fonds sur une opération commerciale, fonds qui étaient déposés chez un tiers faisant fonction de banquier. La bonne marche de l'affaire et, en second recours, la bonne foi de l'opérateur étaient ainsi garanties par ces fonds dont l'opérateur était redevable, totalement ou partiellement. L'assurance commença donc par être une **garantie**. La pratique se retrouve en Inde, six cents ans avant notre ère, mais ces indications ne sont citées ici qu'à titre de repères, car ce type d'assurance fut pratiqué dans bien d'autres pays, dont la Chine et l'Égypte, ainsi qu'à Rome évidemment.

■ L'expression d'« emprunt à la grosse » est née au XVe siècle du fait que le principe même du **dépôt de garantie** était écrit en grosses lettres sur le contrat, les conditions de **rémunération** du prêteur, ainsi que les **clauses de risque** étant écrites, elles, en plus petits caractères. C'est dans le **domaine maritime** que l'emprunt à la grosse connut, au XVe siècle, sa plus grande expansion. Il était étroitement lié à l'**affrètement** et à l'**armement**.

■ Ce type de garantie évolua vers l'assurance de conception moderne après le grand incendie de Londres en 1666 ; c'est en effet après cette catastrophe que l'on vit apparaître l'**assurance contre l'incendie** et les premières compagnies spécifiques d'assurances. Le principe s'en était spécifiquement modifié aussi : le loyer annuel de la garantie, proportionnelle à la valeur de la maison assurée, était indéfiniment renouvelable, et le dépôt n'était plus fait chez un tiers, mais garanti par une banque. Dès 1711 apparurent deux grandes compagnies d'assurances au sens moderne, la London Insurance Corporation et la Royal Exchange Insurance Corporation, qui étendirent leurs compétences à d'autres biens matériels que des maisons. En 1752, Benjamin Franklin fondait la première compagnie américaine d'assurances, la Philadelphia Contributionship, et en 1759 était fondée, toujours aux États-Unis, la première compagnie d'**assurances sur la vie**, le Presbyterian Ministers' Fund.

■ Entre-temps, les assurances avaient évolué sous l'influence d'un cafetier de Londres, Edward Lloyd, dont l'établissement de Tower Street servait de rendez-vous aux gens du métier, depuis 1688. Lloyd, qui mourut en 1713, ne fonda jamais de compagnie d'assurances, contrairement à ce que l'on pourrait supposer. Paradoxalement, il conserva son café et se contenta de publier un bulletin de nouvelles légales et maritimes, le *Lloyd's News*, qui devint par la suite la *Lloyd's List*, donnant les dates des arrivées et départs de bateaux ainsi que des informations maritimes et professionnelles. Le café lui survécut en tant que lieu de rencontre des gens de la profession et, en 1774, s'installa dans les locaux du Royal Exchange, demeurant une sorte de société d'**accord tacite** et de **consentement mutuel**, sans statuts, selon un mode typiquement britannique. Son influence fut cependant considérable, puisque le Lloyd's servait de conseiller à l'Amirauté. En 1779, et quoique toujours sans statuts légaux, le Lloyd's introduisit le **contrat imprimé**. La compagnie ne prit son statut légal actuel qu'en 1871, afin d'exercer un contrôle unifié sur ses membres. Le Lloyd's fut également la première compagnie à pratiquer la **réassurance**, c'est-à-dire à garantir des contrats d'autres compagnies.

Les débuts des assurances modernes furent par moments houleux, notamment après l'ère d'euphorie, ou *Bubble Era*, qui s'instaura en Angleterre en 1711, et où sévirent des escrocs à l'assurance, et après l'incendie de Chicago en 1871, ainsi que le tremblement de terre et l'incendie de San Francisco, en 1906, où de nombreuses compagnies firent faillite. Quatre-vingt-une compagnies firent faillite aux États-Unis entre 1870 et 1877.

Billet de banque

An., Chine, VIIIe-IXe siècle.

Le **billet à ordre nominatif** pour paiements à distance est une coutume très ancienne, difficile à dater, mais dont on trouve en tout cas trace dans la Rome impériale. C'est vers la fin du VIIIe siècle ou tout au début du IXe qu'apparut en Chine le **billet à ordre non nominatif**, équivalent du **« bon de caisse »** actuel. Il fut « nationalisé » en 812 et utilisé pour le paiement des impôts. Au Xe siècle, dans la province du Sichuan, on ne comptait pas moins de seize « banques » privées autorisées à émettre de tels billets. Mais le système fut à nouveau nationalisé en 1023 et remplaça ces banques par une banque centrale qui fut la première à émettre

des billets de dénominations diverses. Les premiers billets de banque n'étaient valides que pour trois ans.
Les faussaires furent prompts à fabriquer de faux billets de banque. On ignore à quand remonte le premier faux billet saisi, mais il s'est avéré que dans la seule année 1697, trois cents personnes furent pendues dans la seule ville de Londres pour délit de contrefaçon, qui était alors puni de mort.

Les premiers billets de banque en couleurs (six couleurs) sont apparus en Chine en 1107. Ce n'est qu'en 1661 qu'une banque européenne adopta la coutume chinoise ; ce fut la Riksbank de Stockholm.

En 1126, l'émission imprudente de 70 millions de billets de banque non couverts par une garantie en or causèrent une inflation catastrophique en Chine.

Cartes à jouer

An., Chine, IXe siècle.

Apparues en Europe dans le dernier quart du XIVe siècle, les cartes à jouer furent inventées en Chine au IXe siècle. Le premier traité de jeu de cartes fut écrit par une femme.

Chauffage central à l'eau

Cruges et Price, 1829 ; Perkins, vers 1830.

Le développement du sens du **confort**, qui alla de pair avec l'élévation du niveau de vie après la Révolution industrielle, et la multiplication des **immeubles de rapport** à plusieurs étages, elle aussi consécutive à la Révolution industrielle, ainsi qu'à l'**urbanisation** qui s'ensuivit, suscitèrent très rapidement de nouvelles exigences en matière de **climatisation**, et notamment de **chauffage central**. Ni les **cheminées**, qui avaient pourtant été perfectionnées dès la fin du XVIIIe siècle du point de vue du **tirage**, ni les **poêles**, fixes ou portatifs, ne suffisaient plus au confort nouveau. L'utilisation du **charbon de terre**, qui se répandait depuis la fin du XVIIIe siècle, et la maîtrise de la construction des **chaudières** amenèrent tout naturellement dès 1810 le chauffage des locaux à la **vapeur**. Il s'agissait là d'une adaptation (et non d'une invention) dont la mise en œuvre était relativement simple, puisqu'il suffisait d'adapter les dimensions du foyer et de la chaudière aux réseaux de tuyauteries qui convoyaient la vapeur, et qui étaient évidemment installés en circuits fermés, le retour se faisant vers la chaudière.

■ La première invention dans le domaine du chauffage consista à remplacer la vapeur par la **circulation d'eau chaude**. Paraxodalement, cette invention fut de loin antérieure à la prise des brevets qui la protégeaient et que déposèrent en 1829 les frères Henry Cruges, anglais, et leur compatriote Charles Fox Price, puisque les premiers locaux chauffés à l'eau chaude le furent en France en 1777, et qu'ils le restèrent jusqu'en 1845. La circulation d'eau s'effectuait à la **pression atmosphérique**. Vers 1840, Le Français Léon Duvoir imagina de revenir à la vapeur, mais de l'injecter cette fois sous pression, et ce fut sous une pression de cinq atmosphères qu'il diffusa la vapeur dans les circuits tubulaires qui, pour la première fois, chauffèrent à Paris la Chambre des pairs. Il réalisait ainsi une économie sensible de chaleur, qu'accrut encore l'Anglais Jacob Perkins en montant à 15 et 20 atmosphères.
C'est Perkins qui, vers 1830, inventa les **radiateurs** modernes de chauffage central, en fait des serpentins, qui furent d'abord disposés horizontalement.

Le déblaiement des décombres des maisons de Londres, après les bombardements de la Seconde Guerre mondiale, révéla des vestiges de demeures romaines remontant à l'occupation de la Grande-Bretagne, au Ier siècle avant J.-C., et, du coup, apprit aux archéologues que les Romains aussi utilisaient le chauffage central. Celui-ci était réalisé par l'installation de foyers souterrains, qui chauffaient des plaques de brique incorporées dans les murs ; celles-ci chauffaient donc par radiation. Ce système demeura longtemps en usage et ne fut modifié qu'au début du Moyen Âge, lors de la construction de places fortes, puis de châteaux forts, qui se prêtaient mal à son adoption. On utilisa alors des foyers ouverts. Les premières cheminées à foyers ne datent que du XIVe siècle.

Cigare et cigarette

An., Amérique précolombienne, époque indéterminée ; an., Espagne, après 1518.

Il semble que le plant de tabac, sa culture et sa consommation soient exclusivement américains. On ignore à quel moment culture et consommation commencèrent dans l'Amérique précolombienne, mais on suppose, avec quelques bonnes raisons, que le mot « cigare », dont « cigarette » est le diminutif, dérive du maya **« sik'ar »** ; ce dernier mot désignait des feuilles de tabac roulées dans des fanes de maïs.

Ce sont en effet les Indiens précolombiens qui ont inventé le traitement et la fermentation des feuilles de tabac, destinés à les rendre moins âcres. L'industrie du tabac fut transplantée par les conquistadores espagnols à Haïti, puis en Europe en 1530, mais, dès 1518, de petits cigares, dits **« cigaritos »**, furent exportés par les Espagnols en Europe.

Les destins du cigare et de la cigarette différèrent beaucoup ; c'est ainsi que le cigare connut un succès considérable en Amérique, où il fut fabriqué en série dès 1785, alors que la cigarette n'apparut dans le Nouveau Monde qu'en 1860. Inversement, la cigarette connut immédiatement un grand succès sur l'Ancien Continent, d'où elle gagna la Turquie et la Chine.

■ Cigares et cigarettes furent d'abord roulés à la main. Les **machines à rouler les cigares** n'apparurent qu'en 1919 aux États-Unis, alors que la première **machine à rouler les cigarettes** fut brevetée dès 1880 par l'Américain James Bonsack.

Jusqu'en 1920, la consommation mondiale de cigares était égale à celle de cigarettes ; depuis 1950, elle est quatre fois moindre.

Conditionnement de l'air

An., Grèce, vers 350 av.J.-C.

La modification de la température interne des édifices comporte deux aspects, le **chauffage** et la **réfrigération**. Le chauffage par d'autres moyens qu'un **foyer ouvert** a été, sinon inventé, du moins pratiqué par les Lacédémoniens de Grèce vers 350 avant J.-C. Il consistait à diriger l'air chauffé par un **foyer souterrain** dans des canalisations de terre cuite sous le sol. Le système fut perfectionné par les Romains, qui conçurent de véritables réseaux de chauffage qui se prolongeaient dans les murs des habitations, jusqu'aux étages supérieurs. Tombé en désuétude au Moyen Âge, ce mode de chauffage ne semble avoir été repris qu'au Groenland, alors colonie de la couronne norvégienne, au XIIIe siècle ; les villes du Groenland furent ainsi chauffées, au temps de leur prospérité, par des sources d'eau chaude — qui permirent même la culture d'orangers en serre. Dans le reste du monde, le chauffage central à la romaine avait été oublié ; il ne fut réinventé qu'en Europe, à la fin du XVIIIe siècle.

■ La réfrigération semble avoir été pratiquée pour la première fois vers 1500 au château de la marquise Isabelle d'Este, sur un principe de Léonard de Vinci : une **roue à aube** plongeant dans un bassin d'eau couvert alimentait en air frais un **soufflet** de grandes dimensions qui injectait cet air dans les appartements de la marquise ; il ne semble pas qu'il ait été imité.

Le premier système breveté de réfrigération de l'air fut inventé en 1831 par l'Anglais Jacob Perkins et le premier édifice où il fut appliqué, en 1837, fut en fait aussi le premier au monde à être réfrigéré : ce fut le Parlement de Londres. Le principe était le suivant : des foyers installés sous les combles créaient un appel d'air dans des canalisations qui prenaient l'air frais par des bouches souterraines situées au-dessus de la Tamise. L'air frais était distribué dans le bâtiment par des canalisations secondaires.

Le système de réfrigération breveté par Perkins était connu et pratiqué depuis des siècles dans les mines souterraines, à l'ouverture desquelles on entretenait des brasiers pour créer des appels d'air et évacuer ainsi l'air chaud. Mention doit être également faite du système très ancien pratiqué en Inde, et qui consistait à mouiller des nattes que l'on pendait aux fenêtres.

Eau de Cologne

An., Montpellier, XIVe siècle.

La première mention connue d'une eau de senteur non huileuse est celle de l'**eau d'Ange**, spécialité de Montpellier à partir du XIXe siècle. Elle était employée pour la toilette. Dès lors, plusieurs autres eaux firent florès, rompant avec la tradition antique des parfums huileux. Le premier alcoolat de citron composé, connu sous le nom d'« eau de Cologne », fit son apparition officielle en France en 1855, présenté par un membre de la famille de parfumeurs Farina.

Eau potable (distribution d')

An., Mohenjo-Daro, IIIe millénaire av. J.-C. ; an., Chine, 500 av. J.-C. ; Simpson, 1829 ; an., apr. 1850.

L'approvisionnement des hommes en eau potable a revêtu deux aspects selon les époques : celui de l'**approvisionnement** lui-même jusqu'à la Révolution industrielle et, après le début du XXe siècle, à la fois celui de l'approvisionnement et de la **potabilité** de l'eau. Les premières inventions dans ce domaine sont très anciennes et anonymes : les civilisations de la vallée de l'Indus, et notamment celle de Mohenjo-Daro, avaient, dès le milieu du IIIe millénaire avant notre ère, imaginé de creuser des **puits** — sans doute les plus anciens que l'on connaisse — et d'en assurer l'**hygiène** en les garnissant de parois de briques cuites. Les Grecs, quelque deux millénaires plus tard, installèrent des réseaux de distribution d'eau en maçonnerie et en terre cuite, la première pour les **bassins de réserve**, la seconde pour les **conduits**. C'est là aussi une invention qui est à mettre au crédit du génie grec, même si ce sont les Romains qui en développèrent la technique. Également à citer au crédit des Grecs, l'invention du premier système connu de **distribution par pression atmosphérique**, retrouvé à Pergame et datant du IIe siècle avant J.-C. Un **aqueduc** convoyait l'eau d'une hauteur de 360 m environ à un réservoir de distribution à une hauteur de 120 m environ. De là, l'eau était acheminée par un réseau de canalisations en terre cuite — parfois vernissée à l'intérieur — vers des fontaines publiques, des citernes, des bains et des maisons privées. Dès 312 avant J.-C., les Romains qui avaient un grand goût de l'eau et des bains — ils consommaient quelque 200 l par personne et par jour, ce qui est à peu près l'équivalent de la consommation d'eau dans les civilisations industrielles contemporaines et qui resta sans exemple pendant des siècles —, avaient construit de grands aqueducs pour amener l'eau à Rome des sources de montagnes voisines. En 305, donc six siècles plus tard, la seule ville de Rome était desservie par quatorze aqueducs. Le reste de l'Empire bénéficiait aussi de pareils ouvrages d'art, dont les retombées s'étendirent d'ailleurs à l'ensemble du génie civil. La chute de l'Empire sonna le glas des travaux de ce genre. Outre maintes misères, le Moyen Âge souffrit aussi de problèmes d'approvisionnement en eau potable. Les gens se fournissaient en eau là où ils pouvaient, notamment dans les rivières, lesquelles servaient par ailleurs d'égouts. C'est là que se dessinèrent nettement les deux aspects critiques de l'alimentation des centres urbains en eau : la nécessité d'un approvisionnement suffisant et régulier et la potabilité de l'eau.

■ Ce fut le premier qui retenait l'attention avec le plus d'urgence, et ce n'est qu'en 1582 qu'on décida d'y pourvoir : ce fut l'année où le Hollandais Peter Morice installa à Londres la première **turbine hydraulique** pour alimenter la ville en eau de la Tamise. L'exemple fut fertile, car, au début du XVIIIe siècle, on construisit même un aqueduc à Mexico. La première ville depuis les Grecs qui se dota d'un système de distribution d'eau par canalisations fut encore Londres où, en 1619, une compagnie privée construisit un réseau d'alimentation en eau des maisons privées. En 1761, l'**avènement de la vapeur** permit d'amplifier ce réseau, non seulement à Londres, mais dans bien d'autres villes, grâce à l'énergie que l'on venait de maîtriser. Il convient toutefois de noter que c'est seulement en 1853 que Paris suivit l'exemple de Londres et se dota d'une compagnie de distribution, la Compagnie générale des eaux.

■ La conjonction de l'**expansion industrielle**, de l'**accroissement des populations urbaines** et de la consommation d'eau de rivière fit que les gens buvaient de l'eau polluée. On tarda beaucoup à y remédier, du fait que l'on n'avait pas encore découvert le **rôle des germes** et que les médecins qui prétendaient que les maladies se répandaient par la faute des « miasmes » s'opposaient, et souvent avec force, à ceux qui soutenaient qu'elles étaient transmises par des agents physiques contagieux. D'où le mérite de l'Anglais James Simpson qui, en 1829, installa à Londres le premier système connu d'**épuration de l'eau** ; Simpson utilisa et réinventa pour l'occasion la méthode de **filtration lente sur bacs de sable**. Il ne visait qu'à fournir une eau relativement limpide, mais, en 1854, son compatriote John Snow prouva que l'épidémie de choléra qui ravageait la capitale avait comme point de départ un puits contaminé. L'année suivante, la ville de Londres, qui était la plus avancée du monde en matière d'hygiène à l'époque, imposa le filtrage préalable de toutes les eaux de rivière. Après la démonstration formelle par Pasteur de la **responsabilité des microbes dans les maladies**, on rechercha des méthodes actives de stérilisation de l'eau, **chloration, nitrification-dénitrification, ozonisation, filtration par charbon actif**. Ce fut la chloration qui emporta les faveurs, en raison de sa simplicité. Découverte en 1783 par le Hollandais Martinus Van Marum, l'ozonation ne fut adoptée qu'au XXe siècle. La filtration active ne s'imposa que tardivement, notamment après qu'une épidémie de choléra eut éclaté à Hambourg, en 1892, et cela bien que la ville disposât de stations de filtrage passif, mais qui s'avérèrent incapables de décontaminer l'eau de l'Elbe, trop fortement polluée. Jusqu'en 1850, toutefois, 16 villes américaines seulement étaient dotées de citernes municipales pour l'approvisionnement en eau potable. Ce ne fut que dans le demi-siècle suivant que le système de distribution s'étendit.

La distribution d'eau potable, essentielle à la vie des sociétés, n'avait donc bénéficié que d'une seule invention réelle, le filtrage passif de Simpson, depuis les travaux de l'Antiquité et même de la haute Antiquité. Le reste de son évolution fut dictée par les travaux de Pasteur et l'adaptation de méthodes de purification connues depuis un certain temps et mises au point collectivement.

Échecs

An., Chine, IVe siècle av. J.-C.

Peu d'inventions ont fait l'objet d'attributions aussi nombreuses que le jeu d'échecs. Celui-ci a été successivement mis au crédit des Babyloniens, des Juifs, des Égyptiens, des Scythes, des Persans, des Chinois, des Hindous, des Arabes, des Grecs, des Romains, des Castillans, des Irlandais, des Araucans, des Gallois, de Japhet, d'un roi cinghalais, Rava, de Xerxès, de Sémiramis, de la reine Zénobie, du brahmane Sissa... L'hypothèse la plus généralement admise est celle qu'avait défendue l'historien anglais H.J.R. Murray, dans sa monumentale *Histoire des échecs* publiée en 1913 : c'est que les échecs auraient été inventés en Inde au VIIe siècle, et de là ils auraient été importés en Perse et dans le reste du monde, au cours des siècles ultérieurs. Son nom hindou, « **chaturanga** », signifie « les quatre corps d'armée », éléphants, chevaux, chariots et fantassins ; il aurait désigné un jeu à quatre où le droit de jeu aurait été donné par les dés. Cette théorie, qui semble tout à fait plausible, est d'ailleurs soutenue par de nombreuses études. Il n'est pas douteux que c'est en Inde, et plus spécifiquement dans l'Hindoustan, que les échecs ont connu leur premier grand stade de développement. Toutefois, force est de tenir compte des recherches du sinologue Joseph Needham, selon lesquelles aurait existé en Chine un jeu auquel on aurait joué sur un plateau avec des pions de bronze portant des gravures qui en définissaient les rôles ; selon l'historien Mencius, ce jeu dit « **i** » date du IVe siècle avant notre ère. Il s'agirait d'une variante d'un jeu d'inspiration astrologique, dont la première version aurait existé même au VIe siècle avant notre ère. Toujours selon Needham, les figurines de terre cuite retrouvées dans une tombe, datant du IIe siècle, joueraient à un jeu dit « **liu-po** », c'est-à-dire « les six lettrés », qui aurait existé au IIIe siècle avant notre ère. Il s'ensuivrait que les origines du jeu d'échecs sont chinoises et antérieures à la version hindoue, qui en dériverait, mais dont les versions chinoises postérieures seraient elles-mêmes des dérivations.

On ignore la date d'introduction des échecs en Europe, mais elle semble antérieure à la première croisade ; en témoigne une lettre de saint Pierre Damien au pape Alexandre II, datée de 1061, dans laquelle le saint, alors cardinal-évêque d'Ostie, déclare avoir infligé une pénitence à un évêque qu'il avait trouvé jouant à ce jeu. On sait par ailleurs que l'empereur de Byzance Alexis Comnène, qui mourut en 1118, se délassait en jouant aux échecs, ainsi que le rapporte une lettre de sa fille Anna.
C'est en France, vers le XVe siècle, que les règles du jeu de **chaturanga,** qui fut la forme pratiquée par les Européens depuis son introduction, évoluèrent vers celles du jeu d'échecs contemporain.

Éclairage public

An., Rome, Ier siècle ; Parlement de Paris, 1525 ; La Reynie, 1667 ; Parlement de Paris, 1704 ; Bourgeois de Châteaublanc, 1766 ; Lebon, 1786-1799 ; Murdock, 1792.

C'est au Ier siècle de notre ère, dans l'Empire romain et sous l'influence augustine, que l'éclairage public ou municipal semble devenir une réalité pour la première fois. Jusqu'alors, seuls les gens de qualité peuvent y voir la nuit, se faisant précéder par des porteurs de torches ; mais des torches fichées dans les bras de fer fixés aux édifices, pour éclairer les principales avenues et rues des villes de l'Empire, prêtent à ce genre d'équipage un caractère plutôt somptuaire. Le système romain, qui assurait l'éclairage toute la nuit, décline avec l'Empire et disparaît tout à fait. Dans l'Europe du Moyen Âge et, semble-t-il, le reste du monde aussi, les voies publiques sont, la nuit tombée, livrées à l'obscurité et aux coupe-jarrets. En 1525, un arrêté du Parlement de Paris, le premier du genre en Occident, semble-t-il, ordonne aux bourgeois de mettre, la nuit, une chandelle aux fenêtres pour éclairer quelque peu la rue. Mais cette disposition semble suivie de peu d'effet, car en 1559 un nouvel arrêté ordonne l'installation de falots aux coins de rues, aux frais des mêmes bourgeois. L'effet en est sans doute décevant, et les flambeaux volants réapparaissent. En 1667, La Reynie, le lieutenant de police de Paris, dont la charge vient d'être créée, impose l'éclairage aux chandelles de suif, toujours à la charge des bourgeois. Jusqu'en 1704, les quelque cinq mille lanternes à chandelles qui éclairent les artères de Paris — sans compter les villes de province — sont à la charge des bourgeois ; cette année-là, le Parlement de Paris décide de prendre les frais à sa charge.

En 1766, à l'issue d'un concours de la police, Bourgeois de Châteaublanc voit s'imposer son invention : les **réverbères.** Nouveauté : les lanternes sur pieds, où brûle une **lampe à huile à mèche plate,** de modèle unique, sont munies d'un réflecteur. En 1782 ou 1783, le Suisse Aimé Argand invente la **lampe à huile à double flux d'air,** qui évite les fumées irritantes, et qui sera rapidement fabriquée en Angleterre par Matthew Bulton.

■ Le premier réseau moderne d'éclairage municipal est inventé par Philippe Lebon, découvreur du **gaz d'éclairage.** Ayant obtenu en 1786 un gaz inconnu, combustible (en fait de l'**hydrogène**), par distillation du bois ou du charbon de bois, Lebon invente d'abord la « **thermolampe** ». En 1801, il est chargé de l'éclairage des fêtes du sacre impérial. Peut-être n'a-t-il pas assez protégé le secret de l'obtention du gaz d'éclairage ; toujours est-il qu'en 1792 l'Écossais William Murdock ou Murdoch le retrouve et compte l'exploiter, mais se heurte à la concurrence de l'Allemand Friedrich Albert Winzer, renommé Winsor, qui, n'ayant pu arracher son brevet à Lebon, l'a indûment copié en Angleterre. L'année de l'assassinat mystérieux de Lebon, Winsor dépose un brevet pour la fabrication de gaz à partir de la houille. Puis Winsor fonde la Chartered Gas Light and Coke Company et, en 1813, le premier quartier de Londres éclairé au gaz municipal est celui de Saint Margareth. Paris ne commencera à bénéficier de ce qui demeure malgré tout l'invention de Lebon qu'en 1829.

La première ville au monde a être éclairée au gaz municipal fut, en fait, Freiberg, aujourd'hui en République démocratique allemande, grâce aux travaux d'un précurseur injustement méconnu, Wilhelm August Lampadius, qui fut par ailleurs l'inventeur du premier omnibus à gaz. En 1811, plusieurs rues de cette ville saxonne étaient éclairées gratuitement au gaz.

Égouts

An., Assyrie, VIIIe siècle av. J.-C. ; Rome, VIe siècle av. J.-C.

L'invention des égouts se limita, à l'origine, à l'installation de **caniveaux** destinés à charrier à la fois les eaux de ruissellement des pluies et les eaux usées. Ces caniveaux étaient creusés au centre des rues dans les villes du second Empire assyrien, apparemment vers le VIIIe siècle avant notre ère, mais sans que l'on puisse fixer de date certaine. Les Grecs creusèrent aussi des égouts, mais ce sont les Romains qui, avec l'esprit de méthode qu'ils appliquaient à toutes leurs entreprises édilitaires, installèrent les premiers des **égouts collecteurs souterrains,** dont la célèbre *Cloaca Maxima,* construite au VIe siècle avant J.-C. sous Tarquin l'Ancien. La *Cloaca Maxima* était, par ailleurs, destinée à assécher les terrains sous le Forum. Il semble qu'en France on ait creusé des caniveaux ou ruisseaux à même le sol des rues, jusqu'à la décision de pavage des rues de Paris prise par Philippe Auguste vers 1200. Le premier **égout maçonné couvert** aurait été construit en 1370.

Fer à repasser

An., Chine, IVe siècle av. J.-C. ; Seely, 1882.

Le fer à repasser fut à son origine, en Chine, un instrument de forme très voisine de nos fers contemporains, que l'on chauffait en le remplissant de braises. On en a retrouvé des traces qui remontent au IVe siècle avant J.-C. Ce n'est apparemment que vers le XVIIe siècle que les fers à feu ou à braise apparaissent en Europe, avec, croit-on, l'extension de la culture de la pomme de terre, dont on apprit à tirer la fécule pour l'empesage, plus tard appelé amidonnage. Inventé en 1882 par l'Américain Henry W. Seely, le fer à repasser électrique ne se répandit qu'avec l'extension des réseaux de la compagnie Edison. Il n'apparut en France qu'en 1913.

Loterie

An. (Auguste ou Néron ?), Rome, vers le Ier siècle av. J.-C. ; an., Italie, vers le XIIe siècle ; François Ier, 1520.

L'**attribution d'un lot comme enjeu d'un jeu de hasard** est sans doute aussi ancienne que les sociétés. Mais l'attribution au hasard d'un lot dans un jeu de hasard auquel participe un nombre indéfini d'individus ne semble remonter qu'aux environs du Ier siècle avant notre ère ; ce fut l'origine de la loterie telle que nous la connaissons de nos jours. Pratiquée, peut-être inventée, par Auguste ou Néron, elle offrait comme lot des esclaves, des bateaux, des maisons, mais elle différait de la loterie contemporaine en ce que la participation était gratuite ; cette pratique faisait partie de la quasi-institution résumée sous l'appellation de « **panem et circenses** », « du pain et des jeux ». Vers le XIIe siècle, en Italie, le droit de participation devint payant et la pratique gagna la France, l'Allemagne et l'Autriche, où elle servit à enrichir les caisses publiques. En 1520, François Ier promulgua un édit qui légalisait les **blanques,** car tel était alors le nom des billets de loterie et du jeu même, qui fut instauré à nouveau en 1539 comme système destiné à enrichir l'État.

Introduite en Angleterre en 1569, la loterie y connut un succès foudroyant et tel que ce fut une loterie qui servit à financer l'expédition de la Couronne en Virginie en 1612. Les fraudes obligèrent en 1823 la Chambre des communes à réglementer sévèrement les loteries. En 1890, la compagnie américaine Louisiana Lottery était devenue si corrompue que le président Harrison dut la dénoncer publiquement ; elle fut mise hors la loi en 1892.

Lunettes

An., vers 300 av. J.-C. ; Armati ou Spina, vers 1280 ; Franklin, 1784.

L'origine des **lunettes correctrices** généralement donnée par les historiographes indique un certain Alessandro della Spina, qui aurait exploité l'invention d'un ami, Salvino degli Armati, vers 1280, à Florence. Les premières lunettes ainsi réalisées auraient été à **verres convexes** et auraient donc servi à la correction de la **presbytie.** En réalité, cette version de l'origine des lunettes appelle des réserves. S'il est bien exact que l'on ne trouve pas de trace de lunettes correctrices antérieurement au XIIIe siècle, il n'en reste pas moins que l'on a trouvé des lentilles de verres vieilles de

2000 ans avant notre ère, et qui servirent, soit de loupes à allumer le feu, soit de loupes grossissantes. Dans la comédie *Les Nuées* d'Aristophane, qui remonte au Vᵉ siècle avant J.-C., il est clairement question d'un cristal qui sert à allumer le feu, et il est improbable que les générations d'utilisateurs de cet instrument, sans doute taillé et poli dans le quartz, ne se soient pas avisés de ses propriétés optiques ; ils auraient alors pu, logiquement, monter des lentilles, soit isolément, soit par paires, pour corriger des défauts de vision, à commencer, en effet, par la presbytie.

■ Toujours est-il qu'assez mystérieusement les lunettes correctrices apparaissent à la fois en Europe (en Italie d'abord) et en Chine, sans qu'il soit possible d'établir une antériorité, et que ce sont d'abord des lunettes de presbyte. En 1352, le peintre italien Tommaso da Modena fait le portrait d'Hugues de Provence portant des lunettes, ce qui indique que ces accessoires étaient devenus relativement courants au XIVᵉ siècle.

Il faut cependant attendre le début du XVIᵉ siècle pour la correction de la **myopie** par verres concaves, comme ceux que porte le pape Léon X, dans son portrait par Raphaël de 1517.

■ Sans doute l'explication de la relative rareté des lunettes dans les siècles passés tient-elle au fait que les « verres » étaient taillés, soit dans le **quartz**, soit dans du **béryl**, pierres précieuses, et à la difficulté du polissage. La correction des défauts de la vision devait être, par ailleurs, approximative, étant donné les faibles connaissances d'**optique** et surtout d'**optométrie** de l'époque. Ce n'est que lorsque les verres furent bien réalisés en **verre**, généralement à Venise et à Nuremberg, au XVIᵉ siècle, que les lunettes commencèrent à se démocratiser.

■ Le plus grand progrès précédant l'avènement de l'optique, puis de l'optométrie, consista dans la réalisation des **lunettes bifocales**, inventées par l'Américain Benjamin Franklin en 1784. Il s'agissait à l'époque de segments de lentilles distincts, réunis par la monture.

Des informations de seconde main, c'est-à-dire d'historiographes tardifs, rapportent qu'à l'époque de la conquête arabe le phare d'Alexandrie était muni d'une lunette d'approche et que Néron porta un monocle taillé dans une émeraude — à moins que ce ne fût un béryl vert, pour corriger un défaut de vision.

Échoppe d'un **lunetier** au Moyen Âge. Gravure de Philippe Galle (1537-1612).

Ombrelle

An., Chine, IVe siècle.

Les premières ombrelles apparaissent au IVe siècle, en Chine, sous la dynastie Wei. Elles étaient faites de papier huilé collé sur des nervures pliables et servaient à protéger de la pluie autant que du soleil. Elles étaient donc conçues sur le modèle des **parapluies** déjà antérieurs de quatre siècles environ.

Orgue

Ctésibios, IIIe siècle av. J.-C.

Il existe suffisamment de preuves pour qu'il soit permis de dire qu'un mécanicien grec de l'école d'Alexandrie, Ctésibios, qui vécut dans la première moitié du IIIe siècle avant notre ère, construisit un **orgue hydraulique**. Bien que décrit incomplètement par Philon de Byzance, Héron, autre mécanicien de la même école, et Vitruve, ainsi que par divers manuscrits arabes, l'appareil a pu être reconstitué schématiquement à notre époque, par les soins de spécialistes tels que Bertrand Gille, sur la base à la fois de représentations antiques et de vestiges découverts à Naples et en Hongrie. Outre les **tuyaux sonores, à anches**, l'appareil comportait un **sommier** qui emmagasinait le vent et une **soufflerie mécanique**, mue par une **pompe hydraulique aspirante et refoulante** (voir p. 113). En plus, il comportait évidemment un clavier, qui actionnait des **clapets** pour ouvrir ou fermer tels ou tels tuyaux vers lesquels le vent était dirigé. Ce fut indéniablement le premier instrument de musique mécanisé, susceptible d'être joué aussi longtemps que la soufflerie fonctionnait. Dès le Moyen Âge, les facteurs d'orgue commencèrent à diversifier les modes de fabrication.

Des documents anciens indiquent que la femme de Ctésibios, qui se nommait Thaïs, avait appris à jouer de l'instrument réalisé par son époux. Elle aurait donc été la première organiste de l'histoire.

Patin à roulettes

An., Hollande, XVIIIe siècle ; Merlin, vers 1760 ; Plimpton, 1863 ; Richardson, 1884.

■ Le **patin à glace** exista dans les pays scandinaves dès les premiers siècles de notre ère au moins, et peut-être même est-il plus ancien. Les preuves les plus lointaines de son utilisation remontent au VIIIe siècle et, au XVe siècle, il existait des patins montés soit sur **lame de métal**, soit sur **lame d'os**. Les patineurs avaient leur patronne, sainte Lidwine, à laquelle advint justement un accident de patinage en 1396. Ce n'est qu'au XVIIIe siècle qu'un inventeur anonyme, hollandais croit-on, créa le **« patin de terre »**, constitué d'une **semelle rigide portant quatre roulettes**, que l'on attachait à sa chaussure.

■ On sait que le premier fabricant connu de patins à roulettes fut le Belge Joseph Merlin, de Huys, qui tenait boutique à Londres vers 1760. Dans les années qui suivirent, on vit apparaître en France le **« patin à terre »** et, en Allemagne, l'**« Erdslittschuh »**. Ces patins permettaient difficilement de prendre des virages, et l'on s'efforça à plusieurs reprises d'y

remédier en remplaçant les quatre roues par **deux roues**, sur le modèle des patins à glace, mais, en dépit des échecs de ces efforts, le patinage connut un succès grandissant.
On construisit dans plusieurs grandes villes d'Europe et d'Amérique des patinoires et le patinage fit son entrée dans l'histoire de l'art à l'Opéra de Paris : c'était dans le ballet de l'opéra *Le Prophète*, de Giacomo Meyerbeer, où les ballerines apparaissaient sur des patins à roulettes, enchantant le public par leurs évolutions rapides. Le célèbre maître de ballet Paul Taglioni, frère de la ballerine Marie Taglioni, créa même un ballet, évidemment intitulé *Les Patineurs*, dans lequel il représenta des patineurs sur glace évoluant en fait sur des patins à roulettes.
C'est en 1863 l'Américain James L.Plimpton qui donna un nouvel essor au patinage, en inventant les **patins à amortisseurs**. En 1884, l'adoption du **roulement à billes** pour les roues, inventé par un autre Américain, Levant Richardson, prêta à ce véhicule une fluidité de roulement qui en accentua le succès.

Peinture à l'huile

H. et J.Van Eyck, vers 1420.

Une tradition fragile veut que ce soient les frères Hubert et Jan Van Eyck qui aient inventé la peinture à l'huile, vers 1420. Mais, s'il est certain que Jan Van Eyck porta cette technique nouvelle à un haut point de perfection (jusqu'alors, les peintures étaient exécutées **a tempera**, c'est-à-dire au **blanc d'œuf**), il est également certain que l'utilisation de l'huile comme support de pigments colorés remonte au moins au XIe siècle, sinon plus. Elle dérivait de l'utilisation de la cire fondue ou **encaustique**, pratiquée en Égypte dès le IIIe siècle de notre ère. La peinture à l'huile dériva des progrès de la **chimie**, qui permit d'obtenir de l'**huile de lin purifiée**, puis qui réalisa des **solvants volatils**. C'est trois ou quatre décennies plus tard, vers 1450, que l'usage de l'huile comme support se généralisa après l'introduction de cette technique dans la peinture vénitienne, par Antonello da Messina.
Ce ne fut, singulièrement, qu'au XIXe siècle que l'association huile + pigments gagna l'industrie.

Perruque

An., Égypte, 3000 av. J.-C. ; an., Angleterre, XVIe siècle.

Les premières perruques connues semblent apparues en Égypte, trois mille ans avant notre ère ; elles constituaient plutôt des **coiffures ornementales**, réalisées à l'aide de roseaux effilés et tressés, que des **postiches**. Assyriens, Phéniciens et Romains en conservèrent l'usage, qui disparut après la chute de l'Empire romain et reparut, anonymement, au XVIe siècle, en Angleterre. Il semble que la mode en ait été lancée par la reine Élisabeth Ire, qui était congénitalement chauve. Les portraits de la souveraine indiquent qu'il s'agissait alors de perruques postiches, destinées à masquer l'absence naturelle de cheveux, et qui étaient réalisées à l'aide de vrais cheveux, ou bien de crins, d'origine animale ou végétale. La mode gagna lentement la France. Imposée par Louis XIII, qui fut le premier roi de France à porter perruque, elle disparut à la Révolution ; quand l'usage des perruques reparut, au XIXe siècle, ce fut exclusivement en tant que postiches.

Piano

Héron d'Alexandrie, Ier siècle av. J.-C. ; Vitruve, Ier siècle ; an., Italie (?), Xe siècle ; Gui d'Arezzo (?), XIe siècle ; an., Allemagne, 1440 ; Spinetti, 1503 ; an., Europe, 1700 ; Cristofori, 1720 ; Schroeter, 1763 ; Zumpe, 1765 ; Stein, 1780 ; Érard, 1821 ; Boehm, 1831 ; Steinweg, 1853...

Le piano représente l'exemple parfait de l'invention continue, qui s'adapte sans cesse à l'évolution de la culture. Loin d'être apparu tout d'un coup, il procède d'une longue lignée d'inventions étendues sur une vingtaine de siècles, et dont le rythme s'accélère au fur et à mesure que l'instrument s'impose et que sa pratique se répand, donc que sa technique se diversifie.

■ Son principe de base, la **percussion** d'une corde, au lieu de son pincement, par une touche qui soulève un taquet de bas en haut, est étonnamment ancien, puisqu'il est décrit dans les *Pneumatiques* de Héron d'Alexandrie. On ne sait si Vitruve, l'architecte et inventeur romain qui vécut au Ier siècle de notre ère, a repris à Héron l'idée du **clavier**, ou bien s'il l'a réinventée, mais on sait que c'est encore Héron qui, le premier, conçut la **touche**. On ignore si des instruments à percussion et clavier existèrent dans l'Antiquité ; aucun ne nous est parvenu.

■ L'ancêtre le plus ancien du piano, qui ait été réellement construit et que l'on puisse dater, est l'**organum**, dont on suppose, mais sans en être certain, qu'il aurait été fabriqué, sinon inventé, en Italie au Xe siècle. Boîte oblongue, d'une trentaine de centimètres de long, selon les représentations tardives qui nous en sont parvenues, il comportait des **quartes** et des **octaves**, et il était destiné à accompagner la voix humaine au-dessous de la mélodie. A peu près à la même période apparut l'**organistrum**, plus volumineux ; c'est la **vielle**, dont est dérivé l'orgue de Barbarie, et qui produisait des sons sur deux modes : outre la percussion, trois cordes frottées par une roue qu'actionnait une manivelle produisaient une **basse continue.**

■ Au XIe siècle se produit une révolution en musique, l'introduction du système — numérique — de transcription des notes, inspiré de Pythagore et inventé par Gui d'Arezzo. Et là apparaît un instrument d'usage essentiellement pédagogique au début, le **monocorde**, constitué d'une seule corde, comme son nom l'indique, tendue sur une caisse horizontale et relevée par un chevalet mobile. Le monocorde sert à indiquer aux étudiants en musique les proportions des intervalles entre les notes et à enseigner la gradation tonale. Peut-être fut-ce Gui d'Arezzo qui l'inventa, on n'en est pas sûr. Toujours est-il qu'un demi-siècle plus tard une version à quatre cordes et clavier s'en est imposée, le **monocorde quadriplex**, dont des échelles indiquent les quatre modes authentiques et les quatre modes plagaux du plain-chant, quintes à l'aigu et quartes au grave.

■ Un dessin datant de 1440, conservé à Weimar, décrit un instrument qui annonce le clavecin, le **clavicorde**, qui semble comporter seize touches longues et huit brèves, ainsi que douze cordes. Les chevalets soutenant les cordes y sont évidemment fixes. L'instrument évolue, semble-t-il, depuis la fin du XIIIe siècle, en tout cas le début du XIVe, ainsi que l'atteste une mention dans les règles des Minnesinger, datant de 1404.

■ Certains auteurs tendent à croire que le clavicorde antédate un autre instrument qui constitue une étape vers le piano, le **clavicimbalum**, dont on croit reconnaître une version dans *L'Agneau mystique* du peintre Jan Van Eyck ; ce serait une sorte d'**orgue positif**, et en tout cas l'instrument ressemble à une harpe à clavier. Dans le panneau du célèbre triptyque représentant sainte Cécile, l'ange pose la main droite sur le **la** d'un clavier minutieusement peint, cependant que sa main gauche porte sur le **do** et le **fa**. Mais on ignore tout du mécanisme de l'instrument.

■ Dès le début du XVIe siècle, le clavicorde a atteint une certaine complexité ; grande boîte de près d'un mètre de long, munie d'un couvercle, il comporte au moins quatre octaves. Outre le clavicimbalum, il possède deux variantes, le **virginal** et le **clavicitherium**. Il semble que, dans ces quatre instruments, les constructeurs ne se soient pas dégagés du modèle du monocorde, car ils conservent des cordes d'égale longueur, dont les fréquences ne sont modifiées que par l'espacement des chevalets.

■ C'est en 1503, de façon certaine, et peut-être auparavant, que le Vénitien Giovanni Spinetti invente un instrument où, pour la première fois, les cordes sont de longueur décroissante ; c'est l'**épinette**, qui présente une forme trapézoïdale. Comme on en construit de tailles différentes, donc avec un nombre d'octaves différents, on les superpose parfois en concert pour obtenir des effets brillants de *piano* et de *forte* juxtaposés. La plus grande épinette est le **clavecin**.

■ En 1720, le Padouan Bartolomeo Cristofori est l'auteur d'une invention que l'on qualifie volontiers de « géniale ». D'abord, il pose l'épinette à plat sur trois pieds et la dote d'un clavier unique de vingt-neuf touches, capable de rendre à la fois le **piano** et le **forte**. Puis il met au point un mécanisme de **percussion à échappement**, qui fait que la touche ne pince plus la corde comme dans le clavecin, mais la heurte par un marteau enrobé de cuir, par l'intermédiaire d'un levier à pivot. Le son obtenu est totalement différent, sans les harmoniques du clavecin. Il s'ensuit que le jeu devient plus expressif, la force de la note dépendant de celle du choc imparti à la corde. C'est le **piano-forte.**

■ A ses débuts, l'instrument dut être imparfait, car Voltaire, le comparant au clavecin, le destine aux chaudronniers ! L'audition de **piano-forte** d'époque parfaitement restaurés gêne aussi l'auditeur du XXe siècle en raison du claquement de la touche qui retombe. Aussi de nombreux inventeurs s'attachèrent-ils à perfectionner l'invention de Cristofori : parmi les plus intéressantes, il faut citer celle du Saxon Schroeter, qui réduisit la course du levier, mais toutefois absorba les vibrations par son système d'amortissement, et celle d'un Allemand installé à Londres, Johann Zumpe, qui modifia l'amortissement pour rendre à la note ses harmoniques.

■ On peut considérer que le piano-forte s'éteint et que le piano lui succède quand l'Allemand Johann Andreas Stein invente un mécanisme qui achève de libérer la touche, jusqu'alors limitée dans sa course par le levier à pivot. Son nouveau mécanisme, dit « viennois », autorise un contact beaucoup plus élastique sur la corde ; il apparaît en 1780 et sera accompagné par l'installation d'une **sourdine**, dite « **céleste** ».

En 1776, l'Alsacien Sébastien Érard construit le premier piano rectangulaire, et imagine en 1808 de donner plus d'élasticité aux cordes par un nouveau système de chevalets. En 1821, Érard dote de ressorts les mécanismes de percussion, ce qui ramène le heurtoir du marteau immédiatement en position après que la note a été jouée, et offre au pianiste encore plus de souplesse qu'auparavant.

Dix ans plus tard, le flûtiste allemand Theobald Boehm, tirant parti du fait que les tables d'harmonie sont désormais métalliques, imagine de surtendre les cordes jusqu'à l'octave supérieure, pour gagner en clarté de ton. Depuis le début du XIXe siècle, en effet, les châssis sur lesquels les cordes sont tendues, dits tables d'harmonie, sont en métal.

En 1853, l'Allemand Heinrich Engelhard Steinweg, installé à New York et fondateur de la célèbre firme Steinway, introduit ses grands pianos à cordes surtendues et grandes tables d'harmonie, dont l'ampleur harmonique séduira d'innombrables musiciens.

On estime à plus de deux mille le nombre d'inventions dont a bénéficié dans le monde la manufacture du piano. Chaque firme introduit des variantes et des perfectionnements dans les diverses composantes de ses instruments, de manière à leur conférer une sonorité distincte et des qualités spécifiques.

Mozart a joué un rôle majeur dans l'avènement du piano moderne, car il a prodigué ses approbations à l'invention de Stein. Son propre grand piano, un Huhn, avait été réalisé à Berlin exactement selon les spécifications de Stein.

Il convient de prendre garde aux usages indistincts que l'on a fait autrefois des noms des instruments décrits plus haut. C'est ainsi qu'au XVIe siècle certains auteurs utilisent de façon indifférenciée les termes de « **virginal** », « **épinette** », « **clavecin** », « **clavicimbalum** », « **psautier** », « **octavine** », etc., d'abord parce que les définitions et ensuite parce que les conceptions n'en étaient pas codifiées. Qui plus est, certains facteurs modifiaient leurs instruments de façon souvent inattendue. C'est ainsi qu'à l'arrivée de Jean Chrétien Bach à Londres, en 1759, des facteurs de clavecins médiocres tentèrent de transformer ceux-ci en pianoforte, sans grand succès d'ailleurs.

Savon

An., 2500 av. J.-C.

L'origine du savon est obscure. On a retrouvé un texte sumérien qui remonte à 2500 avant notre ère et qui décrit la fabrication d'un produit **détergent** à base, effectivement, de **graisse** et d'**alcali**. Toujours est-il que le savon n'existait pas en Grèce, où l'on se servait du suc de la saponaire, ni à Rome au cours des premiers siècles, où l'on utilisait une **pâte abrasive**, à base de cendres et de graisse. La technique de fabrication à base de graisses, végétales ou animales, et d'alcali ne fut réintroduite en Europe que par les Teutons, au haut Moyen Âge. Toutefois, il faut observer que le carbonate de potassium des cendres végétales faisait office d'alcali.

Les techniques de fabrication du savon furent considérablement améliorées grâce à la mise au point du procédé d'obtention de soude caustique par **traitement du sel marin à l'acide sulfurique**, faite par Nicolas Leblanc en 1791. Elles bénéficièrent ensuite de la découverte de l'**oléine** par Michel Eugène Chevreul, en 1823, puis de la mise au point de la **soude à l'ammoniaque** par le procédé Solvay.

Serrure

An., Ninive, vers 4000 av. J.-C. ; Barron, 1778 ; Bramah, 1784 ; Chubb, 1818 ; Yale, 1860.

La plus ancienne serrure connue a été retrouvée à Ninive, en Mésopotamie, et on estime son âge à quelque 4000 ans. Elle est du type que l'on appellera égyptien, parce que c'est surtout en Égypte qu'il a été d'abord utilisé, bien qu'on en ait trouvé en Inde, à Zanzibar, en Norvège, aux îles Féroé et au Japon. Elle comporte deux pièces de bois massif qui sont taillées de manière à s'emboîter, une pièce étant mâle, l'autre femelle. Ces pièces sont tenues ensemble par des **broches** libres, qui traversent le haut de la pièce femelle et la pièce mâle, et qui sont distribuées selon un ordre variable. La clef, qui ressemble à une brosse à dents, est un manche légèrement coudé, dont l'extrémité comporte des dents correspondant à l'emplacement des broches. Lorsqu'elle est insérée au-dessous de celles-ci, un mouvement de bas en haut suffit à remonter les broches de telle sorte qu'elles libèrent la pièce mâle. C'était un principe fiable, car on le retrouvera à la fin du XIXe siècle dans les serrures Yale. Les premières serrures de ce genre furent paradoxalement en bois, et ce n'est que tardivement qu'on les réalisa en métal.

■ Les Grecs utilisaient un autre type de serrure, plus primitif, consistant en une tige à l'extrémité de laquelle était fixée une sorte de faucille. Une fois la clef engagée dans l'ouverture de la serrure, elle faisait

Pènes de **serrures** romaines.

agir le **pêne** et le repoussait. Ce furent là les premières clefs métalliques. Les Romains les perfectionnèrent en inventant à la fois les **garnitures** taillées, qui empêchaient une clef étrangère d'ouvrir la serrure, et le découpage individuel du **panneton** de la clef, correspondant au profil des garnitures. Ce système leur permit de réduire les dimensions des serrures, dont les clefs devinrent si petites qu'on les portait en guise de bagues ; il s'adaptait également à des serrures volantes, les **cadenas**, qu'on pouvait utiliser pour verrouiller deux crochets superposés ou côte à côte. La serrure romaine fut employée des siècles durant, les seuls perfectionnements ultérieurs touchant au découpage des garnitures et du panneton ; l'ingéniosité des voleurs avait fait des progrès...

■ Ce type de serrure pouvait être forcé par des sortes de brosses à tiges métalliques, qui s'adaptaient à tous les profils de garnitures. Le premier pas vers une plus grande inviolabilité des serrures fut franchi par l'Anglais Robert Barron, qui imagina et fit breveter en 1778 des **leviers** qui correspondaient au profil du panneton, et qui s'ajoutaient aux **garnitures**. En 1818, son compatriote Jeremiah Chubb perfectionna ce type de serrure en l'équipant d'un ressort qui assurait l'abaissement des leviers et compliquait sérieusement la tâche des voleurs. C'est la pièce qu'on appelle **délateur**.

Entre-temps, un troisième Anglais, Joseph Bramah, avait inventé un autre type de serrure, remarquablement astucieuse ; la clef en était forée, c'est-à-dire creusée, avec des stries de longueurs inégales, dont chacune comprimait dans la serrure des lames de longueurs différentes, qui s'y inséraient. Ce n'était que l'exacte insertion des lames dans les stries correspondantes qui permettait de tourner la clef et d'engager le pêne. C'est le type de serrure qu'en langage familier on appelle « à ressort », parce que les lames en sont justement repoussées par des ressorts.

■ L'urbanisation progressive des pays industriels et l'accroissement de la criminalité stimulèrent fortement les demandes de serrures. Il y avait, en effet, de plus en plus de portes, et donc de plus en plus de tentations pour les cambrioleurs ; aussi les serruriers ne s'en tinrent-ils pas là. Mentionnons au passage un perfectionnement imaginé dans les années 1850 par l'Américain Robert Newell : la serrure entière, circulaire, devant ou **foncet** compris, tournait et ne tournait que lorsque la clef y était engagée, ce qui empêchait les cambrioleurs et crocheteurs d'en examiner le mécanisme.

■ Mais la grande invention de la fin du XIXe siècle fut sans conteste la serrure de Linus Yale Jr. ; les dentelures du panneton s'y étendaient sur toute la longueur de la clef, actionnant cinq broches à ressorts qui ne permettaient au **barillet** de l'entrée de serrure de tourner, afin d'engager le pêne, que si elles avaient été soulevées à des hauteurs exactement préétablies. Cette formule, qui ne faisait, en somme, que reprendre le principe de la serrure égyptienne, en ajoutant des ressorts aux broches et en la faisant bénéficier de l'avancement de la technologie, présentait un avantage particulier : elle offrait un nombre de combinaisons infini.

■ Jusqu'à l'aube du XXe siècle, on n'y ajouta qu'un perfectionnement : ce fut l'adjonction, pour les serrures de coffres de banques, d'un **système à retardement** qui ne permettait de les ouvrir qu'à l'heure dite.

Bramah était tellement certain de l'inviolabilité de son type de serrure qu'il offrit la récompense, alors considérable, de 200 livres à toute personne qui réussirait à en crocheter un exemplaire. La gageure ne fut remportée qu'en 1851, par un serrurier américain, A.C. Hobbs.

Stylo

An., Égypte, vers 5000 av. J.-C.

L'ancêtre des porte-plume à réservoir semble être le roseau taillé que l'on remplissait d'encre et qui existait en Égypte il y a au moins cinquante siècles ; il suffisait d'exercer une légère pression pour faire couler l'encre jusqu'à la pointe. On ignore par quel moyen les Égyptiens contrôlaient la fluidité de l'encre. Un **bambou** taillé et également rempli d'encre était aussi utilisé en Chine. On ignore si le « roseau d'argent » utilisé par Aristote au IVe siècle avant J.-C. comportait ou non un **réservoir** ; toujours est-il que, dès l'époque de ce philosophe, les plumes en métal étaient connues ainsi que l'atteste la plume de bronze retrouvée à Pompéi et actuellement exposée au musée de Naples. On retrouve le porte-plume à réservoir, sous le nom de « plume sans fin », au XVIIe siècle à Paris ; fabriqué en argent, il coûtait de 10 à 12 F de l'époque. Rebaptisé « **encrier-plume** » au XIXe siècle, l'instrument fit successivement l'objet de deux dépôts de brevets, l'un en 1864 en France, par Mallat, l'autre en 1884 aux États-Unis, par Lewis Waterman.

Une « plume sans fin » datant de Louis XVI et réalisée en ivoire et en or fut vendue en 1954 à Paris, à l'hôtel Drouot, pour 19 500 F.

Syndicalisme

An., Europe, XIVe siècle.

C'est à l'intérieur des guildes que s'ébauche au XIVe siècle, en Europe, l'organisation de travailleurs contre leurs patrons, les maîtres artisans, pour la défense de leurs droits. Le phénomène est surtout marqué en Grande-Bretagne, où il crée apparemment une tradition puisqu'en 1720 se forment les premières unions professionnelles et qu'apparaissent les premières grèves, comme l'attestent des plaintes de maîtres tailleurs de Londres au Parlement. Le **premier syndicat général de tous les travailleurs** est fondé en 1833 sous l'influence de l'Anglais Robert Owen ; c'est la Great Consolidated Trade Union, le premier à obtenir un statut légal et à passer du **domaine corporatif** au **domaine syndical.**

Index des inventions

Classées par ordre alphabétique à l'intérieur des grandes rubriques correspondant aux différents domaines de l'activité humaine (voir le sommaire), les inventions qui font l'objet d'une étude distincte sont signalées en **caractères gras**. *Les autres références portent sur les principes qui les ont inspirées, sur les dérivées ultérieures et sur leurs répercussions dans l'histoire des techniques.*

Agriculture et alimentation

Art militaire

Chimie et physique

Communication et médias

Énergie et mécanique

Industrie, matériaux...

Instruments de mesure et mathématiques

Médecine et santé

Transports

Vie quotidienne, arts ménagers...

Récepteur de **télégraphe Morse** (1838).

Index des « inventeurs »

Le lecteur trouvera ci-après les précurseurs et tous les personnages ayant participé — de près ou de loin — à l'élaboration, la réalisation, l'amélioration, la promotion et la continuation d'une invention.

M

N

O

P

Q

R

S

Crédits photographiques

p. 8 Musée national des Techniques, C.N.A.M., Paris. Ph. © Boyer-Viollet.
p. 35 Ph. © Viollet/Archives Photeb.
p. 36 Bibliothèque nationale, Paris. Ph. © Bibl. nat./Archives Photeb.
p. 43 In : « *Antique histoire de quelques inventions modernes* » par Jean de Kerdeland. Éditions France-Empire.
p. 46 In : « *Antique histoire de quelques inventions modernes* » par Jean de Kerdeland. Éditions France-Empire.
p. 47 In : « *Science and civilisation in China* » (vol. 5) par Joseph Needham, © The Needham Research Institute.
p. 49 By permission of the Syndics of Cambridge University Library.
p. 50 © Royal Asiatic Sociey.
p. 61 Bibliothèque nationale, Paris. Ph. Jeanbor © Archives Photeb.
p. 83 Ph. © Collection historique des Télécommunications, C.N.E.T./Archives Photeb.
p. 85 Ph. © Boyer-Viollet/Archives Photeb.
p. 91 Dessin de Jacques Cuisin.
p. 95 Dessin de Jacques Cuisin.
p. 96 In : Vincent, « *La dioptre d'Héron d'Alexandrie* », notices et extraits... Tome XIX, 2, Paris, 1862 ; reproduit in « ***Les mécaniciens grecs.*** *La naissance de la technologie* » par B. Gilles, Éditions du Seuil, 1980.
p. 97 (haut) In : Vincent, « *La dioptre d'Héron d'Alexandrie* », notices et extraits... Tome XIX, 2, Paris, 1862 ; reproduit in « ***Les mécaniciens grecs.*** *La naissance de la technologie* » par B. Gilles, Éditions du Seuil, 1980.
p. 97 (bas) In : C. Frémont, « *La vis* », Paris, 1928 ; reproduit in « ***Les mécaniciens grecs.*** *La naissance de la technologie* », par B. Gilles, Éditions du Seuil, 1980.
p. 101 Collection particulière. Ph. Jeanbor © Photeb.
p. 108 Bibliothèque nationale, Paris. Ph. © Bibl. nat./Photeb.
p. 112 Ph. © Collection Viollet/Photeb.
p. 115 In : « ***Les mécaniciens grecs.*** *La naissance de la technologie* » par B. Gilles, Éditions du Seuil, 1980.
p. 117 In : « *Science and Civilisation in China* » (vol. 4) par Joseph Needham. © The Needham Research Institute.
p. 130 Bibliothèque nationale, Paris. Ph. © Bibl. nat./Archives Photeb.
p. 138 Ph. © I.B.M./Archives Photeb.
p. 151 Ph. © Collection Viollet/Photeb.
p. 158 Bibliothèque nationale, Paris. Ph. © Bibl. nat./Archives Photeb.
p. 166 Ph. © Explorer-Archives.
p. 173 Dessin de Jacques Cuisin.
p. 179 In : « *Antique Histoire de quelques inventions modernes* » par Jean de Kerdeland, Éditions France-Empire.
p. 205 Ph. © I.B.M./Archives Photeb.
p. 207 (haut) Science Museum, Londres. Ph. La Vie du Rail/Archives Photeb.
p. 207 (bas) Ph. © Harlingue-Viollet/Photeb.
p. 228 Ph. © Explorer-Archives.
p. 234 Bibliothèque nationale, Paris. Ph. © Bibl. nat./Archives Photeb.
p. 248 In : « *La télégraphie historique* » par Alexis Belloc, Paris, 1886. Bibliothèque nationale, Paris. Ph. Jeanbor © Archives Photeb.